管理学学术前沿书系

GUANLI ZHEXUE YANJIU

管理哲学研究

邢学军 著

经济日报出版社

图书在版编目（CIP）数据

管理哲学研究 / 邢学军著. -- 北京：经济日报出版社，2017.12

ISBN 978－7－5196－0261－1

Ⅰ. ①管… Ⅱ. ①邢… Ⅲ. ①管理学－哲学－研究
Ⅳ. ①C93－02

中国版本图书馆 CIP 数据核字（2017）第 304033 号

管理哲学研究

作　　者	刑学军
责任编辑	陈礼滟
校　　对	徐建华
出版发行	经济日报出版社
社　　址	北京市西城区白纸坊东街 2 号 A 座综合楼 710
邮政编码	100054
电　　话	010－63567683（编辑部）
	010－63588446　63567692（发行部）
网　　址	www.edpbook.com.cn
E－mail	edpbook@126.com
经　　销	全国新华书店
印　　刷	北京九州迅驰传媒文化有限公司
开　　本	710×1000 毫米　1/16
印　　张	21.25
字　　数	331 千字
版　　次	2018 年 1 月第一版
印　　次	2018 年 1 月第一次印刷
书　　号	ISBN 978－7－5196－0261－1
定　　价	58.00 元

序

人尽其才与自用其才

陈立新

管理现象从社会生活复杂体系中豁显出来，成为一个吸引人们眼球并让社会倾注智力资源加以探讨的现实问题，是与机器大生产的问世及其推广扩张有关。伴随着机器大生产接踵而来的，社会生产的分工与协作在规模、水平、性质等方面皆有根本性的变化。生活基础的变更必然带来整个社会生活的转型，作为现实生活世界的主要元素、社会经济生活基本单元的企业组织便应运而生，现代意义的、严格地说可以称之为本来意义的管理现象——企业管理开始出现在人们的面前，成为现代社会生活系列的重要内容。

迄今为止，诸如企业如何才能生存和发展，或者说企业应当遵循哪些基本要求才能维持自身存在这类重大问题，人们已然达成了共识。简而言之，这就是指企业在日常的经营活动中，必须实行自主经营、自负盈亏、自我约束、自我发展。而实现利润最大化、成本最小化、达到成本与收益之间的最佳配比，乃是每一个企业天经地义地追求，因为这是关乎每一个企业生存和发展的命脉。由此可以推论，企业的任何活动无一例外需要以上述追求为轴心来展开，都要服务于这一轴心。我们姑且称之为企业的经济功能。当然，在经济功能之外，企业还有服务社会大众的非经济功能。只是严格说来，企业的非经济功能不过是其经济功能的延伸和发挥，离不开经济功能这个轴心。明确了这些内容，有助于我们透视和把握企业管理能够成为自身的存在谱系。

在企业的实际运行中，企业管理具有丰富、复杂的内涵，涉及企业活动的很多方面，如生产管理、质量管理、供应管理、销售管理、研发管理、人力资源管理等等。当今盛行的“管理科学”提法，不仅是指当代知识体系的一个重要部门，而且宣告了一种新时代所要求的社会组织机制、组织行为向导乃至社会生活理念。从主旨、目标和运行过程来看，企业管理的要义无非在于为企业寻找或建构生财、用财、聚财之道。所谓向管理要效率的说法，可以看成是这一要义的简易而形象的表达。在实际工作中的运用和落实，企业管理往往通过建构一套激励与约束机制，借以调动人的积极性、主动性和创造性而表现出来。正是在这一基本点上，管理哲学获得了存在的理由或根据。

哲学原初的含义是“爱智慧”，亚里士多德和黑格尔据此用“思想思想”来指证哲学开展自身的表现方式。这就是说，哲学提供一切知识之可能性的根据，是对人类理性自身、人类生活基础、人类文明根基、人类文化创造力之原动力的“知识”。依此推论，管理哲学固然需要回答影响其“存在感”的基本问题——如管理是什么（what）、管理为什么（why）、如何管理（how），但如何看待人的现实作用、并致力于人的作用的合理化实现，不仅是解答这些问题的前提，而且始终是管理过程实际运行中隐而不彰的内容，因为企业生财、用财、聚财归根结底都是通过人实现的并且是为了人的生存和发展的。就此可以说，关注管理活动中人的现实作用，思考并构造最大限度地发挥人的作用的环境或舞台，理当是关乎管理哲学安身立命的重要原则和根据。然而，只要简要回顾管理学的历史演变，我们就会发现问题不是像这里所说的这样简单。

在西方管理学思想语境中，以美国企业工程师泰勒为代表的科学管理理论和由乔治·埃尔顿·梅奥奠基的行为科学理论，为人类管理活动刻画了两种特质不同的“人”。

按照泰勒的设想和规定，企业管理不能单凭经验行事，不能以经验法则为基础来处理问题。管理的中心问题是提高劳动生产率，目的在于谋求最高效率，而达到最高效率的手段只能是科学化、标准化的管理方法。不仅如此，泰勒还颇有卓识地倡导“精神革命”，提倡充分发挥个人潜质，满足个人自我实现的需要，实现雇主与雇员之间的友好相处。平心而论，诸如此类的管理理念，蕴涵着对于“经济人”的向往和建构，不可否认地把“理性”允诺为管理活动所依傍的人性品质。相应地，泰勒提出了以“第一流的工人”为标准的劳动定额原理、基于传统经验与技巧的标准化原理、差别计件工资制等富有创意的管理制度，让上述理念落地生根、开花。必须承认，泰勒等人构建的科学管理理论，较之传统的经验管理方法，无疑推进了管理思想的发展与升级，更有实际贯彻运用的可操作性，能够提高企业的生产效率。不过，泰勒的“经济人”的人性假设，局限或不足是显而易见的。如此这般把人仅仅当作高速运转、重复简单动作的机器部件，实则暴露了游离于现实的人的理论缺陷。

乔治·埃尔顿·梅奥通过著名的“霍桑实验”，宣布工人的工作行为并不仅仅为金钱收入等物质利益所驱使，而是有着社会性的需要。梅奥开辟了不同于泰勒科学管理理论的一个新领域——行为科学理论。这一新的管理理论把心理学、人类学、社会学等学科知识导入管理领域，强调企业管理中人的因素的重要性，主张重视社会环境的作用，例如要关注人们的相互关系对于工作效率的这样那样影响——工人的人际关系需要得到满足的程度越高，工人的士气和情绪越高，生产效率也就越高。行为科学理论认为，行为是人的思想、感情、欲望在行动上的表现，管理的作用就在于通过刺激措施的供给而激发人们的行为动机，这就深入于人的行为本性来探寻如何催生行为动力的问题。不用说，在行为科学理论视野中，企业组织不再被看作是一部机器，而是被看作为一个社会系统、一个社会生活单元；企业成功与否，唯有依赖于推动职工最大限度地实现其潜能，而不是依靠严格控制来提高生产效率；影响职工劳动生产率的因素，除了物质生活条件外，很大程度上取决于社会环境和心理因素给职工造成的工作情绪。行为科学理论认为，企业中人的因素比物的因素更重要，工人并不是只关注和追求个人经济利益的“经济人”，而是有感情、有理智的“社会人”。行为科学理论虽然进一步发展了泰勒代表的科学管理理论，但是过分强调人的心理因素的作用，依然有着抓住一点不及其余的偏弊。

还原于原初所出的时代处境和思想语境，上述把人视为“经济人”或“社会人”的两种富有代表性的管理理论，共同的根本缺陷是依据自身对于社会生活的理解，固执于自设的闭合系统来看待现实的人及其现实作用，并一力于建构这样的人性品质。显然各有所偏，却殊途同归。泰勒的科学管理理论强调依凭理性而不是经验去管理，要求依据理性原则建立劳动作业标准，被管理者按照理性制度办事，就能提高工作效率并获得最大收益。行为科学理论则强调人的非理性力量这一面，主张以人为中心的管理，重视人的感情和社会因素，但忽视企业作为正式组织的职能以及理性和经济因素在管理中的作用。这表明，即便是那些流传至今且确有现实价值和意义的管理理论，却仍然固守"便于更好地指挥和控制"的思维观念来研究和对待现实的人。无可讳言，在这种情况下，人在现实生活（包括管理活动）中能否如其所是地展现或实现自身，依然悬而未决。由之而来的问题就在于：当代管理理论依照自身理解设计了人性品质，用以建构并规范现实的人，在现实生活过程中，这种人只不过是接受和执行指令的被动服从者，企业依靠如此这般不能把握自己的人，究竟如何提高工作效率呢？果真能够提高工作效率吗？

由此看来，当代管理理论在指导或引领实际管理活动中，把人置于一个封闭的框架内，给人安排一个服从于企业组织需要的所谓合理位置，要求人精确、稳定、可靠地工作，结果固然可以阶段性地提高工作效率，人却在被动服从中丧失了自我实现的主动权，企业效率可持续提高的前景当然不容乐观。由此看来，当代管理理论的实际运用导致了事与愿违的结局，全部问题的关键仍然聚焦于"如何最大限度地发挥人的作用"这一核心问题之上。不用说，如何让人如其所是地工作，以便激发其热情和创造性，集聚能够释放活力的人性资源，这是渗透在当代管理实践之中的重要课题，无疑也为管理哲学的自我建构构筑了一个富有内容指向的原则高度。

马克思说过："个人的一定的活动方式，是他们表现自己生命的一定方式、他们的一定的生活方式。个人怎样表现自己的生命，他们自己就是怎样。"[①]这就明确无误地告诉人们，现实的人都是自己通过自己的感性活动而自我创生的，并由此而生存和发展，如此便构成并表现出敞开性的、生成性的、未完成性的存在性质。既然每个人创造了自己的生活，构成了自己的现实存在，那么，人在现实生存活动中所遭遇的问题，只有人自己才能加以解决，现实生活中的人一定具有此等智慧和责任担当。进而言之，现实生活中

① 马克思，恩格斯．马克思恩格斯文集（第 1 卷）[M]．北京：人民出版社，2009:520.

的人，总是面临着层出不穷的新问题、新挑战和新的发展可能性，本质重要地依赖于自己的取舍。这是人的特质，也是人之为人的生存命运。

依循这样的阐释思路，我们可以看出，管理哲学并不能轻松地获得属于自己的任务。在“如何最大限度地发挥人的作用”这个问题上，管理哲学不可能迎面碰上某种标准答案，我们也不可能指望出现这样的答案而可以现成地照搬照用。当然，在尊重人的敞开性、生成性、未完成性的存在性质前提下，管理哲学是有用武之地的，也能赢获自身的生长点。本书作者致力于论证和阐发的“人尽其才、才尽其用”观念，就是一个具有重要意义和前景的理论论题。

“人尽其才”，实质上弘扬以人为本理念，主旨则是让人是其所是，关键是充分发挥每个人的才能，达到每件事都有合适的人去做、每个人都能做合适的事这样的最佳效果。这种情况无疑能够实现才尽其用，为企业发展构建或供给相互依靠、相互匹配、相互支援的合力。

当然，“人尽其才”更多的是针对企业组织提出的要求，是提醒企业组织应当具备的对待人的态度。而且，更有人才供给不足的现实生活处境为参照。随着社会生产力发展水平的不断提高，社会生活没有任何例外地朝向改善而进步。在当今社会发展的繁荣昌盛时期，现实生活世界可谓人才辈出。在这种情况下，所谓的“人尽其才”，更多地指向现实生活中的每个人，要求每个人充分展示和运用自己的才华，这可以称之为“自用其才”。

苏东坡在《贾谊论》开头即言：“非才之难，所以自用者实难。”就是说，人要有才能并不难，难的却在于使自己的才能施展发挥出来。这里的直接意味，当然是苏东坡对于怀才不遇者贾谊的劝导。不过，这一观念推广到当代生活处境之中，不仅不过时，相反却有切中肯綮之效。在当代社会高度分化与高度综合并存的近乎悖论的时代境遇中，生活世界深度转型，社会生活扑朔迷离，尤其需要人们在把握时代变迁中合理安置自己的主观性，恰如其分地进行自我定位，最大限度地服务于社会、服务于民众，达到人生价值最大化的实现。这就是新时代对于每个人所要求的、客观上也予以支持的“自用其才”。

从“人尽其才”升华到“自用其才”，这是时代发展呈现出来的实际需要，对于当代企业发展直接具有提示的意义和现实的针对性。管理哲学无疑需要实现基本观念上的与时俱进，审时度势地探究和阐明当代生活的新颖变化，切实可行地为当代企业管理提供可靠的智力支持和理论指导。正是在这种意义上，本书富有探索性地提出了问题，并做出了颇有特色的解答，这是难能可贵的。我们期待在本书研究的启发下，有更多的相关研究成果问世。

目　录

CONTENTS

第一章　管理的哲学分析

管理是人类社会最基本的实践活动，有人存在的地方就有管理的存在。人们为了满足生存和发展的需要，不得不结成一个群体，这个群体中的人和其他的存在物在一定的规章和目标的统一下相互联系和影响。同时，在社会生活中，群体与群体之间、群体与群体之外的环境相互联系和影响，这使得群体变成一个有机的组织。对这个组织施加影响，让组织系统遵循一定的规律生长和发展，并能有效地完成目标，这种行为就是管理。有多少种群体，就有多少种组织，也就有多少种组织管理，比如家庭管理、社群管理、军队管理、企业管理、国家管理等等。而这些组织由多少个要素组成，这些组织的管理又可以细分为多少种要素管理，如国家管理可以分为政治管理、经济管理、军事管理、文化管理、教育管理、资源环境管理、交通运输管理、医疗卫生管理、劳动就业保障管理等等；企业管理可以分为战略管理、投资管理、人力资源管理、财务管理、设备管理、生产管理、销售管理、绩效管理、薪酬管理等等。从野蛮到文明，管理现象伴随着人类社会发展的全过程，并且随着人的需要的不断丰富、群体的日益多样而变得纷纭复杂，难以把握，不断提高管理水平是社会发展的基本要求。管理学作为一门科学在现代社会诞生，就说明了人们希望从纷纭复杂的管理现象中发现管理规律，从而实现成功的管理。

管理现象的纷繁决定了管理学是一门综合性学科，它涉及政治学、经济学、人类学、社会学、历史学、心理学、生理学、数学、统计学、会计学、工艺学、教育学、法学等学科。一般地，把 1912 年弗雷德里克·泰勒的《科学管理原理》一书的发表，作为管理学的开端。随后，管理学的思想和理论体系随着管理实践和理论研究的不断深化而不断完善，成为一门最重要的社会科学。1954 年彼得·德鲁克《管理的实践》一书的出版，标志着现代管理学的开始。管理学的发展，为各类组织的管理提供了重要的指导作用。但管理学首先应该是哲学，因为作为其他学科，管理学主要探讨管理过程中的各个方面的具体规律，而从哲学角度出发的管理学首先探讨的是管理自身。崔绪治指出："管理活动中的哲学色彩，是指这种活动中渗透有待科学概括和总结的、并不断丰富和发展着的哲理。"[①]所谓管理自身，指的是组成管理现象的各要素及其相互关系。但是这些要素及其关系不是自明的，而是隐匿于历史上和现实生活里人们关于管理的语言、思想和实践活动中。对管理进行哲学分析，就是要把隐匿于语言、思想和实践中的管理要素及其相互关系揭示出来，从而获得一种关于管理的智慧。

对管理进行哲学分析，首先还要分析哲学自身。当代哲学面临许多问题，但根本的问题是哲学自身成了问题，也就是哲学的死亡。它意味着哲学已经终结和完成，对当代思想不再具有规定性。但这不是全部哲学的死亡，因为哲学的事业依然生机勃勃，方兴未艾。这是某一种哲学的死亡，它具有一个特殊的名字，即西方形而上学。形而上学不仅是西方哲学的一个学科，它作为第一哲学不同于其他哲学，而且也是西方哲学的基本本性。它追问存在者整体：上帝、世界和灵魂，同时追问其存在的终极根据和本体。这种哲学在其发展中已经达到完满，并已经完成自身的思想使命，它的终结不是他杀，也不是自杀，而是寿终正寝了。当代哲学不再追求作为第一哲学的哲学，把自己自封在一个独特的领地，自诩科学之王，引领文化的走向，并为它们提供原则，即世界观和方法论。当代哲学与科学和文化的边界已经不再清晰，哲学与科学、文化的各个领域的结合已成为不争的事实。哲学的传统学科开始分化，如认识论与心理学的嫁接形成新的认知科学，伦理学出现了生命伦理学、生态伦理学，美学诞生了身体美学和环境美学等。哲学内部也开始产生新的学科，如政治哲学、经济哲学和管理哲学等。哲学在当代的发展与变化已经使我们不能再追问"什么是哲学"这样一个问题，因为这本身就是一种形而上学式的提问，即追问事物的本质和本性。当代哲学的本质和本性恰好是反本质和反本性，并且正因为如此才成为当代哲学。因此，我们

① 崔绪治，徐厚德．现代管理哲学概论［M］．安徽：安徽人民出版社，1986：3.

不再追问哲学的本质和本性，而是探讨哲学可能的主题和方法。[①]

哲学作为思想，其主题就是其已思想的。对此，中西哲学都各自包含了许多深刻而丰富的问题。但对中国传统哲学而言，主题也许只有一个，即道。中国传统哲学的主干儒、道、禅三家分别从社会、自然和心灵三个方面来阐释这个主题。与此类似，西方也在其不同的时代讨论了世界、上帝和理性等主题，现代和后现代将主题变得更加多元化。但是，无论对于哪一种哲学，存在、思想和语言始终都是其基本问题。首先，关于存在。存在问题是形而上学的基本问题，莱布尼茨曾经提问：为什么只是存在者存在而不倒是虚无存在？海德格尔认为这是所有问题中的第一问题，是最宽广、最深入和最本源的问题。除了存在与虚无，存在与思维、存在与变化、存在与现象、存在与价值、存在与个体生存、存在与语言等等关系问题也一直是哲学探讨的主要问题。虽然由于语言关系，中国哲学没有直接探讨系词和系动词意义上的“存在”（to be 或 being），但仍然探讨了本源、根据意义上的存在问题。如儒、道、禅三家的道，魏晋时期的有无问题，唐宋之后的心性问题，都可以看作是在追问存在的本源和根据。其次，关于思想。思想的要素感性、知性和理性乃至非理性，以及思想与存在、思想与心理的关系、思想自身的结构等，它们都曾经是和正在是哲学探讨的主要问题。第三，关于语言。语言与现实、语言与工具、语言与思想、语言与欲望的关系，语言中的概念、逻辑、语词，语言自身的结构与解构等，也都是哲学发展过程中不断出现的问题。一部哲学史因此甚至可以被看作是语言从自在到自为的历史。

哲学的主题总是相关于它的方法。在西方哲学传统中，主题与方法的关系可以表达为本体与方法的关系；在中国思想传统中，主题与方法的关系被描述为道与技的关系。就西方传统而言，哲学的主题一直以来被认为是探讨思维与存在、物质与精神谁是第一性的问题，与之对应的方法就是演绎和归纳。它们都是从作为根据的前提推出结论，但都有其限度。演绎的方法虽然保证了结论的必然真实，但其作为思想根据、原则和公理的前提的自明性有待于揭示，即它们自身需要建立根据和说明根据。归纳的方法前提固然是真实的，但是，这并不能保证结论的必然真实，这样它就不可能提供确定

① 彭富春 . 哲学的主题与方法［J］. 哲学研究：2005（3）.

性的真理。另外，演绎和归纳都不是从所思考的事情自身出发，而是从事情之外出发来论及事物。就中国传统思想而言，它也遵循了一般的演绎与归纳方法，但特别发展了归纳方法中的类比方法。它从一事物和另一事物的类似性出发，由一事物的某种特性推出另一种事物的某种相似特性，比如由天及人，由天道及人道。但对于天和天道的基础性、本源性和合理性，中国传统思想并没有追问，这也必然导致其思想的局限性。

但如果考察中西哲学的各种形态，哲学基本的问题只是存在、思想和语言，哲学的方法就只能是无原则的批判。无原则的批判不是折中主义或中庸主义，而是强调不是从任何既定的原则出发，而是否定一切已有的立场、观点，以及由此形成的各种先见、偏见和成见。无原则的批判只是从已给予的论题本身出发，对论题进行批判。批判不是简单的否定，而是区分和划界，它既表现为否定和解构，又表现为肯定和建构，由此生成关于论题的思想。但对于思想批判而言，已给予的论题首先是语言现象，其次是语言所揭示的思想和存在问题。无原则的批判因此首先是语言批判，即给语言划界，指明它针对论题到底说出了什么，是否有意义，有何种意义。思想批判就是揭示关于这一论题已思想的各种学说、体系和主义等的建筑学结构，检查其是否牢固，结构是否存在矛盾。现实批判就是指出论题现实的真相，分析其遭遇的问题，提出可能的道路。①

至此，我们会说，对管理的哲学分析，就是从语言、思想和现实存在三个方面对管理问题做出无原则的批判，以期生成关于管理的思想。

第一节　管理的语词分析

“管理”是一个使用频率很高的日常语词。人们经常会说，“他是一个管理人员”，“这个人的自我管理能力很强”，“这家企业的管理水平不高、管理体制不健全”，“这个政府管理部门的管理不到位”，等等。人们对管理的谈论，意味着他们对管理有着自己的经验，这表现为人们就处于一种管理或者被管理的经验状态之中。这种经验状态也说明了管理现象的真实存在。

① 彭富春．哲学的主题与方法［J］．哲学研究：2005（3）．

没有现实的管理活动，没有管理现象的真实存在，也就没有人们对于管理的经验和言谈。的确，管理现象无所不在，它成为我们日常生活的重要组成部分。根据管理组织所在的领域来划分，管理现象既存在于人的日常生活中，又存在于生产劳动生活和社会政治经济生活中。根据管理组织的要素来划分，管理现象表现为对人的管理、物的管理、制度的管理、关系的管理，等等。根据组织中的人对管理的体验来划分，管理现象又可以表现为合乎人性的管理和非人道的管理等。

管理作为一种语言的、经验的和存在的现象，为管理的哲学思考提供了一个基础。但语言的、经验的和存在的基础并不就等于哲学思考自身。哲学思考要做的，正是对管理这一语言的、经验的和存在的现象进行分析。当然，对此人们已经有了很多的、不同的分析。我们要做的，首先是对包括这些已有的分析在内的关于管理的语言的再分析，以揭示它们是否切中了管理现象的本性。

一、管理的字源学分析

哲学的分析不能等同于字源学的分析，更不能建立在字源学分析的基础之上。但是字源学的分析能够给我们的分析以一定的启示，尤其是可以提供给我们某些关键词语在漫长的历史进程中被遗忘或忽视的原初意义。关于管理的字源学分析的意义正是如此。人类语言异常丰富，但我们这里仅对汉语和英语中的管理进行字源学分析。

汉语中的“管理”一词是一个合成词，由“管”和“理”组成。“管”字的古汉语意义众多。“管”字竹部官声，本是一种管状乐器。“管”还有一意义是钥匙，如“郑人使我掌其北门之管”。[①]但是古汉语中，“管”和“官”通假，因此“官”就不仅仅是“管”的声旁，还赋予了“管”字“官”的意义。这样，“管”字和“管理”相关的含义首先是掌管之义，如《管子·海王》中指出：“唯官（通“管”）山海为可耳。”其次，还有如统辖、统治之义，如《荀子·富国》曰：“故先王圣人为之不然，知夫为人主上者，不美不饰之不足以一民也，不富不厚之不足以管下也，不威不强之

① 《左转·僖公三十二年》，岳麓书社，1988：89.

不足以禁暴胜悍也。”后来的引申还有管教、看管之义，如《红楼梦》第三十四回中说：“比如先时你珠大爷在，我是怎样管他？难道我如今竟不知管儿子了？”

“理”的本义是治玉，即把璞玉治成宝玉。但如何治？依其固有的自然理路，也就是把玉石本身的自然本性揭示出来，而不是只表现治玉者自己的构想。由此，作为名词，“理”引申为文理、条理、道理；作为动词，理引申为依自然之理来治理对象。这一对象，小到玉石、个体身心和家庭，大到山川、社群和国家。

这样，“管理”一词在汉语中的意义主要就是统治者依照一定的规律统治、统辖、治理、看管山川、器物、国家和民众。这里的规律是一种自然规律，遵循这种自然规律的管理行为主要被理解为一种社会行为和政治行为。但自然既表现为管理规律，更表现为管理目的和管理方法：这种管理行为的最高目的就是让管理对象的自然本性自由展露，最理想的方法就是顺其自然。但是，什么是管理对象的自然本性？怎样才能达到顺其自然？人的自然本性和物的自然本性是否一致？对人的管理的规律和对物的管理的规律是否一致？这些问题，对汉语语词“管理”的字源学分析并没能给我们答案。

和汉语“管理”对应的英文词汇主要有两个：administration（动词形式administrate）和management（动词形式manage）。administration可以分解为ad–ministr–at–ion四部分。其中，ad指的是to，即去做某事；minis意为serve和manage，即服务、侍候和办理；minist（e）r等于servant，字面义虽为部长、阁员、大臣，本义却是服务的人、仆人；at表示行为，ion是名词词缀。统一起来理解administration就有管理、行政、政府之义。其动词形式administrate意为管理、施行、照料（恪尽职守）。management可以分解为man–age–ment。其中，man等于hand，即手，其动词含义是传递、帮助、操作、应对等；age等于to；ment是后缀，用在动词后面，表示结果、方法、行为等。统一起来理解就是实际的经营、管理、支配等行为。

在英语环境实际的语言运用中，administration主要指宏观的社会行政管理，management主要指具体的经营行为尤其是企业的管理。如果说西方文化的古典时期探讨的管理主要是administration（具体表现在柏拉图的国家管理学说、马基雅维利和霍布斯的“君主论”等思想或论著中），那么工业革命之后探讨的管理主要就是 management，即企业管理。尤其是 19 世纪后期以来，几乎所有的管理学书籍的命名都是用 management，这足以说明今天西方国家文化背景中企业管理的重要地位。英语这两个词语的明确区分，表明西方国家人们对社会行政管理和企业管理之间的联系和区别的认识比较自觉。这首先表现为社会行政管理相对于企业管理的基础性和全面性特征（人们今天依然用 administration 来命名行政管理和工商管理的硕士和博士学位（MPA 和 MBA））；其次，社会行政管理的目标之一在于为企业经营创造良好的外部社会环境（administration 揭示了社会行政管理的一个重要特征即服务性）；第三，相对于 administration 的服务性目的，management 强调了管理的生产实践特征和财富积累的目的。

在这里，还有必要分析一下西方管理思想中经常要提到的另一个词 organization，即组织、机构、团体。Organ 是人体或动物的器官，但不是整体。Organization 就是把各个器官组合起来。相应的，表示企业的 corporation 中，corpor 指的是 body，即身体、机体。organization 和 corporation 的共同之处就是把一个机体组织起来，运转起来。但是这个机体自身的结构如何，是一个机械组织还是生命有机体，这个机体如何运转起来，语言自身并没有揭示出来。

二、管理的语义分析

如果我们只是鉴于管理的字源学来把握管理现象，这无疑是片面和简单的。日常生活中，人们对管理的各种言谈已经极大地丰富了“管理”这一语词的意义。这些日常语义有些可能显现了管理的本性，有些可能遮蔽了管理的本性。这需要我们对它们做出客观的分析。

第一，管理就是领导。这种看法是说，在一个组织中，只有领导才是管理者，只有领导的工作才是管理工作，而其他人都是被管理者，其他人的工作只是对领导命令的执行。所谓“劳心者治人，劳力者治于人”，这无疑把管理行为角色化了。我们只要稍加分析就可以明白，组织中的每一个人不可能只是管理者或者被管理者，而是管理者和被管理者的统一。人们在一般意义上理解的领导的工作主要是计划、组织、指挥、协调和控制等，但这无疑属于管理行为，实际上，领导只是管理的职能之一，是管理的一个重要组成部分。领导所领导的组织不是空中楼阁，而是处于现实世界错综复杂的关系中的。“管理最初是由少数人决定普通成员行动的过程，于是出现了家长式管理，后来又有规章管理”。[①] 在这些关系中，没有一个可以主宰其他任何组织的组织，也就没有一个可以总是管理他人而不被他人管理的领导者。而对于组织中的一个普通员工来说，即使仅仅是执行领导者的命令，也需要个体对命令进行理解、领会、实践、反省、矫正，等等，而这些行为无疑也属于管理行为。

第二，管理就是管人和管事。所谓管人就是比被管的人自由，可以不被人管；所谓管事就是有权力，当然更有权利。于是人们会说“我的朋友是管事的”。朋友管事，我们当然也可以有利可图。这当然是一种庸俗化的管理观，但这种观点让我们知道，现实生活的各个组织系统中确实存在一个管理层，处于这个管理层中的人掌握一定的权力，更容易实现自己的需要。

第三，管理就是治人，即利用他人实现自己的目的。单靠一己之力难以实现目的，就要靠他人之力。但他人之力要服务于他人自身的目的。要使他人之力服务于自己的目的，要么通过统一自己和他人的目的来实现，在他人实现自己目的的同时也实现了他人的目的；要么通过把自己的目的凌驾于他人目的之上来实现。前者靠的是民主和利益，需要利益共享，互惠互利；后者靠的是专治和独裁，还需要玩弄权术。

第四，管理就是处理关系。无论是一个特定的组织，还是人类社会，都是由各种要素组成的较为复杂的分工协作体系，因此，组织中乃至组织与组织之间充满了复杂的关系，理顺了这些关系，就可以让组织中的各个要素、组织与环境、组织与组织之间得以协调发展。但是，它们相互之间究竟有哪些关系，最重要的关系是什么，怎样去协调这些关系等，还有待于深入思考。即“管理就是激发人的积极性，协调管理中人与人的关系，以求达到共同目标的一种活动”。[②] 在现实的管理活动中，“关系”往往被理解为处理社会行政管理和企业管理之间的关系、公共资源管理和私人利益之间的关系、上下级之间的关系，等等，这导致了社会行政管理的服务性目标和企业管理

---

① 钱学成，全林．管理哲学［M］．上海：上海交通大学出版社，2009：157.

② 同上。

的营利性目标之间关系的扭曲，以及组织发展和个体发展之间关系的扭曲。

第五，管理就是经营。经营就是以营利为目的对企业进行的筹划、组织、运行，这一语义突出了企业管理的经济色彩和营利性目的。但在现实管理实践中，由于存在复杂的经营环境，企业的经营行为并不全部表现为筹划和组织企业或生意内部的繁杂事项，而更多地表现为小心翼翼地打点那些管人的人和管事的人，处理好各种复杂的关系，维护好企业的外部环境，所谓“苦心经营”是也。

第六，管理就是服务。这虽然也是日常语言，但往往只是官方语言。这意味着管理者的唯一目的不是实现一己私利，而是服务社会、服务被管理者，并通过服务社会、服务被管理者实现自我价值。这种说法揭示了管理者的最高需要是获得自我实现，并且揭示了实现这种需要的途径恰好是忘我的奉献。这种通过忘我奉献来实现自我价值的管理者形象常常出现在官方的文本中，但在现实生活中总是缺乏可能性。

第七，管理就是监督。这种说法首先肯定了被监督的一方也是自己行为的管理者，但认为这种自我管理并不完善，还需要来自外部的监督。作为监督的管理重视被管理者的主观能动性，但同时又认识到这种主观能动性和管理者的目标既可以一致，也可以相悖，因此强调监督的重要性。但这往往导致监督者和被监督者的猫鼠游戏，对提高组织的管理质量有一定的副作用。

第八，管理既是一门科学又是一门艺术。说管理是一门科学，是说管理有其自身的规律，管理活动需要了解、认识并严格遵循管理的规律；说管理是一门艺术，就是说对管理规律的遵循不能死板教条，而要具体问题具体对待，灵活应变。但是，管理作为一门科学究竟有哪些规律，人们似乎语焉不详。重要的是，“将管理看成是一种工作、学术、文化、一项任务”[①]的说法值得借鉴。管理作为一门艺术究竟魅力何在，人们也难以道破。“运用之妙，存乎一心”，归根结底，这不过只是一种关于管理的经验式的言谈。

管理的日常语义虽然没有给予我们明确的管理内涵，但还是让我们了解到现实生活世界中最重要的组织管理有两种，一是社会管理，一是企业管理。两种组织管理之间还存在着管理与被管理的关系，而且每一种组织中也

① 钱学成，全林．管理哲学［M］．上海：上海交通大学出版社，2009：158.

都存在着管理层和被管理层的关系。这些关系包括：服务与被服务的关系，如社会管理服务于企业管理，管理层服务于被管理层，这个意义上的管理就是服务；主宰与被主宰的关系，如社会管理对企业管理的主宰，管理层对被管理层的主宰，这个意义上的管理就是主宰。纯粹服务与被服务的关系，以及主宰和被主宰的关系，在人类历史和现实生活中并不存在，但人类管理实践的发展方向总体上是从以主宰和被主宰的关系为主导的管理向以服务与被服务的关系为主导的管理发展。对这些关系的全面认识，对管理内涵发展的深刻理解，这还需要做进一步的思想史的分析才能够确证。

三、管理的功能特点

不同于日常语义的简单模糊，对管理下定义反映了人们希望对管理现象有一个明确清晰地把握，于是就有了许多的管理学书籍和许多的关于管理的定义。但是，管理现象的复杂性和定义者不同的视角决定了每一个关于管理的定义都能或多或少涉及管理的本性，但又不可避免地有着自身的局限性。我们试分析以下几个定义。

第一，管理就是决策。决策理论大师西蒙提出了决策的管理模式，他认为，管理活动实际上就是由一连串的决策所构成的，通过决策的制定、执行和反馈，最终实现了管理的目的和全过程。正是为了突出和强调决策思想作为管理思想的重要组成部分的意义，所以，西蒙认为，决策贯穿于管理的整个过程，管理就是决策。

第二，管理就是由一个或者更多的人来协调他人的活动，以便收到个人单独行动所不能收到的效果而进行的活动。

第三，管理就是计划、组织、指挥、协调和控制等活动的过程。

第四，管理就是筹划、组织和控制一个组织和一群人的工作。

第五，管理就是为了实现某个目标而有效获取、利用人的努力和物质资源的行动。

第六，管理就是通过其他人来完成工作目标。

第七，管理就是由专门机构和人员进行的控制人和组织的行为，使之趋向既定目标的技术、科学和活动。

第八，管理就是管理者为使客观事物的存在和发展合乎一定的目的而采取相应的方式所进行的活动。

第九，管理是生产劳动的一个条件，本身也是一种生产力。

第十，管理是一种职权系统，是社会生活的有序化机制。

第十一，管理是一种阶级和地位系统，是社会各个阶级、各种政治力量相互作用、相互协调的纽带。

第十二，管理是人类最普遍的一种社会活动，是处于一定组织中的具有特定管理意识的管理主体对管理客体所进行的协调和组织，以优化运用有关资源，达到共同目标的能动的、创造性的活动过程，是管理意识和管理实践高度统一的过程。①

综合分析这些关于管理的定义，我们发现，它们尝试从管理者、管理对象、管理活动、管理的目标、管理职能等方面对管理现象进行认识。但在这些定义中，前八条定义过于简单，它们只是从管理现象的某一个或几个方面进行分析，而无法切中管理的本性。中间三条反映的只是从政治经济学角度分析政治组织和企业组织的管理现象，但无法切中作为一种普遍现象的管理的本性。最后一条又过于复杂，希望穷尽管理的一切要素及其关系。并且，定义中关于管理主体和管理客体的划分表明，定义者的哲学出发点是近代理性哲学，但这种哲学本身仍有待于分析和超越。这些定义反映了人们对管理内涵的多样性认识，但对管理本性的真正把握，还有待于思想史的分析。

第二节　管理的思想史分析

通过对管理的语言分析，管理的一些基本要素以及这些要素间的关系已经大致呈现出来。但要把握这些要素的具体内涵以及这些要素间的关系及其发展，还必须从管理的角度梳理中西思想史，对其做一个更具体的认识。

一、中国传统哲学中的管理思想

中国传统思想发展历史悠久，博大精深，有诸子百家之说。关于其主

① 王德清，么加利．管理哲学［M］．重庆：重庆大学出版社，2004：2-3.

干，人们常说只有儒、道、禅三家。但如果说禅宗这门中国化的佛教宗派不过是大众化的老庄哲学，[①]则主干只剩下儒、道两家。其实，中国传统思想的主干依然还是三家，不过不是儒、道、禅，而是儒、道、法。其中，儒和道以显性的形态存在，法家以隐性的形态存在。这就形成了所谓的中国传统文化“外道内法”和“阳儒阴法”的结构。中国传统思想中的管理智慧即与这两种结构相关。

我们先来关注一下儒、道、禅三家之说。为什么儒、道、禅成为中国传统思想的主干？因为他们都用道来规定人。这个道在道家那里是自然之道，在儒家那里是社会之道，在禅宗那里是心灵之道。人的现实存在主要包括自然身体的存在、与他人共同存在和对现实存在感受和反思的心灵存在三方面，而儒、道、禅三家分别从人的自然存在、社会存在和心灵存在来规定了人的存在，从而使传统中国人尤其是知识阶层获得了一种比较完整的生命存在，因此，在他们的心目中具有极其重要的地位。儒、道、禅三家思想都非常强调“修养”，而修养的本质其实就是个人管理。所以，儒、道、禅三家的思想从管理学的角度看，其实就是以获得个体完整生命存在为目标的个体管理学。

儒、道、禅为什么最终变成了儒、道、法？关键在于对“道”的理解。儒、道、禅三家之道虽然分为自然之道、社会之道和心灵之道，但实为一道，即自然之道。道家之道是天地自然之道，遵循自然之道是人获得长生久视的根本；儒家之道是自然伦理之道，这种道强调人向来处于父子、兄弟、夫妇之自然伦理关系中（朋友和君臣关系不过是这种关系的自然延伸），人的完满存在就是遵循并活在这些自然关系中。禅宗之道是自然心灵之道，这种道强调心灵本来的纯净、明澈，保持这种本心即可没有苦恼和烦忧。以此可以说，儒、道、禅三家之道实际上只是自然之道。但正是这一自然之道的自然性决定了儒、道、禅思想的局限性，决定了三家思想并非纯粹的个体管理思想，也决定了法家思想的出现并实际上处于统治地位的历史必然性，当然也决定了中国传统管理思想的权谋性。

让我们先从道家的自然之道开始。《老子》81 章中共出现了 73 次

---

① 麻天祥 . 中国禅宗思想发展史［M］. 武汉：武汉大学出版社，2007：1.

“道”字，含义不尽相同，但基本包括两方面的内容：一是作为本根意义的“道”。“道可道，非常道”。[①] 道不可言说，说出来的就不是道。言说总是对某物的言说，即使某物不存在，也是对不存在的某物的言说。但只要是某物，就有其有限性，就不是根源。道不可言说，正因为道是万物的本根，而不是万物本身。道虽然不是万物本身，但并不离于万物，而是创生万物，内在于万物，蓄养万物，所谓“道生一,一生二,二生三,三生万物”。[②] 因此，道虽然“视之不见”“听之不闻”“搏之不得”，但仍然有“无状之状”“无象之象”，[③] 因而，仍然可以视、可以听、可以说，只不过是视不可视、听不可听、说不可说。二是道蓄养万物的规律。道首先表现为没有偏私、绵绵不勤地生养万物，正所谓“谷神不死，是谓玄牝。玄牝之门，是谓天地根。绵绵若存，用之不勤”，[④] 正所谓“天地不仁，以万物为刍狗”(《五章》)。道其次表现为使万物对立转化，正所谓“有无相生，难易相成，长短相形，高下相倾，音声相合，前后相随”。[⑤] 而对立转化的目的正是为了实现万物生命的循环往复，生生不息，道因此又表现为“周行不殆”，表现为“曰逝，曰远，曰反”。[⑥]

老子为什么要讲道？对此，司马迁概括为“修道而养寿”。修道就是要体悟和护持道的本根，遵循道的规律，这样可以获得自然生命的延长。但准确地说应该是“修德”而非“修道”。道是宇宙万物的本根，落实在万物之上就成为德。道不可修，我们能修的只是德。老子曰：“修之于身，其德乃真。”[⑦] 落实于肉身之中的德要想“真”，即得道之真，必须不断修、饰、葺、理肉身。于是修道表现为修德，修德就是修身。但修身必须遵循大道的运行规律，于是学会修身的前提必须是学会观道。

观道首先是认识道之妙与道之徼。由于道非一物，观就不能是肉眼之观，而是直观；认识也就不是由感性到理性的认识，而是领会。“常无，欲

① 《道德经 · 一章》，外语教学与教研出版社，1999：2.

② 《道德经 · 四十二章》，外语教学与教研出版社，1999：90.

③ 《道德经 · 十四章》，外语教学与教研出版社，1999：28.

④ 《道德经 · 六章》，外语教学与教研出版社，1999：12.

⑤ 《道德经 · 二章》，外语教学与教研出版社，1999：4.

⑥ 《道德经 · 二十五章》，外语教学与教研出版社，1999：52.

⑦ 《道德经 · 五十四章》，外语教学与教研出版社，1999：114.

以观其妙；常有，欲以观其徼。”[①]就是说，要常从无中关照道之微妙，常从有中关照道之端倪（从陈鼓应之说）。道之微妙，正在于道之冲灵虚无。正因为冲灵虚无，反而成为万物之宗。“天地之间，其犹橐籥乎？虚而不屈，动而愈出。”[②]正因为虚，才不会用尽；正因为虚，才会流布天地。但虚无之道正是在其流布所在表现出其微妙。道之流布，为天，为地，为人，故“道大、天大、地大、人大”。[③]大道之妙正在于天地之妙、万物之妙、人之妙，观道表现为观天地、观物、观人。“天长地久。天地所以能长且久者，以其不自生，故能长生。”[④]大道之妙表现为天地无我，故能长生。“上善若水。水善利万物而不争，处众人之所恶，故几于道。”[⑤]大道之妙表现为水之不争，故能至善。“三十辐，共一毂，当其无，有车之用。埏埴以为器，当其无，有器之用。凿户牖以为室，当其无，有室之用。”[⑥]大道之妙表现为器之虚空，故能以为用。“含德之厚，比于赤子。蜂虿虺蛇不螫，攫鸟猛兽不搏。骨弱筋柔而握固。未知牝牡之合而朘作，精之至也。终日号而不哑，和之至也。”[⑦]大道之妙表现为赤子的抟气致柔，故能精神充实，心灵谐和。观道还意味着“观复”。“万物并作，吾以观复。”[⑧]“复”是“复归”：“夫物芸芸，各复归其根。归根曰静，静曰复命。”[⑨]万物芸芸，生生不息，但其本根和本性却是清静无为之道。道常无而常有，道常静而常动，道常柔而常坚，常小而常大，故“道常无为而无不为”。[⑩]观复就是要领会大道的常无、常静、常柔、常小、常无为。

道落实在人身上就是德，把所观大道之妙落实在人身上就是修德和修身。修德首先表现为复归作为生命本根的大道。道性虚无，道性清静，回归

---

① 《道德经·一章》，外语教学与教研出版社，1999：2.
② 《道德经·五章》，外语教学与教研出版社，1999：10.
③ 《道德经·二十五章》，外语教学与教研出版社，1999：52.
④ 《道德经·七章》，外语教学与教研出版社，1999：14.
⑤ 《道德经·八章》，外语教学与教研出版社，1999：16.
⑥ 《道德经·十一章》，外语教学与教研出版社，1999：22.
⑦ 《道德经·五十五章》，外语教学与教研出版社，1999：116.
⑧ 《道德经·十六章》，外语教学与教研出版社，1999：32.
⑨ 《道德经·十六章》，外语教学与教研出版社，1999：32.
⑩ 《道德经·三十七章》，外语教学与教研出版社，1999：76.

大道就是要“致虚极，守静笃”[①]，就是要“复归于朴”，复归于无。而复归于无就是复归于道的自然创生，就是无中生有，就是生命之根于一片混沌中自然萌芽。修德其次表现为按道的规律行事，让生命本根自然而然地生长，而不要人为地干涉。道常无为而无不为，所以，“上德无为而无以为（无心为）”[②]，人们要做的只是“为无为，事无事，味无味”[③]，否则为者败之，执者失之。修德因此还表现为要及时修理、翦除、删削肉身的欲望，不要让其影响生命本根的正常生长。因为无才能生有，有本身不能生有，而欲望却不再使人虚无清静。“咎莫大于欲得，祸莫大于知不足。”[④]贪欲使人轻躁，轻则失根，躁则失君。重为轻根，静为躁君，不受贪欲影响的方法就是镇之以无名之朴，就是“君子终日行不离辎重”[⑤]以回归清静。这时的修德已经是修身，修身就是要堵塞一切滋生贪欲的感官，是“塞其兑，闭其门，挫其锐，解其纷，和其光，同其尘”[⑥]，是让德性与道性不再有肉身贪欲的干扰而直接“玄同”：“载营魄抱一，能无离乎？抟气致柔，能如婴儿乎？涤除玄览，能无疵乎？爱民治国，能无为乎？天门开阖，能为雌乎？明白四达，能无知乎？”[⑦]能达到这无离、无疵、无为、无知的婴儿状态的有德之人，就是得道之人。得道之人，不仅可以燕处超然，更可以长生久视，正所谓“修道而养寿”是也。

生命本根的修养不仅仅是个人的事情，还牵涉到个人所处的社会。老子认为修道过程中最大的障碍是贪欲而不是一般的欲望。一般的欲望是肉身自然而然的需要，这种需要不但不能鄙弃，还要珍贵。老子强调“贵大患若身”，“何谓贵大患若身？吾所以有大患者，为吾有身，及吾无身，吾有何患？”[⑧]之所以要像重视大患一样重视身体，是因为我有身，如果无身，何来大患？所以老子强调“贵身”而不是“忘身”。忘身必是佛家对肉体的鄙

---

① 《道德经·十六章》，外语教学与教研出版社，1999：32.
② 《道德经·三十八章》，外语教学与教研出版社，1999：78.
③ 《道德经·六十三章》，外语教学与教研出版社，1999：132.
④ 《道德经·四十六章》，外语教学与教研出版社，1999：98.
⑤ 《道德经·二十六章》，外语教学与教研出版社，1999：54.
⑥ 《道德经·五十六章》，外语教学与教研出版社，1999：118.
⑦ 《道德经·十章》，外语教学与教研出版社，1999：20.
⑧ 《道德经·十三章》，外语教学与教研出版社，1999：26.

弃，也必然是对一切肉体欲望的驱逐。贵身必是对自然生命的珍贵，也必然是对生命自然需要的肯定，同时也是对超于自然需要之上的贪欲的否定。但问题是，贪欲来自何方？

老子认为人的贪欲一是来自于个人，一是来自于统治者。贪欲首先来自于个体对外在世界的知识。“无知无欲”。[①] 动物无知，故没有贪欲；人有知，故贪欲滋生。知识与贪欲之间的中介就是工具。知识导致工具的制造和使用，工具的巧利使人的欲望轻易满足，也制造了更多的欲望。于是，欲望的泛滥就遮蔽了生命本根自然生长的空间，个体的生存从此进入晦暗的境地。而能不为贪欲所困，保持清静道性，燕处超然的个体就是圣人。个体贪欲的泛滥还会因统治者的示范变本加厉。统治者也是有自然欲望的肉身个体，但统治者的自然欲望更容易变成贪欲，如果他把整个民众变成满足他的贪欲的工具。因此，贪欲的否定首先是对统治者的贪欲的否定，其次是统治者对民众个体贪欲的否定。而对统治者贪欲的否定只能由统治者自身完成，这样的统治者就只能由得道的圣人担当。圣人除了抑制个体的贪欲而勉力强行，还要努力创造一个不会滋生贪欲的社会环境。这个理想的社会究竟是什么样子的呢？《老子》第八十章给出了答案：“小国寡民。使有什伯人之器而不用；使民重死而不远徙。虽有舟舆，无所乘之，虽有甲兵，无所陈之。使民复结绳而用之。甘其食，美其服，安其居，乐其俗。邻国相望，鸡犬之声相闻，民至老死，不相往来。”[②] 原来，理想社会的创造关键在于“使有什伯人之器而不用”，而“使民复结绳而用之”，因为，只有用最简单的器具满足最简单的需要，人们才能享受到甘、美、安、乐。另外，统治者还要通过自己的无为之治和不言之教使民众绝智弃辩、绝巧弃诈、绝巧弃利，和自己一样达到无心、无为、无事、昏昏、闷闷的愚人状态。这种状态不是贪欲的晦暗状态，而是鸿蒙未开的自然状态。只有这种状态，才是人之德与天之道玄同的状态，也才是生命的自由状态。

至此，如果从一个所谓纯粹道家管理思想角度来看老子的思想，我们会得出许多看似具有普适性的结论。比如，老子管理思想非常重视对管理规律

---

① 《道德经·三章》，外语教学与教研出版社，1999：6.

② 《道德经·八十章》，外语教学与教研出版社，1999：168.

的总结与遵从，这些规律有循环率、成长率、得失率、时间率、调节率、容忍率，等等。更重要的是老子概括出了关于管理的基本原则即“水式管理”（柔性管理）和“无为管理”。尤其是无为管理，“是最特殊、最智慧，也是最具有效率的艺术，如果没有高度的认识和智慧，则根本不会应用。反过来，凡是管理者或领导者能认识到并善于运用的，就必定是个‘伟大’的成功者”。[①]但是，所有这些结论应该都是建立在如何管理好一个现代企业的现实需要的基础上的。企业是一个经济组织，企业的根本宗旨是进行物质生产并通过物质生产盈利，企业的领导者根本是为了实现企业的宗旨而借鉴老子管理思想的领导者。但在老子那里，物质生产恰好是要尽量减少的，最重要的管理者也不是企业领导，而是政治统治者。这些决定了在一个没有处理好政治管理和企业管理关系的文化环境中，所谓老子的管理思想并不能得到真正实现，“伟大”的成功者（成功的企业和成功的企业家）也很难出现。相反，在这样的环境中，企业家总是费尽心思为企业的生存和发展寻找空间，企业家的管理实践更多的不是老子的无为，而是法家的权谋。

为什么会这样？首先，老子关于生命本根的自然性设定忽视了人的存在的复杂性。老子所设定的生命本根即“道”的一个基本特性是自然。[②]自然在汉语中主要有两个意义：自然界和自然而然。自然界是天地万物所构成的整体，自然而然就是事物自身是其所是的样子。老子说人法地，地法天，天法道，道法自然，就是说道依据自身的本性，自然而然。道作为生命的本根意味着生命的存在就是依据生命自身的自然而然的本性存在。这样的存在论决定了人的身体、心性、现实生存和理想境界无一不带上自然性的色彩。[③]道的另一个特性是其虚无性和无限性。道不可道，可道之道已非自然之道。这不光是讲自然之道是无限的、不可言说的和玄妙深湛的，是包括人在内的万物的本根，更是讲可道之道与言道之人的智慧是有限的、片面的，而且往往会遮蔽生命的本根。自然之道的无限性决定了个体生命的自由本性，常道的循环往复、周行不殆又决定了个体生命的自由在于能够自然而然地享受生命的整个过程。虽然个体生命都要经历萌芽、生长、壮大、衰老和死亡，

① 郭咸刚 . 西方管理思想史［M］. 北京：经济管理出版社，2010：414—417.

② 彭富春 . 论中国的智慧［M］. 北京：人民出版社，2010：158.

③ 彭富春 . 论中国的智慧［M］. 北京：人民出版社，2010：216.

但人只要谨守自然之道，并不断警惕、刈除言说之道的遮蔽，就能享受生命本根自然而然的发展。但问题是，由自然的自然本性并不能推出人的自然本性，人的自然生命的有限并不能阻止人对无限存在的可能性的追求。这在于，人有不同于动物的无限欲望，人能够制造和使用工具历史性地实现这些欲望，并能在欲望的实现过程中产生有关欲望和工具的智慧。人固然是一种自然物，但人绝不仅仅只是一种自然物。用自然性来设定、统御人性，看似可以让人自然而然，其实只会让人很不自然。

其次，是老子修养论的内敛性导致社会物质文明的过分简陋。老子不是没有觉察到人有欲望，而是非常深刻地意识到欲望的过分张扬会导致物欲横流。从“小国寡民”的分析我们可以看到，欲望和欲望的追逐会让人去发明制造“什佰人之器”（十倍百倍于人工的利器），会让人远徙他乡以开拓生存空间，会让人发动战争以掠夺资源，会让人忘掉最简单的享受其实是最宝贵的自由。于是，老子主张有利器而不用，有舟舆而不远行，有甲兵而不战争，有文字而不交流，国小民寡，老死不相往来。冯友兰针对这一点曾指出，《老子》第八十章讲的不是要回到没有舟舆、甲兵、文字的原始社会，而是人要有的一种精神境界。有这种境界的人不是为之而不能，而是能之而不为。[①]冯氏所言实为肯论，但正是对这种“能之而不为”的精神的过分强调导致了“什佰人之器”的实际匮乏以及社会物质文明的过分简陋，也使人只能在极低层次上甘其食、美其服、安其居、乐其俗。老子以为加强这种能知而不为的个体修养就可以抑制人的贪欲从而实现人的自由，但却没有意识到人的欲望和欲望的满足冲动是不可能靠这种修养能抑制住的，而且这种冲动也不能简单视为贪欲了之，它正是人实现人的真实存在的强大动力。但也正是老子思想对人的欲望的这一基本观点，决定了老子管理思想的重心不在于物质生产管理（满足欲望），而在于政治管理（抑制欲望）。

第三，老子对圣人之治的诉求，导致法家思想对道家理想的架空。老子深知贪欲的抑制仅靠普通个体的修养是不够的，个体自然而然的生存仅靠个体修养也不能达到，因为个体生活在社会中，而这个社会的统治者如果放纵自己的贪欲，必然会把什佰倍自己的民众变成什佰倍之器来役使。统治者

① 陈鼓应．老子今注今译［M］．北京：商务印书馆，2003：346.

的纵欲示范也会让本身已是社会的奴隶的个体变成自身贪欲的奴隶。因此，老子求诸圣人之治。在老子看来，圣人不但是能够葆有清静道性的个体修养者，更是通过无为之治和不言之教使民众归于大道的统治者。作为个体的圣人，他的修养使他能够遵道而行；作为圣人的统治者，他能使自己的言行成为民众的楷模，他不但不役物，更不役人；作为统治者的圣人，他又能通过自己的圣人之治创造一个使民众无知无欲的社会。这似乎非常完美，但是老子忘了思考作为有贪欲的个体和作为圣人的个体以及作为统治者的个体是否能够真正实现完全同一。这又是一个起点还是终点的问题。如果有这样的个体存在，圣人之治一定能实现；如果这是一个终点，个体、圣人、统治者的完美合一本身就是一个遥远的梦想，更何谈这样的一个人治理下的理想社会？但正是这个虚幻的完美个体被现实统治者拿来作为实现其个体贪欲的幌子。统治者如果并不想抑制自己的贪欲，他就会用权谋役使民众，尤其是人臣。为了使人臣便于役使，必须使他们变成俯首听命的奴隶。统治者首先要牢牢把握自己的权力，使其不能旁落人臣之手，所谓“君子终日行不离辎重”“鱼不可脱于深渊”是也。而把握权力的最好方法就是绝不轻易展示权力，所谓“邦之利器不可以示人”是也。统治者要把自己装扮成无心、无言、无为、无事、昏昏闷闷的得道圣人，暗地里却在寻找、观察打击的对象。一旦时机成熟，秋风扫落叶般地摧毁对手，所谓“大方无隅，大器晚成，大音希声，大象无形”是也，然后又迅速复归于无形、无声、无为，让人臣觉得其深不可测，难以琢磨，法术无边，只能牛马效劳，胆战心惊，如履薄冰。于是，“无为而无不为”“圣人后其身而身先，非以其无私邪，故能成其私”“古之善为道者，非以明民，将以愚之”“将欲之，必固张之；将欲弱之必固强之；将欲废之，必固兴之；将欲取之，必固与之；是谓微明”[①]……这些本来作为修养论并没有一点愚人之心的话语却变成了统治者拿来愚人的宝典，也自然成为人们认定老子思想的主旨乃权谋论的口实。老子所谓最具智慧的无为管理思想，在这里蜕变为实现统治者贪欲的权谋之论。这根本在于现实的统治者并没有打算抑制自己的欲望，而是为了实现自己的贪欲，他不得不用阴谋诡计把有限的物质生产的成果归为己有。道家的管理

① 《道德经·三十六章》，外语教学与教研出版社，1999：74.

思想在这里已经变成外道内法的管理实践，无为而治的管理宝典已经变成法家的法、术、势权谋。

同道家管理思想实际表现为外道内法的管理实践一样，儒家管理思想也在历史中具体表现为阳儒阴法的管理实践。儒家的自然伦理之道设定了儒家管理思想的最高目标是实现社会的和谐。为达到这一目标，儒家管理思想认为“礼”和“义”是最重要的管理手段，而统治者自身的仁德和对礼义的示范是运用这些手段达到目的的关键。但无论是针对统治者的仁德还是针对被统治者的礼义，关键之处还是对人的欲望的限制。魏征《谏太宗十思疏》的第一条就是“见可欲，则思知足以自戒”。荀子认为人的欲望无穷，是祸乱的根源，而通过礼义划分等级，不同层次地满足人们的欲望，就可以使人安于本分，国家太平。但是，由于儒家过分强调政治管理的作用而很少提及发展生产，儒家管理思想的核心“仁德”和“礼义”在统治者欲望泛滥而缺乏监督的现实中必然变质，打着仁德和礼义的幌子抑制被统治者的基本生存欲望，放纵统治者的贪欲，就成了残酷的真实。而实现统治者贪欲的管理思想这时也已经褪变为阳儒阴法的具体实践。当然，我们可以从儒家文化中抽取一些宝贵的成功经验，来解释所谓的日本经济腾飞和亚洲四小龙经济奇迹。但是我们不可忘记，没有处理好政治管理和企业管理之间的关系，对儒家管理思想的过分强调只会使企业的生存环境越来越复杂，企业家的心力只会越来越多地投入到与貌似清廉实则贪婪至极的政治管理者的纠缠中去。

我们再来看看法家。法家思想是老子道德学说在其分途发展过程中形成的一种和庄子思想背道而驰的学说。庄子学说糠秕圣哲，鄙夷事功，与政治格格不入，对老子思想中的圣人之治不感兴趣，却大大发展了老子思想中全真保身、崇尚个体自由的一面。但法家学说尤其是韩非的思想却恰恰以政治事功为目标，强调统治者要抱法处势，以术驭人，貌似无为，实则无所不为，是赤裸裸的君人南面术，深得统治者垂青。但以这种思想为基础的统治往往导致统治者和民众的尖锐对立，秦朝统治者就因为对法家不加改造地接受而导致其政权迅速覆灭。于是，法家学说在其发展过程中逐步寻求与道家、儒家和墨家等学说的结合。法家学说在先秦时期表现为黄老之学。它改造了老子思想，用“虚壹而静”的道来论证法治主张的合理性，提出一套以刑名关系为标志的统治术。它假托黄帝之名以“君人南面之术”为自己思辨的主要内容，借道明术，强调道术结合、道法结合。汉初统治者鉴于秦“举措暴众而用刑太极”、单纯使用法家理论而迅速招致灭亡的教训，重提黄老之学，把法家暴力统治方式用道家无为而治的旗号装饰起来，无为而治，与民休息，安定社会，发展经济，轻徭薄赋。这对医治汉初战争创伤、恢复社会安定有一定的作用。一旦社会安定恢复，这种学说作为统治者的指导思想的局限性必然显现，所谓“文景之治”时期的诸蕃作乱就是明证。于是有了汉武帝的罢黜百家，独尊儒术。然而，汉武帝所尊之术实际上是阳儒阴法之术，并且成为此后两千年封建统治者的不二法宝。苏轼所言“自汉以来，学者耻言商鞅、桑弘羊，而世主独甘心焉，皆阳讳其名，而阴用其实”，[①]实为不刊之论。从管理的角度看，法家思想之所以历经两千年不倒，主要是因为，法家管理思想立足于管理者即统治者的目标的实现。这就是说，法家管理思想虽然也重视被管理者的自然需要，但更重视管理者的私欲。而满足管理者私欲的方法不是大力发展生产力，而是剥夺被管理者的基本物质需要以据为己有，正如谭嗣同在《仁学》中所言，“两千年来之政，秦政也，皆大盗也”。

通过梳理中国传统思想三大主干，我们从管理角度会得出以下结论：首先，中国传统管理思想重社会政治管理而轻生产管理；其次，把管理视为管理者的特权；第三，重对人的控制，轻对人的合理欲望的满足；第四，重法治轻法制，重权谋轻规范；第五，重服从轻个性，重和谐怕矛盾。当然，这种管理思想虽然不注重物质生产和人的欲望的实现，但却在一定程度上强调了人与自然环境关系的和谐，这对当下的物质生产管理实践还是有许多宝贵的启示。

二、西方哲学中的管理思想

如果中国传统管理思想主要以智慧的形式出现，西方管理思想则不仅以智慧的形式出现，还以“爱智慧”即哲学的形式出现。这就是西方思想发展的第二阶段即理性哲学阶段。这个阶段又可以具体分为古希腊的理论理性、中世纪的实践理性和近代的创造理性。如果加上现代的思想和后现代的综合

---

① 苏轼．东坡志林（卷五）［M］．北京：中华书局，1981：107.

文本，就有五个阶段。在西方智慧和哲学的发展中，西方管理思想逐渐走向成熟和完善。这具体表现为对政治管理和生产管理的关系、对管理中的人和组织及其关系、对管理行为的复杂性的认识越来越深刻和全面。

在以智慧形式出现的西方思想中，人的规定，即人应该成为什么样的人成为主题。不同于中国的自然的智慧，西方智慧是一种神性的智慧。中国智慧中关于人的规定来自自然，人性主要是自然性；而西方智慧中关于人的规定来自神，人性主要是神性，人凭借于此区分于动物和自身。在古希腊，人要成为英雄，英雄与常人的区别在于其具有四大美德：正义、节制、智慧和勇敢。在中世纪，人要成为圣人，成为上帝和民众之间的人。圣人的美德是：信、望、爱。在近代，人要成为公民，即自由人。公民的美德是：自由、平等、博爱。

在西方智慧传统中，卢梭的思想最为集中地表达了西方式的政治管理智慧。《社会契约论》是法国思想家卢梭于 1762 年写成的一本书，这本书中所表达的主权在民的思想，成为现代民主制度的基石，深刻地影响了欧洲废除君主绝对权力的运动和 18 世纪末北美殖民地摆脱英帝国统治、建立民主制度的斗争。美国的《独立宣言》和法国的《人权宣言》及两国的宪法均体现了《社会契约论》的民主思想。在这本书里，卢梭指出，一个理想的社会建立于人与人之间而非人与政府之间的契约关系之上。与洛克一样，卢梭认为政府的权力来自被统治者的认可。但是卢梭声称，一个完美的社会是为人民的“公共意志”（公意）所控制的。虽然他没有定义如何达成这个目标，但他建议由公民团体组成的代议机构作为立法者，通过讨论来产生公共意志。具体地说，《社会契约论》主要探究是否存在合法的政治权威。“人是生而自由的，但却无往不在枷锁之中”。① 自然状态中的人虽然生而自由，但由于没有绝对的政治权威，只能处于彼此混战的状态。人们需要一个政治权威，但政治权威在自然状态中并不存在，需要通过一个社会契约来确定。在社会契约中，每个人都放弃天然自由，而获取契约自由。在参与政治的过程中，只有每个人同等地放弃全部天然自由，转让给整个集体，人类才能得到平等的契约自由。这种契约自由需要一个政府来完成，这个政府必须分成三

① ［法］卢梭 . 社会契约论［M］. 北京：商务印书馆，2003：4.

个部分：主权者代表公共意志，这个意志必须有益于全社会；由主权者授权的行政官员来实现这一意志；最后，必须有形成这一意志的公民群体。他还相信，国家应保持较小的规模，以便把更多的权利留给人民，让政府更有效率。而人民应该在政府中承担活跃的角色。人民根据个人意志投票产生公共意志。如果主权者走向公共意志的反面，那么社会契约就遭到破坏，人民这时候就有权决定和变更政府形式和执政者的权力，包括用起义的手段推翻违反契约的统治者。

通过了解卢梭的思想，我们会得出西方政治管理智慧的一些基本特征，这主要表现为强调管理者的服务意识和依法管理意识，强调管理目标不只是管理者个人意志的实现，而是整个群体公共意愿的实现。除此之外，它还表现为尊重个人的自由存在，尊重个人的欲望实现，尊重建立在个体自由基础上的社会和谐等。卢梭管理思想的广泛影响表现为西方社会在资产阶级革命后对物质生产管理的高度重视，对社会行政管理的服务性质的强调。

在以理性哲学形式出现的西方近代哲学中，管理思想主要表现为对管理结构的分析。古希腊的理论理性主要思考国家政治管理方面的问题。比如在《理想国》中，柏拉图强调国家管理和个人管理的对应关系。国家是放大的个人，个人是放大的国家。人的灵魂结构分为三个部分：理性、意志和欲望。[①] 理性是最优秀的部分，意志是灵魂用以发起行动的部分，欲望是最低劣的部分。与此相应，国家也应该由三部分人组成：一等人是治国的贤人即管理国家的哲学王。他们能洞察真理，具有美德，富有知识和正义，天生就是具有统治才能的人；二等人是武士。他们勇敢顽强，善于作战，忠于职守，能够帮助统治者实施暴力和防御，保障从事各行各业的人们的生活需要；三等人是民间艺工。他们由手工业者、农民、商人等组成，他们只受欲望的支配生产和生活，所以应该受到上述两个等级的统治，并把自己的劳动成果贡献给国家。在理想国中，各阶层的人应该像人的灵魂的各个部分一样，各司其事，各尽其责，即"各做各的事而不互相干扰"。[②]

亚里士多德在《政治学》一书中，通过对 100 多个城邦政制的分析比

① 刘敬鲁．西方管理哲学［M］．北京：人民出版社，2010：21.

② 北京大学哲学系．古希腊罗马哲学［M］．北京：商务印书馆，1981：229-230.

较，从人是天生的政治动物这一前提出发，系统论述了什么是对公民最好的国家。全书按内容可分 4 部分。第 1、3 卷，探讨城邦、政体等基本理论。认为城邦是至高而广涵的一种社会团体，追求最高最广的善业。人类是天生的政治动物，经家庭、村坊而组成城邦。政体按其宗旨及最高统治权执行者的人数，分为正宗与变态两大类。前者为君主、贵族、共和 3 种，后者为僭主、寡头、平民 3 种；第 2 卷，批驳取消私有财产和家庭的主张，评析当时的各种政制；第 4、5、6 卷，论述现实中的平民、寡头、共和等政体的具体形态、变革原因及其防范措施，提出以中产阶级为主体的共和政体是最稳定的政体；第 7、8 卷，论述理想城邦中的道德、人口、疆域、民族性和教育等问题。和《理想国》一样，《政治学》同样强调了统治者和被统治者的天赋关系。

中世纪实践理性哲学主要探讨上帝意志的实现。这一时期的管理思想同样是以探讨管理组织的结构为主要内容。在《神学大全》中，阿奎那指出，宇宙的秩序是按照等级的阶梯来安排的，从非生物体开始，逐渐上升到植物、动物、人、圣徒、天使，最高是上帝。其中每一个较低的等级都以较高一级为自己力图达到的目的。而上帝是整个宇宙系统的最高目的，整个宇宙系统都是按照上帝的旨意在运转。在《君主论》中，马基雅维利虽然已经不是从上帝的意志出发，但其对君主意志的肯定同样显示出他的思想还处于从中世纪向文艺复兴时期过渡的特征。他主张君主为了达到自己的事业或统治目的，不要怕留下恶名，应该大刀阔斧，使用暴力手段解决那些非用暴力解决不了的事，不必要守信义，伦理道德可以抛弃不管，因为目的高于手段。在守信义有好处时，君王应当守信义。当遵守信义反而对自己不利时，或者原来自己守信义的理由不复存在的时候，任何一位英明的统治者绝对不能，也不应当遵守信义。马基雅维利的思想很明显也是建立在维护既定社会统治结构的基础上。[①]

近代创造理性哲学主要致力于哲学体系的创造。创造即设立，设立就是给予尺度，是主体之人给予对象世界一个尺度。在这种给予对象世界以尺度的哲学中，一切现实世界中的对象之物，包括人本身，都可以被给予对象以

① 郭咸刚．西方管理思想史［M］．北京：经济管理出版社，2010：24-25.

尺度的主体理性所认识和把握。之所以如此，正是因为一切对象之物都被理性结构化了。这在笛卡尔、康德、费希特和黑格尔的哲学中得到充分显现，而牛顿力学是这一理性哲学和当时科学发展相结合得出的代表性成果。在牛顿力学中，丰富、复杂的自然被还原为物质实体的集合，而物质实体又可以被还原成基本粒子的集合。这样，世界表现为一架由各个零件组成、运转良好的机器，事物的运动表现为受理学定律支配的机械运动，事物原因和结果之间的关系呈线性，简单、明晰、规则，可把握、能预测。正是这种思想极大影响了恰好在这一时期诞生的西方管理学的基本理论，使其带上了明显的机械论特征。

理性哲学中的管理思想最大的特征就是中心主义。所谓中心主义，就是把管理对象视为一个理性的结构，管理者作为主体、根据、原则处于结构的中心。这种思想使得组织中的其他人只是管理结构中某一环节上的一个附属物，只是管理者的决策、命令、规定的执行者，而不能参与管理目标、规则、策略的制定之中。这无疑否定了人的自由自觉的存在的可能性。另外，理性哲学的主客二分模式又使得管理者只是把自然界视为可以从中获取材料、资源的对象世界，而不是与之生死共处的环境。这也为工业革命以来的自然环境的逐渐恶化埋下了根源。

这种机械论和中心主义受到了现代思想和后现代思想的强烈批判。马克思反对对人和社会、自然僵死的本体论解释，认为只有在具体的实践过程中，人、社会和自然才会获得其不断改变的规定。而这种规定不是来自于某个本体、中心或依据，而是人在与社会、自然的不断变化的关系中逐渐生成的。① 海德格尔认为：理性哲学过分突出了人的主体性地位，使得世界成为人的可以任意改造的对象，从而导致现代人的无家可归状态。② 思想必须追问存在的意义，而追问存在的思想是一种聚集，即呼唤天地人神的到场，并让游戏。在这一四元世界中，人只是其中的一员而非世界的主宰，人的自由的生存只是来自于和天地神灵的游戏中。后现代思想进一步强化了这样游戏思想。游戏是开放的文本而非某个人的作品，它没有预先的规定、中心或者

① 马克思，恩格斯．马克思恩格斯文集（第1卷）[M]．北京：人民出版社，2009：499—503.

② [德] 海德格尔．林中路 [M]．孙周兴，译．上海：上海译文出版社，2004：77-98.

本体，一切规定都是在游戏参与者的游戏过程中逐渐生成又逐渐消解的，人在这种文本游戏中制定规则、遵守规则同时又破坏旧有的规则、创造新的规则，并在规则指导的游戏中实现自己最大的可能性。

现代和后现代思想带给管理哲学的最大改变就是尊重人的自由，尊重社会的流动性，尊重自然的自然性。这极大程度地改变了近代管理哲学的僵死性、机械性和对人与自然关系的漠视，反映了当代管理实践变化的必然趋势。

三、管理学理论中的哲学思想

对管理做思想史的梳理，当然要包括对管理学思想史的梳理。西方管理思想源远流长，但管理学的诞生只有100年之多。西方管理学的诞生背景主要是文艺复兴运动以来对人的现世需要的肯定促进了物质生产水平的发展，而工业革命的发生把以企业、公司为单位的生产实践推向了管理思想发展的视野中。在此之前，虽然人类不乏生产实践以及从中积累的生产管理经验，也不乏少数思想家对这些经验进行概括、总结，如古希腊色诺芬的家庭管理经验总结、中世纪的行会组织实践、早期资本主义经济学家亚当·斯密的市场理论、分工和效率理论、李嘉图的工资理论，等等，但是，真正把管理作为一种适应于各种类型组织的独立职能进行研究，对管理思想和管理实践进行系统梳理，还要等到资本主义各国工业化进程发展到19世纪末和20世纪初，科学技术革命进一步发展，经济危机频发、资源和市场竞争愈演愈烈的情况下才能发生。美国的企业工程师泰勒进行的科学管理理论的研究及其成果，正是西方现代管理理论诞生的标志。

所谓科学管理理论，在泰勒看来，就是指管理是科学而不是一种以经验法则为基础的处理问题的方法。泰勒认为，单凭经验进行管理的方法是不科学的，必须加以改变。人们可以通过科学的试验和分析，把要进行的工作标准化，即定出明确的法律、条例和原则，使一切科学化、制度化，然后选择适宜的工人，对其训练以掌握这种标准方法，从而使整个工作过程都按照科学原则来进行，而且产量和效率都能得到保证。概括来说，科学管理理论的精髓有：计划和执行相分离思想，即企业高层管理者制定生产计划，其他人只负责实行；专业分工思想，即进行劳动分工和管理分工，让员工特长得以发挥，让管理职责明确；标准化思想，即把操作方法和作业条件标准化；最优化思想，即在标准生产条件下寻求最优化的工作方法，以达到最优的生产效率；“经济人”思想，即认为人的行为动机只是为了追求个人的经济利益。[①]泰勒把自己的实践经验和研究成果上升到理论高度，并发表了《科学管理原理》（1911 年）一书。这种改革在当时收到了较好的效果，生产效率普遍提高，实现了高效率、低成本、高工资等。但他的思想和理论也具有一定的局限性。

如果说泰勒是从工厂管理的一端，即车床旁边的工人开始实施他的方法中归纳出科学的一般结论，那么法国人法约尔却是从其总经理的办公桌旁创立了他的一般组织管理理论。法约尔长期担任某煤矿公司的总经理，在长期的管理实践中，他总结出各种企业的 6 大类活动：技术活动（生产、制造、加工），商业活动（购买、销售、交换），财务活动（筹集并适当利用资本），安全活动（财产和人员保护），会计活动（财产清点、资产负债表、成本、统计等），管理活动（计划、组织、指挥、协调和控制）。这些活动中，只有最后一种活动才属于管理活动。管理就是实行计划、组织、指挥、协调和控制。计划就是探索未来，制定行动计划；组织就是建立企业的物质和社会的双重结构；指挥就是使其人员发挥作用；协调就是连接联合调动所有的活动和力量；控制就是注意是否一切都按照已经制定的规章和下达的命令进行。而为了有效实行管理，法约尔还强调了劳动分工、权责统一、纪律严明、统一指挥、统一领导、集体至上、公平报酬、权力集中、等级分明、秩序分明、首创精神、团结稳定等管理原则。[②]法约尔在管理范畴、组织理论、管理原则等方面提出了一系列崭新的观点，为管理理论的研究创造了一个基本理论框架和体系，对管理学的形成和发展做出了重要贡献。但是，法约尔认为：“管理是一门特殊的研究，它与技术事项是分开的，而且随着理论得以发展和系统化，能都在学校和大学中传授管理。”[③]其理论过于偏重高层管理，过于笼统，缺乏具体的应用性。

和上述两位管理学家只是关注企业管理不同，马克斯·韦伯从工业化

---

① ［美］泰勒．科学管理原理［M］．胡隆昶，译．北京：中国社会科学出版社，1984：169–170.

② 郭咸刚．西方管理思想史［M］．北京：经济管理出版社，2010：119–127.

③ ［美］雷恩．管理思想史［M］．孙健敏等，译．北京：中国人民大学出版社，2009：245.

进程对整个人类社会、经济和政治组织结构和行为的影响入手创立了自己的组织理论。他认为理想的行政组织是通过职务和职位，而不是通过传统世袭地位来管理的。要使行政组织发挥作用，管理应以知识为依据进行控制，管理者应具有胜任工作的能力，应依据客观事实而不是主观意志来领导。他认为，理想的行政集权组织应具有以下特点：明确的组织目标，具体的劳动分工，严格的等级指挥链，人员关系非人格化，严格的考核升迁制度，等等。①

必须承认，泰勒等人开创的古典管理理论能够旧的经验管理体制效率低下的缺陷。时至今天，古典管理理论的这些基本管理原则还在很大程度上在企业等组织中被贯彻使用。但是，这种所谓的科学管理虽然提高了生产效率和行政效率，但完全忽视了人。在这种理论中，人已不再是一个个有血有肉、有思想的人，而只是一个个高速运转、重复简单动作的机器部件，由这些部件构成的高速运转的机器取代了人的地位。而且，企业和行政高层管理者始终只是这台机器之外的目标设定者、执行监督者。

不同于古典管理理论对人的忽视，行为科学理论主张从心理学、人类学、社会学等学科角度出发，运用自然科学的实验观察方法研究在自然和社会环境中个人行为、个人和个人、个人和群体、群体和群体之间关系的规律，以有效调动人的积极性，推动人类努力实现组织的管理目标。行为科学的代表人物埃尔顿·梅奥通过著名的霍桑实验，形成了自己的基本理论观点。这种管理理论认为：人不仅仅是单纯地追求个人利益的“经济人”，而是有着复杂需要和动机的“社会人”。影响员工生产效率的因素除了物质条件外，还有员工的工作情绪，员工的情绪主要受所处的环境及其心理因素的影响。企业组织一旦形成，就不仅是一个正式组织，还是一个非正式组织。各种职能关系背后还有更为复杂的社会关系。工人的人际关系需要得到满足的程度越高，工人的士气和情绪越高，生产效率也就越高。因此，企业管理者不仅要有组织生产的能力，还要有处理人事的能力。

正是在行为科学理论的发展中，人们注意到，组织不再只被看作一部机器，而更多地被看作是一个社会系统。企业成功被认为要依赖于帮助员工实现他们的全部潜能，而不是依靠严格控制来提高生产效率。然而，正如

---

① 郭咸刚. 西方管理思想史［M］. 北京：经济管理出版社，2010：128-132.

古典管理理论过分强调技术与结构一样，行为科学理论过分强调了人的社会心理方面。即使人被作为社会人来研究和对待，但还是为了达到古典管理理论的“便于更好地指挥和控制”的目的，而不是为了充分尊重人的自我实现需要、自律意识和献身精神。而且他们大都在一个封闭的系统内看到这些问题，却没有考虑企业与外部自然、经济、政治等环境的相互关系。①

西方现代管理理论在二次世界大战之后又有了长足发展，各种学派和理论先后登台，出现了孔茨所谓的“管理理论丛林”时期。但认真分析一下就会发现，这些理论大都是传统管理理论的延伸和发展，而且，在具体的管理实践中彼此之间相互竞争或补充。但这种补充并没有使得现代管理理论进一步完善，因为现代管理理论的哲学基础本身是不完善的。这个哲学基础还是近代理性哲学和机械论世界观。

近代理性哲学假定，包括人类活动在内的一切现象都是受理性规律支配的，理性认识能够提供关于事物本质的普遍必然性的规律，人在本质上是理性的，个人凭理性行事，无须别人的恩赐便可获得最大利益。泰勒的科学管理理论就认为，管理者能够依据理性原则建立合理的劳动规范，凭理性而不是经验去管理，就会大大降低成本和增加利润；如果被管理者根据作业标准工作，基于科学制度办事，就能提高生产效率并获得最大收益。韦伯的行政组织理论一样设定了理性的优先地位，他提出的理想的行政组织体系就是一个完全的理性化体系。行为科学理论虽然注意到了人的非理性需要的一面，但其管理理论的目标仍然是为了获得对人的行为的科学认识和控制。现代管理理论的近代理性哲学基础决定了管理实践中理性主宰一切，而“人”却由目的变成了手段。由于管理者是理性的化身，管理者被假设为永远能够在任何复杂多变的环境中总能理性地认识、决策、计划、组织、指挥、协调和控制，从而被权威化和神化了；被管理者通过“理性”教育服从管理者的控制，遵照理性的组织设计有效地工作，实现组织的目标而最终完全丧失了自己的个性、情感和权利，沦为纯粹的工具。

近代机械论世界观认为，世界就像一架运营良好的机器，原因和结果之间的关系是简单、明晰、呈线性的，从而是规则的和可预测、可控制的。现

① 郭咸刚．西方管理思想史［M］．北京：经济管理出版社，2010：147-154.

代管理理论对这种线性思维迷恋至极。泰勒就把机器的主要特征应用到对组织结构的认识和管理实践中，比如他强调任务的划分、生产的单调规范、任务完成情况的可衡量性等。法约尔的一般组织理论和韦伯的科层制明显受到这种机械论世界观的影响。牛顿的机械论世界观需要一个最终的开动机器的那个力量即上帝。法约尔的一般组织和韦伯式的科层组织是一个等级森严的金字塔结构，这个结构的顶端就是管理者。管理者像上帝在世界之外一样在组织之外计划、组织、指挥、协调和控制一切，被管理者在组织这架开动的机器中谨守着自己的位置，精确、稳定、可靠地活动。就像韦伯认为，“要使行政组织发挥作用，管理应以知识为依据进行控制，管理者应具有胜任工作的能力，应该依据客观事实而不是凭主观意志来领导。”[①] 这种机械论范式指导下的管理理论看似能够取得最高的效率，在具体的管理实践中却往往适得其反。因为高效率的实现取决于管理者的决策一定要合理、科学，管理者的决策一定能够完全落实到被管理者的行动中，以及被管理者之间的合作、组织与其外界环境的关系融洽等前提条件，但这些条件在机械论范式指导下的管理理论中恰好被视为不证自明的。现实是，组织是一个复杂的开放系统，组织和环境之间有着相互影响的关系。这种关系的瞬息万变决定了管理者的决策往往在刚刚形成概念时就已经滞后。而管理者的决策的落实需要被管理者根据具体条件灵活贯彻和执行，但这种管理理论却预先扼杀了被管理者的自主能力。而科层之间、员工之间以谨守规章为名互相推诿、扯皮，也会使高层决策无法有效落实。

古典管理理论的形成与发展和这一时期企业所处的环境相对稳定、易于预测有关。但是，自二次世界大战以来，人类的生产活动发生了巨大变化。信息技术革命、市场全球化、越来越激烈的竞争、企业外部环境的变动布局使得这一理论的局限性表露无遗。而当代自然科学和哲学的发展也为人们探讨新的条件下的管理理论奠定了基本的原则基础。这包括系统论提倡的有机论范式、复杂性科学指出的自组织原理和非平衡性原理、生态学的共同进化原理、混沌论的不确定性原理、量子论和相对论的世界整体性原理等。

---

① 郭咸纲．管理思想史［M］．北京：经济管理出版社，2004：129.

第三节 管理的结构分析

可以认为，我们已经用经验式的话语描述了管理行为：人们为了满足生存和发展的需要不得不把自己组织成一个群体。这个群体由人和其他的存在物组成，有一定的规章和目标，也有带领群体执行规章、实现目标的领导。群体中的各个要素相互联系和影响，以及群体与群体之外的环境的相互影响，使得群体变成一个有机的组织。让这个组织正常生长和发展的行为就是管理。通过语义分析和思想史分析，我们对这一经验式的描述有了更加深入的理解。但什么是这个组织？究竟谁在管理这个组织？究竟怎样管理这个组织？这依然处于不明晰的状态，需要我们对管理做进一步地结构分析：1. 管理什么？ 2. 谁在管理？ 3. 怎样管理？

一、管理什么

对管理一词，人们有多种理解的角度。在英语中，“管理”一词有它的动词和名词形式（administrate/administration；manage/management）。当我们问及什么是管理时，我们通常说的是它的名词形式，而当我们探讨管理行为的具体结构时，我们指的是它的动词形式。从动词形式探讨，实际上就是从具体的管理实践出发探讨，是对管理过程的探讨。

管理什么？已经进行的语义分析和思想史分析告诉我们，要管理的是一个组织，并使其正常生长和发展。组织和群体不同，二者的区别在于，群体只是一些人和物被集中到一起，尽管可能有具体的目标，但彼此之间还没有形成密切的联系，群体中每个人的想法、立场、观点等存在较大差异，在整体的组织形式上是松散的；而组织却是这些人和物彼此间有机的相互联系和影响，又能生成许多无法预知的新的东西或力量，组织具有明确的目标，有着经过设计的组织结构和运行规则，成员分工明确，相互合作，因而是一个生命有机体。把这个生命有机体中的已知的和未知的人、物和力量导向一个总体的目标并最终实现这一目标，就是管理。生命有机体有多么复杂，管理实践就会有多么复杂。要认识管理就要首先认识这个生命有机体。但什么是这个生命有机体？管理思想史其实并没有给予我们明晰的答案。其实，这个生命有机体就是我们的生活世界以及作为其中最重要的一部分的生产世界。

（一）生活世界

什么是生活世界？首先要弄清楚什么是世界。世界在中国传统思想和语言中直接意味着人世。人世即人生在世，人生在世即人生天地间。天地人的关系构成了一个已经给予的世界图形。在这个世界中，人与天地可能形成三种关系：天胜人、人胜天、天人交相胜。中国传统思想追求天人合一，以克服上述片面性的关系。但如何合一是一个尚未提出和回答的问题。中国历史给出的事实是人合天，而非天合人，人被天地所规定。不是天人合一，而是天人相生才能使天地人的世界成为可能的世界。也就是说，不是天胜人，也不是人胜天，甚至不是天人合一，而是天地让人生成，人让天地生成，如同朋友，彼此转化，由此生生不息。从这一方面说，中国的“天人合一”思想内在地说明，“他们看到了提高社会成员的道德水准，这是维护正常的家族秩序及其社会稳定的需要”。[①]这样的世界具体展开为三种主要关系：人与自然的关系、人与社会的关系和人与精神的关系。这些关系无穷无尽地编织，构成一个无形而巨大的网，这个网就是世界。这个世界可以是自然的世界，也可以是神灵的世界，但根本上是人的世界，因为人虽然不是人类中心主义者所说的那样是宇宙的中心，但却是世界的参与者和看守者。人对世界的看守就是一种最广义上的管理行为。而人的世界首先是一个身体的世界，是由人的身体在此展开生命活动的感性世界，也就是生活世界。生活世界虽然是一个整体，但仍可以划分为一些分离的形态。首先是日常世界，其次是生产世界，还有科学世界和技术世界等。马克思主义的历史唯物主义特别强调了其中的生产世界，认为人的物质生产活动聚集了人与自然、人与社会、人与心灵的关系，是解释一切历史之谜的锁钥，也是理解生活世界的切入点。西方管理思想史中谈论的两种管理其实就是最广义上的生活世界的管理和狭义的生产世界的管理。

我们首先来看生活世界的管理。生活世界是人的生活世界，人的生活世界的展开具体表现为欲望、技术和大道或者智慧三者的聚集活动，即欲、

---

① 詹石窗.新编中国哲学史［M］.北京：中国书店出版社，2002：173–174.

技、道的游戏。[①] 让这种游戏具体展开，并达到其最大的可能性，就是理想的管理行为。

在生活世界中，人的生活首先表现为它的欲望及其实现。欲望的本意是需要、渴望、需求和向往等，它还是一种意向行为，总是指向某个对象之物和对象之人，人和欲望对象形成欲望者和被欲望者的关系。欲望的基本特性是欠缺，它意味着人的存在不完满，人有一个没有的东西，又需要把这个没有的东西变成有的东西。欠缺因此又可以成为一种趋力，一种丰盈的力量，鼓励人们去追求和创造。因此，欲望既是欠缺，又是丰盈。欲望的种类很多，首先是身体的欲望即本能。人的两大基本本能是食欲和性欲。食欲是个体生存的需要，性欲是种族繁衍的需要。他们看起来只是身体的，实际上已经包含了许多非身体的因素。于是，由身体的欲望便产生了很多非身体的欲望，如对财产、金钱、名誉、地位和权力的欲望。这些欲望都有自身的限度，即在得到所欲之物之后就会满足了。如果在满足欲望之后还去拼命追逐所欲之物，这时的欲望就是对欲望的欲望，就是越过了自身边界的欲望，是无边的欲望即贪欲。贪欲使人将自身等同于欲望者，他只在对贪欲的追求中才能确证自己的存在。人们往往因此认为欲望是邪恶的，但欲望也是具有创造性的，它既是人自身生命力的源泉之一，也是人的世界不断生成的基本要素之一。从管理思想史的发展来看，人们对待欲望要么主张禁欲主义，要么主张纵欲主义。但它们都没有意识到欲望的真正困境，即欲望的压抑，而且它们自己就是欲望压抑的思想根源。人们对待欲望的态度应该是呼唤欲望的解放。一方面是从关于欲望的各种主义中解放出来，重新认识欲望的本性，让欲望回归自身；一方面是从关于欲望的各种建制中解放出来，并考虑建构新的制度的可能性。这样，欲望的创造性就会被释放出来，并为管理目标的实现服务。

欲望的实现必须要有欲望对象的获得。为获得欲望对象，人必须有一定的机能、技能和知识。人获得欲望对象必须借助于工具，这个工具最初是人的身体自身即四肢和器官，人靠身体的机能获得简单的欲望对象。随着工具由人的身体向自然工具发展，人的欲望对象变得逐渐丰富，人需要掌握关

① 彭富春．哲学与美学问题：一种无原则的批判［M］．湖北：武汉大学出版社，2005：55-67.

于工具和欲望对象的越来越复杂的技能和知识，这些技能和知识就是技术。人类技术的两大革命即机器革命和信息革命大大提高了现代科学技术的水平，也对现代人对技术知识和技术能力提出了越来越高的要求。这表现为现代人要能熟练驾驭作为自己肢体延长的机器如汽车、火车、飞机、机床等，熟练操作作为自己大脑延伸的电脑、各种移动智能终端设备等，才可能获得自己的欲望对象。但是，随着人的身体在技术的使用中逐步消失其决定性作用，现代技术逐渐演化成一种独立的超自然的力量。科学技术虽然也作为人类的一种工具，但也反过来使人成为它的手段，如人们对通信设备的过度依赖，出现人拜倒在科技工具面前的现象。技术因此而技术化，并挑战和裁决存在，由此成为设定，世界由此成为技术世界。人由此既是设定者，将万物变成被设定者，同时又是整个技术世界的被设定者。技术世界中的人和物都是被设定者，因此成为可以置换的同等碎片。现代技术的本性因此已不再是工具和手段，而成了技术主义，并因此成为我们时代的规定。它规定了自然，规定了人自身，规定了思想。从管理思想史来看，人们对待技术的这种规定，要么采取乐观主义态度，要么采取悲观主义态度。但真正的态度应该是抛弃乐观主义和悲观主义，去科学的确定技术的边界，准确把握技术的本质，让技术为实现管理目标服务。

但无论是欲望的划界还是技术的划界，都需要智慧的指引。智慧不是关于工具和欲望对象的知识，而是关于人的规定的知识。人的规定是通过与自身的区分来实现的。这种区分首先不是世界性和历史性的，而是语言性的。智慧因此表现为真理性的语言和话语。语言自身有多重维度，它包括欲望的语言，即欲望直接或间接的显露；其次是工具的语言，它表达、交流并算计；最后是智慧的语言，它教导和指引。欲望的语言和工具的语言是朦胧、混沌甚至黑暗的，智慧的语言是光明对黑暗的否定，是对什么是必然存在和什么是必然不存在、什么是真实什么是虚伪的划界，由此引导人们做出开端性的决定，踏上真理之路，去勇敢地存在。从管理思想史来看，智慧的语言也经历了一个历史发展的过程，表现为原始的禁忌、宗教的戒律、近代的哲学、现代的法律、后现代的游戏规则等。管理智慧的形态在西方传统中表现为神性的智慧，智慧的言说者由外在的神灵转变为人自身的神性。这使得西方管理实践由最初对人的自主性和创造性的漠视到后来的尊重与鼓励。管理智慧在中国传统中表现为自然的智慧，智慧的言说者始终是天地自然，这使人的精神沉醉于并囿于人自身的自然性，而不是让自身成长。这使得中国传统管理实践始终无法激发人自身的潜能和创造力。在现代和后现代社会，传统管理智慧已经终结，就西方而言，上帝死了。就中国而言，天崩地裂。在我们时代占统治地位的管理智慧是多元的管理智慧。一方面，既有的管理智慧还在发挥作用，另一方面，新的管理智慧不断产生。人的潜能和价值在此得到了前所未有的实现。

人的生活世界就是欲望、工具和智慧三者的聚集，人对生活世界的管理就是让这三者自由地游戏。游戏不是消磨时光，不是玩世不恭，而是让生活世界敞开到最大程度，让人去自由地存在。这首先表现为欲望、工具和智慧三者间关系的不断生成：生活世界的游戏始终被欲望所推动，但欲望的实现需要工具作为手段，也需要智慧的指引；生活世界游戏中的工具既为欲望服务，又为智慧服务，还有自身的任务即让自己变成好的工具即利器；生活世界游戏中的智慧一方面给欲望划界，一方面给工具划界，当然还要给自身划界。在游戏中，欲望、技术和智慧三方共同在场，既是同伴，又是敌人，没有绝对的霸权、垄断、中心、根据和基础。但在具体的历史发展过程中，三者中的一个往往在某个阶段处于主导地位，于是便有了从欲望出发的游戏、从工具出发的游戏和从智慧出发的游戏三种形态。欲望主导的游戏使人的生活世界变成动物的世界，使人只是欲望者，整个社会可能出现人欲横流的不良现象。工具主导的游戏使人的生活世界成为技术世界，使人成为碎片，甚至使人成为技术的奴隶。智慧主导的游戏使人的生活世界成为教条的世界、口号的世界，使人成为牺牲品。真正的生活世界的游戏，应该克服这些极端的游戏形态，让欲望、工具和智慧相互制约、相互促进，平衡和谐地向前发展。在这样的游戏中，欲望、工具和智慧也不断地生成自身：欲望由最初的生存需要逐渐发展为精神需要，使人的精神境界不断提高和完善；工具由最初的人自身的肢体和器官的延伸，变成理论上可以无限延伸的肢体和无限增容的大脑，最大限度地提高人改造自然、满足需求的能力；智慧由最初外在的神灵或天地的规定变成人自身制定的游戏规则，使人能够更加自由地生长。游戏中三者的不断生成和三者之间关系的不断生成使得生活世界本身也不断生成，也使人不断生成。

生活世界游戏的这种生成活动就是管理活动。管理从最广义来讲就是对生活世界的管理。当然，这种管理不是主宰、统治和控制等，而在根本上只是看护和服务。因为，生活世界不再是上帝的造物，而是人的生活世界。只有上帝可以主宰世界，因为世界是上帝的造物。但人不能主宰人的生活世界，因为生活世界先于人而存在。生活世界也不仅仅是人的生活世界，不仅仅是人的欲望、工具和智慧聚集与游戏的生活世界，还是天地自然、人类社会、神灵的世界，如海德格尔而言是天地人神四元聚集与游戏的世界。在聚集与游戏中，世界不断生成自身。在这个世界中，人只是一个特殊的参与者，他既是生活世界中的一员，又是生活世界的看守者。他既能够在生活世界中展开自己欲技道的游戏并生成自身，还能和自然、社会与精神构成历史性的关系，并通过这些历史性的关系使生活世界不断生成自身。在此意义上，管理的本性就应该是服务，而英语语词 administration 的词源学意义恰好切中了这个本性。

如果管理就是对生活世界的管理，那么，中西管理思想史都首先从社会管理出发探讨管理的本性，也无疑是对这个观点的肯定。它们对人的欲望、工具和智慧的思索，对人与自然、人与社会、人与精神的关系的探讨，无疑仍然在启迪当代的人们。但是，它们总是企图在生活世界之外设定一个终极的依据、本体和根源，或者在生活世界中设定一个这种终极依据的代言人，这使得它们把管理总是视为主宰、统治和控制等，把生活世界中的人划分为作为主宰者的人和作为被主宰的人，也使得它们把作为生命有机体的生活世界重构为等级森严的机械组织，并把这个组织与周围环境割裂开来。这种关于生活世界的思想与实践必然阻碍而不是促进生活世界游戏的展开，也必然压抑人的欲望的生成、工具的进步和智慧的更新，同样必然压抑生活世界中各种可能关系的产生与生成。只有真正把生活世界当作不断生成的世界来认识，管理自身的本性也才能真正显现出来。

（二）生产世界

生活世界虽然是一个整体，但又可以分为各种不同的区域。从人的生活范围大小可以分为家庭、单位、乡村、城市、国家、共同体乃至全球等；从人生活的各个不同区域可以分为科学界、文化界、艺术界、军事界、企业界、娱乐界，等等。这样划分出来的不同区域它们并非彼此互相割裂、互不影响，而是彼此紧密联系，相互影响的，从而构成整个生活世界的有机体。在人的生活世界不断生成的过程中，生产世界的基础性和决定性地位逐渐凸显，西方管理思想的重心从社会管理向企业生产管理的转移就是有力的证明。而中国由于忽视生产世界的重要性导致整个国家的落后和人性的萎缩，到被动挨打，到重视生产世界的重要性，大力发展生产力，重新恢复千年古国的活力，这一事实也证明了生产世界在生活世界中的基础性地位。

如果世界是万物的聚集及其关系，生活世界是从人的活动角度来看的这种聚集和关系，生产世界则是从人的物质生产活动的角度来看的这种聚集和关系。世界自身是混沌的，生活世界却是世界中的光明区域。人的自由游戏活动是光明的源泉，并且在不断更新生活世界的边界的同时丰富自身。物质生产活动是人的丰富的游戏活动中的一种，并且是最重要的一种。以物质生产活动为主的生产世界边界的不断更新，是整个生活世界边界更新的最重要的部分。之所以如此，是基于以下原因：

首先，物质生产活动是人的最重要的游戏之一。人的欲望有生物性的欲望、社会性的欲望和对欲望的欲望等，但其中最重要的、不能不满足的欲望就是身体性的生存欲望。物质生产活动首先追求的就是人的生存欲望的满足，而这是人的其他游戏活动所无法达到的目标。不仅如此，物质生产活动也是不断生产人的社会性欲望乃至贪欲的游戏。人的欲望和贪欲的很大一部分都要以物质的消费或者纯粹占有来满足，而这必须以物质生产活动提供的物质产品为基础。另外，物质生产活动对生产工具和技术的不断需求，导致生产工具和技术的不断发展和更新。这些生产工具和技术甚至成了人的生活世界不断更新的标志，而这是其他领域中需要的工具和技术所无法拥有的殊荣。最后，物质生产活动中智慧的作用也是其他游戏中的智慧难以企及的，因为它要给予划界的欲望、工具和技术是基础的，又是最复杂的。

其次，物质生产活动聚集了人与自然、社会和精神的关系，并是这些关系矛盾的核心和解决问题的关键之所在。人与自然、社会和精神的关系是彼此互相规定的关系。人既是自然的存在物，又是社会的存在物，还是心灵的存在物。自然既是人的生物性欲望的对象，又是社会性欲望的对象，还是人的精神性欲望的对象。社会既是适者生存的自然社会，又是共生共存的人类社会，还是价值实现的理想社会。精神既是人的自然本性，又是人的社会理性，还是人的纯粹信仰。而在物质生产活动中，人与自然、社会和精神的关系处于尖锐的矛盾冲突中：人是自然存在物，人却在把外在自然和自身自然变成非自然的存在物；人是社会存在物，人却在把自己降低为纯粹的自然存在物；人是心灵的存在物，人却在把自己贬损为没有灵魂的存在物；自然是人的多种欲望满足的对象，却蜕变为只是物欲的对象；社会是人们共存共生的地方，却蜕变为主奴斗争的场所；精神是人享受劳动的自由的领域，却成为痛苦的瘟疫蔓延之处。总之，作为物质生产活动的生产世界，集中了人的生活世界中的一切最基本的矛盾，生产世界这些矛盾的解决也是生活世界从遮蔽到敞开的过程中最重要的任务。

由此，生产世界的管理就成为生活世界管理的重中之重。而对生产世界的管理，主要表现为对物质生产活动中的人的欲望、工具和智慧及其游戏的管理，还有对物质生产活动中人与自然、社会和精神关系的管理。对此，管理思想史中对生产世界管理的思考往往只是考虑了其中的某一些方面。如中国传统管理思想几乎不考虑生产世界的管理，即使考虑，也不注重人的欲望在欲技道游戏中的生成的重要性，不注重工具在人的欲望的产生和实现过程中的重要性，而只注重智慧对人的欲望的压抑和对工具的鄙弃。当然，它还是深刻考虑了物质生产活动中人与自然、社会、精神关系和谐的重要性。这种关注和谐的管理思想对当代管理仍有重要的启示。

比较中国传统管理思想，西方古典管理理论非常重视物质生产活动的管理。这首先表现为对工具的重要性的肯定。但是，这种思想对生产活动中的人的欲望的理解也极其片面。如果中国传统管理思想只是从自然而然的理想出发来限制不自然的欲望的萌生和发展的话，西方古典管理理论只是从人的动物性出发来规定人的欲望，这当然也会导致它对人的主观能动性的忽视。而且，它对物质生产活动中人与自然、社会和精神的关系的考虑也几乎为零。西方现代和后现代管理理论的发展方向正是对这些思想的反思和矫正，人不再被视为只有动物式的生存欲望的人，而是在欲技道的游戏中不断生成的人。尤其是当人类无限扩大的生产活动对自然带来一系列不良的影响，人类社会发展中出现各种不良现象后，人与自然、人与社会，以及人与精神之间的关系也成为理论关注的要点。

分析生产世界的管理，也要求我们重新思考和科学处理人与自然的关系。我们所面对的现实世界，是由人类社会和自然界双方组成的矛盾统一体，两者之间是辩证统一的关系。一方面，人与自然是相互影响、相互联系、相互依存的，人由自然脱胎而来，其本身就是自然界的一部分。人类的存在和发展离不开自然，人类要通过生产劳动与自然进行物质、能量的交换，获得生存必需的各种物质产品。随着社会生产力发展水平的提高，人类认识自然、改造自然的能力也在不断增强。通过人类有意识地改造获得，现在的自然已经不是原来意义上的自然，而是到处都留下了人的意志印记的自然，即人化了的自然。“人化自然”表明人与自然之间的相互联系越来越密切。人与自然之间客观上形成的依存链、关联链和渗透链，必然要求人类在认识自然、改造自然、推动社会发展的过程中，不仅要自觉地接受社会规律的支配，同样要自觉地接受自然规律的支配，促进自然与社会的和谐、稳定和同步进化，推动自然与社会的协调发展。另一方面，人与自然之间又是相互对立的。人类为了更好地生存和发展，总是不断地否定自然界的自然状态，并想方设法去改变它；而自然界有自身运行的规律，在面临改变时又竭力地否定人，力求恢复到自然状态。人与自然之间这种否定与反否定，改变与反改变的关系，实际上就是作用与反作用的关系，如果对这两种“相互作用”的关系处理得不好，特别是自然对人的反作用在很大程度上存在自发性，这种自发性极易造成人与自然之间失衡。此外，由于人类改造自然的社会实践活动的作用具有双重性，既有积极的一面，又有消极的一面，如果人类能够正确地认识到自然规律，恰当地把握住人类与自然的关系，就能不断地取得改造自然的成果，增强人类对自然的适应能力，提高人类认识自然和改造自然的能力；如果在对自然界更深层次的本质联系尚未清晰认识，对人类与自然一定层次上的某种联系尚未把握住的情况下盲目地去改造自然，其结果要么是自然内部的平衡被破坏，要么人类社会的平衡被破坏，要么是人与自然的关系被破坏，因而，受自然的报复也就在所难免。恩格斯曾就此告诫过人们“不要过分陶醉于我们对自然界的胜利。对于每一次这样的胜利，自然界都报复了我们。每一次胜利，在第一步都确实取得了我们预期的结果，但是在第二步和第三步却有了完全不同的、出乎预料的影响，常常把第一个结果又取消了”。

（三）企业

随着社会的发展，尤其在现代社会，生产世界的管理往往具体化为对企业的管理。企业是一个组织性、系统性、有机性、技术性更强的生产世界，是人的欲技道游戏的具体的舞台，是人与自然、人与社会、人与自身关系发生的密集之所。企业管理的目标是进行物质生产和获取利润。但企业首先必须是企业员工欲技道游戏的生成之所，是能够激发员工的创造力、实现员工自我价值的理想世界。其次，企业必须考虑生产活动中人、自然、社会和精神四者之间关系的和谐。这表现为企业中人与人的关系、企业与企业的关系、企业与自然的关系、企业与社会的关系、企业与文化的关系等。因此，崔绪治认为，“现代管理活动表明，任何管理者和被管理者，都不可能随意地行动，而必须深刻地认识自己每一个行为所承担的社会责任和义务”。[①] 所以说，管理活动对这些关系需要有目的、有意识的进行处理和引导，使其更好地服务于企业目标的达成。

首先，企业的管理表现为对人的认识和管理。这里的人不是某种已经固定的不可改变的产品，而是在欲技道的游戏中不断生成的人。这个人具有基本的生存欲望即对基本生存资料的需求。他还有许多社会性的欲望，如对安全的需要、对获得尊重的需要、对人际关系的需要、对自我价值实现的需要，等等。最后，他还会有贪欲，即对欲望的欲望，如一切因为贪污腐败而被判刑的人所有的欲望一样的欲望。为实现欲望，这个人还要有某一方面和某些方面的技能，并且能够因工作的需要不断学习和掌握新的技能。同时，这个人还要有一定的智慧，即对自身的欲望和技能有一定的自知和自制能力。人可以通过学习与实践或者在企业中进行学习与实践来生成这些能力与素养。但是，人的生成性同时也决定了人的局限性。为了鼓励人的生成性并克服人的局限性，一定的规章制度是必不可少的，但规章制度在规范人的行为的同时，也会限制人的创造性思维，规章制度的制定和实施有可能局限而不是鼓励人的生成。这要求企业要充分考虑人性的特点，围绕员工创新能力的激发与企业目标的顺利实现，系统地进行控制与激励机制的设计，不断地完善规章制度。

---

① 崔绪治，徐厚德．现代管理哲学概论［M］．安徽：安徽人民出版社，1986：17.

其次，企业的管理表现为给人的生成提供游戏之所，这个游戏之所就是企业的物质生产活动的空间。物质生产活动要在一定的时空中展开，这决定了参与物质生产活动的每个人都只能在一个或几个固定的位置上，而不可能没有位置。为了克服人的局限性，或者干脆认定人只是企业机器的一个零件，企业物质生产活动被设计为分工越来越明确的流水线式的生产活动。人被固定在越来越狭窄、越来越不需要创造力的位置上，重复进行简单的、机械性的操作。但是，在实际生产中，即使是同一条流水线生产出来的产品也不会完全相同，这也证明了企业员工不能只被视为机器零件，企业员工的每一个极其狭小的位置也是游戏之所，也需要员工投入自己的欲望、激情、智慧和技能。另外，分工的不同决定了员工所处位置的游戏空间不同，不同的空间对人的技能要求不同，对人的发展的影响也不一样。从事研发工作的员工自然要比站在流水线边上操作的员工的游戏空间要更大一些，发挥作用的余地更大。企业管理就是要了解员工的特点，给每一个员工提供恰当的游戏之所，也鼓励其为自己争取更适合自己的游戏之所。

最后，企业的管理表现为对各种关系的管理。正如一些学者指出，“管理组织中的每个人在管理活动中相互联系、相互依存，形成特定的管理关系，包括工作、生活、生理、精神等等因素。不同的人与人的关系直接影响到管理组织的功能特性和管理目标的实现。”[①] 具体来说，企业的管理主要有以下几点关系值得重视：第一，是对人与生产活动的关系的管理。员工在生产过程中直接和工具、设备、物料、技术和工艺流程及周围生产环境打交道。人机关系的和谐以及人与周围生产环境的和谐，不但可以使人感觉舒适，也可以提高生产率；第二，是对人与人关系的管理。企业中人与人的关系可以表现为员工与领导的关系、员工与员工的关系、领导与领导的关系等。对这些关系的管理，其实就是对不同的人的不同的心理、欲望、技能和智慧之间的关系的认识与管理；第三，企业与企业关系的管理。企业与企业之间既有竞争关系，也有合作关系。因为企业作为生产世界游戏中的游戏者，只有在与其他企业的游戏中才能不断生成自身。这种游戏既要求企业之间开展竞争，也要求它们去合作。企业需要按照市场规则去处理相互之间的

① 钱学成，全林．管理哲学［M］．上海：上海交通大学出版社，2009：3.

关系，加强企业之间的联系与沟通，努力构建合作共赢的企业间的关系；第四，企业与自然关系的管理。企业必须在一定的自然环境中展开自己的生产活动，企业生产的原材料必须取自自然，企业生产产生的废料必须由自然来承纳。企业要确立科学的发展观，与自然之间建立和谐共生的关系，只有通过生产让自然自然化，自然才能让企业生产顺利进行；第五，企业与社会关系的管理。这实际上就是生产世界和生活世界的关系问题。企业作为生活世界的一部分，必须参与到整个生活世界的生成中去，而不是只为企业自己的利益去生产。企业对整个生活世界的不负责任必将导致生活世界的晦暗不明。反过来生活世界的遮蔽会导致企业自身无法生成；第六，企业与文化关系的管理。这主要表现为跨国企业与异地文化的关系。跨国企业在自身原有的生活世界中似乎不存在与文化的关系，但这种关系却因为自己身处另一生活世界而得以突显。企业与文化的关系这时就表现为企业与该文化对人的欲技道游戏的认识的关系，与该文化对人与自然、人与社会、人与自身关系的认识的关系。不同文化之间存在较大差异，文化摩擦将产生较高的管理成本，甚至对企业发展造成严重影响。企业必须了解该文化中的这些差异化要素，并使自己的管理与这些要素相符才能更好地生存下去。

二、谁在管理

对于谁在管理，一般有几种答案。一是领导在管理。领导和管理对象的关系是外在的关系，领导在管理对象之外计划、组织、指挥、协调和控制着管理对象。这时，领导行为就是管理行为。二是管理层在管理。管理层处于领导和基层员工之间，是领导决策分门别类的贯彻者和执行者。这时，领导工作和管理就有了区分。领导的工作不再是管理，而只是领导。只有管理层从设计、采购、生产、销售、服务、财务、人事等各个角度和环节对领导决策的落实才叫作管理。三是全员都在管理。因为，尽管领导、管理层和普通员工的分工不同，但每个人要真正高质量地完成属于自己的任务，同样必须做好类似计划、组织、指挥、协调和控制的工作，即使这些工作的对象只是人自身。四是制度在管理。企业的等级结构决定了每一个人都有自己固定的位置和职责。只要制度详细规定了各个职位的职责、权利和义务，并依据这些制度监督人们的行为，使各项制度得到有效执行，充分调动员工的积极性，就能实现企业的目标。

在西方古典管理理论那里，谁在管理的答案是非常明确的，即领导在管理。因为，只有领导在一个组织之外计划着、组织着、指挥着、协调着和控制着整个组织的运转，而其他人只是这个高速运转的机器上的一个零件。在这种管理观中，组织当然只有一个管理者就是领导，就像整个世界只有一个创造者就是上帝一样。现代管理学的发展依次给了我们后三种答案。但是，这些答案都还是似是而非的。根据上述关于生活世界的描述，我们已经清楚，人是生活世界中的人，生活世界之外没有人的存在。对生活世界进行管理的似乎只能是生活世界之中的人。这些人中，当然包括领导。领导为企业制定目标和规章、筹措资金、配置资源、购买设备、安排生产、组织销售活动，为每一个员工创造游戏之所，处理企业内外的每一种关系，这些无疑都是管理者的职责。但是，企业领导的所有管理行为都是现实中的具体的管理行为，并非随心所欲，而是必须听从生活世界欲技道游戏的指引。首先，是人的欲望的不断生成，要求管理者不断调节企业产品的设计、生产和销售；其次，是生产工具的不断更新，又要求管理者及时生产、购买和使用新的生产工具；第三，是新的管理智慧要求管理者及时调整自己的管理思想和管理方法。在欲望、工具和智慧的游戏中，新的游戏规则不以人的意志为转移地产生出来，又不断被消解掉。领导的管理行为只能是聆听并遵循这些不断生成又消解的游戏规则，因而从一定意义上说，不是领导在管理，而是生活世界的游戏自身在管理。

从企业自身的运行规律来看，在整体的运动发展中包括企业的组织结构、人员安排、规章制度、生产技术标准、产品等又具有相对稳定性。生活世界游戏对规则的不断生成和消解，对现有的固定和僵死的管理等级制度提出了挑战。它要求企业中的管理者应当是流动的，而非天赋的或固定的，是人人可为的而非少数人的特权。这正如罗尔斯在《正义论》中所说的那样，正义社会的原则除了强调每个人最基本的自由权利之外，还要强调社会和经济的不平等安排应符合每一个人的利益，并向每一个希望获得它的人开放。[①] 这就说明，企业的等级结构也许是必要的，但等级结构上的人的流动

① ［英］罗尔斯．正义论［M］．何怀宏等，译．北京：中国社会科学出版社，2001：56.

却可以使每一个人都可能成为管理者。管理者的流动性和竞争性使最终胜任管理的人的欲望获得实现，但获得最大利益的则是企业自身、生产世界自身和生活世界自身。

三、怎样管理

“怎样管理”首先涉及价值取向问题，即管理以什么为最高价值取向。从泰勒的科学管理理论一直到当代管理学丛林，提高效率和增加利润无疑是不变的最高的管理价值。但怎样提高效率和增加利润？管理学和科学的发展历程告诉我们，对人的认识的不断深入（经济人、社会人、自我实现的人、复杂人），以及在此基础上对自然和对企业组织的系统性的认识（控制论、系统论、信息论、协同论、突变论等）的不断深入是提高效率和增加利润的前提。这个事实说明，在科学技术发展突飞猛进、信息渗透无所不在、市场竞争日益激烈、自然环境日益脆弱、社会环境日益复杂、人的需要日趋多样的时代，企业的价值实现首先应当以人、自然环境和社会环境的和谐发展为前提，而不是以牺牲后者为代价。在现当代管理理论中，管理的原则可谓五花八门，层出不穷。但根据生活世界欲技道的游戏说，管理的根本原则不过是让人人化，让物物化，让世界世界化。

（一）让人“人化”

正如管理学家彼得·德鲁克在评价泰勒的科学管理理论时所说，管理学从它一诞生起就是一种关于人的哲学。[①] 从亚当·斯密“人只是一个追求私利满足的经济动物”到韦伯“人具有清教徒式的勤奋和节约精神”，从李嘉图“人是群氓中无组织的个体”到梅奥“人是注重人际交往的社会人”，从马斯洛“人具有各种不同层次的需要”到沙因的“每个人都是具有不同的需要、能力、动机和反应的复杂人”，管理学对人的认识日益深刻全面，管理模式也由最初的外部控制、操纵、说服和奖惩变为对人的启发、信任和鼓励。这反过来说明，只有从人的高度来看待人、管理人，只有把企业的目标和企业员工的价值实现统一起来，只有把人的发展与企业的发展结合起来，企业才能真正提高效率和增加利润。

---

① 郭咸刚. 西方管理思想史［M］. 北京：经济管理出版社，2004：90.

生活世界的欲技道游戏说告诉我们，生活世界的生成就是人和人的游戏之所的共同生成。企业成功之日就是企业能成为企业员工可以在其中自由游戏并生成自身的游戏之所之日。企业管理首先应充分重视员工的各种不同层次的欲望和需求。对这些欲望和需求，企业不要做出过多的道德判断，而是要视之为企业创新的动力和源泉。企业应当鼓励员工在一定的规章制度之下为实现自己的欲望而奋斗，并为这些欲望的实现敞开一切可能性。企业创新的标志是产品的创新，而员工欲望的实现也需要一定的技能和工具。企业如果把员工的欲望引入技能和工具的创新，并根据这些创新给予各种奖励以实现其更高层次的社会性欲望，这将导致企业和员工的双赢。当然，这需要智慧。员工需要用智慧去激发自身欲望的创造性，主动抑制贪欲。企业管理者更需要智慧把员工的欲望引导到产品的生产技能提高和产品的创新方面来，让员工通过创新实现个人目标和价值的同时，更好地促进企业的发展，而不是把人引入庸俗的人际倾轧的泥潭。只有让员工在欲技道的游戏中自由创造、自身生成，企业作为游戏之所才会生成自身。

企业不仅是员工的游戏之所，也是管理者的游戏之所，是管理者和员工互为对象的游戏之所。员工在游戏中作为人人化，管理者在游戏中也应当作为人人化。对管理者来说，欲技道的游戏也应是三者之间彼此制约、互相生成的游戏。为此，管理者一定要禁止三种片面的游戏：一是欲望主义的游戏。管理者之所以去操心管理，是因为管理者也有欲望。正当的欲望是管理者实现管理创新的源泉。但贪欲，即对欲望的欲望往往成为管理者管理行为失之偏颇甚至走向错误的根源。如企业管理者对利润片面的追求，可能使企业过度地降低成本，导致产品质量出现问题；企业忽视自身的人才、资金、技术等现实条件，盲目追求规模的扩张，或进行多元化，致使企业陷入发展危机，等等。二是技术主义或工具主义的游戏。这一方面表现为只把员工视为实现管理者自身欲望的工具，只考虑企业的生产任务和发展目标的实现情况，不去考虑员工对人性方面的需求，一方面表现为只追求管理的技术化、等级化、制度化，忽视软性的、人文方面的管理手段。三是智慧主义的游戏。即管理者一味玩弄心术，操作权谋，把员工玩弄于股掌之中。在这三种片面的游戏中，和管理者游戏的员工并没有人的资格。这反过来也说明，管理者并没有作为人在游戏中生成。真正成功的企业应当是企业管理者和员工共同生成自身的游戏之所。

（二）让物“物化”

企业进行物质生产总要从自然界获取生产资料，物质生产活动的结果也总是一定的物质产品。即使某些企业的产品是信息或者要从事某种职业的人，它们也总是以物质的形式出现。企业不仅要使具体劳动过程中的人人化，还要使作为材料和产品的物物化。

但根据海德格尔的分析，作为材料和产品的物很难物化，因为它们作为整个生产过程的一个环节已经失去了自身，而物物化意味着让物成为物自身。这似乎是一个难以解决的悖论。但是，物作为材料和产品并不一定意味着物不物化，只要人以物自身的本性来对待物，物依然可以物化。正如庄子的“庖丁解牛”寓言所说，人只要常怀敬畏之心，了解和掌握自然规律，了解和认识物自身运动和发展变化的规律，依据物本身的规律来对待物，人和物之间就会形成自由的关系，从而在各项活动中游刃有余。如员工对机器设备运行规律的了解和掌握、对物料化学性质等的掌握，是企业开展生产经营活动的基础。

常怀敬畏之心，就是对物及物所属的环境的复杂性常怀敬畏之心，而对人自身的有限性常怀警惕之心。只有这样，我们在向自然索取生产资料时，才不会肆无忌惮，才不会为所欲为。当我们在进行生产时，才不会不考虑对自然环境的影响。当我们进行产品的销售时，才不会不考虑产品的回收和循环利用问题。我们可以说，很多企业在现实生活中是非常成功的，但它们并没有考虑这些问题。事实是，正是这些企业的短视必将导致企业在未来发展中出现困境。

（三）让世界“世界化”

企业是生产世界的组成单元，而生产世界是生活世界最重要的领域。生活世界的世界化与企业作为游戏之所的生成有着密切的关系，生活世界的遮蔽也与企业生产对人、对物、对环境的遮蔽有着密切的关系。今天，全球面临的生态灾难足以说明，企业生产造成的环境污染，以及企业产品所引导的生活方式造成的生存环境恶化是生活世界进入晦暗状态的罪魁祸首，尽管它以生活世界前所未有的敞开的形式表现出来。但是，哪里有危机，哪里就有拯救。企业生产的游戏既是生活世界晦暗的原因，也是生活世界敞开的源泉。问题的关键在于企业生产要高度重视人的生成、物的生成、人与自然关系的和谐等关键问题。当然，这些问题，已经成为和正在成为当代管理哲学关注的重心，因为危机已经到来。

第二章　管理哲学思想述要

我们知道，管理哲学作为独立出来的学科，是20世纪的产物，是人类社会发展的结果。从一般意义上来讲，管理哲学与管理活动本身具有悠久的历史，与人类的文明发展一样源远流长，积淀了极为丰富的社会管理经验和深邃的管理智慧。司马迁之父司马谈在论及六家之要指时说："夫阴阳、儒、墨、名、法、道德，此务为治者也。"①这里的"治"字，如果译成现代汉语就是"管理"之意。"务为治者也"一句恰如其分地点明了中国古代智慧的管理学本质。西方自古希腊苏格拉底以来，管理哲学思想更是异彩纷呈，历经近世、现代直抵当今，绵延不竭。对于今天的管理哲学研究来说，这些都是取之不尽、用之不竭的思想富矿，值得我们深入地探索和采掘。于是，我们有必要在上一章的分析基础上，进一步全面而深入地梳理中外管理哲学思想。

第一节　中国先秦管理智慧

先秦时期是中华文化发展的一个重要时期，在这个时期的不同的思想流派各抒己见，相互震荡，形成了百家争鸣、百花齐放的局面，产生了极其丰富而又深刻的管理智慧，其内容几乎包括了国家管理、政治管理、经济管理、军事管理、社会管理、文化管理、人的自我管理等各个方面，各种观点和思想博大精深，蔚为大观，为我们留下了大量的经典之论。

一、《周易》管理智慧

《周易》作为中国最古老的文化经典之一，是我国华夏族先民实践智

① 《史记·太史公自序第七十》，中华书局，1982：3288–3289.

慧的结晶，长期以来被人们冠以群经之首、大道之源。《周易》由《经》和《传》两部分组成。《经》记载有六十四个卦象、卦名和卦爻辞，象征不同的事物和事理。《传》共计七种十篇。因其阐发经文大义，如本经之羽翼，故又称其为“十翼”，后世统称《易传》。

随着20世纪80年代“周易热”的兴起，许多学者认定《周易》是一部管理之书。[①]下面，我们在综合前人研究成果的基础上，对其中所包蕴的管理智慧择其要而简述之。

（一）易之道

关于《周易》之“易”，《易纬·乾凿度》提出“易一名而含三义”。东汉经学大师郑玄据此在《易赞》及《易论》中认为：“易一名而含三义：易简一也，变易二也，不易三也。”如果说《易》是古人运用“观物取象”的思维方式，通过阴阳二爻的组合变化来模拟、喻示宇宙万物的物情事理的话，那么，“易简”“变易”“不易”则是对宇宙事物存在之三种基本性状的概括。

首先来看“变易”。正如书名所示，《周易》是关于变易哲学的典籍，其主旨在于追寻和顺应变化之道。变易思想构成了《周易》的中心内容。所谓变易，变化运动之谓也。许慎《说文解字》认为，“易”为一象形字，由蜥蜴而得名，而蜥蜴俗称“变色龙”，所以“易”之变易之义就由此引申而来。而“爻”的原意也是指阴阳之交变。《周易》认为，变易是包罗万象的普适原则，天地万物都在大化流行之中，整个宇宙是一个变动不居、生生不息的过程。“生生之谓易”[②]，这里的“生”是创新之意。变化、创新、创造是天地自然的崇高秉性。易的实质就是生而又生，不断地创造新事物。人与万物皆由变化而来。道化为有形时，天上便有了风云雷雨日月星辰等现象，地

① 如：曾仕强．中国管理哲学［M］，台湾：台湾东大图书有限公司，1981；程振清，何成正．周易·太极思维与现代管理［M］．广西：漓江出版社，1993；余敦康．易学与管理［M］．辽宁，沈阳出版社，1997；苏方，孔晓东．“易经”与现代管理64［M］．陕西：西苑出版社，2000；王仲尧，易学与中国管理艺术［M］．北京：中国书店出版社，2001；吴世彩．管理易［M］．甘肃：甘肃文化出版社，2005；曾仕强．大易管理［M］，台湾：东方出版社，2005；成中英．C理论—中国管理哲学［M］．北京：中国人民大学出版社，2006.

②《周易·系辞上》，湖南人民出版社，2008：376.

上就有了山川河流动物植物等，此即谓“在天成象，在地成形”。[①]《周易》就是利用爻和卦来模拟世事万物的变化。其中的每一卦都在不停歇地运动之中，就算是最静止的艮卦，两个静止的符号组合在一起，似两座山叠起，动的因子和趋势尽在其中。它若颠倒过来，即变为震卦，就成大动了。所以静为动之根，动为静之根，动静有常。在《周易》的每一卦象上，不管阴阳得位与否，都会产生动态效应。既济卦都得位了，可它依然在动，因为水在上，它总要往低处流，未济卦都不得位，也都在动。如此阴阳相推、刚柔相摩、八卦互荡、水火相济，历经太极生两仪，两仪生四象，四象生八卦，八卦相重而成六十四卦，世间万物尽罗其中，天衣无缝。

所谓“不易”，不是说完全不变，而是指变中之不变。《周易》认为，变是宇宙间万事万物的普遍性法则，但万事万物也不是为所欲为、任意瞎变，而是有规律、有秩序、趋于平衡统一的。所谓不易，是指天地自然运行之理不变。这个“理”也就是事物发展变化的固有规律。有阴阳消长、五行相生相克之理，也有对立统一、否极泰来之理，还有张弛有度、循序渐进之理。而且，事物的变化既不太过，也不失中，总会适位适时适地适事适人适势适境地发生，展现大自然的统一、和谐和美好，体现出对立面的平衡统一性。这种平衡统一性是事物内部所固有的，任何强求和人为的主观意志都只能适得其反，使事物走向消亡。《周易》卦爻系统就直接展现了这种变易的机巧与律则。通行本《周易》卦序以乾卦开始，按序而变，直至未济卦结束，表示一个“变易”的完成，但并不表示“变易”的结束。《序卦》曰：“物不可穷也，故受之以《未济》。”[②]从而转生乾卦，按照卦序又开始新一轮的循环变化。也就是说，万物之变从元开始，亨通而盛长，利遂而贞成，完成一个循环，又无一丝之间断，继续流变，从贞直接转生元，所谓“贞下起元”，继续以“元亨利贞”之序变易不穷。因此，“变易”的行程中有恒常之序，这种秩序的恒常性就是“不易”。

概言之，“变易”和“不易”是宇宙自身的实现形式。“变易”保证宇宙永不滞留的流动活泼，“不易”保证宇宙变而不乱、变而有常的神妙韵律。

---

① 《周易·系辞上》，湖南人民出版社，2008：364.

② 《周易·序卦》，湖南人民出版社，2008：488.

变中有常，常而又变，二者互显互用，昭显出一个大化流行、生生不息的宇宙。正因为一切皆为“变动不居，周流六虚，上下无常，刚柔相易”，所以我们要有时变意识，“随时”变易，“唯变所适。”[①]从管理的角度来说，就是要“通权达变”，即能根据不断变化的情势而随时调整管理方式，做到“穷则变，变则通，通则久”[②]，管理正是由于不断的变通才得以持久，管理的长远目标也因此才能得以实现。《周易》中说：“一阖一辟谓之变，往来不穷谓之通。”又云：“通其变，遂成天地之文。”“易穷则变，变则通，通则久，是以自天佑之，吉无不利。”[③]即是说，生命之流本身遭遇穷困，为了生存，势必求变，而变的结果则是各遂其生，各尽其利。“通权达变”运用于管理，表现为管理者应“以慎物辨方”，具有较强的应变能力，能够敏锐判断出主客观环境的变化，根据瞬息万变的管理环境，“时止则止，时行则行。”[④]即因时因地制宜、因人因事制宜，及时调整管理策略，寻求新的机遇和道路。这样的开拓进取不是胡闯蛮干，而是真正做到了随客观情势变化而变化的辩证管理。反之，若“智不足与权变”，最终不能适应管理发展的需要，便会被迅速变化的环境所淘汰。

然而，变易之中有不易，“通权达变”的前提是对“经”的正确把握，也就是要首先把握事物发展变化的规律。管理必须“顺道”，即符合事物发展规律。“顺道”首先是要“辨道”，即要去认识事物发展规律。要根据事物运动的客观规律和具有普遍性的管理原理、原则来确定合适的管理策略和方法，实现管理目标。当然，管理所面临的主客观环境是不断变化的，管理的原理和原则也必须与具体的实施条件相结合，管理者必须在“执经”“顺道”的前提下求变，这就是“执经达权”，其根本特点是主张“权不离经”，通经是行权的前提和基础。而用权之明就在于处处合于经，时刻不离经，经权结合，达到原则性与灵活性的有机结合。[⑤]“执经达权”在现代管理中的应用，就是要求管理者一方面要把握稳定不变的管理原则，另一方面又

---

① 《周易·系辞下》，湖南人民出版社，2008：438.

② 《周易·系辞下》，湖南人民出版社，2008：412.

③ 《周易·系辞下》，湖南人民出版社，2008：412.

④ 《周易·下经》，湖南人民出版社，2008：294.

⑤ 彭新武.管理哲学导论［M］.北京：中国人民大学出版社，2006：5—6.

要"通权达变"，根据管理系统的内外环境因素的发展趋势，审时度势，因势利导，随机变化，适时调整管理对策和管理方法，做到原则性和灵活性二者的有机统一。

"易简"是说万事万物的存在均为自自然然、简简单单地呈现出"易"和"简"的特性；最为艰深的道理，往往体现为最简约的形式，有着最平易的外表，这是形式与内容的辩证法。正由于《周易》具有"易简"的形式特点，才能够最为全面、深入地涵盖天下之理。所谓"易简，而天下之理得矣"。要言之，易简或简易包含两方面的含义：一是就《周易》所描述的对象而言的，即"道"或者说"规律"是明白简易的；二是就《周易》本身的特点而言的，是指《周易》一书以简易的方式论述复杂的现象和深刻的道理。在《易传》作者看来，"易简"实为《周易》的深刻内容与简约形式的完美结合，是二者的辩证统一。通过"易简"的方式，"探赜索隐，钩深致远，以定天下之吉凶。"①这正是《周易》一书的高明之处和特色所在。

易简，既是对《周易》特征的描述，其本身也是一种规律，是一种可资学习的"道"。从这里可以看出，中国古代思想高扬以简单明了的方式，对做事情达到事半功倍的效果，不论是学习，还是实践，都可以说是一种乐趣。其实，生产、生活、学习之中处处有"易简"，人类的管理活动也是如此。《周易》认为，易则易知，简则易从，管理创新的措施必须化繁为简，尽量明白晓畅，使人易懂、易学、易用，从而达到预期的管理效果。

（二）保合太和

"太和"即最高形态的和谐，所谓"太和，和之至也"。"保合太和"意味着通过人的主观努力，不断予以调控，使之长久保持，从而成就一种符合人所期许的万物繁庶、天下太平的良好局面。《乾卦·彖传》曰："乾道变化，各正性命。保合太和，乃利贞。"②"乾道"即天道，指的是万事万物因为天道的变化而各分其位的状态，其目的是保证自然界的顺利发展，并使万事万物获得利益；例如泰卦，泰为通之意。通，是天地之间和天地与人类社会之间少见的一种和谐状态。处于这种状态，上下和谐、左右通畅。故

---

①《周易·下经》，湖南人民出版社，2008：400.

②《周易·上经》，湖南人民出版社，2008：4.

《彖传》曰："泰，小往大来，吉亨。则天地交而万物通也；上下交而其志同也。内阳而外阴，内健而外顺，内君子而外小人，君子道一长，小人道消也。"[①]与此相反，否卦则言之：天地不交而万物不通。不通则志不和，志不和则事难成。和谐是一种人所共求的最佳状态。和谐可以激发人的智力和潜能，"通"则可以使事物达到完善、完美状态。

《周易》同时认为，"和"与"中"是联系在一起的，"中"是达至"和"的必要途径。所谓"中"，就是不偏不倚，既不过分，又无不及，是结合两个对立极端的最佳的"度"，能够将各种矛盾关系处理得恰到好处。唯其如此，事物方能处于最佳状态，为其生生不已、不断更新，创造有利的环境和条件。《周易》解释卦爻辞，以"中"或"中正"作为一条重要原则，提出"中位"说，认为一卦六爻，二五爻居于上下卦之中位，一般情况下，中爻往往为吉。如《彖传》释需卦曰："位乎天德，以中正也。"[②]释讼卦曰："利见大人，尚中正也。"[③]释履卦曰："刚中正，履帝位而不疚，光明也。"[④]释小畜卦曰："健而巽，刚中而志行，乃亨。"[⑤]又释未济卦曰："未济，亨，柔得中也。"[⑥]此类文句充斥《彖传》之中。《易传》以中道观念解释卦象和卦爻辞的吉凶悔吝，认为中才能和，不中则不和，将"贵中"思想推至极致。易学认为，有序的管理是实现"太和"价值理想的必要途径。在现实生活中，到处充满着对立、摩擦、冲突和危机。社会现实的不和谐，更加突显了追求和谐理想的重要性。管理之所以必要，就在于现实的不和谐必须改变。因之，管理者要时刻保持忧患意识，终日乾乾，自强不息，以便化冲突为和谐。在《周易》看来，支配事物发展过程的内在机制是阴与阳的协调配合，相互推移，"阴阳合德而刚柔有体""刚柔相推，变在其中。"[⑦]独阳不生，孤阴不成，阴阳相交合而始生。"天地交而万物通""天地不交而

① 《周易·上经》，湖南人民出版社，2008：74.
② 《周易·上经》，湖南人民出版社，2008：40.
③ 《周易·上经》，湖南人民出版社，2008：46.
④ 《周易·上经》，湖南人民出版社，2008：68.
⑤ 《周易·上经》，湖南人民出版社，2008：64.
⑥ 《周易·下经》，湖南人民出版社，2008：358.
⑦ 《周易·系辞下》，湖南人民出版社，2008：406.

万物不兴”[①]“天地氤，万物化醇。男女构精，万物化生。”[②]阴阳“兼体而无累”[③]“合同而不相悖害”[④]，相互联结，相互渗透，相互制约，相互推移，互济互补，协合为一，这才是事物发展变化的规律，即“一阴一阳之谓道”。总之，谐和才是天地万物生存和发展的基本法则，阴阳互斥只不过是达到谐调的一种手段，宇宙中的个体本质上是和谐一致的，并非相抵互损，此即“以气化言之，阴阳各成其象，则相为对。刚柔、寒温、生杀必相反而扣为仇。乃其究也，互以相成，无终相敌之理”。[⑤]《周易》所蕴含的“保合太和”的价值理想经过历代易学家的阐发，已然渗透到中华民族的意识深层，成为人们处理各种矛盾关系的哲学基础，对现代管理也具有重要的指导意义。“保合太和”的管理价值观和管理目标追求，启发着管理者时刻保持忧患意识，自强不息，以便化冲突为和谐。[⑥]其中和思想启示人们：如果依据“中”之原则，使阴阳两种势力相互配置得当，谐调相济，形成优化组合，便会出现和谐的局面，从而使事物得以亨通，顺利发展；反之，如果配置不当，阴阳失调，刚柔乖异，就会使和谐的局面受到破坏，冲突发生，终至事物阻塞不通而出现危机。

二、儒家管理智慧

一般认为，儒家的管理思想是以官本位为上，其目的是为政治上的发展创造条件。暂且不说社会管理外，儒家管理思想并没有更多地提及生产问题，也没有谈及效率问题，可以说，这是与中国古代封建社会的自然经济相吻合的。但儒家文化毕竟是统治中国两千多年的正统文化，其社会管理思想对现代管理的影响作用不可小觑，尤其是其以开拓人文和塑造人性为重点的管理智慧，仍有许多应重新探讨和挖掘的价值。

（一）德治与礼治

孔子曰：“道之以政，齐之以刑，民免而无耻；道之以德，齐之以礼，

---

① 《周易·下经》，湖南人民出版社，2008：304.

② 《周易·系辞下》，湖南人民出版社，2008：426.

③ 《正蒙注·乾称》，世界书局，民国二十六年：285.

④ 《正蒙注·太和》，世界书局，民国二十六年：1.

⑤ 《正蒙注·太和》，世界书局，民国二十六年：22.

⑥ 冯友兰.中国哲学史新编（上卷）[M].北京：人民出版社，1998：242—243.

有耻且格。”[①]这里的“道”，即“引导、诱导”之意。这里的“政”，指政令。“格”为“人心归服”之意。孔子的意思是说：在管理过程中，在同样可能达到社会规范被遵守之目的的情况下，用“德”和“礼”方式比用“政”和“刑”的效果要好。如果只是用政令和刑罚的手段管制老百姓，虽可使人心存畏悸而暂时免于犯过，却不会达成主观上的道德自律。如果用道德和礼制来教化他们，老百姓不但会产生廉耻之心，而且会人心归服。可见，德治与礼治是儒家管理思想的两大基本治理方式。

“德治”是儒家区别于其他各派管理思想的最突出的标志。孔子提出：“为政以德，譬如北辰，居其所而众星共之。”[②]这即是说，人们要用德行来处理政治，这就像天上的北斗星一样，在属于自己的位置中存在，而满天星斗都环绕它运行。对于管理活动而言，人们依靠领导者的以身作则，对员工和被管理者实行道德示范和道德教化，正是儒家所强调的“为政以德”的管理手段。这是一种强调人文价值导向的管理方式，是潜移默化地进行管理的重要手段。孔子认为，衡量一个管理者是否合格的根本标志，就在于他的品德是否高尚。如果一个管理者的管理才能比得上周公，但只要他骄傲而吝啬，道德品质低下，那也不值得一提。因为“德”来自于“修身”，即自我管理和自我控制。易言之，一个品行高尚的人就是一个能够很好地实现自我管理的人，而管理活动可以说首先是自我管理，这即是说，在一个企业中，一个有能力管好别人的人不一定是一个好的管理者，而只有那些有能力管好员工又能够管理好自己的管理者才能成为好的管理者。事实上，员工不会指望那些不能够有效管理员工的管理者去管理好企业，也不会指望在这样的企业中能够有较好的发展。而儒家所言的“为政以德”恰恰就要求管理者能够以高尚的道德来治理企业，并通过自身的模范作用来赢得员工的爱戴。儒家认为，企业的领导者是被领导者的榜样，他的一言一行都具有示范性的意义。领导者注意自己的道德修养管理企业，就能起到上行下效的作用，带动整个企业组织人员的道德水平的提高。这样一来，企业的管理者就不必绞尽脑汁地去考虑和处理管理中的具体事务，而只要集中精力制定和带头践行道

① 《论语·为政》，中信出版社，2013：54.
② 《论语·为政》，中信出版社，2013：53.

德规范，发挥示范作用，这样就可以把企业治理好了。在儒家看来，作为企业的管理者，他所要抓的重要方面是道德规范，所要做的只是合理使用人才，所要行的只是个人的道德修养。君倡而臣和，主先而臣随。这里所倡导与优先的，不是具体的管理事务，而是价值导向，精神指引，这都需要在道德行为上体现出来。在儒家看来，领导者只要搞好组织的价值导向和对下属的价值教化，就可以一以驭百。为什么领导者只要“崇德”就能够取得良好的管理效果呢？孔子说：“其身正，不令而行；其身不正，虽令不从。”① 荀子则比喻道：“君者，仪也，民者，景也，仪正而景正；君者，盘也，民者，水也，盘圆而水圆。”② 说的都是“身正而令行”的道理

在儒家看来，“德治”不仅容易得到民心，还可以取得迅速的控制效果，即“德之流行，速于置邮而传命”。③ 在儒家看来，统治者的道德修养是国家治理的开端；而对于老百姓的道德教化，才是国家治理的关键。所以，统治者要想使自己的言论有信用，首先就要端正内心，要想使自己的政治措施迅速推行，首先就要以身作则；要想使人民迅速归服，那就要实行正确的治国之道。除了“德”之外，“礼”也属于儒家思想的一个重要的管理范畴。在儒家看来，“礼”最初的含义是祭神祈福，因为祭祀时需要一定的仪式和规定，于是就衍生出了一系列的等级规范、礼仪制度和统治措施。儒家一再强调“礼”的重要性，把“礼”看作是管理社会的重要手段，主张“为国以礼”，④ 因为礼能够使人们形成规范的秩序，并协调人际关系，“君臣、上下、兄弟非礼不定”。⑤“礼”就如同规矩准绳一样，“礼之于正国也，犹衡之于轻重也，绳墨之于曲直也，规矩之于方圆也。”⑥ 所以是绝对不可缺少的。那么，儒家究竟主张怎样运用“礼”来实施管理呢？

首先，礼的功能是“别异同”。提倡礼，本身就意味着承认差别并正视和维护人际差别，礼就是在这种差别中推进统一。在儒家的著述中，涉及很多人与人之间的差别，诸如男女、长幼、亲疏、贵贱、贫富、贤庸、社会分

---

① 《论语·子路》，中信出版社，2013：223.
② 《荀子·君道》，中信出版社，2014：149.
③ 《孟子·公孙丑上》，长江出版传媒，2015：43.
④ 《论语·先进》，中信出版社，2013：202.
⑤ 《礼记·曲礼上》，河南大学出版社，2010：72.
⑥ 《礼记·经解》，河南大学出版社，2010：688.

工，等等。对于这些差别，儒家采取的方法是正视并维护它们。孔子讲“君子和而不同，小人同而不和。”[①]即包含有人与人之间有差别的意思。孟子进一步指出：“夫物之不齐，物之情也。或相倍蓰，或相什百，或相千万。子比而同之，是乱天下也。”[②]差别是自然现象，如果要消除它，天下就会大乱。儒家特别注重尊卑贵贱的差别，“天尊地卑，君臣定矣；卑高以陈，贵贱位矣。”[③]可以说，与先秦诸子其他各家相比，儒家学说最突出的方面就在于强调差别，并在差别的基础上形成统一。可以说，今天的管理者与被管理者已没有高低贵贱尊卑之分，但从个人能力和工作关系上看，差别显然是存在的，这种差别可以通过礼的行为而达到统一。在正视差别的前提下，儒家才提倡用礼治来协调因差别带来的人际不和。

其次，通过“制礼”对人进行有效的社会分工。荀子认为“人何以能群，曰：分”“群而无分则争，争则乱。”[④]人之所以能够组成团体或社会，是因为他们是有差别的，有分工的，否则就出现混乱。他还讲：“分均则不偏，势齐则不壹，众齐则不使。有天有地而上下有差；明王始立而处国有制。夫两贵之不能相事，两贱之不能相使，是天数也。势位齐而欲恶同，物不能澹则必争，争则必乱，乱则穷矣。先王恶其乱也，故制礼义以分之，使有贫富贵贱之等，足以相兼临者，是养天下之本也。”[⑤]即为了使得天下不乱，先王才制订礼义将人类加以分工。孟子也谈到分工问题。他认为社会上有“大人之事”，也有“小人之事”，因而有“劳心者”或“君子”，有“劳力者”或“野人”。大人或劳心者的事情是治理社会，小人或劳力者则从事物质生产。“无君子莫治野人，无野人莫养君子。”[⑥]虽然儒家所说的分工有贵贱之嫌，但作为一个组织，大到一个社会，小到一个企业，没有有效的分工的确不能成就事业，而礼就是关于分工的规定。

再次，礼能正名分。孔子主张正名分，即主张恢复西周的等级名分制度。这种制度要求所有的人都应按照自己所归属的等级及社会角色所赋予的

---

① 《论语·子路》，中信出版社，2013：232.

② 《孟子·滕文公上》，长江出版传媒，2015：92.

③ 《礼记·乐记》，河南大学出版社，2010：535.

④ 《荀子·富国》，中信出版社，2014：116.

⑤ 《荀子·王制》，中信出版社，2014：109.

⑥ 《孟子·滕文公上》，长江出版传媒，2015：86.

权利和义务行事，各安其分，不可僭越，只有这样，社会才能正常运行。他说："必也正名乎！……名不正，则言不顺；言不顺，则事不成；事不成，则礼乐不兴；礼乐不兴，则刑罚不中；刑罚不中，则民无所措手足。"[①]齐景公曾经问政于孔子，孔子对曰："君君、臣臣、父父、子子。"[②]意思是做君要像个君，做臣要像臣，做父亲要像父亲，做儿子要像儿子，亦即各安其分。儒家对各类人等都规定了相应的名分，归纳起来，不外乎父慈、子孝、兄友、弟悌、夫义、妇从、君仁、臣忠、朋友信、万民顺，等等。《礼记》之《大学》和《礼运》篇都有比较全面的表述。儒家的理想就是父子君臣各类人等都按照自己应有的名分去做，"非礼勿视，非礼勿听，非礼勿言，非礼勿动。"[③]如果不以礼所规定的各自的名分去做，必然引起混乱。

可以认为，儒家的礼治思想在一定意义上乃是一种从道德行为上的规范化的管理方式。首先，儒家德治思想承认并维护人的各种差别，同时维护人的差别不是维护某一个人的利益，而是为了使得一个组织或系统有序地运行，从差别当中找到共同的东西，从差别中实现统一。其次，儒家认为，一个社会的社会分工是必要的，分工体现出社会的发展程度，关键看如何有效地进行分工。这就需要考虑每一个人的具体差别，然后根据其不同的个性而分配以不同的岗位，以最大限度地发挥其才能。再者，在儒家看来，一个组织或者企业中只有分工而没有相应的责任规定（即儒家所说的"名分"）也是不行的，名分是确认分工的重要方法。而确立分工与名分的关键在于需要规章制度，即"不依规矩，无以成方圆"。不同的岗位有不同的要求，不论在哪一个岗位，都应该尽职尽责。

大体上说，德治属于内在的控制方式，礼治属于外在控制的范畴。但是，儒家所主张的"礼治"因其带有某种感化性，又不能完全等同于纯粹的外在控制。在孔子那里，"齐之以礼"与"道之以德"是相提并论的。关于"礼"与"德"的关系，《礼记·礼器》指出："先王之立礼也，有本有文。忠信，礼之本也；义理，礼之文也。无本不立，无文不行。"[④]所谓"礼"，

① 《论语·子路》，中信出版社，2013：220.
② 《论语·颜渊》，中信出版社，2013：211.
③ 《论语·颜渊》，中信出版社，2013：204.
④ 《礼记·礼器》，河南大学出版社，2010：341.

说到底是一种道德性的规范，仁义忠信等道德原则是礼之本质，礼仪规范不过是礼之外在形式。没有道德，礼仪规范无从树立；没有礼仪，道德原则无法推行。就此而言，“礼”和“德”互为表里，二者密不可分。礼，既来自外力，又发自内心，这其中的奥秘全在于“礼”必须以“德”为核心，以“德”为转移。“君子慎独”就是把外在的行为规范诉诸内心的道德自觉。这样，道德意识和道德行为、感化性和规范性、内在控制与外在控制便有机结合起来了。

（二）中庸之道

“中庸”这个范畴是孔子最早提出来的。《论语·雍也》云：“中庸之为德也，其至矣乎！民鲜久矣。”[①]“中”即“中正”“中道”，意为做事一定要适当、适度、恰到好处，把握好分寸。“庸”意为“常”，即“常道”。故而，所谓“中庸”就包含两层意思：其一，“中”即常道、常理即宇宙间最普遍的“理”；其二，是说要“用中、行中”。从某种意义上说，儒家提出“中庸”理念是为了调剂“德”“礼”在具体运用中的偏颇。作为为人处世的方法，中国传统的中庸思想是孔子思想的重要观点，体现在孔子的言行上。例如，在接人待物的行为中，孔子主张要在主见和中庸之间做出决断，做到有所为有所不为。而在管理政治时，君主对于人民不仅要做到恩惠，更不能过度，既要使人民服从政令，也要使人民不产生抱怨。孔子同时认为，人如果要真正做到中庸之道，这是一件非常苦难的事情，因为人们要把握好“度”却是不易之事。孔子认为，社会上的一些事物的发展都大致存在三种情况，一是不足，即未能达到目标和要求；二是中正，即适度，恰到好处；三是过度，即做过了头。中庸之道就是在追求一种适度的效果，追求一种和谐与平衡，找到事物各方面协调发展的平衡点。然而，这个“分寸”“平衡点”并不是静态的，而是处于不断变动之中，所以，人们遵循中庸之道，并非是要人们循规中矩，一成不变，恰恰相反，中庸之道的内在意义在于是一种“穷则思变，变则通”思想的体现。当环境改变时，原本中庸的状况可能变成过度，平衡即会被打破，从而要根据形势的变化，审时度势，采取恰当的方法，寻求新的平衡，做到“随时以处中”。

---

① 《论语·雍也》，中信出版社，2013：124.

因而，作为一种一般的思维方式，“中庸思维”在坚守中正之道时突出执经达权，顺时而变，力求全面、均衡、灵活和统一，同时强调“兼陈”和“兼容”，因而，对于现代管理来说，依然有着强大的生命力。[①] 在具体的管理工作中，怎么能够协调好管理之中的各种人际关系，以便充分调动人们的积极性，这一直以来是企业管理的重要问题。我们如果不顾及客观条件，而采取严格的规范管理措施，有可能压抑人的创造性，甚至会产生物极必反的情形，而无法得到目标。如果只从被管理者的角度出发考虑问题，片面强调以人为本，给以仁爱之心，有可能会出现人浮于事的问题。这就要求管理者具备高超的管理技巧，善于运用“中庸”的方式，找到规范性与人性化的最佳结合点，从而得到最优的管理效果。

三、道家管理智慧

“无为”是道家的一个十分重要的思想。《老子》中有十余处提到“无为”，如：“道常无为”[②]“圣人无为”[③]“民无知无欲，使夫智者不敢为也”[④]等。道家倡导“无为”的本意，绝不是让人们什么都不做、都不为，而是反对违反自然的妄为、乱为。它要求人们顺应自然，遵循天地万物自身的内在发展规律，在于守静、安时而处顺，有所为有所不为，“无为而无不为”。[⑤]“无为”是一个普遍适用的最高行为原则，但老子主要是针对侯王的，要求侯王在私欲萌动的时候，“虚其心”，[⑥] 保持“无为”；在功成圆满的时候，自然“隐退”，保持“无为”。老子“无为”思想的核心是“无不为”，[⑦] 而不能简单地把它理解为消极遁世。

“无为”的形上基础是大道自然。《老子》云：“人法地，地法天，天法道，道法自然。”[⑧] 人的思想和行动归根到底是要遵循“道”，“道”即“自然”，这里的“自然”不是指自然界，而是指自然万物的本性，即自然而

---

① 彭新武．管理哲学导论［M］．北京：中国人民大学出版社，2006：20.

② 《道德经·三十七章》，外语教学与教研出版社，1999：76.

③ 《道德经·六十四章》，外语教学与教研出版社，1999：134.

④ 《道德经·三章》，外语教学与教研出版社，1999：6.

⑤ 《道德经·四十八章》，外语教学与教研出版社，1999：102.

⑥ 《道德经·三章》，外语教学与教研出版社，1999：6.

⑦ 《道德经·四十八章》，外语教学与教研出版社，1999：102.

⑧ 《道德经·二十五章》，外语教学与教研出版社，1999：52.

然、自己而然，而非任何外力作为、任何意志所支配。“无为”便是一切皆顺乎自然。无为而治，即“处无为之事，行不言之教”①；即“道常无为而无不为，侯王若能守之，万物将自化”②；即“我无为而民自化，我好静而民自正，我无事而民自富，我无欲而民自朴”。③

无为而治首先要顺乎人心，任民自化。《老子》主张统治者应当无为，也就是不要干预社会和民众，不要强行规定应当做什么，禁止做什么。《老子》说：“天下多忌讳，而民弥贫；……法令滋彰，盗贼多有。”④“其政闷闷，其民淳淳；其政察察，其民缺缺。”⑤其意是说：禁忌太多，老百姓反而贫穷；法令多而严，盗贼反而猖獗；为政不严，人民忠厚淳朴；政令严酷，人民反而以狡诈对抗。又说：“善者吾善之，不善者吾亦善之，德善。信者吾信之，不信者吾信之，德信。”⑥意思是说，不管百姓是否能够做到善与不善，一律待之以善，结果便得到善；不管百姓可信不可信，都予以信任，结果便得到信任。圣人不必去设立善恶标准，一切听任自然，让百姓自化。所以，《老子》主张圣人“处无为之事，行不言之教”。⑦这样，“我无为而民自化，我好静而民自正，我无事而民自富，我无欲而民自朴。”⑧“无为”要求统治者做到“好静”“无事”“无欲”，如果能够做到这些，那么老百姓就能“自化”“自正”“自富”“自朴”了。

无为而治还要善于“守柔”“据柔”。《老子》认为“守柔曰强”，⑨坚信“柔弱胜刚强”。⑩因而，《老子》极力推崇水的柔弱精神。它说：“上善若水，水善利万物而不争，处众人之所恶，故几于道。”⑪所以，老子认为，最高尚的善就应该像水那样，润物细无声，自己却宁肯处于被众人所厌恶的地

---

① 《道德经·二章》，外语教学与教研出版社，1999：4.
② 《道德经·三十七章》，外语教学与教研出版社，1999：76.
③ 《道德经·五十七章》，外语教学与教研出版社，1999：120.
④ 《道德经·五十七章》，外语教学与教研出版社，1999：120.
⑤ 《道德经·五十八章》，外语教学与教研出版社，1999：122.
⑥ 《道德经·四十九章》，外语教学与教研出版社，1999：104.
⑦ 《道德经·二章》，外语教学与教研出版社，1999：4.
⑧ 《道德经·五十七章》，外语教学与教研出版社，1999：120.
⑨ 《道德经·五十二章》，外语教学与教研出版社，1999：110.
⑩ 《道德经·三十六章》，外语教学与教研出版社，1999：74.
⑪ 《道德经·八章》，外语教学与教研出版社，1999：16.

位，从不争功夺利。它以此规劝统治者应该像水那样，把自己放在卑下的位置，做有利于百姓的事，自己不去争权夺利。“守柔”“不争”也是“无为”的重要方面。“夫唯不争，故天下莫能与之争”。[①]“天下莫若柔弱于水，而攻坚强者莫之能胜。”[②]从而以不争达到无人能与之争、以柔弱能胜刚强的目的。

尽管《老子》中无为而治的思想是中国特定历史时期的产物，但它倡导的“不为之为”“不管而管”“不治而大治”的理想，无疑是管理的至高境界。即便在越来越强调管理的今天，“无为而治”依然具有很强的现实价值。

首先，管理工作应法道自然，遵循规律，因势利导。“无为”就是不要勉强人为，违背规律，而是要顺乎自然，因循规律。这就要求管理者要克服主观主义的工作作风，对一些具体工作不要干预过多。《老子》第60章说：“治大国若烹小鲜。”[③]煎小鱼时，如果不停地翻来翻去，肯定会把鱼弄碎。同理，管理不是要过多地干预，而应留有余地，因势利导，顺势而为，不强求，不勉强，不偏执，不极端，时刻依照自然的标准和原则，尊重自然的运化，从而营造一种充满活力、利于发展的管理环境。其次，无为的管理之道，要求管理者明确自身职责，有所为有所不为。不同层级的管理者都有其确定的职责范围，对自己职责范围内的事情应尽职尽责（有为），认真完成，对职权范围以外的事不应越权（不为）。对于高层管理者来说，要明确自己在组织中的定位，着眼于组织发展的大局，善于抓住要点，突出重点，尽力摆脱并跳出繁琐的日常管理工作，静下心来从整体上进行思考、规划，把主要的时间、精力和关注点放在洞察环境、明确战略、宏观把握、综合协调、文化引领、团队激励等重大问题上。把己所不为，让给他人去为，而自己去为他人所不能为，以“为”来统领“不为”，达到“无为而无不为”。这就是“为”和“不为”的辩证法，也是无为而治的精髓。再次，“无为而治”启示管理者要顺乎民心，善于调动被管理者的积极性。《老子》强调：“圣人无常心，以百姓心为心。”[④]管理者不是要把自己的意志强加于被管理

① 《道德经·二十二章》，外语教学与教研出版社，1999：46.

② 《道德经·七十八章》，外语教学与教研出版社，1999：164.

③ 《道德经·六十章》，外语教学与教研出版社，1999：126.

④ 《道德经·四十九章》，外语教学与教研出版社，1999：104.

者，而是要善于把被管理者的意志集中起来，使一切决策都符合被管理者的意愿。管理者看起来似乎没有自己的主见，是“无为”，其实，由于决策顺乎民意，从而能够得到认同，达到众人一心，完全可能实现“无不为”。

总之，管理是科学，是艺术，更是智慧。老子的思想和理念启示我们，要以“道法自然”为管理根本，以“清静为天下正”为管理目标，以“无为而无不为”为管理准则，追求“太上，不知有之”的管理理想，拥有超然的管理境界，遵循自然的管理理念，实行无为而治的有效管理，这是通向成功的管理之道。①

就政府管理而言，我国的经济体制和政治体制改革已经取得重大进展，但各种社会问题和矛盾依然突出，制约着改革的进程。从政府的社会治理来看，无为而治在实质上应该是依道而治，自然无为，即包括政府在内的社会各界应按照社会的自然本性来治理社会，做符合社会发展之道的事情，不做不符合社会发展之道的事情，顺应社会的自然本性，让社会在道的轨道上存在、发展、演变，从而实现社会的良好治理。基于无为而治的理念，目前的社会治理，要尊重社会发展的基本规律，从行为和措施上要顺乎民心，合乎民意；政府对市场的管理要尊重市场规律，把市场的事情交给市场去管理，减少行政干预，有所为，有所不为。要实现真正的无为而治，一方面，需要制定符合社会和政府之道的法律法规，并让民众意识到贯彻执行这些法律法规是社会治理的必然，并自觉遵守这些法律法规，服从政府的管理。另一方面，对政府来说，应依照符合社会发展和政府管理规律的法律法规行政，避免依违反社会和政府之道的法律法规行政，恪守自然无为的行政之道。所以，按照老子的思想，我们要明确政府与社会组织的具体分工与合作，规定政府哪些应该做、必须做，哪些不该做、不应做，从而使政府行政有法可依，使依道行政与依法行政达到高度的统一。

四、墨家管理智慧

“兼爱”是墨子管理学说的核心，也是其理论的逻辑起点。所谓“兼”，是“不分人我，彼此等同”之意，“视人之国，若视其国；视人之

① 冯友兰 . 中国哲学史新编（上卷）[M]. 北京：人民出版社，1998：323—3293.

家，若视其家；视人之身，若视其身。”[①]由此可知，兼爱就是爱人如己，爱无差等。与“兼”相对的是“别”。“别”是划分彼此人我，进而只顾自己的行为。在墨家看来，人因自私、利己方造成种种矛盾与等级差别，而这种矛盾与差别，就是社会罪恶的总根源，一切乖忤、欺诈、篡夺、战争都由此而起。要想消除“别”这一天下大害，墨子提出必“以兼相爱、交相利之法易之”[②]。简言之，即兼以易别。只有用“兼爱”作为管理国家与社会的指导原则，才能使国家大治，天下太平。如其所描述那样：“若使天下兼相爱，国与国不相攻，家与家不相乱，盗贼无有，君臣父子皆能孝慈，若此则天下治。”[③]

墨子还把“兼”作为一种社会道德大加阐扬。他说：“兼即仁矣，义矣。”[④]“兼”是同仁、义一样的德行，因此，他把具有“兼”德的人称为“兼士”，把具有“兼”德的君王称为“兼君”，以与只顾自己不顾他人的“别士”“别君”相区分。墨子所讲的“兼君”其实就是他心目中理想的统治者。他们均具有高尚的道德品质与修养，本着“兼相爱，交相利”的原则从政治国，他们所推行的“兼政”给天下百姓带来了大利。他认为，“兼”乃“圣王之道”，“兼之所生，天下之大利者也。”[⑤]如果以兼为正，将会使天下秩序和谐安定，万民衣食丰足，使老有所终，幼有所养，这便是墨子理想的管理格局。

墨子讲兼爱，总是与利人相提并论，诸如“兼之所生，天下之大利也”，以及“爱人利人”“爱利天下”“相爱相利”，等等。也就是说，其“兼相爱”是同“交相利”紧密联系在一起的，用现在的话来说，其兼爱是与物质利益直接挂钩的。在墨子那里，兼爱的实质就是利人，“夫爱人者，人必从而爱之；利人者，人必从而利之。”[⑥]在墨子看来，“利”是相互的、对等的，你爱人利人，别人也会爱你利你。利人是前提，利己是回应，这对双方来说自然是互利互惠。墨子还以孝为例，对此作了具体阐述。作为一个

---

① 《墨子·兼爱中》，河南大学出版社，2008：150.
② 《墨子·兼爱中》，河南大学出版社，2008：150.
③ 《墨子·兼爱上》，河南大学出版社，2008：147.
④ 《墨子·兼爱下》，河南大学出版社，2008：159.
⑤ 《墨子·兼爱下》，河南大学出版社，2008：156.
⑥ 《墨子·兼爱中》，河南大学出版社，2008：152.

孝子，必须先爱别人的父母，别人才会爱自己的父母，爱别人的父母是使自己的父母得到爱护的前提。故只有爱无差等，才会获得对方同等的回报。这种以利为爱的归宿和目的的观点，若与儒家孔子的仁爱学说相比较，可以看出其鲜明的功利主义特色。[①]墨子的“兼相爱”“交相利”思想，实质上是一种柔性管理。它通过人们之间的互动的相爱来改善人际关系，消除破坏性冲突，创造良好的社会环境，使人们既能自爱又能爱人，从而每个人的利益都能得到满足，这符合人的自然性的需要，又符合社会道德法律规范。

“尚贤”是墨子管理思想中又一重要内容。他认为，尚贤是管理国家之根本，因此竭力主张尚贤，强调尚贤的重要性。他说，贤士是人群中出类拔萃的人物，不仅德行敦厚，能言善辩，而且精通治政之术，是国家之珍宝、社稷之辅佐。能否尚贤使能，关系到国家的安危治乱。《墨子·亲士》篇云：“入国而不存其士，则亡国矣。见贤而不急，则缓其君矣。非贤无急，非士无与虑国。缓贤忘士，而能以其国存者，未曾有也。”[②]意思是说：到一个国家主政却不能蓄纳贤士，那就要亡国了；发现贤人，却不急于举用，贤人就会怠慢其国君；没有贤才就不能处理危难，没有贤才就不能与之谋虑国事；怠慢贤才，忘记良士，而能使其国家保存之事，从未有过。

墨子人事管理中最值得称道、最具光彩的思想，就是他提出的要打破尊卑贵贱的等级界限，反对世卿世禄和任人唯亲的主张。他说：“古者圣王，甚尊尚贤而任使能，不党父兄，不偏富贵，不嬖颜色。贤者举而上之，富而贵之，以为官长，不肖者抑而废之，贫而贱之，以为徒役。”[③]他还认为，古代圣王为政时，即使是“农与工肆之人”，只要有能力，就举而用之，如厨子伊尹为汤所举荐，劳工付说为武丁所举荐。由于真正做到了贤者上、不肖者下，所以才有圣王之治。总之，举贤是不分门第出身，不论富贵贫贱的。用墨子的话说，就是“官无常贵，而民无终贱，有能则举之，无能则下之”[④]。墨子这种能力面前人人平等的思想，是对古代“亲亲有术”的宗法制度的否定，是小生产者希望参与政权、改变自身政治经济地位要求的反映。

---

① 冯友兰 . 中国哲学史新编（上卷）[M]. 北京：人民出版社，1998：242–243.

② 《墨子·亲士》，河南大学出版社，2008：86.

③ 《墨子·尚贤中》，河南大学出版社，2008：114.

④ 《墨子·尚贤上》，河南大学出版社，2008：112.

与墨子重视实利的态度相一致，在人事管理上，他主张要给贤者提供优厚的条件，对贤者，要“富之，贵之，敬之，誉之”；[①]“高予之爵，重予之禄，任之以事，断予之令。”[②]显然，这些条件既包括一定的物质利益，也包括必要的精神激励。就是说，既要给予优厚的物质待遇，又要赋予其崇高的社会地位，同时还要授予其职权使其充分施展才能。如果不能在爵、禄、事三方面厚待贤者，那么，“爵位不高，则民不敬也；蓄禄不厚，则民不信也；政令不断，则民不畏也”。[③]高爵、重禄、职权被墨子称为“为治三本”，并不是为了赏赐贤者，而是使贤能可当政者忠于职守、尽职尽责的三种必要的工作条件。这一观点恰好体现了当今管理中责、权、利相结合的原则。值得注意的是，高爵、重禄、任事的作用不仅在于使贤者的才能得以充分发挥，更可由此形成一种激励机制，“民皆劝其赏，畏其罚，相率而为贤者，是以贤者众而不肖者寡，此谓进贤。”[④]意即君王若能切实褒奖贤能，尊重贤才，便会形成民众争相进贤的社会风尚，出现人才辈出的可喜局面。在墨子看来，统治者如真能做到以贤能为用人标准，形成自上而下的贤人政治，就能顺利地实现国家富、人民众、刑政治。然而，这一目标的实现，尚须人事上的制度保障，这就是职与能相符。职能相符作为制度特征，无论在人才的选拔、识别还是任用、考核等方面都突出地体现出来。尚贤是任其德，事能是使其才，由于贤者的德行、能力有高低、大小之别，必须根据各人的能力，量才使用，因事任人。统治机构中各级官吏的配置皆应遵循这一制度。天子作为最高统治者，自然应是天下的最大贤能者；天子以下各级管理者也都是按照贤能的标准选拔出来的，“选择其次”的步骤表明，其贤能程度是一级不如一级，也就是说，是根据德行和能力的不同分别担任相应的职务。在选才、识才方面，墨子提出对贤者要通过各方面的考察，然后才能授予其适当的官职，量才录用。在使用方面，他主张要根据贤德的高低、能力的大小配以相应的职位，倘若不能量才而用，致使大材小用或小材大用，不仅是对人才的最大浪费，还会造成重大损失。如一个只能治理百人的贤者，却被派到担负

① 《墨子·尚贤上》，河南大学出版社，2008：111.
② 《墨子·尚贤中》，河南大学出版社，2008：115.
③ 《墨子·尚贤中》，河南大学出版社，2008：115.
④ 《墨子·尚贤中》，河南大学出版社，2008：114.

领导千人的职位上，必然会失职，贻误大事。所以，只有做到才责相称、职能相符，才会取得最佳的管理效果。职能是否相称更是考核的重要内容，墨子特别强调要注意任职后的效果，务必使“以德就列，以官服事”，以便进一步落实赏罚制度，“以劳殿资，量功而分禄。”[①]如果为官不称职，应立即废除，做到能举能废，能上能下。职能相符的观点，在更深层次上道出了身居下位的士子要求享有平等参政机会的急切心声。墨子的“赏贤使能”“人尽其用”等用人思想，即使从现代管理的角度看，依然是合理而有价值的。

五、法家管理智慧

“法、术、势”是法家治理国家、统一天下的基本主张，也是先秦诸子中独具特色的管理智慧。“法”是法家管理思想的核心。先秦法家的主要代表人物均强调“法”在管理国家中的重要性。例如商鞅坚决反对孔孟以德礼治国的主张，认为一个圣明的君王应当“不贵义而贵法”[②]，因为“以刑治，民则乐用；以赏战，民则轻死”。[③]法家思想的集大成者韩非子认为，“道法万全，智能多失”，[④]所以，他也主张应当“以道为常，以法为本”。按照韩非子的理解，只有“法”是管理国家的基本手段，即“法者，王之本也”。[⑤]君王如果能够依法治国，则国家富强；反之，则国家的管理必定会陷于混乱，此所谓“抱法处势则治，背法去势则乱”。[⑥]

法家视野中的“法”具有以下特点：其一，立法“必因人情”。韩非子认为：“凡治天下，必因人情。人情者，人好恶，故赏罚可用；赏罚可用，则禁令可立而治道具矣。”[⑦]这也就是讲，法家所言的法令的主要内容就是禁止，是维护社会稳定的重要措施，而且这种法令需要与人的善与恶相结合，才能够产生出应有的效力。因此，君王制定法令，必须要充分了解人情人性，使法令建基于人情之上，这样制定的法令才能发挥真正的效用。其二，

---

① 《墨子·尚贤上》，河南大学出版社，2008：112.
② 《商君书·画策》，河南大学出版社，2012：215.
③ 《商君书·弱民》，河南大学出版社，2012：227.
④ 《韩非子·饰邪》，中华书局，1998：126.
⑤ 《韩非子·心度》，中华书局，1998：474.
⑥ 《韩非子·难势》，中华书局，1998：392.
⑦ 《韩非子·八经》，中华书局，1998：430.

必须保持“法”的稳定性。法必须尽量保持稳定不变，切忌朝令夕改。“明主之国，令者，言最贵者也，法者，事最适者也。言无二贵，法不两适，故言行而不轨于法令者必禁。若其无法令而可以接诈应变、生利揣事者，上必采其言而责其实，言当则有大利，不当则有重罪，是以愚者畏罪而不敢言，智者无以讼，此所以无辩之故也。”[①]这就是说，已经制定出的法和令不能随便更改，因为法令代表利害，而人民是趋利避害的，如果法令变更不已，人民也势必随之变易，甚至会不知所从，结果会造成天下大乱。所以，法的稳定性是保持其长效性的必然要求。其三，公开性。“法者，编著之图籍，设之于官府，而布之百姓者也。”[②]必须将法令及时公布于百姓，做到使境内外的百姓都能知晓。为此，还要“以法为教，以吏为师”，[③]进行法令普及化教育。这样做的目的，一在于使“万民皆知所避就”，使老百姓知道什么不可以做，从而自觉规避之；二在于使“有吏不敢以非法遇民”，[④]即防止官吏枉法。其四，可行性。“法”应当“表易见”“教易知”“法易为”，法本身应简洁易懂，切实可行和便于遵守，便于适用。只有这样的法才能被普遍性遵循，才能达到治理国家的目的。其五，法必严。在法家看来，法不在劝善，而在禁非，因此，立法必须严峻，执法务必严格。韩非子曾打比方说，严刑重罚就好像是让人面对一块烧红的金子（铄金），即便充满欲念，但也不敢伸手去取。

法家还认为，法还需要辅之以“术”，法术并用，方能治理好国家。所谓的“术”，即权术，或曰“驭臣之术”，具体是指君王为维护统治而必须具有的一套控制臣子的策略，目的是使臣下忠于职守，严守法令，防止臣下篡权夺位。“术治”思想首见于前期法家代表人物申不害。申不害主张严格区分君主与臣下的职责：“君知其道也，官人知其事也”，“君设其本，臣操其末”，“君操其柄，臣事其常”（《申子·大体》）。君王通过“去听”“去视”“去智”等方式，使臣子觉得高深莫测，难以揣摩君王意图。到了韩非子这里，“术治”并不具有独立意义，它主要是为法治服务，成为推行

---

① 《韩非子·问辩》，中华书局，1998：394.

② 《韩非子·难三》，中华书局，1998：380.

③ 《韩非子·五蠹》，中华书局，1998：452.

④ 《商君书·定分》，河南大学出版社，2012：248.

“法”的工具和策略。

韩非子的“术治”大概有如下几种：其一，“君无见其所欲”，[①]即君主应当隐藏自己的喜好和欲望，使臣子无所迎合和伪装，臣子因此不得不表现出他的本来面目，不得不时时以戒惧之心做事；其二，披木之术。韩非子认为，君王实施统治的重点是要明察大臣们的阴谋，防止臣子侵夺皇位。为此，君王最安全的策略就是要防患于未然，提早打击有权势的大臣，削弱他们的实力，即“数披其木，勿使枝茂。”[②]而且，“披木之术”应尽早使用，否则，等到臣子权势太大、羽翼丰满时，便会被其所制；其三，“循名责实”之术。这种“术”是任免、考核官吏的方法。《韩非子·定法》中说：“术者，因任而授官，循名而责实，操生杀之柄，课群臣之能也。”[③]君王根据才能来任用官吏，根据官吏的政绩来检验其是否忠于职守和遵守法令，根据职务职责的规定审核官吏的所作所为。所谓“循名责实”的方法就是“众端参观”，即君王对众人的言行作参验比较、观察其长短得失，否则，诚实的言行就不会上达；其四，抓大放小。韩非子明确提出：“明主治吏不治民。”[④]他认为，“圣人不亲细民，明主不躬小事。”[⑤]如此一来，这才是做好君王的策略。

“势”是法家所重视的又一管理手段。所谓“势”，即权势。《韩非子·难势》中把权重位尊作为势的内容，所以又可以称之为作势位，指君王的地位高于一切，能独操赏罚大权。韩非之前的法家代表慎到极力倡导“势治”。他曾用飞龙和云雾的关系来形容“法”与“势”的关系，形象生动地说明“法”借“势”而强，“势”因“法”而高的道理。而到了战国后期，韩非子继承并发展了慎到的“势治”思想。首先，韩非子强调必须集中一切权力于君王一身，树立君王的绝对权威。因为，“威势者，人主之筋力也……势者，胜众之资也”。[⑥]反过来，当君王失去了权势，就好像是老虎失去了爪牙，自然也就随之失去君位。譬如“桀为天子，能制天下，非贤

① 《韩非子·主道》，中华书局，1998：26.

② 《韩非子·扬权》，中华书局，1998：52.

③ 《韩非子·定法》，中华书局，1998：397.

④ 《韩非子·外储说右下》，中华书局，1998：332.

⑤ 《韩非子·外储说右》，中华书局，1998：342.

⑥ 《韩非子·人主》，中华书局，1998：470.

也，势重也；尧为匹夫，不能正三家，非不肖也，位卑也”。[①]因此，位势是君主发布法令，进而指挥臣子推行法令的基本条件。其次，韩非强调君王要善于“造势”“借势”和“处势”。韩非子认为，君王的位势乃是自然之势，仅凭此并不足以治理天下。他主张“人设之势”，即通过君立法、吏执法、民守法而建立起一套完整的法制，君王依此便可治理天下，即“抱法处势则治”。[②]也就是说，“势”不能单独存在，而是要依“法”，法是维持权势的后盾，也是权势得以维持的手段。可以看出，法家所言的重“势”与尚“法”有内在的联系，重“势”是为了尚“法”，而尚“法”又必须重“势”。没有“法”无法保证权势，就会形成空洞的东西。而没有权势，“法”便不能顺利贯彻执行，因为没有约束。在一个企业管理中，掌握权势的管理者如果能秉公执法，法令借助权势产生的威力和效率自然会更大，从而推进企业管理的顺利展开。反之，带来的危害也很大。韩非子认为，才能平庸的君主只要能运用好“抱法处势”，把法治和权势有效地结合起来，便可将国家治理的有声有色；相反，如果背离法度，丢弃权势，就会天下大乱。

当然，有权势还必须有“术”，才能治理好国家。《韩非·外储说右下》中举有一例：父子两人乘车赶路，马受了惊不肯前行，于是儿子下车牵马，父亲在后面推车，依然还不能前行，便请来造父帮忙。造父拽住马的缰绳，还没等扬起马鞭，马便往前奔跑起来。这是因为造父驾驭受惊之马的“术”缘故。这个比喻说明：国家好比一驾马车，权势是君王的马，君王如有术则能很好地驾驭它，否则，有权有势也治理不好国家。要言之，“势”是行“法”用“术”的必要条件并贯穿于其之中；“法”和“术”也是“处势”的基本条件和具体表现。因而，主张以法治国、用术御臣、以势制人，法、术、势三者密切结合的思想构成法家管理智慧的基本内容。

用今天的眼光看，法家所主张的以“法”治国之“法”，并非现代意义上的法律，而主要是指刑罚；所谓“术”，不过是“君人南面之术”；“势”也是以势制人、仗势压人之“势”。法家的“以法为本”，法、术、势相结

① 《韩非子·功名》，中华书局，1998：208.

② 《韩非子·难势》，中华书局，1998：392.

合从容实现法治的主张，按其本质来说是为建立统一的封建专制中央集权政治制度服务的。应当说，儒家的治世理念、管理目标理想化色彩太浓，在现实中往往难以实现，法家的目标则更现实、可操作性并不是更强。在管理活动方面，儒法两家的主张是完全不同的，但我们认为却是可以相互补充。正因为如此，汉代以后，“阳儒阴法”便成为一种主流的统治策略。从这一方面来看，中国古代管理思想的真正成熟在于“阳儒阴法”。此外，法家提出的一些管理理念、管理技巧和管理艺术，仍有跨越时空的价值，对于当今的管理活动具有重要的价值。例如，他们关于循名责实、信赏必罚、善用刑赏二柄的主张，与现代管理的人本主义精神就十分相近；他们的“术治”思想所体现的领导艺术，也值得今天的领导者和管理者体会并学习；他们的“借势”“造势”的主张，对于今天的中国企业如何利用一切有利的外部条件去壮大、发展自己，也具有较多的启示含义。总之，法家的管理思想是一座常读常新、取用不尽的管理智慧库，值得我们不断挖掘和学习。

第二节　西方古典管理思想

一、古希腊城邦管理思想

古希腊思想家中关注城邦管理的人很多，囿于资料、能力及篇幅所限，本书主要介绍苏格拉底及其弟子柏拉图、再传弟子亚里士多德的相关思想。

（一）苏格拉底的城邦管理思想

正如西塞罗所言：“苏格拉底第一个把哲学从天上拉了回来，引入城邦甚至家庭之中，使之考虑生活和道德、善和恶的问题。”[①]针对伯罗奔尼撒战争导致希腊城邦社会解体及道德的沦丧的现状，苏格拉底提出了自己的城邦管理的一系列主张。

首先，苏格拉底重申法在城邦生活中的重要地位。在古希腊，法分为神法和人定法。神法（即自然法）被认为是神为人类制定、受到普遍遵守的法律，是城邦安全的基础。人定法是由雅典公民一致制定、由城邦所颁布

---

① 叶秀山．苏格拉底及其哲学思想［M］．北京：人民出版社，1997：73.

的成文协议。法规定人们应该做什么，不应该做什么。但在旷日持久的伯罗奔尼撒战争之后，“一切规则和法律都可以违反，所有条约和诺言都可以背弃。”[①] 针对这一混乱的社会现状，苏格拉底要求恢复法律的神圣地位，主张建立一个法治的城邦。他说：“不能因为法律可变而轻视它的价值，只有遵守法律才能使人们同心协力，使城邦强大、幸福。”[②] 他认为，一个城邦的理想状态就是人人从内心守法的状态。公元前 399 年，面对雅典五百人陪审法庭强加给自己的不公正的审判结果，苏格拉底本来完全可以一走了之，但坚信“守法即正义”的他还是坦然地饮下毒鸩，以生命践行了自己对法的信念。

其次，苏格拉底主张稳定的道德秩序是建立德性社会的基础。除了法治之外，苏格拉底强调以道德来治理城邦，以改善灵魂来拯救社会。他主张“美即知识”，而“知识的可教性蕴涵着美德的可教性”。[③] 人们可以通过学习知识来认识自己的理性，也可以通过道德教育来改善灵魂，从而使城邦和谐有序、团结强大，成为充满正义与民主的德性社会。另外，苏格拉底强调城邦整体利益。他秉承了古希腊人关于公民与城邦关系的传统观念，相信个人只有成为城邦的一部分，才能获得生存的意义。苏格拉底认为，在民主政体下的人民，是以个人自由个人利益为中心的，个人为了实现自己的利益，产生损害城邦利益的情况。所以，苏格拉底指出，要建议一个个人崇尚集体主义，强大而幸福的城邦，避免在对外战争中被打败，避免城邦公民被压迫和被奴役。

最后，苏格拉底主张精英治国。他主张通过遴选德智兼备的政治家来治理城邦。他说，如果让那些不懂治国之道的人治理城邦时，就像“一个没有必要知识的人却被任命去驾驶一条船或带领一支军队，他只会给那些他所不愿毁灭的人带来毁灭，同时使他自己蒙受羞辱和痛苦”[④]。可以看出，苏格拉底认为，人民可以通过教育的方式来理解什么是善，什么是恶。因此，一个国家的安定和团结，必然需要那些具有高素质的君主来领导，才能够使国

---

① ［古希腊］修昔底德斯．伯罗奔尼撒战争史［M］．许松岩，译．广西：广西师范大学出版社，2004：9.

② ［古希腊］色诺芬．回忆苏格拉底［M］．吴永泉，译．北京：商务印书馆，2004：165.

③ 汪子嵩等．希腊哲学史（第 1 卷）［M］．北京：人民出版社，1997：436.

④ ［古希腊］色诺芬．回忆苏格拉底［M］．吴永泉，译．北京：商务印书馆，2004：39.

家从无序状态进入到有序的状态。为此，苏格拉底要求每一个担任国家行政公职的人，都应该努力学好自己的业务，有独创的精神，适于管理公务。只有这样才能使社会各行各业做到合理分工、协作，从而形成正义而和谐的社会。

（二）柏拉图的城邦管理思想

面对恩师苏格拉底被处以死刑，柏拉图年轻的心灵受到强烈地冲击，可以说，柏拉图深深体察到希腊城邦文明危机的根源在于政治制度的不完善，继而开始思考如何从根本上改革整个希腊城邦制度。经过长时间的实地考察和思考，他在系统地展示其管理哲学思想的名著《理想国》一书中，为希腊人设计了一种理想的城邦制度。

第一，以谋求正义、善和城邦整体幸福为最高管理目的。在柏拉图看来，城邦是人们为了满足自身生存的各种需要而组成的一个共同体。在城邦生活中，由于每个人天赋的差异，从而形成了自然分工：一部分人专门从事生产、交换和服务，成为生产者、商人、手艺人和其他社会服务人员。根据他们的工作性质和心理特点，柏拉图认为，这部分人是“欲望”的代表。在一个理想的城邦中，不能任欲望横流，故他们应有的品德是节制。另一部分是保护城邦安全的军人。作为城邦的辅助者，军人最重要的品德应该是勇敢。还有一类人是治理城邦的统治者。这些人必须愿意毕生为城邦的利益效劳，具有维护城邦的信念，而最重要的是拥有管理城邦的智慧和能力，即具备处理整个国家大事、谋划国家对内对外关系的知识和能力。[①] 如果三个等级的人们在城邦中都自觉履行和自己天性相符的职务，各司其职、各守其分，互不越位，整个城邦便会呈现出团结和谐、繁荣兴盛的局面，这是整个城邦的幸福，不同等级的人们也因此能够从中获得属于自己的那份幸福，如此一来，这样的城邦就是正义的、符合善的理念的。

第二，通过哲学王来推行贤人政制。柏拉图和他的老师苏格拉底一样，主张任人唯贤，实行贤人政制。他认为，要成为一名合格的统治者，必须具备三个基本要求：一是具备高贵的性格、超强的记忆力、学习能力等良好的天赋，同时还要具备进取心、勇敢、坚定等优秀的品质；二是愿意毕生为

---

① ［英］罗素．西方哲学史（上卷）［M］．何兆武，李约瑟，译．北京：商务印书馆，1976：155.

城邦效力，具备终身维护城邦利益的坚定信念；三是拥有探究、学习各类事物理念的能力，尤其是对善的理念的学习能力。柏拉图认为，只有哲学家才能具有这些基本要求。因为在古希腊，哲学被称为爱智之学，哲学家重要的品质是热爱真理、追求真理，只有他们才能认识事物的本质、获得真知，而不会迷失于现象之中。他们距离智慧、善最近。因此，只有哲学家做城邦之王，才能实现城邦的和谐与幸福，才能实现城邦的正义和至善。

第三，实行统治集团内部的财产公有。柏拉图认为，统治集团成员不顾及法律的权威，而贪婪地追逐私利、聚敛财富，最终造成了社会贫富两极分化，这是当时雅典城邦文明陷入严重混乱与衰落的深层次根源。“人们之间的纠纷，都是由于财产、儿女和亲属的私有造成的。”[①] 为了避免希腊城邦文明沦于覆灭的险恶情势，柏拉图主张在统治集团中实行财产公有制。首先，除了绝对的必需品外，城邦的统治者和军人不得拥有私有财产和金银货币。他们应该集中生活，同吃同住，生活的必需品由城邦统一供应。柏拉图以为，只有在统治集团能够使自己的“财产公有”，就能够确保他们的心灵廉洁，并能限制社会上的贫富两极分化与对立。统治者也只有适当地平衡财富、权力与人口（包括奴隶）的差别，国家才能够稳定的发展，如此一来，管理者只有执行这一既定方针，就会保持城邦整体的协调一致与统一性，变得强大。其次，优秀的妇女应该归城邦的优秀的男人共有，而不得组成家庭，他们所生的孩子也归城邦共有，由城邦统一抚养和教育。柏拉图认为，这样一来，城邦的男性统治者和军人就不会因为把妇女和孩子看作私有财产而发生纷争，能够同甘共苦，不分彼此，团结一心，同时，这样做也是保持统治集团人种纯洁的需要。要言之，实施财产和妇女、儿童的共有，是关乎城邦和谐统一与整体幸福的大事，是实现城邦正义和至善的需要。但是，柏拉图的这种财产公有的思想，仅仅只局限于统治集团的范围内，而国家的第三等级即从事农工商的自由民，仍然可以保留私有财产，甚至包括奴隶，因而他对未来的“理想国”的设计思想，并未突破城邦奴隶制文明的基本框架。不过，柏拉图敏锐地觉察到，领导集团的腐化堕落是城邦文明衰败的根源之一，主张应通过革新经济制度、确立良好的行政体制来保证官员的廉

① ［古希腊］柏拉图．理想国［M］．郭斌和，张竹明，译．北京：商务印书馆，1986：201.

洁、平衡社会财富，以求得城邦文明恢复健康与活力的思想，从而为合理的国家的建立创造条件。

第四，建立以培养统治精英为目的的教育管理体制。在柏拉图看来，教育是推动人类发展的核心要素，也是振兴城邦文明的关键环节，对培植全体公民的文化道德素质特别是培养统治精英，有着至关重要的作用。柏拉图提出，推行贤人政制，实现理想国的关键在于要有“哲学王”来治理城邦，而哲学王的培养要靠教育。为此，柏拉图在《理想国》中用了相当大的篇幅来阐述其关于教育的周密设计。他认为，教育应根据世界的结构与人的认识进程，将灵魂从可见的现象世界提升至理念世界，从意见转向知识，直至把握至善。这是造就统治精英的必由之路。根据这一教育目的，他具体设计了“理想国”的教育体制与教学课程。他主张，初等教育学习的课程应以文艺和体育为主，用以培养治理者与公民的精神和谐、语言能力和一般品质。而要培养统治人才，使他们的灵魂从变动的现象世界提升到永恒的理念世界，获得真知，必须要有高等教育。他为此依次设计了算术、几何、天文学、谐音学等课程。最后学习最高级的辩证法课程，达到把握哲学理念的境界。[①] 在柏拉图看来，哲学是非常高深的学问，不宜过早学习，30 岁学习比较合适。而要成为哲学王，除了学好哲学，使自己的灵魂要上升至把握最高的善，还要下降到“洞穴”里，和凡夫俗子同甘共苦，帮助他们实现灵魂的转向，培养好公民，因而，还须在战争和实际事务中接受锻炼。50 岁以后，那些能够认识善本身、顺利通过各种考验的人，才能够成为真正的哲学家，走上统治者的岗位，成为哲学王。

（三）亚里士多德的城邦管理思想

亚里士多德在《政治学》《伦理学》等著作中，提出了一系列关于城邦管理的思想。其中有不少是对其老师柏拉图思想的“反叛”，以至于柏拉图说亚里士多德对他“就像马驹踢它的妈妈一样”[②]。这些思想主要有：

第一，关于城邦管理的目标与管理者的素质。亚里士多德认为，“人类是天生的政治动物。”“凡人由于本性或由于偶然而不归属于任何城邦的，

① ［英］罗素．西方哲学史（上卷）［M］．何兆武，李约瑟，译．北京：商务印书馆，1976：148.

② ［英］查尔斯·休莫．亚里士多德［M］．北京：中国对外翻译出版公司，1985：312.

他如果不是一个鄙夫，那就是一位超人”。[①] 因为城邦的形成是源于人类对良善、幸福、美好生活的追求。因此，“城邦真正无愧为一‘城邦’者，必须以促进善德为目的。”[②] 唯其如此，整个城邦才可以过上自足而至善的生活，人类才能获得真正的美满幸福。也就是说，在亚里士多德看来，善、幸福和正义是城邦管理的终极目标。然而，城邦又是由公民个人组成的，因此，公民个人品德对城邦实现至善的目标极为重要。要成为管理者，他首先必须具有公民资格，一个人只有成为公民，才能成为真正的人，才能享有城邦中的各项权利。在亚里士多德的理想城邦设计中，公民内部平等，但每个公民在国家中的地位则以其才德为依据。亚里士多德强调，城邦的管理者不仅要具有一般公民的节制、正义、勇敢等德行，而且还要具有理性、智慧和明哲的品德。对城邦的管理者而言，是否具备良好的才德便成为能否创建最优良政体的关键。

第二，“中道”管理理念与优良政体的选择。中道思想是亚里士多德德性伦理的核心思想。他说：“德性就是中道，作为最高的善和极端的美。”[③] 所谓“中道”，既不过度，也非不及，而是在过度与不及的中间，中道即居间。勇敢是怯懦和鲁莽的中道，节制是放纵和感官享乐的麻木不仁的中道。类似的伦理德性还有公正、温和、知羞、义愤、诚实、友爱、机智、坚强、热爱荣誉、慷慨、大度等。中道并非一个静止的点，美德的践行永远在过程之中。亚里士多德将其中道思想运用于城邦理想政体的选择和设计，提出“为政应尚中道”的管理原则。其巨著《政治学》的核心问题，就是探讨什么样的政体最有利于国家成为一个公正、自足的城邦，从而创造出良好的环境，使公民养成公正、自足、勇敢节制等伦理美德。在他看来，人们倘使拥有过多的善业或物资，就不愿也不能受人统治；而那些缺乏善业和物资的人们则又太卑贱而自甘暴弃。于是，一端的所有的人只愿发号施令，不肯接受任何权威的统治，全部像是一伙主人；另一端所有的人又仅知服从，全部像是一群奴隶。这样的城邦就不是自由人的城邦，而是主人和奴隶合成的城邦。而处于这两类人中间的中产阶级的优势在于：他们很少具有非常大的野

① ［古希腊］亚里士多德．政治学［M］．吴寿彭，译．北京：商务印书馆，1997：2.
② ［古希腊］亚里士多德．政治学［M］．吴寿彭，译．北京：商务印书馆，1997：138.
③ ［古希腊］亚里士多德．尼各马科伦理学［M］．苗力田，译．北京：中国社会科学出版社，1999：37.

心，既不像穷人那样渴望获得他人的财物，也不像富人那样足以引起穷人的觊觎；既不对别人实施任何诡计，也不会自相残害，他们过着无所忧惧的平静生活。所以，“最好的政治团体必须由中产阶级执掌政权”。[①]然而，中产阶级执政虽然是理想政体，但在他考察的158个城邦中，亚里士多德认为，这些城邦中的大多数政体不是平民政体就是寡头政制，最优良的政体往往很难实现。为此，亚里士多德采取退而求其次的态度，认为共和政体是最合适的整体，因为这种整体综合了平民政体和寡头政体的有利因素，因而是一种理想政体。他指出，共和政体的各个因素混合得愈好，各种力量保持得愈平衡，这个政体就会存在的愈久。在其城邦设计中，亚里士多德主张这样的政体应当实行代与代之间的新陈代谢，其方式为：将公民集团内部的统治者和被统治者分为两类，老龄公民和青壮年公民，老龄公民为主政的统治者，而青壮年公民为受人管制的被统治者，到了适当的年岁，后者就接替前者担任统治者。他认为，这种代代更迭的政治体制，能够有效地防止被统治者联合周围的人谋反。一句话，亚里士多德的中道理念以及中产阶级执政、保持社会各种利益的平衡等管理思想对其后乃至现代国家在政治制度设计上具有很强的借鉴意义。

第三，关于城邦的财产管理制度。亚里士多德不同意柏拉图关于财产、妇女和儿童归统治集团共有的制度设计。他认为，这种共有制不仅实施起来困难重重，而且既不符合城邦的本性，也与人性和道德相悖。在他看来，总体上的财产私有是更为有益的制度。他为此给出的第一个理由是，财产私有符合城邦的本性。统一体之所以为一个统一体，就在于其构成要素在种类上是不同的。城邦之所以为城邦，就在于它不仅是由许多单个的人组成的，而且是由不同种类的人组合而成，“一个一味企求齐一性的城邦将不是一个城邦。”[②]所以，在城邦的财产所有制问题上，他主张，除了把土地分为公有和私有两部分外，在总体上应当实行财产私有，使公民在拥有财产方面存在差别，这才符合城邦多样性的本性。他的第二个理由是：实行财产私有更符合人性和道德。首先，财产私有由于分清了自己的利益，使每个人都关心

① ［古希腊］亚里士多德．政治学［M］．吴寿彭，译．北京：商务印书馆，1997：206.

② ［古希腊］亚里士多德．政治学［M］．吴寿彭，译．北京：商务印书馆，1997：40—41.

自己的事情，彼此之间不会产生怨恨，而且会不断改善人们的生活状况。相比之下，财产共有则会因利益不清而经常发生相互的争斗，也会导致懒惰。其次，财产私有源于人有自乐的天性。人们一旦认为某物为自己所有，就会感到无比的快乐。财产共有则会使人丧失这种人生的乐趣。其三，财产私有有利于人的慷慨德性的养成。如上文所述，在亚里士多德那里，慷慨是使用财富的中道，既不吝啬也不挥霍，而慷慨的前提必须是自己有一定的财产。用现代的话来说，慷慨是要有一定资本的，如果你慷的是他人或公有财产之慨，那么你的这一行为不是侵权就是腐败。所以，就慷慨这一德性的养成来说，财产私有也是不可或缺的前提。此外，在财产的分配方面，亚里士多德认为，财产不均是引发纷争的主要原因之一，但靠平均分配财产或者为每个人规定一个适中的财产数目（柏拉图曾经提出公民拥有的财产的不应多于最低限额的四倍的观点）是无济于事的。问题的关键在于对公民进行拥有合理的财产数量的德性和法律的教育。

第四，贯彻中道原则的教育管理思想。我们知道，亚里士多德把对公民的教育视为是维护国家政体和维持其发展的重要途径，其建议通过培养良好的公民为主要责任，以此来梳理公民的伦理道德精神，来挽救深陷危机的希腊城邦精神。他认为，“邦国如果忽视教育，其政治必将毁损。”[①]城邦教育的目标是将公民培养成“好公民”和“善人”。所谓“好公民”和“善人”，也就是具备中道美德、有别于奴隶品格的公民。他在关于划分教育阶段、设置教育内容、选择教授方法等提出的一系列主张中，始终贯穿着培养公民中道美德的目标。首先，他把教育分为三个阶段：一是婚姻和育儿阶段，这一阶段的主要任务是以人的健康、天赋为主，重视体格教育；二是儿童和青年阶段，在这一阶段人要以情欲、习惯的教育为主，重视行为教育；三是青年至成年阶段，这一阶段是以天赋、习惯、理性的协调为主，避免出现过与不及的情形，做到使每一个受教育的公民皆具备中道的善德。在课程设置方面，亚里士多德严格遵循中道原则，一切以适度为好，否则，这些课目就会成为妨碍公民身心健康的“工艺”或“技术”，而这些都是工匠所为的贱业，接触多了，就会有损公民的智慧和明哲。亚里士多德认为在教

① ［古希腊］亚里士多德．政治学［M］．吴寿彭，译．北京：商务印书馆，1997：406.

育过程、教育内容及教授方法上时刻不忘培养公民区别于奴隶的品格，而且在儿童早期的教育阶段要从整个社会环境方面对儿童进行做好自由人的文明教育。他强调不要让儿童和奴隶们在一起，他还主张用立法的形式在全邦杜绝一切污秽的语言。对于那些不顾禁令的人必须给予相应的惩罚。亚里士多德多次告诉人们，一定不要让自己混同于那些低级的、无教化的“艺人”和“乐工”，而且还应该时刻不能忘记自由的人是为自己的生存而生存，不能把自己的身心取悦于他人。除此以外，一个国家的教育还要为其发展培养出出色的军队，使军队作为维护城邦的坚强后盾。亚里士多德认为，大批体格健壮的公民是建立强大的公民兵的前提，为此，他特别强调教育中的身体锻炼。但在锻炼过程中不应过于剧烈和专门化，而应该使人的五官四肢都能得到平衡地发展。为了使公民既能适应战时的需要，又能在和平的环境里善于经营，亚里士多德主张，青少年应该接受国家提供的多方面的训练，只有这样才能培养公民在战时与和平时期所需要的品德，使城邦拥有一支强大的公民兵。亚里士多德认为，为了保证教育在城邦生活中的杠杆作用，应把教育机构托付给国家，由城邦来办教育，用国家政权、法律的力量作为实现教育方针的保证，使教育与城邦的政治目的统一起来。总之，亚里士多德极其重视教育，特别是他把城邦培养什么人的问题提高到关系城邦生死存亡的高度，企图通过教育来培养和造就一批具有中道美德的公民，从根本上挽救濒临崩溃的城邦。尽管这种试图以旧的教育制度来挽救危亡之中的希腊城邦的努力并没有产生实际的效果，但是，亚里士多德非常重视教育与政治之间的作用关系，而且重视好的教育对人的成长所具有的重要作用，尤其是他把德育贯穿在教育之中，把培养能够胜任自己的职位的高素质人才作为城邦的主要目标。可以说，亚里士多德的教育思想对希腊乃至以后的欧洲文艺复兴时期的教育产生了很大的影响，有些甚至直到今天也值得我们加以借鉴。

二、古希腊家庭管理思想

（一）色诺芬的家庭管理思想

在苏格拉底的弟子中，色诺芬被誉为西方历史上最早的经济管理思想家。他在《经济论》《居鲁士的教育》等著作中，立足于家庭经济管理，阐明了其财富观、家庭分工等问题。

何为财富？色诺芬对此有自己独到的见解。他认为，如果一个人不懂得怎样使用金钱，即便他拥有了大量的金钱，这些金钱也不是他的财富。相反，如果一个人懂得怎样利用朋友或仇敌，能从他们身上得到益处，那么这种朋友和仇敌对他来说也是财富。也就是说，同一种东西是不是财富，要看人会不会使用它，能否为其拥有者带来好处，如果不能从中受益，即便是金钱也不能算是财富。用他的话说，就是“财富是一个人能够从中得到利益的东西”①。在此基础上，色诺芬指出，一个拥有知识和资历的人，如果他能够使用自己的智慧而获得财产，那么这些知识和资历就是他的财富。因为，有些人虽然知识丰富，资历甚高，但不愿用其来引导人生，也会使他因财产耗尽而陷入困厄，或者最终走向堕落。由此可见，在色诺芬那里，任何物质财富都不是人生的终极目的，离开了人的生存和发展，离开了人内心的充实和满足，它们没有任何价值。在管理价值论的意义，这是财富评价的个体尺度。此外，色诺芬还提出了人拥有财富是否正义的问题，即财富评价的社会尺度问题。他强调，追求任何一种目的的手段也应该是正确和公正的，为此，他十分重视追求财富的手段的公正性。他说：“只有一种人能够赢得快乐的桂冠，这种人要凭自己的能力以正当的方式获得财富，并且将这些财富运用到正当、美好的事情上。”②他还指出，那些能够保持自己的财产并有足够的剩余来装点城市和接济朋友的人，才是高尚而伟大的，应当受到人们的尊敬。由此，他进一步地提出了财富拥有者对社会的责任和贡献问题。这些思想对于今天我们如何看待财富，怎样获得和使用财富，具有重要的启示意义。

关于家庭分工问题，色诺芬认为，分工是家庭合作的基础。他指出：“我觉得神聪明睿智地把所谓的男性和女性配合在一起，主要就是为了使他们结成完美的合作关系，互相帮助。”③男女之间的生理和心理等方面的自然差异是家庭分工的基础。由于男人的身心更能耐寒耐热，能够忍受旅途和远征的跋涉，所以他们就从事耕作、种植、放牧等室外工作；女人由于身体的忍耐力较差，但具有温柔关爱等特质，所以，她们就在家里分配监督仆人、

① ［古希腊］色诺芬．经济论［M］．张伯健，陆大年，译．北京：商务印书馆，1961：3.

② ［古希腊］色诺芬．居鲁士的教育［M］．沈默，译．北京：华夏出版社，2007：427.

③ ［古希腊］色诺芬．经济论［M］．张伯健，陆大年，译．北京：商务印书馆，1961：23.

收受物品、分配花费、照管物品等。这样，夫妻双方就在家庭中结成了完美的合作关系。色诺芬认为，基于男女双方各自特长的分工不仅是光荣的，能够带来家庭财富的增长，而且，家庭分工还会形成秩序，带来和谐。在他看来，作为家政管理的一个重要方面，分工本身就意味着需要各就其位、各负其责、各司其职，其中包含了分工管理与秩序和谐的内在相关性。在他看来，由分工所造就的秩序，不仅能够增加家庭和谐，还会带来令人愉悦的美感。色诺芬的家庭分工思想尽管素朴，但毕竟具有开端意义，所以依然有其历史价值。

（二）亚里士多德的家庭管理思想①

亚里士多德的家庭管理思想比较简单，其关于家庭获取财富的方式的论述值得重视。他认为，财富、财产是家庭的一部分，合理获取财富、财产的技术是家务管理的一部分。他指出，只有合乎自然的获取财富的方式才是合理的。人们通常获得维持生计的财富的方式有耕作、畜牧、捕鱼、狩猎、掠夺等，这些方式共同的特点是，它们把自然提供的各种事物变成生活的必需品和有用品。绝大多数人以耕作来获得生活资料，有些人则通过两种方式来获得生活必需品。家庭管理就是料理自然所提供的东西，这样获得财富的方式才是合乎自然的，因而是合理的。因为，按照中道的原则，美好生活所需要的财富应该是适度的，而人们获得财富的客观能力及家庭使用的工具的数量也应是适度的。结合起来，生活必需和有用是家庭拥有财富的真正限度。

根据财富的获取必须合乎自然这一标准，他认为，人们通常所称的致富方式——通过做买卖而获取财富的方式是违反自然的。他说，任何事物都有两种用途，一种是合乎事物本身的，另一种不是。做买卖这种方式假定了财富和财产是没有止境的，不是从生活必需和有用出发，而是为了聚集钱财为目的，它使人们无限地追求财富，而不知道追求美好的生活，因而是违反自然的，尤其是高利贷更为可恶，它直接用金钱来牟利，违背做人应有的德性，是应该受到谴责的。

---

① 刘敬鲁．西方管理哲学［M］．北京：人民出版社，2010：36—43.

三、西方近代国家管理思想——卢梭的社会契约论

“契约”的英文词contract由拉丁语contractus发展而来，其意为“共同交易”，它强调交易双方或多方的“合意”。社会契约思想指的是一种国家观，即基于人们的合意，把原本属于自己的天赋权利部分或全部让渡给国家，然后，通过国家来保障和发展自己的权利。这一思想据说首先由古希腊的伊壁鸠鲁提出，①后经格劳秀斯、霍布斯、孟德斯鸠、洛克等人发展，最后被卢梭发展至顶峰。下面，我们简要概述卢梭的社会契约论思想。

人性与自然状态的设定是所有社会契约论的出发点。与霍布斯、洛克等对人的看法不同，卢梭认为人的天性是善良的。他认为，在自然状态中生活的自然人有两种天赋的感情，自爱心与怜悯心，还享有天赋自然权利、自由和平等。自然人之间很少有交往，各自的需要又易于满足，他们是独立而自由的。因此，在自然状态下的人们只有年龄、体质的不同而存在的自由不平等，而无财产、政治上不平等。在自然法的规约下，每个人都拥有自己的东西而不去剥夺别人的东西。他们快乐地、幸福、自由地生活着。卢梭将自然状态描绘成一个完美无缺的“黄金时代”。然而，“自从人民察觉到一个人具有两个人的粮食的好处的时候起，平等就消失了。”②在卢梭看来，就是私有制和不平等的产生使人们互相仇恨、残害，而作为治理国家的自然法也就不能发挥它的功能，无法和平的状态下继续生活，于是人们相互约定，“我们每个人都以其自身及其全部的力量共同置于公意的最高指导之下，并且我们在共同体中接纳每一成员作为全体之不可分割的一部分。”③这个共同体就是国家。

在社会契约的缔约过程中，需要权力的让渡，不过卢梭既不像霍布斯主张把权力让渡给君主，也不同意洛克把权力委托给政府，他主张公民的权利是让渡给人民全体，由人民自己管理自己，事实上也就无所谓让渡与不让渡。卢梭指责格劳秀斯的权力让渡是不遗余力地要剥夺人民的一切权利，且

---

① 马克思曾断言：国家起源于人们相互间的契约的观点是伊壁鸠鲁最先提出来的。
马克思，恩格斯．马克思恩格斯全集（第3卷）[M]．北京：人民出版社，1986：147.

② [法]卢梭．论人类不平等的起因和基础[M]．李常山，译．北京：商务印书馆，1982：111.

③ [法]卢梭．社会契约论[M]．何兆武，译．北京：商务印书馆，2008：20.

想尽多种办法要把它们奉献给国王。[①] 他也不赞成霍布斯的契约观。霍布斯认为，订约是全体人民之间的事情，君主不是契约的一方，而是高于契约的，而且赋予了君主超然的力量，它有权干涉个人的所有权利。卢梭指出，人民之所以要设立政府，是用以保卫他们的自由，绝不希望转而奴役他们，国家和政府的目标应当是安全、自由、平等。在交付权利多少问题上。卢梭认为，洛克的转让部分权利的做法是不可行的，一旦人民的权利有所保留，就会有滥用权力的情况，最终也会影响公意的公正性，导致专制。公民自身就是主权者，当公民将权利全部交付之日，也是公民真正获得自由之时。[②] 卢梭认为，在共同体中，人们仍然像以往一样的自由，由于任何一个结合者把自身的一切权利全部交给整个集体。因此，他们只不过是在服从自己本人，这就是社会契约所要解决的根本问题。卢梭相信，人们可以从集体那里获得自己所让渡给别人的同样的权利，得到自己所丧失的一切东西的等价物，并且以更大的力量来保全自己的所有。人民是主权者，不会损害全体成员和任何个别的人。

卢梭的“主权在民”学说是其社会契约论的中心内容，也是他全部学说的核心和归宿。以往的社会契约论者大多主张君主主权，卢梭极力主张主权在民。首先，他明确地宣布主权属于人民自己。人们签订契约把自己的权力交给全体，使他们的个人意志整合成为公意，公意是真正的权威，是人民意志的体现。而且，人民组成国家的目的是“能够以全体成员的力量防御和保护每个参加公约者的人身自由和财产”，那么人民理应是国家的主人，国家的主权应该属于人民而不是统治者。其次，主权是不可转让、不可分割的。卢梭认为，“主权既然不外是公意的运用，所以就永远不能转让；并且主权者既然只不过是一个集体的生命，所以就只能由他自己来代表自己；权力可以转移，但是意志却不可以转移。”[③] 人民没有任何理由转让主权，转让主权就是出卖意志、自由和生命，是违反理性的。同时，主权也是不能分割的。主权是公意的体现，它要么是人民共同体的意志，要么是一部分人的意志。在第一种情形下，这种意志一经形成就成为一种主权行为，并且构成法律。

① ［法］卢梭．社会契约论［M］．何兆武，译．北京：商务印书馆，2008：17-18.
② ［法］卢梭．社会契约论［M］．何兆武，译．北京：商务印书馆，2008：18-22.
③ ［法］卢梭．社会契约论［M］．何兆武，译．北京：商务印书馆，2008：34.

在第二种情形下，它只不过是一种个别意志或者一种行政行为，至多不过是一道命令而已。[①]第三，主权至高无上，拥有神圣不可侵犯的地位。由于主权是受公意指导建立起来的绝对权力，而公意具有永恒性和不可摧毁性，因此，主权同样具有最高权威。主权属于人民，没有也不可能有任何一种法律是可以约束人民共同体的，哪怕是社会契约本身。如果在这之上还有一个更高的东西可以限制主权，那将是自相矛盾的。[②]卢梭认为，政府是基于主权者而存在的，不过是执行公意的机关，无论它掌握多大的权力也不能替代主权者。

政府的性质和权力问题也是卢梭社会契约论中十分重要的组成部分。卢梭用意志与力量来区别主权者与政府。意志是精神的原因，力量是物理的原因。一切自由的行为，必须首先具备决定这种行动的意志，其次必须具有执行这种行动的力量。在一个政治共同体里，立法权力就是意志，行政权力就是力量。但是行政权力并不具有像立法者或主权者那样的普遍性。因为这一权力仅包括个别的行动，这些个别行动根本不属于法律的能力，从而也就不属于主权者的能力，因为主权者的一切行为都只能是法律。[③]因此，公共力量就必须有一个适当的代理人来把它结合在一起并使它按照公意的指示而活动。他可以充当国家与主权者之间的桥梁，这就是政府存在的理由。政府和主权者往往被人混淆，其实政府只不过是主权者的执行者。主权者是最高权威，政府是公共代理人。政府负责执行法律并维持社会及政治的自由。在卢梭看来，人民服从政府的依据绝不是一项契约，而是一种委托。政府仅是主权者的官吏，是以主权者的名义在行使着主权者所托付给他们的权力，而且只要主权者高兴，他可以限制、改变和收回这种权力。政府只能是为主权者而存在，政府个别的意志绝对不能高于公意。同时，卢梭并不把政府纯粹作为饰品和傀儡。他主张政府应该保持相对的独立性和灵活性，主张政府必须有一个单独的“我”，有一种为它的全体成员所共有的感情和力量。这样，政府便能具有一种与国家迥然有别的真正生命，政府的全部成员就能够共同协作，并能适应于创建政府的目的。关于政治体制，卢梭主张民主制，即主

---

① ［法］卢梭．社会契约论［M］．何兆武，译．北京：商务印书馆，2008：23.

② ［法］卢梭．社会契约论［M］．何兆武，译．北京：商务印书馆，2008：24–25.

③ ［法］卢梭．社会契约论［M］．何兆武，译．北京：商务印书馆，2008：44–49.

权者把政府委之于全体人民或绝大部分人民，从而使行政官的公民多于个别的单纯的公民。不过，这种政制适合小的共和国。[①] 他认为，在这种规模较小的民主共和国中，全体人民或大多数人民能够参与国家活动，直接掌握国家主权，亲自制定和通过法律，保证法律的正义性，保证人民的自由平等权利。

卢梭的社会契约思想最初只不过是他对国家、政府与个人之间关系的个人思考，后来被政治家们付诸政治实践之中，不仅对法国资产阶级革命产生了深远的影响，而且对美国的联邦党人及其缔造的国家结构产生了重要影响，成为西方国家政治制度设计的理论基石之一。从管理哲学的角度看，这一思想还对今天的企业伦理思想产生影响。例如美国学者唐纳森、邓菲在吸取社会契约思想的基础上，提出了一种对经济和企业行为进行伦理评价的理论框架，力图协调对企业伦理学的经验研究和规范研究。[②]

第三节 西方现代管理理论中的哲学思想

"一战"以来，随着西方各国管理实践的发展，各种管理理论如雨后春笋般不断涌现，一度出现所谓的"管理理论丛林"现象。出于认识和研究的需要，不同的学者按照各自不同的标准对这些复杂的管理理论进行了不同的分类，例如，美国管理学家哈罗德·孔茨曾经先后把当时西方的管理理论分为 6 个和 11 个学派；美国管理思想史学家丹尼尔·A. 雷恩则把西方的管理理论分为 3 大学派；另一位美国管理思想史学家劳德·小乔治把西方的管理理论划分为 4 大学派，等等。[③]

在管理活动中，人既是管理的主体也是管理的客体。对人及人性的看法不同会产生不同的管理模式，不同的人性假设则会形成不同的管理理论。基于这种理解，本书按照埃德加·H. 沙因在 1965 年出版的《组织心理学》中对西方现代管理思想史有关人性假设的归纳，依照经济人、社会人、自我实

---

① ［法］卢梭．社会契约论［M］．何兆武，译．北京：商务印书馆，2008：78–81.

② ［美］唐纳森，邓菲．有约束力的关系：对企业伦理学的一种社会契约论的研究［M］．赵月瑟，译．北京：社会科学院出版社，2001.

③ 郭咸纲．西方管理思想史［M］．北京：经济管理出版社，2004：308.

现的人、复杂人和文化人的顺序，从每一类管理思想中选取一个具有代表性的理论予以简要介绍，期望借此能粗线条地把握西方现代管理思想发展的基本脉络。

一、经济人：泰勒的科学管理思想

泰勒的科学管理理论是现代西方管理思想史上第一个较为完整而综合的管理思想体系，该理论的建立是管理学成为一门独立学科的标志。1911 年，泰勒发表了《科学管理原理》一书，使管理学成为一门真正意义上的科学。泰勒在其著作中所阐述的一套管理理论和方法被后人称为“泰勒制”，泰勒本人也被管理学界尊称为现代管理学的奠基者和“科学管理之父”。

科学管理理论中的“科学”是相对于以前管理实践的个人经验而言的，更准确地说，就是把科学应用于劳动本身，使管理摆脱了经验直觉，就是像自然科学那样，通过实验对现象进行分析研究，在此基础上综合、概括出一般的规律或标准，然后用这些规律或标准来指导生产实践。因此，泰勒科学管理理论的核心，就是建立一种科学化的管理方法来取代以前的经验式的管理方法，并对生产过程进行标准化、专门化管理，对工人进行科学的选拔和开发，加强管理层和工人之间的互利合作关系，以此提高生产效率，实现劳资双方经济利益共赢的局面。这一思想主要包括：

（一）理论前设

前设之一：“经济人”假设，这是泰勒科学管理思想的基本理论假设。泰勒首先从人的需要和动机入手，强调经济动机是人的行为的基本动因，研究如何从经济利益出发调动工人的积极性以提高劳动生产率。泰勒认为，提高报酬可以极大地激发工人的工作积极性，从而愿意配合管理者挖掘出自身最大的潜能。从表面上看，这一假设是针对工人的，但实际上也包括雇主和各级管理人员（泰勒有时将雇主、资方和管理者统称为“管理方”）。因为，提高劳动生产率有助于提高企业盈利，雇主的财富和各级管理者的收入会相应地增长，因而，管理方也应该会有推行科学管理的积极性。前设之二：提高劳动生产率是实现雇主和雇员双方最大限度富裕的根本途径。泰勒认为，一个工人只有当他做出最大限度的日产量时，才会获得最大的富裕；一个企业只有当它的各种资源发挥出最大的生产力，能够做到以最小量的支出完成工作，才能实现劳资双方的最大富裕。

（二）主要目的和基本任务

泰勒的主要目标是希望通过将科学方法引入到管理过程，改变劳资双方对立的状态，实现雇主和雇员双方最大限度的富裕。泰勒在《科学管理原理》的第一章开篇就明确指出："管理的主要目的应该是使雇主实现最大限度的富裕，也联系着使每个雇员实现最大限度的富裕。"[①]他进一步解释说，"最大限度的富裕"不仅意味着为公司或老板取得巨额红利，而且还意味着把各行各业的经营引向最佳状态，这样才能使富裕永存。同样的道理，最大限度的富裕对每个雇员来说，不仅意味着他能比其他同级别的人取得更高的工资，更重要的是，还意味着能使每个人充分发挥他的最佳能力。[②]为了达到这一目的，就必须革新旧的管理方式，实施科学管理。在这种新的管理模式中，管理方应该承担更多的职责和任务，包括：第一，对工人操作的每个动作进行科学研究，用以替代老的单凭经验的办法。第二，科学地挑选工人，并进行培训和教育，使之成长为合格的工人；而在过去，则是由工人任意挑选自己的工作，并根据其各自的可能进行自我培训。第三，与工人们亲密协作，以保证一切工作都按已发展起来的科学原则办事。第四，管理方和工人们在工作和职责上进行分工，管理方把自己比工人更胜任的那部分工作承揽下来，即制定各种规章制度和标准。[③]

（三）科学管理的核心内容

第一，管理职能的内部分工和专门化。首先，泰勒将管理职能和执行职能分开，使管理专门化。泰勒认为，要改变传统的工人按照自己的习惯和经验进行工作的方式，提高生产效率，就必须制定和推广科学的方法，而科学的方法就是寻找标准、制定标准，按标准办事。而寻找、制定和推广标准化的方法的任务，工人无论如何是不可能完成的，因此，应该有专门的人来负责，必须把计划职能和执行职能分开。计划职能归管理当局，并有专门的计划部门来负责全部的计划工作并对工人发布命令。其次，推行职能工长制，实行同一管理层级的内部分工。为了使从事具体管理职能的工长能有效地发

---

① ［美］泰勒．科学管理原理［M］．胡隆昶，译．北京：中国社会科学出版社，1984：157.

② ［美］泰勒．科学管理原理［M］．胡隆昶，译．北京：中国社会科学出版社，1984：157.

③ ［美］泰勒．科学管理原理［M］．胡隆昶，译．北京：中国社会科学出版社，1984：169—170.

挥作用，泰勒主张，每个工长只能承担一种管理职能，为此，他设计了8种职能工长，用来替代原来的一个工长。泰勒认为，这一制度的优点在于：每个职能工长职责单一、分工明确，管理人员不仅容易培养，而且能够有效地降低管理成本、提高管理效率。再次，提出例外原则，实行不同管理层级之间的分工。所谓例外原则，是指企业的高级管理人员把一般日常事务授权给下属的管理人员处理，而自己主要负责例外事项（一般是重要事项）的决策和控制，比如企业的发展战略、重大的人事安排等问题。

第二，制定和推广最优的科学方法。泰勒认为，科学管理不是旧式的经验管理，但科学管理离不开经验。管理者的首要职责就是主动、及时地把工人通过长期的生产实践积累下来的传统经验、技能和诀窍收集起来，加以归纳整理，从中找出带有普遍性和共性的规律和方法。然后用这些规律和方法与工人的操作对象、使用工具、劳动和休息时间进行合理地搭配，同时对机器、环境等因素予以改进，消除其中不合理的因素，从而让最好的因素结合起来，这样就得到了最优的方法，再把这些方法标准化，有时甚至将其概括为数学公式，使其变成标准化的规律、守则、公式。这样，这些标准化、易于操作的方法就可以在全厂推广使用了。这些标准化的方法既包括生产过程中由工人具体实施的生产操作方法，也包括由管理者具体执行的培训工人的科学方法和支付工人和管理人员报酬的薪酬制度——差别计件工资制。实现差别计件工资制，使达不到工作标准的工人只能获得很低的工资率，给达到标准的工人很高的报酬，使员工多劳多得，从而能很好地调动员工的积极性，提高劳动生产率。

第三，劳资双方的观念变革。在美国国会的听证会上，泰勒把真正的科学管理和一阵风式的追求效率的做法严格区分开来。其区别就在于科学管理是雇主和雇员之间的一场“观念变革”。[①] 泰勒宣称，科学管理在实质上包含着要求在任何一个具体机构或工业中工作的工人在对待工作、同伴和雇主的义务上进行一种全面的观念变革。同时，科学管理也要求管理部门的人（包括工长、监工、企业所有人、董事会）在对他们的工人和所有日常问题

① 泰勒的“Mental Revolution”，一些人把它直译为“心理革命”“思想革命”“心智革命”等，但本书认为，联系泰勒对该概念的具体阐释，译为“观念变革”可能更为恰切。

的责任上进行一场全面的观念变革。没有劳资双方的这种全面的观念变革，科学管理就不能存在。[①] 他认为，科学管理使劳资双方不再把注意力放在盈余分配上，而是共同把注意力转向增加剩余上，一直到剩余大大增加，以致没有必要就如何分配剩余的问题进行争吵为止。双方都会认识到，当他们以友好合作和互相帮助来代替对抗和斗争时，他们就能共同使剩余额猛增，以致工人工资就有大大增加的充分余地，制造商的利润也会大大增加。这是实现科学管理的第一步。第二步是劳资双方都必须承认并做到工厂内的一切事情都应由科学知识来代替个人的见解或个人的经验知识。[②] 在泰勒看来，这些是科学管理需要具备的两个必要条件。

（四）理论实质和基本特点

关于科学管理的实质，一些学者直接引用泰勒在美国国会听证会上的证词中的观点，认为“观念变革”是科学管理的实质。但通过考察泰勒的整个科学管理实践，以及从他对后来管理学的影响来看，“泰勒制”实质上就是一种制度化管理，具体来说就是一种标准化的任务管理。泰勒申明，“过去，人是第一位的，将来，体制必须是第一位的。科学管理的目的在于用系统化管理来改变低效能的状况，而不在于收罗某些独特的或非凡的人。”[③] 他还说，“现代科学管理中最突出的独一无二的因素看来是任务观念。”[④] 科学管理中最主要的内容：工时研究、计件工资制、成本核算方法、标准化、职能工长制等，无非是想通过规范化、定量化、最优化的方式，寻找标准、制定标准，然后依据标准布置任务和落实任务的过程。如此看来，泰勒在听证会上的慷慨陈述中所用的包含多达 16 个“不是”的排比句，完全可以换成“既是……又是”的句式，泰勒不断地抱怨世人对他的管理思想的误解，事情的真相也许是：他因自我期许太高而自己误解了自己。然而，正因为他的科学管理是一种标准化的任务管理，所以才具有可复制性和可推广性的特点，能够被当时的美国和后来的世界上其他国家的许多企业所复制和借鉴，而这恰恰是科学管理理论的价值所在。

---

① ［美］泰勒．科学管理原理［M］．胡隆昶，译．北京：中国社会科学出版社，1984：238.
② ［美］泰勒．科学管理原理［M］．胡隆昶，译．北京：中国社会科学出版社，1984：239—240.
③ ［美］泰勒．科学管理原理［M］．胡隆昶，译．北京：中国社会科学出版社，1984：155.
④ ［美］泰勒．科学管理原理［M］．胡隆昶，译．北京：中国社会科学出版社，1984：171.

歌德曾经说过，一个人的缺点来自于他的时代，而他的成功与伟大却属于自己，而泰勒及其科学管理理论正是如此。泰勒把他那个时代占主导地位的自然科学的世界观（牛顿经典力学的机械世界观）和方法论（工具理性、计算理性以及相应的标准化、数量化的方法）引入到管理之中，创立了一套具体的科学管理方法，并运用这种方法来代替工业革命以来单凭个人经验进行作业和管理的陈旧方法，提高了管理的科学性，使当时许多运用这种管理模式的企业的生产效率得到极大的提高。这种标准化、计量化的作业管理方法，至今仍然是我们所追求的管理现代化的内在要求。他还主张将管理职能从企业生产职能中独立出来，使管理职能专门化，在实践上大大促进了管理水平的提高，也为管理理论的形成和发展开辟了道路。

而他的“经济人”假设和提高劳动生产率是实现雇主和雇员双方最大限度富裕的根本途径的设想无疑具有片面性。前者忽略了人生存和需要的丰富性和多样性，尽管泰勒一再声称他重视人的情感，尊重工人，但按照他的标准化的管理方式，人最终还是仅仅被看成一个经济动物或“肉体机器”。这也是他本人在晚年被许多人诟病为对待工人像野兽的原因。而后者是以非对称的供给和需求为前提的，也就是说，泰勒的这种管理学说是以供给有限而需求无限为基础进行演绎的。他不考虑资源、市场的有限性，忽略了企业经营中的营销、财务等问题，这无疑是狭隘而有局限的。但这种思想作为特定时代的产物，在一定程度上折射出20世纪初美国工业化的时代特征。在泰勒所处的时代，生产力水平相当低下，绝大部分工人生活都很贫困，他们首先需要解决的是生存和温饱问题，而且，在当时卖方主导市场的条件下，基本上无须考虑市场和资源的有限性问题。在这种时代背景下，泰勒的以提高劳动生产效率、增加社会财富为旨归的管理模式，刚好满足了美国工业从企业家、管理者拥有的企业向大规模、综合性公司的转型的时代需求，因而有其深刻的历史合理性。一如丹尼尔·A. 雷恩所评价的那样：以先进技术、市场增长、劳动者的不满以及管理知识的缺乏为特征，美国工业渴望在方法、制度和完善产品的生产、销售方面成熟起来。为了满足这种需要，泰勒发出了一种声音、提倡了一种精神，吸引了社会公众、企业领导及学术界的注意力。泰勒既有长处也有弱点。他的科学管理原理，鼓吹的成分胜于事实，改革的设想多于科学方法。他提到了“真正的科学管理”，然而在实践中却多次违背自己的原则，在另外一些情况下，他取得了积极的突破。总而言之，泰勒给他那个时代以及我们这个时代留不了不可磨灭的印迹。他并不孤单，而且有越来越多的人加入到运用、修改、提炼以及传播科学管理思想的行列。泰勒是管理思想演进过程中一个重要时代的领路人。①

与泰勒同时期的比较有代表性的人物就是法约尔和韦伯。法约尔是第一个对管理理论进行综合性陈述的人，他明确指出了管理的五项职能、企业的六项基本经营活动、管理的十四项原则等，奠定了现代管理理论的基本框架，被誉为管理史上的第二座丰碑。韦伯在管理学发展历史上的贡献，就是他所创立的官僚组织理论，因而被后世称为“组织理论之父”。

二、社会人：梅奥的人际关系管理思想

泰勒的科学管理思想尽管对管理理论的发展做出了卓越的贡献，对管理实践也产生深刻影响，但它从经济人的理论前设出发，着重强调管理的科学性、合理性、纪律性的机械管理模式，未给管理中人的因素和作用以足够重视，致使“泰勒制”在使生产率大幅度提高的同时，也使工人的劳动变得异常紧张、单调和劳累，引起工人们的强烈不满，尤其在 20 世纪 30 年代大萧条时期，劳资矛盾空前激化。另一方面，随着经济的发展和科学技术的进步，技术工人逐渐占据了主导地位，体力劳动逐渐让位于脑力劳动，也使得西方的管理者感到单纯使用古典管理理论和方法已不能有效地控制工人以达到提高生产率和利润的目的。同时，美国的立法和政府也加强了对工人利益的保护，工会的力量不断增强，工人在企业中的地位不断提高，推动着企业关注员工的权益和要求。正是在这样的背景下，梅奥的基于社会人假设的人际关系管理思想应时而生了。

梅奥（George Elton Meyao，1880—1949）原籍澳大利亚的美国行为科学家，人际关系理论的创始人，美国艺术与科学院院士，主要代表著作有《工业文明的社会问题》《工业文明中的人的问题》《组织中的人》和《管理和士气》。曾在美国西方电器公司霍桑工厂进行了长达八年的霍桑试验，揭开了作为组织中的人的行为研究的序幕。霍桑试验的初衷，是试图通过改善工

① ［美］雷恩．管理思想史的演变［M］．李柱流，译．北京：中国社会科学出版社，1997：174—175.

作条件与环境等外在因素，找到提高劳动生产率的途径，从 1924 年到 1932 年，先后进行了四个阶段的实验，即照明试验、继电器装配工人小组试验、大规模访谈和对接线板接线工作室的研究。[①]但试验结果却出乎意料：无论工作条件（照明度强弱、休息时间长短、工厂温度等）是改善还是取消改善，试验组和非试验组的产量都在不断上升；在试验计件工资对生产效率的影响时，发现生产小组内有一种默契，大部分工人有意限制自己的产量，否则就会受到小组的冷遇和排斥，奖励性工资并未像传统的管理理论认为的那样使工人最大限度地提高生产效率；而在历时两年的大规模的访谈试验中，职工由于可以不受拘束地谈自己的想法，发泄心中的闷气，从而态度有所改变，生产率相应的得到了提高。

面对这种情形，梅奥的解释是：第一，影响生产效率的根本因素不是工作条件，而是工人自身。参加试验的工人意识到自己“被注意”，是一个重要的存在，因而产生了归属感，这种意识助长了工人的集体意识、有所作为的观念，而这些是他在以往的工作中不曾得到的，正是这种人的因素导致了劳动生产率的提高。第二，在决定工作效率高低的各种因素中，工人为团体所接受的融洽性和安全感较之奖励性工资有更为重要的作用。霍桑试验的研究结果否定了传统管理理论对于人性的假设，表明了工人不是被动的、孤立的个体，他们的行为不仅仅受工资的刺激，影响生产效率的最重要因素不是待遇和工作条件，而是工作中的人际关系。[②]据此，梅奥提出了自己的观点：

第一，工人不是“经济人”而是“社会人”。梅奥认为，一个人一开始就是一个单位的成员，他的人格只有在社会中才能得到发展，他也是这样那样地体现着社会制度。[③]因此，人们的行为并不单纯出自追求金钱的动机，还有社会方面的、心理方面的需要，即追求人与人之间的友情、安全感、归属感和受人尊敬等，而后者更为重要。因此，管理不能单纯从技术和物质条件方面着手，而必须首先从社会心理方面考虑合理的组织与管理。

第二，企业中存在着非正式组织。企业中除了存在着古典管理理论所研究的为了实现企业目标而明确规定各成员相互关系和职责范围的正式组织

---

① 郭咸纲．西方管理思想史［M］．北京：经济管理出版社，2004：157–162.

② 郭咸纲．西方管理思想史［M］．北京：经济管理出版社，2004：164–165.

③ ［美］梅奥．工业文明的社会问题［M］．费孝通，译．北京：商务印书馆，1964：60.

之外，还存在着非正式组织。这种非正式组织的作用在于维护其成员的共同利益，使之免受其内部个别成员的疏忽或外部人员的干涉所造成的损失。为此，非正式组织中有自己的核心人物和领袖，有大家共同遵循的观念、价值标准、行为准则和道德规范等。梅奥指出，非正式组织与正式组织有重大差别。在正式组织中，以效率逻辑为其行为规范；而在非正式组织中，则以感情逻辑为其行为规范。如果管理人员只是根据效率逻辑来管理，而忽略工人的感情逻辑，必然会引起冲突，影响企业生产率的提高和目标的实现。[①] 因此，管理当局必须重视非正式组织的作用，注意在正式组织的效率逻辑与非正式组织的感情逻辑之间保持平衡，实现管理人员与工人之间的充分协作，从而有利于正式组织目标的实现。

第三，新的领导能力在于提高工人的满意度。在泰勒看来，一个企业的生产效率是否能够提高，取决于工作方法、工作环境和薪资制度是否合理。在这样的基础上，如何有效地改善工资制度，创造良好的工作条件，制定科学的作业方法，就可以提高工人的劳动生产率。但是，泰勒的这一思想被梅奥等人所质疑。梅奥等人根据霍桑实验得出了不同的结论。他们认为，在决定劳动生产率的诸因素中，置于首位的因素是工人的满意度，而生产条件、工资报酬只是第二位的。职工的满意度越高，其士气就越高，从而产生的效率就越高。梅奥认为，高的满意度来源于工人个人需求的有效满足，不仅包括物质需求，还包括精神需求。所以，新型管理人员应该认真地分析职工的需要，不仅要解决工人生产技术或物质生活方面的问题，还要掌握他们的心理状态，了解他们的思想情绪，以便采取相应的措施。这样才能适时、充分地激励工人，达到提高劳动生产率的目的。[②] 当然，也有人对梅奥的人际关系论提出了批评，认为梅奥的人际关系论过多地强调情感和非正式组织的作用，却过分否定了经济报酬、工作条件、技术因素等的影响。

但从整个现代西方管理思想的发展进程来看，梅奥建立在社会人假说基础上的人际关系理论，揭示了人的多面性和复杂性。梅奥是第一个把管理活动的研究从对物的研究转移到对人的研究上来的人，这对于管理理论而言，

---

① 郭咸纲. 西方管理思想史［M］. 北京：经济管理出版社，2004：164.

② 郭咸纲. 西方管理思想史［M］. 北京：经济管理出版社，2004：164.

不仅是对古典管理理论进行的修正和完善，而且还开辟了管理活动的新途径，为现代行为管理科学的发展奠定了基础，对当今企业的管理活动产生了重要的影响。

首先，梅奥所要说明的问题是，企业中的人才是企业发展的关键。虽说人、物和财都是企业发展所必不可少的资源，但梅奥认为人才是核心。一个企业即便有最先进的技术设备，最完备的物质资料，如果没有了人的准确而全力的投入，所有的一切将毫无意义。而且梅奥还认为，对于人的有效管理不仅是企业能够高效利用现有物质资源的前提，而且是一切创新的最基本条件。尤其是在高科技迅猛发展的现代社会，创新是企业生存和发展的唯一途径，而创新恰恰需要高素质的人才作为支撑。而创新是人才的专利，优秀的人才是企业最重要的资产。谁更有效地开发和利用了人力资源，谁就有可能在日益激烈的市场竞争中立于不败之地。

但是，人的创造性是否能够发挥出来是有条件的，是以其能动性为前提的。机械式的管理只能抹杀人的才能。富有能动性和创造性的员工才是企业真正的人才，才是企业发展的动力之源。因此，企业的管理者要针对不同的员工、不同层次的需求分别对待，针对员工的特点而做出有针对性的管理措施。企业管理者需要悉心分析员工的思想，了解他们的真正需要，不仅要有必要的物质需求的满足，还要有更深层次的精神需求的满足，即受到尊重，受到重视，能够体现自我的存在价值，从而将他们的个人目标和企业的经营目标有机地统一起来，从而激发出更大的工作热情，发挥其主观能动性和创造性。

其次，梅奥提醒企业的管理方，管理者需要重视非正式组织的存在，努力寻求效率逻辑与感情逻辑之间的动态平衡。发现非正式组织的存在是梅奥人际关系理论的重要贡献，作为企业的管理者，要对非正式组织做出重要的研究。我们知道，企业的员工不是作为一个孤立的个体而存在的，而是生活在集体中的一员，他们的行为很大程度上要受到集体中其他个体的影响，从而形成不成文的非正式组织。在当今的管理活动中，管理者怎样消除非正式组织施加于员工身上的负面影响，也是当代管理者必须正视和妥善处理的一个问题。我们认为，只有个人、集体、企业三方的利益保持均衡时，才能最大限度地发挥个人的潜能，也才能使非正式组织的存在对企业的发展产生积极的影响。[①] 因此，培养共同的价值观，创造积极向上的企业文化是协调好组织内部各利益群体关系，发挥组织协同效应和增加企业凝聚力最有效的途径。

在人际关系理论的促动下，越来越多的社会学家、心理学家、人类学家如戴维斯、马斯洛、巴纳德等纷纷加入到管理理论的研究行列之中，逐渐形成了行为主义的研究范式，从而极大地深化了现代管理理论的研究。

三、自我实现：麦格雷戈的 Y 理论

管理者对人性所做的假设类型，将决定他们所要采取的管理策略，并决定他们关于组织及其职工间应保持哪种心理契约的概念。[②] 美国管理学家道格拉斯·麦格雷戈（Douglas Mcgregor，1906—1964）在《企业中人的管理》一文中，提出了两种建立在不同的人性假说基础上的管理理论，一种被称为 X 理论，另一种被称为 Y 理论。麦格雷戈把传统管理中对人性的理解叫作 X 理论。这种理论的人性假设是：

第一，大多数人是懒惰的，他们尽可能地逃避工作。工作对他们而言是一种负担，毫无享受可言。只要有机会，他们就尽可能地偷懒，逃避工作。第二，大多数人都没有什么雄心壮志，也不喜欢负什么责任，而宁可让别人领导。他们缺乏自信心，把个人的安全看得很重要。第三，大多数人的个人目标与组织目标都是矛盾的，对组织的需要漠不关心。第四，大多数人都是缺乏理智的，不能克制自己，很容易受别人影响，而且容易安于现状。第五，大多数人都是为了满足基本的生理需要和安全需要，他们将选择那些在涉及自身利益的欲求中去做获利最大的事，而他们只仅仅看到眼前的利益，看不到长远的利益。第六，人群大致分为两类，多数人符合上述假设，少数人能克制自己。

基于上述假设，X 理论得出这样一个结论：为了实现组织的管理目标，组织的所有重要的管理活动都有管理层单方面做出决定，而不需要员工的参与。一般认为，企业的管理人员关心的是如何提高劳动生产率、完成任务，

---

① 郭咸纲．西方管理思想史［M］．北京：经济管理出版社，2004：164.

② ［美］雷恩．管理思想史的演变［M］．李柱流，译．北京：中国社会科学出版社，1997：174—175.

管理者的主要职能在于，一方面管理者是通过严密的组织、制定具体的规范和工作制度，来组织、引导、监督管理对象；另一方面是以金钱报酬来收买员工，使其适应工作和组织的要求，而不考虑对方在情感上和道义上的需要。麦格雷戈认为，这种做法会产生两种极端的情况。在一个极端，管理人员是“严厉的”，指挥人们行为的方法包括强迫和胁迫，严密监督。在另一个极端，管理人员可能是“温和的”，指挥人们行为的方法包括宽容，以求相安无事。“严厉的”做法存在着一些困难，压力引起反抗，员工会产生敌对情绪。“温和的”做法也有困难，它常常导致放弃管理。管理者为求相安无事，最终导致对业绩的漠不关心。一种流行的做法是“坚定而公正”，这是一种兼软硬两种态度之长的企图。[①] 麦格雷戈认为，这种管理方式实际上就是罗斯福式的胡萝卜加大棒的方法，一方面靠金钱的收买与刺激，另一方面企业管理者应该用严密的控制、监督和惩罚迫使其为组织目标努力。麦格雷戈认为，虽然当时工业组织中人的行为表现与 X 理论所提出的各种情况大致相似，但是，人的这些行为表现并不是人固有的天性所引起的，而是现有工业组织的性质、管理思想、政策和实践所造成的。对此，麦格雷格坚信，X 理论所采用的传统研究方法是建立在错误的因果观念基础上的。通过对人的行为动机和马斯洛的需要层次论的研究，麦格雷格指出，在人们的生活还不够丰裕的情况下，胡萝卜加大棒的管理方法是有效的，但是，当人们的生活达到了一定丰裕的水平时，这种管理方法就失效了。因为，那时人们行动的动机主要是追求更高级的需要，而不是生理、安全等低层次的需要了。

为了克服以 X 理论为前提的管理模式所造成的人才的创造性和奉献精神的不断下降、员工对工作绩效的毫不关心等不良后果，麦格雷戈提出了自己的 Y 理论。该理论的人性假设是：

第一，一般人并不是天性就不喜欢工作的，工作中体力和脑力的消耗就像游戏和休息一样自然。工作可能是一种满足，因而自愿去执行；也可能是一种处罚，因而只要可能就想逃避。到底怎样，要视环境而定。第二，外来的控制和惩罚，并不是促使人们为实现组织目标而努力的唯一方法，它甚至

---

① ［美］雷恩．管理思想史的演变［M］．李柱流，译．北京：中国社会科学出版社，1997：174—175.

对人的发展是一种威胁和阻碍。人们愿意实行自我管理和自我控制来完成应当完成的目标。第三，人的自我实现的要求和组织要求的行为之间是没有矛盾的。如果给人提供适当的机会，就能将个人目标和组织目标统一起来。第四，一般人在适当条件下，不仅学会了接受职责，而且还学会了谋求职责。逃避责任、缺乏抱负以及强调安全感，通常是经验的结果，而不是人的本性。第五，大多数人，而不是少数人，在解决组织的困难问题时，都能发挥较高的想象力、聪明才智和创造性。第六，在现代工业生产的条件下，一般人的智慧潜能只是部分地得到了发挥。①

根据以上假设，Y 理论主张通过下列相应的管理方式以实现员工的自我约束与自我管理。其一，管理职能的重点。管理者的首要任务是创造一个使员工得以发挥才能的工作环境，发挥出员工的潜力，并使职工在为实现组织的目标贡献力量时，从而能达到自己的目标。此时的管理者已不是指挥者、调节者或监督者，而是工作的辅助者，从旁边给员工以支持和帮助。其二，参与式管理。通过委托和授权的方式，使人们从过于严密的传统组织方式的束缚中解脱出来，获得一定程度的自由，可以在一定程度上支配自己的权利，并承担一定的责任；在管理制度上给予工人更多的自主权，实行自我控制，让工人参与管理，参与决策，并共同分享权力。其三，激励方式。管理者需要对员工的激励，这主要来自工作本身的内在激励。可以说，管理应该让员工担当具有挑战性的工作，担负更多的责任，做出更大的工作业绩，满足其自我实现的需要。其四，行为评估。对个人为实现组织目标所做的工作和贡献实施评估，不但对员工是一种激励手段，而且对满足员工自我实现的需要也会产生很大的影响。

麦格雷戈特别强调，以上这些管理方式如果还是仅仅被当作一种控制员工的手段，那么所谓的 Y 理论和 X 理论在实际上并没有什么区别，至多不过是一场闹剧而已。问题关键就在于，管理者要真正改变对人和人性的看法，相信人的潜力和创造性，注重满足员工的自我实现等高层次的需要，继而改变管理方式和管理策略。他把 Y 理论称之为“个人目标与组织目标的综合”，而且坚信这一理论可以“创造出使组织成员在向事业成功努力时，同

① 刘敬鲁 . 西方管理哲学［M］. 北京：人民出版社，2010：208-210.

时达到自己的最佳目标的条件”。[①] 接受人性是 Y 型的看法的管理人员不会去构筑、控制或严密地监视工作环境。相反，他们会在工作中给予下属更为广泛的自由、鼓励创造性，尽量减少外部控制而鼓励自我控制，通过对工作本身挑战的满意程度来加强激励，从而帮助下属逐渐成熟起来。

在过去的数十年中，世界上有许多大公司采纳了道格拉斯·麦格雷戈的 Y 理论，并据此制定了人才招聘、培训、选拔和激励制度和方案，结果在实践中获得了巨大的成功。但这一理论也遭到当时一些行为科学家的批评。这些人认为，虽然麦格雷戈的 Y 理论对人性的假设有其积极的一面，它为管理人员提供了一种对于人的乐观主义的看法，这种看法对争取职工的协作和支持是必需的。但是，有些学者认为，麦格雷戈只看到了问题的一面，还有一些问题需要探索。这个问题即是，在现实的企业管理中，我们不能否认有些人确实天生就是懒惰而不愿负责任的。而对于这些人，用 Y 理论进行管理，难免会失败。而且，要发展和实现人的潜能，必须有合适的工作环境，而要创造出这样一种环境，成本往往太高。所以，Y 理论并不是普遍适用的。更为重要的是，并不存在所谓一般的、不变的人性。人是社会的产物，人的本性或本质必然会随着社会环境和条件的变化而变化，随着社会的发展尤其是生产力的发展和教育程度的提高而变化。Y 理论中的人性假设，充其量只不过是对全面而丰富的人的某一方面的理解，建基于其上的管理理论的适用范围自然也是有限度的。后来的莫尔斯和洛希的实验就充分地证实了这一点。[②] 于是，人们又开始了探索人性及相应的管理理论的新征程。

四、复杂人－文化人：沙因的组织文化理论

随着管理实践的发展和管理思想探索的推进，西方现代管理思想界对人性的研究也更加深入、理解更加丰富和多样化。他们不再抽象地谈论人性，不再企图勾画出一个固定不变的、放之四海而皆准的人性模式，而是认为，“不仅是人们的需要与潜在欲望是多种多样的，而且这些需要的模式也是随着年龄与发展阶段的变迁，随着所扮演的角色的变化，随着所处境遇及人际

① ［美］雷恩．管理思想史的演变［M］．李柱流，译．北京：中国社会科学出版社，1997：174—175.
② ［美］雷恩．管理思想史的演变［M］．李柱流，译．北京：中国社会科学出版社，1997：174—175.

关系的演变而不断变化的。”[①]也就是说，人性是复杂多变的。我们介绍美国管理学家埃德加·H.沙因（Edgar H.Schein）的“复杂人－文化人”假说，以及在此基础上演绎出来的组织文化管理思想。

沙因在《组织心理学》中对前人提出的有关人性的三种假设进行分析的基础上，提出了“复杂人假设”。他将前人关于人性的假设概括为：第一种为“理性—经济人”假设。这是古典经济学家和古典管理学家关于人性的假设，也就是麦格雷戈所称的作为X理论依据的假设；第二种是“社会人”假设。代表人物除了梅奥、罗特利斯伯格以外，还有扎尔斯尼克、怀特、西肖尔等人；第三种假设是“自我实现的人”假设。代表人物除了麦格雷戈外，还有阿尔吉里斯和马斯洛等。经过概括和分析之后，沙因认为，每种关于人性的观点都在一定程度上是正确的，但每一种理论都把复杂的现实过分简单化和一般化。“我们对人类的行为研究得越多，就越发现它的复杂，从而我们就越来越发现自己对于组织中人的行为必须采用将社会学的、发展的与情景的观点融为一体的综合观点来认识。”[②]为此，他提出了自己的“复杂人”假设。其要点可以概括为：

第一，每个人都有许多不同的需求，而且人的动机不但是复杂的，并且变动性很大。人的多样化的需要和动机将会形成一定的等级层系，这种等级层次的构造不但因人而异，而且同一个人也因时、因地而异。第二，企业中的各种需要和动机之间交互作用，从而形成复杂的动机模式、价值观和目标，所以，人们必须确定自己要在什么样的等级层级上去理解人的激励。例如，因为金钱有助于自我理想的实现，在有些人的动机模式中就把追求金钱看成是自我实现的方式。第三，一个人在组织中可以学得新的需求和动机，这个人在企业组织中的动机和目标可以视为是他的最初需要和经验活动共同作用形成的。第四，人在不同的企业组织中，或者是在不同的部门中，会有不同的动机作为行为动力。在一个比较正式的企业组织中，一个不能与其他人和谐相处的人，很可能在非正式组织中实现自我需要和自我发展。从这里可以得知，在一些较为复杂的企业组织中，各个部门可以利用不同的动机来

---

① ［美］薛恩．组织心理学［M］．余凯成等，译．北京：经济管理出版社，1987：116.

② ［美］薛恩．组织心理学［M］．余凯成等，译．北京：经济管理出版社，1987：90.

达到其目标。第五，人们可以在不同的动机的基础上，全心全意地参与到组织中去，成为组织中高效能的一员。工作的性质、本人的工作能力和技术水平、工作环境与氛围等因素之间的相互作用会产生一定的工作模式和情感，进而对工作效能产生影响。第六，人可以依自己的动机、能力及工作性质对不同的管理方式做出不同的反应。因此，在任何时间都能对一切人起作用的管理策略是不存在的。[①]

透过以上对人的复杂性的描述和说明，沙因认为，人性不是固定不变的，而是取决于它所处的社会条件、组织情况和其他相关内容，是人和组织之间互动交往、相互影响的结果。因而，“复杂人假设”与现实情况更为接近，是一种更加合理的人性假设。然而，人的复杂性还在于人是文化的动物，“由于人类行为是文化决定的，由于文化的变化很大，所以对人性所下的唯一正确的判断是它的可塑性很大。”[②]其实，在《组织心理学》一书中，沙因也已经认识到这一点。在谈到领导问题时，沙因指出，“好领导”通常是在一定历史的、社会的或文化的背景之中得到定义的。领导问题本身就是一种文化的现象，因此，必须在一定的文化、政治和社会经济背景中来分析它。[③]这里，沙因已经为后来自己探讨基于“文化人假说”基础上的组织文化理论埋下了伏笔。

20 世纪 80 年代，随着日本企业竞争力的快速增强，许多学者（尤其是美国学者）开始关注日本企业的管理。经过深入的研究，他们发现，在日本企业快速成长的过程中，企业文化发挥了十分重要的作用。可以看出，企业的组织文化对于企业管理的重要性，随着社会的发展越来越受到理论界的关注，同时组织文化也成为热烈讨论的问题。在当时，一大批学者围绕组织中的文化问题进行了孜孜不倦地探索，结出了累累硕果，并形成了组织文化理论学派。有人认为，组织文化学派创立的标志是 1985 年沙因的著作《组织文化与领导》[④]的问世。在这里，重点介绍这部著作中的基本管理思想。

---

① ［美］薛恩 . 组织心理学［M］. 余凯成等，译 . 北京：经济管理出版社，1987：116—118.

② ［美］斯皮罗 . 文化与人性 .［M］. 徐俊等，译 . 北京：社会科学文献出版社，1999：7.

③ ［美］薛恩 . 组织心理学［M］. 余凯成等，译 . 北京：经济管理出版社，1987：132—135.

④《企业文化与领导》一书的英文名为《Organizational Culture and Leadership》，该书的中文译者将 Organizational culture 译为“企业文化”，可能是考虑到在现代管理学中，两者在一般情况下是通用的。本书在行文中采用“组织文化”的译法。

沙因认为，虽然组织心理学和社会学为了解组织中个人的行为和企业形成自身结构的方法提供了很多有用的思想，但对于企业为什么和怎样成长、变化往往无能为力。① 而组织文化思想则特别有助于我们了解在人类组织中存在的难以理解的甚至是似乎不合理的现象。② 所以，沙因指出，如果我们要认识企业的组织及其活动，以及理解企业的发展动力，就需要建立一个合理的组织文化。

（一）组织文化的概念

沙因指出，“文化”本身就是一个含义丰富的词汇，当我们将“文化”与“组织”连接在一起使用时，很可能会导致概念和语义学上的混乱。沙因列举了在已有的文献中人们关于“组织文化”一词的六种理解，并认为，所有这些关于文化的理解，都只是从不同方面对文化的反映，并没有揭示出文化的本质。因此，他力图重新定义文化。沙因认为，“文化”这个词应该包含为组织的成员所共同拥有的更深层的基本假设和信念，它们无意识地产生作用，并且用一种基本的“认为是理所当然”的方式来解释组织自身的目的和它的环境。这些假设和信念是通过学习获得的，对团体在外部环境中的生存问题和内部结合问题的反应。因为这些假设和信念能反复和有效地解决这两方面的问题，所以，它们被认为是理所当然的。这些深层的假设应与“人为事物”和“价值观”区别开来，后者只是文化的表现形式或表面层次，而不是文化的本质。③这里，沙因强调了“文化”的几个最主要的方面：其一，文化具有群体性特征；其二，文化具有后天习得性；其三，文化是由人为事物、价值观、基本假设和信念三个层次构成，其中人为事物是文化的最表浅的层面，它包括某一群体内一切易于观察和感知的人为事物和创造物。价值观是文化的中层结构，它是指人们行动时所遵循的“应该如何”的维度。群体的价值观主要反映在它所明确表达的组织目标、发展战略和哲学信条之中。组织的成员所共同拥有的基本假设和信念是文化的深层本质。这些基本假设和信念决定着全体成员的思维模式和解决问题的方式，并以无意识的方式发生作用。这种处于文化深层次的假设又可细分为五个方面：一是关于人

① ［美］沙因．企业文化与领导［M］．朱明伟，罗丽萍，译．北京：中国友谊出版公司，1989：3.
② ［美］沙因．企业文化与领导［M］．朱明伟，罗丽萍，译．北京：中国友谊出版公司，1989：5.
③ ［美］沙因．企业文化与领导［M］．朱明伟，罗丽萍，译．北京：中国友谊出版公司，1989：9.

和自然关系的假设，主要是指组织的重要成员如何看待组织和环境之间的关系；二是关于现实和真相的本质的假设，主要是明确什么是真和假、什么是“客观事实”、真相最终是怎样决定的等，还包括时空问题；三是关于人性的本质的假设，包括人性是指什么，是善、恶还是中性的等；四是关于人类活动的本质的假设，包含人类哪些行为是正确的，人的行为是主动的还是被动的，人是自由意志所支配的还是由命运所支配的等一系列假设；五是有关人际关系的假设，包含人们相互联系、分配权力和爱的“正确”方式，生活是协作性的还是竞争性的等。[①] 沙因同时认为，并非任何团体或组织都有自身的文化。如果某一群体在解决内外问题的过程中共同拥有了大量重要的经验，这些共同的经验最终形成了一种共同的世界观，这些世界观经过了长期的作用被认为是理所当然的，并处于无意识状态，这样的组织便拥有了自身的整体文化。一般来说，只有那些具有重要历史并明确界定的团体才会有自己的文化。[②]

（二）组织文化的生成及其功能

沙因认为，文化的形成过程与组织的形成过程在一定意义上是一致的，因为“组织”的本质或组织的一致性就是指该组织的“文化”。没有组织就不存在组织文化。所以，组织的形成和组织文化的形成是一个问题的两个方面。[③] 而一个组织正因为承载了一定的功能才得以产生，所以，沙因将揭示组织文化的功能与描述其生成过程结合起来。

第一，外部适应功能与组织文化的生成。沙因指出，任何企业的组织只有形成一种能够适应与之相关的不断变化的环境才能得以生存。而在这个企业发展的过程中，组织文化成为关键的因素。因为，一个企业的组织与其环境的相互作用会形成一种组织文化，而组织文化一经形成又会反作用于企业活动。这种组织活动与企业的外部环境之间的相互作用，表现出一定组织文化的功能：第一，组织文化能够对企业的中心任务、计划目标、表现形式和内在功能形成共识。这就是说，每一个新的团体或企业，必须对自己如何长期生存的问题形成共同的观念，并从中引申出组织的中心任务，在与环

① ［美］沙因．企业文化与领导［M］．朱明伟，罗丽萍，译．北京：中国友谊出版公司，1989：95.
② ［美］沙因．企业文化与领导［M］．朱明伟，罗丽萍，译．北京：中国友谊出版公司，1989：10.
③ ［美］沙因．企业文化与领导［M］．朱明伟，罗丽萍，译．北京：中国友谊出版公司，1989：57.

境的互动中形成关于中心任务的最基本的含义或“理应如此”的思想。就是说，根据环境，确定该组织究竟要“做什么”。这个层次的文化，影响着组织的战略和决策。第二，对派生于任务的业务目标的共识。组织的宏观战略一旦延伸到具体业务目标，往往就会出现歧义和冲突，这时只有通过妥协、折中和权变，才能达成共识。具体业务目标的共识，表现为形成共同的语言和互相认可的职责。第三，对方法的共识。沙因比较重视企业管理方法的共识，因为方法的共识主要表现在规章制度方面，而规章制度是实现企业管理的重要条件。但是，沙因又认为，真正体现组织文化的并不是成文的“名义规范”，而是现实中运行的“应用规范”，即我们常说的“潜规则”。第四，对衡量成果的标准的共识。一个企业或者团体只要开展工作，它就必须对如何判断自己的成果达成共识，即设定出一种科学的评价标准。没有这种共识，就不能形成协作。第五，对补救和修正战略的共识。如果目标不能实现，任务没有完成，或者“应该”与“现实”存在较大差距，都意味着组织文化存在问题，这时就需要调整组织文化，要在“做什么”和“怎样做”上达成共识。

第二，内部结合功能与组织文化的生成。一个企业的组织的形成过程，从内部看就是人们的合作共事和人际协调过程，就是管理者与被管理者之间的组织协调过程。那么，如果把组织看作是一个社会系统，这个组织所必须解决的内部结合问题就包括：第一，发展共同的语言和概念范畴。这就是说，企业或者团体要的管理活动之所以能够发挥作用，组成团体的各成员必须建立信息沟通系统和能够解释内部运用情况的语言。这不仅使工作应付自如、得心应手，而且对于联合、协作行动来说也是必要的前提条件。共同语言不仅是言辞，而且是对言辞的理解和判断方式。第二，对团体边界的共识。这种共识主要表现在吸收与排斥成员的标准上。组织文化最重要的一个方面就是对“内部人”和“局外人”的判断。与前面的共识一样，这种标准也表现在行动中，而不是表现在书面上。第三，对权力和地位的共识。沙因认为，这种共识很好地表现在对组织分层的认识上，不同组织有各自用来鉴别影响力和权力的标准和原则。这方面的共识一旦形成，就会产生对于帮助成员控制其侵略性感情的作用。第四，对人际关系的共识。这个共识是要表明，不同组织的人际关系是不一样的，企业管理者需要对本企业人员之间的亲密、友谊和热爱等关系制定标准并达成共识。按照沙因的说法，企业管理者是以谈判方式处理人际关系，还是以忍让方式形成人际关系，反映了组织文化的不同。第五，对奖惩标准的共识。这个共识说明，企业的奖励是针对“英雄行为”所作出的积极推进，而惩罚是针对“有害行为”所作出的消极推进。通过奖惩这一措施，企业管理者就可以推断出这种评价背后的信念和假设，并通过这种评价做出合理的决策。第六，宗教信仰与思想意识的共识，即是对模糊性的共识。我们知道，一个企业组织与社会一样，都面临着很多难以解释的和不能预测的事件，存在大量的不确定性，并不能用经验的方式达到其本质的认识。这样一来，只有通过宗教信仰或思想意识给这些事件以特定的含义，组织成员才能对此作正确的反应，以免在处理这些难以解释和不能控制的问题时不知所措。

最后，减少焦虑的功能与组织文化的生成。对于上述每个问题，如果人们不能慎重地区别轻重缓急、先后次序来解决，那么他们就会经受更强的焦虑感情。一旦学会了怎样考虑我们的基本工作，有了目标、方法和信息系统，一致同意怎样沟通、协调相互联系以及妥善处理我们的日常工作，我们就能创造一系列处理问题的标准，工作生活就会变得有条不紊、应对裕如。文化中隐含的假设，实际上起着过滤的作用，能帮助人们减少内心的纠结，降低情绪的焦虑，增强人的安全感。①

（三）组织文化的变迁和领导力

在沙因看来，领导不同于管理。领导的唯一和最重要的职能是控制组织文化。②领导者就是文化管理者。领导在组织文化的创立、变迁过程中发挥着十分重要的作用。在组织的创建时期，组织的创建者一般就是领导者。由于他们首先具有创建组织的设想，因此，以其文化经历和个性为基础，他们对怎样实现这个设想有自己的独特见解。他们不仅有高度的自信心和决心，而且对世界的本质、组织在社会中的地位作用、人性及人际关系的本质、寻求真理的途径、怎样管理时间和空间等都有较为深刻的假设。③他们在企业的日常活动中通过一系列方法，如重视和奖赏的行为、角色示范作用、处理

① ［美］沙因．企业文化与领导［M］．朱明伟，罗丽萍，译．北京：中国友谊出版公司，1989：59—93.
② ［美］沙因．企业文化与领导［M］．朱明伟，罗丽萍，译．北京：中国友谊出版公司，1989：342.
③ ［美］沙因．企业文化与领导［M］．朱明伟，罗丽萍，译．北京：中国友谊出版公司，1989：229.

重大事件的行为方式、招雇、挑选、晋升和解雇职工的标准，来传播自己的假设和信念，使之渗透和内化到所有组织成员中，成为组织文化的核心内容。在企业发展的中期，领导者最需要的是认识文化能够促进或妨碍企业完成任务的方式以及实现所期望的变化的干预技能。严格来说，这时的"领导"只是控制和协调。在企业的成熟期，文化开始界定什么是领导。这时，如果组织文化不能继续适应外部环境的不断变化，这就将会使企业不能够继续存在下去。如果企业要改变它的文化，就必须有一位能打破文化僵化状态的领导。不更换领导，文化就不能改变。这里存在一个互相矛盾的现象，领导者创造了文化，但文化依次创造了它们下一代的领导人。文化首先是由领导者的行动创造的；文化也由领导者来灌输和增强。在企业文化出现功能失调现象时，就需要领导来协助团体抛弃一些旧的文化假设，并学习新的假设。沙因指出要注意两点："第一，人际关系的假定的确是文化的一个重要部分，然而，文化比人际关系的假定要广泛得多。第二，在任何组织中，人们对人际关系的假定都没有孤立存在，它与人性假定、人的活动的假定、现实和真相的假定以及空间、时间和环境的假定是相互联系的。"① 所以，沙因总结说，文化可以视为是一个比较复杂的团体学习过程的结果，虽然文化体现的只是部分地受领导行为的影响，但文化在一个企业中的作用是不言而喻的。但是，如果因为企业的文化基础变得不再具有适应性，而导致团体的存亡受到威胁的时候，各级管理者的最大责任就是对这种情境进行辨认与改变，进而变革不适应企业发展的文化环境。

总而言之，沙因认为，管理者如何适应环境的变化，是企业组织经营过程中永远需要面对的重要问题。特别是近代以来的企业发展特点，表明了环境变化的速度越来越快，适应环境变化的重要性也越来越高。为了适应环境的急剧变化，企业需要具有新的思考方式和行为方式，这就需要按照文化的因素来不断推进企业与环境的相互适应。所以说，沙因的组织文化理论为我们认识组织文化的深层本质提供了有效的分析框架。

---

① 刘敬鲁．西方管理哲学［M］．北京：人民出版社，2010：258.

第三章　管理方法论

第一节　管理方法论基本问题

一、方法论释义

管理哲学一个重要的研究方向就是管理方法，运用管理哲学方法提高管理水平，是当前管理学需要认真对待的重要问题。从广义来说，方法，就是人作为主体的一种活动方式，是人作为主体区别于作为客体的动物或非动物显著的特点或特征。方法体现了人的主体性的特点，人是讲求方法的动物。人是对象性的存在物，人通过作用于对象而展示自己的本质力量。而方法是作为主体的人作用于客体，改造对象性的自然界，展示人的本质力量的中介。可以说，没有方法，人就不可能作为对象性的存在物而存在。

一般意义上来讲，“方法”是指人们在自己的实践活动中，为了实现自身特定目的而形成的一种活动，这种活动是以自觉遵循人与世界关系规律的基础上制定的，并用以把握、改造客体的主体行为的规则、程序、途径等活动方式的总称。从另一个角度说，方法是指为解决理论、实践、日常生活的特定任务所采用的一定的途径、手段和办法，如工作方法、管理方法、领导方法、计划方法、认识方法、思维方法等。列宁指出：“方法也就是工具，是主观方面的某个手段，主观方面通过这个手段和客体发生关系……”[①]可以看出，方法虽然也被人们称之为活动的手段，但它不是一种脱离人的手段，可以说方法是人类认识客观世界和改造客观世界中形成的一种具体化的行为方式，人们在认识和改造世界中应遵循的某种方式、途径和程序的总和，也是管理者实现管理目的不可缺少的中介要素。

---

① 列宁．列宁全集（第三十八卷）[M]．北京：人民出版社，1963：236.

方法具有以下的特点。其一，体现主体活动的自为性。客体只有自己自在的运动形式，而主体则有自为的活动方式。客体的运动是没有方法的，只有主体的活动才有方法。方法作为主体联系客体的桥梁和中介，总是体现着主体的本质、目的，并表征着主体活动的方式性。其二，体现主体自觉的创造性。方法是存在于主客体相互作用的过程中的，但方法是主体在自己的实践活动中通过总结经验和教训，所创造出来的。方法体现了主体的自由和自觉性。其三，体现主体活动的继承性与发展性。方法体现了以往主体作用于客体时的成功改造，而且意味着主客体统一的规律性。由于主体实践的持续性，在人类主体的实践活动中所形成的方法就具有了继承性。同时，由于人类实践的不断发展，新的方法也会被人们所创造出来。[①]

“方法论”这个词的英文是“methodology”。从词的意义上来讲，“方法论”指的是关于方法的专门学说或理论，即是指人们专门研究方法的学说和学科。“方法论”属于哲学的范畴，可以说方法论从来都是哲学研究的一个重要的内容，它对主体活动作用于客体的不同方法的研究，更多地具有哲学的倾向，如侧重于对方法的观点的理论探讨，方法论的基本原则、基本方法及其应用原理等的理论探讨。“哲学方法论”是一定哲学思想关于自身怎样运用理想处理主观和客观、思维和存在、感性具体和理性抽象、理性具体和理性抽象、理论和实践的，那些具有普遍意义的关系所采用的方法的规律性学说和理论体系。

二、管理哲学方法论的含义

作为应用哲学的管理哲学来说，理所当然地应当包括管理方法论。管理方法论一方面是理论研究，如研究管理的辩证法、科学方法等问题。另一方面，管理方法也要总结各种特殊性的管理方法，如任务管理法、行为管理法、目标管理法、权变方法、激励方法、控制方法，等等。可以认为，对管理方法的研究，我们能够更加鲜明地表现出管理哲学的应用特色所在，能够揭示出管理活动的本质内涵。作为企业管理一般的管理理论要在实践中发挥作用，都必须通过一定的方法这个环节所达到。管理者，诚然也要思考管

---

① 倪志安．马克思主义哲学方法论研究［M］．北京：人民出版社，2007：5.

理的问题，但必须要以科学的方法作为管理活动的指导，而管理哲学所阐释的管理方法，即使是对管理理论的思考，他们也总是从方法的角度去理解问题，使这些理论具有使用的性质。“管理方法是管理主体作用于管理客体，使管理客体主体化的主观手段，它渗透于主体的精神范畴之中。”[①] 因此，管理哲学能否总结出一套科学的管理方法，是发挥其指导管理实践功能的关键。

唯物辩证法认为，事物是运动与发展的，矛盾是事物发展变化的根本动力和源泉，世界上矛盾无处不在、无时不有。而矛盾双方的既对立又统一推动着事物的变化和发展，从而形成事物的发展过程。辩证唯物主义所讲的矛盾是一个概括了所有对立统一关系的哲学范畴，辩证唯物主义的矛盾分析方法是科学的认识方法，是管理活动所必不可少的方法。管理活动中所讲的对立统一规律，即遵照唯物辩证法的科学定义和原则，来认识、研究管理活动中的矛盾运动、矛盾关系、基本范畴及其在管理哲学理论中的意义。

（一）矛盾运动与管理方法

以唯物辩证法来看，世界万事万物都处于运动中，没有离开事物的运动，也没有不运动的事物，运动是绝对的，静止是相对的，事物是绝对的运动和相对静止的统一。同时，运动的事物有一个从诞生，到成长，再到消亡的过程。企业从生产资料的购进到产品的销售，以及企业与其外部环境的必不可少的关系都时刻和运动联系在一起。同时，企业也有自己的生命周期，有它自身的诞生、成长、成熟到消亡的过程。把企业看作是运动的观点对企业的发展有着重要的作用。企业的管理者必须学会动态地进行经营管理活动，立足于变化、发展、创新；要把企业当作一个动态的系统，不断地按市场的要求来调整和改变自己，进而改变自己所处的环境。

1. 企业内部矛盾统一的斗争

我们知道，企业是一个不断运动着的、变化与发展的整体。企业的内部的运行包含着自己的对立面，形成对立统一，企业成长的内在需求、员工的利益要求、企业价值的实现等，推动着企业要不断创新发展。在企业的外部，它又和周围的事物发生复杂的联系，即和它所依存的那个外部世界发生

---

① 钱学成，全林．管理哲学［M］．上海：上海交通大学出版社，2009：219.

纵横交错的联系，企业要依存于市场，要依存于行业环境和经济政策，要受制于产业链的发展情况等。这种外部的联系对企业的存在和发展也有重要的影响，但这种影响都要以内部矛盾为基础，要通过内部的矛盾而起作用。企业的内部矛盾是企业前进与发展的动力与源泉。有学者指出，“每一个企业在其发展的自始至终也存在着各种矛盾，如从建立之初的各种条件的具备，到建成后的投产、计划、工艺、生产流程、产品销售、经济效益到发展后的扩大市场、开发新产品，甚至到被淘汰时的转产、合并无不是矛盾的对立与统一，它们共同构成了企业管理矛盾关系和运动的生动、复杂的局面。”①因此，一个企业发展的好坏，最终取决于企业自身的矛盾是否得到有效的解决，我们应该把企业的发展看作是企业内部自身运动以及与外部环境有效作用的结果。在强调一般情况下企业内部条件是企业发展的决定性因素的同时，我们必须承认，企业外部条件在企业运动和发展中有着积极或消极的作用，在特定条件下甚至是关键作用。因此，我们的企业的管理者在关注企业内部条件发展的同时，也要密切关注企业外部环境的发展和变化，正确处理企业发展中的内部和外部条件之间的关系，促进企业的健康发展。

2. 企业绝对运动和相对静止

企业运动是企业的根本属性。企业及其所依存的整个外部世界都处在不断变化和发展的过程中，这种运动是客观存在的，它是不以人的主观意志为转移的。作为企业主体的人的思维和活动也是不断发展变化的，企业的生产经营活动也是一种动态的过程。企业运动的绝对性是由企业的需要推动的，是企业对自身利益需要的获得，是一个持久的过程。因此，“经济效益就成为推动管理运动的综合性的强大物质动力。”②认识到企业的绝对运动，有利于管理者建立动态的思维方式，时刻关注企业自身的矛盾运动，用发展的眼光看问题，有利于管理者把握企业发展的方向，而不是用静止的观点看问题。

可以认为，企业的绝对运动并不能否认企业运动中的相对静止。企业是多种要素的集合体，也具有相对静止的特性。企业的发展目标、经营战略、

---

① 王德清，幺加利．管理哲学［M］．重庆：重庆大学出版社，2004：288.

② 王德清，幺加利．管理哲学［M］．重庆：重庆大学出版社，2004：288.

组织结构、管理制度，以及运营流程、工艺技术等，一经确定，在一段时期内需要固化下来，成为人们行为的基本规范和依据。企业的某些生产要素在一定场合下不具有某一种特定的运动形式。如企业的固定资产、业务关系及其管理阶层，这些都具有相对的静止性。认识到这些相对静止有重要的意义。如认识到市场的需求在一定时期的相对稳定性，才能有针对性地进行产品开发，生产出满足人们需要的产品。如果没有暂时的静止性和稳定性，企业的生产经营活动就难以有效组织，那么企业的一切管理都无从谈起。

3. 企业发展与生命周期

企业的发展是运动的有机体，企业的运动也有一个从诞生、成长、壮大、衰退甚至是消亡的过程，概括来说也可以分为以下的四个时期：创业期、成长期、成熟期和衰退期。在企业生命周期的不同阶段，企业在管理、技术、市场、品牌、销售、利润等方面表现出不同的特征，从而对企业管理提出不同的要求。针对企业发展不同时期的特点，企业的管理者就需要采取不同的经营与管理的策略，从而使企业的各项决策更具前瞻性、目标性和可操作性。可以说，“这里的一定条件，主要是指那些使管理的状态与目标发生现实相互作用的各种因素，主要是人力、物力、财力、信息、时间、空间等。”①如企业在成长期的特征主要表现为：第一，产品进入市场并得到消费者的认可，生产和销售均呈现上升势头，产量提高导致生产成本下降，而市场对产品或服务的认可又能够促进销售，从而形成良性循环；第二，企业管理逐渐系统化，随着企业规模的扩大和人员的增加，各个部门之间的分工越来越明确，企业进入到发展的稳定期；第三，企业加强对技术创新的投入，研究开发和技术创新能力不断增强，从而能够为市场提供较为新的产品；第四，企业的产品和服务形成系列，并逐渐形成品牌，塑造企业在市场中的良好形象；第五，企业的声誉和品牌价值得到提升等，消费者进一步认知企业的发展目标和文化理念。在这一时期，企业的核心任务是根据市场开发情况，尽快确定相对成熟的市场营销模式，建立合理的营销体系，以便适应不断扩张的市场规模和生产规模的需要，提高员工队伍的整体素质，进一步改进和完善企业管理，形成与这一时期发展相适应的管理体制与管理模式。企

① 王德清，幺加利．管理哲学［M］．重庆：重庆大学出版社，2004：296.

业还应围绕市场需求的变化，考虑企业系列产品的开发或进行新产品开发，并根据企业发展的实际情况，及时调整企业的经营战略，最后及时募集营运资本，为企业扩大规模准备充足的资金等。

同时，在企业生命周期的不同阶段，企业选择的战略模式也有所区别。根据企业所处的发展时期及发展态势的不同，我们可将企业的总体战略划分为如下三种：发展型、稳定型和紧缩型三种。发展型战略或者进攻型战略，此战略是指使企业在现有的发展水平的基础上，通过全面分析自身发展的客观条件，而向更高一级的目标发展，该战略适宜选择在企业生命周期变化阶段的成长期和成熟前期运用；稳定型战略是指该战略能使企业在战略期内所期望达到的经营状况基本保持在战略起点的范围和水平，并根据企业的战略实现程度而做出调整，该战略宜选择在企业生命周期变化阶段的平稳期实施，或者企业目前的战略模式运行没有明显的问题，不需要进行调整；紧缩型或者是退却型战略，是指企业从现有的战略基础水平往后收缩和撤退的战略，该战略适宜于选择在企业生命周期变化阶段的衰退期或低潮期。

（二）企业发展矛盾与管理方法

我们知道，任何事物的存在都是矛盾的存在，没有矛盾的事物是不存在的。矛盾是指事物之间包含的两个方面，这两个方面既相互对立、相互排斥，又相互联系、相互依存，反映了事物之间相互作用、相互影响的一种特殊状态。简言之，矛盾就是事物之间内部的对立统一。对立一方面是指矛盾双方在一定条件下相互依存，一方的存在以另一方的存在为前提，双方共处于一个统一体中；另一方面是指，矛盾着的双方，依据一定的条件，各自向相反的方向转化。它们中的一方对另一方的否定，以及在旧矛盾向新矛盾的转化中对旧矛盾的否定，都不是单纯的否定，而是辩证的否定，即否定之中有肯定，肯定之中有否定。管理活动也是一个矛盾的存在，是一个矛盾统一体。分析好和把握好管理的矛盾，有利于提高对管理现象的认识，从而有利于现实提高企业的管理水平。因此，“这就要求在管理活动中，要实事求是地承认矛盾，揭露矛盾，分析矛盾，并采用恰当的方法去解决矛盾。”[1]只有这样，才能够把握好管理活动的主导权。

---

① 王德清，幺加利．管理哲学［M］．重庆：重庆大学出版社，2004：288.

1. 管理矛盾的普遍性和特殊性

管理矛盾的普遍性包括以下两个方面的内容：其一，是管理矛盾普遍存在于一切管理活动的发展过程之中；其二，是管理活动的发展过程中自始至终存在着矛盾，即矛盾无处不在，矛盾无时不有。在现代组织的各项管理活动中，无不存在着各种各样的矛盾，管理中的计划、组织、指挥、协调、控制等每一个环节都充满着矛盾。在我们社会主义的企业中，从产品研发、生产技术的应用、所有制的影响和限制，到管理体制、经营方式方法、市场竞争等各个方面也无不存在着各种矛盾。如企业多种目标之间的矛盾、产量与质量的矛盾、质量与成本的矛盾、严格管理与人性需求之间的矛盾、技术创新与失败的风险之间的矛盾、消费者个性化需求与企业生产方式之间的矛盾，以及人与人、部门与部门、层级之间的矛盾，等等。

管理的矛盾无时不在，无处不在，但各个矛盾又都是具体的，有其特殊性。矛盾的特殊性是指管理矛盾及其发展过程和每一个侧面都各有特点，它规定这一管理矛盾区别于另一管理矛盾特殊本质，是一切管理矛盾的千差万别的内在原因和特殊根据。如企业中的人际关系矛盾、技术发展矛盾、生产组织中的矛盾、市场经营中的矛盾等，引起矛盾的原因以及矛盾的表现形式是不同的，各种矛盾各有其不同的特点。这即是说，我们要在管理活动中进行定量分析与定质分析相结合，"要求管理者在进行定量思维时，不仅要掌握一方面质的量，而且要掌握事物多方面质的量。"[①]认识管理矛盾的特殊性是认识管理的基础，是分析管理矛盾和解决管理矛盾的根本方法。

以此为出发点，要认识管理矛盾，不仅要认识到管理中普遍存在着矛盾，还要认识到管理矛盾的特殊性。只有重视管理中矛盾的客观存在，了解和把握各种矛盾的特点，把管理矛盾的各个方面加以综合分析，才能从总体上把握和处理好在企业发展过程中所出现的各种管理矛盾，不断提高解决管理问题和处理矛盾的艺术和水平。

2. 管理矛盾的同一性和斗争性

管理矛盾的同一性包括以下两个方面：其一，是管理发展过程中的每一种管理矛盾的两个方面，各自以和它对立着的方面为自己的存在的前提，双

① 杨伍栓．管理哲学新论［M］．北京：北京大学出版社，2003：124.

方共处于一个统一体中；其二，是管理矛盾的双方，不仅在一定条件下互相依存，而且在一定条件下相互转化。管理矛盾的双方都以和自己对立着的方面为自己存在的前提。管理矛盾的一方如果没有和它对立的另一方，它自己这一方也失去了存在的条件。同时它们之间又是相互贯通、渗透，相互包含的，因此，它们也能相互转化。企业管理中的各种矛盾如产品质量和数量、企业的盈利和亏损、产品的优质和劣质、竞争的优势和劣势等，都是既彼此依存，又是能相互转化的。

管理矛盾不仅具有同一性，还具有斗争性。管理矛盾的斗争性是指矛盾双方相互排斥、相互作用、相互对立、相互否定的性质。企业管理中，企业的传统与创新、企业竞争中的优胜劣汰、宽松的人性管理和严格的制度管理、对员工的奖励和惩罚、企业策略的积极进取和保守、产品的老化和开发等，都体现出了矛盾的斗争性。

企业管理中矛盾的斗争性是普遍的、绝对的。企业管理矛盾错综复杂，规定了管理矛盾斗争的形式也是多种多样的。不同质的管理矛盾，形成的原因与表现形式各不相同，也具有不同的特点，因此，在实际工作中只有用不同质的方法才能有效解决。用不同的方法去解决不同的管理矛盾，这是管理者必须遵守的一个原则。如企业的人性管理和严格制度管理之间的矛盾，不同的企业以及在同一企业的不同发展阶段就要用不同的方法去解决。这就是说，“只有对具体管理问题做具体分析，坚持从管理矛盾的特殊性出发，才能认识发展中的具体矛盾，用适合于解决具体矛盾的方法来对付那个存在矛盾的管理实体。”[①]在企业的创业的初期，为了促进企业的规范化，就需要用制度化的管理，否则，没有规矩不成方圆；在企业逐步走向正规以后，就应该逐渐利用人性化的管理，充分发挥员工的主观能动性，激发员工的活力。同时，企业的人性管理也是企业管理中的发展方向。如对于产品的先进工艺技术要求与企业员工素质落后的矛盾，就要通过对员工进行专业知识、工艺技术等方面的培训，逐渐转变员工的思想观念，提高员工的整体素质和技术水平来解决。

在管理矛盾斗争的多种多样的形式中，区分对抗性和非对抗性两种基

---

① 王德清，幺加利．管理哲学［M］．重庆：重庆大学出版社，2004：289.

本的斗争形式有着重要的意义。毛泽东曾经指出："善于去观察和分析各种事物的矛盾的运动，并根据这种分析，指出解决矛盾的方法。"[①] 在企业管理中，对抗性的矛盾指企业间的激烈竞争、企业的破产、竞争的失败、重大的安全事故等，这些对抗性的矛盾要通过外部斗争的形式去解决。而非对抗性矛盾即指经营出现困难、技术开发面临瓶颈、管理制度不完善、没有形成一种企业所独有的企业文化，等等，这些非对抗性的矛盾可以通过整改、咨询、自我调节等非对抗性的方法来解决。管理矛盾的对抗性和非对抗性，在一定的条件下有可能向对方转换。原来只是属于非对抗性的矛盾，如果处理不好，就有可能向对抗性矛盾转换，如员工与企业之间的一般矛盾可能因处理不善转化为对抗性矛盾。原来属于对抗性的矛盾，如果处理好了，也有可能向非对抗性矛盾转换，如竞争对手之间也可以通过有效沟通，达成共识，建立起合作共赢的关系。所以，在企业管理中要重视对非对抗性矛盾和对抗性矛盾的分析，抓紧有利时机，采取有针对性的策略，妥善化解各种矛盾，避免矛盾的激化和发展。随着我国改革开放向纵深发展，企业在市场经济条件下所面临的变数与冲突会越来越多，管理者只有时刻注意企业的经营状况，注意企业内部所出现的各种矛盾，特别是要区分企业管理中的非对抗性矛盾和对抗性矛盾，并采取相应的措施，才能及时应对，采取有效的策略和方式主动化解矛盾。

3. 把握矛盾的主要方面和次要方面

在分析管理矛盾的时候，我们还要研究其中的主要矛盾和次要矛盾、矛盾的主要方面和次要方面。这有利于我们在企业管理的过程中灵活运用重点论和两点论处理相关问题。

在企业发展的所有矛盾中，各个矛盾的地位是不相同的，其中，一定有一个矛盾对于管理起着决定的作用，这就是管理的主要矛盾，而其他的矛盾就是管理的次要矛盾。管理的主要矛盾由于处于主导和支配地位，所以，它规定和制约着管理矛盾的存在和发展，决定着管理的性质和方向。在企业发展的过程中，管理的主要矛盾和次要矛盾在一定的条件下是可以转换的。管理的主要矛盾和次要矛盾是随着条件的变化和过程的推移而变化的。唯物辩

① 毛泽东．毛泽东选集（第1卷）[M]．北京：人民出版社，1991：304.

证法认为，“由于矛盾的不平衡性原理，在同一个矛盾的两个方面中，其力量对比也是不平衡的，有矛盾的主要方面和次要方面，主要方面往往决定事物的性质，要求管理者在观察问题和处理问题时不仅要抓住主要矛盾，同时要分清矛盾的主要方面和次要方面，才有利于主要矛盾的解决。”[①]因而，管理者必须分清管理的主要矛盾向次要矛盾转换的情况，以此来确定工作重点的转移。

如东南沿海的一家电子企业，其产品一直都销往国外，但它的产品时而出现质量问题，有的产品甚至没能达到规定的标准，导致国外的退货情况不断发生。企业的管理者经过调查发现，这里面存在着以下各方面的问题：流水线生产设备赶不上世界最先进的水平；直接负责生产的管理者大都只有大专以下的学历；员工的素质比较低；还有就是由于订单较多，使得生产任务加大，管理者用高薪但带强迫的性质要求全体员工加班，每天工作的时间竟达到了 12 小时，等等。企业管理者最初是通过对涉及质量问题的责任人进行严厉的处罚，责任人一律开除。但是，采取了这个措施后，产品的质量却仍然没有改进，企业每月为此支付了大量的赔偿。后来，经过管理专家的深入观察和系统分析，对企业的现状进行了诊断，并得出了以下的结论：其一，该企业的设备和生产技术虽然不是世界最先进水平，但对目前的生产及产品质量没有影响；其二，该外资企业由于不注重人性管理，虽然工资较高，但加班太多，员工们对此都有怨言；其三，由于所接的订单太多，导致整个企业的工作人员都很紧张，每月的生产任务已远远超出了该企业的承载能力；其四，该企业的中层管理人员尽管学历普遍不高，但都是在此企业干过十年以上的老员工，经验都很丰富。通过专家的分析，企业的高层管理者最终认定，这里的主要矛盾还是所接的订单已经远远超过了企业所能承受的能力，导致各方面因为要完成高额的生产数量而难以保证产品质量。由此，企业果断采取措施，推掉了很多无法完成的订单，减少了员工的生产任务，着重加强和完善质量管理，提高产品合格率。这样，经过一系列的调整和改进，一直存在的质量问题最终得到解决。由于该企业抓住了产能不足这个主要矛盾并进行了妥善处理，其他的次要矛盾也就迎刃而解了。

---

① 杨伍栓．管理哲学新论［M］．北京：北京大学出版社，2003：97.

管理矛盾统一体内部对立的两个方面的地位和作用是不一样的，其中必有一方面是主要的，另一方面是次要的。管理矛盾的主要方面是决定性质的方面，是处于支配地位的方面，起着主导的作用；而管理矛盾的次要方面则是指处于被支配地位的方面。企业的性质主要是由于矛盾的主要方面所决定的。管理矛盾的主要方面和次要方面在一定的条件下可以相互转换。在管理工作中，管理者应该注意分清管理活动中的主要矛盾和次要矛盾，以及管理活动中矛盾的主要方面和次要方面，坚持“两点论”和“重点论”，而不要搞“一点论”和“均衡论”。所以，有些学者强调，“两点论和重点论相统一的思维方法是管理者处理复杂事物各种矛盾必须坚持的有效的思维方法。”①

我们知道，管理中组织的层级结构通过责权利的分配来协调组织活动，最后实现组织的目标。但组织中权力、报酬、信息、地位等的不对称，往往使人们在认识、了解及处理方式上产生差异。由于组织结构、目标、任务及利益等的复杂性，在任何组织中都不可避免地存在着各种各样的冲突，并对组织的发展产生着直接或间接的影响。对于组织中的冲突，坚持用矛盾的观点去分析，研究可能产生哪些冲突、冲突产生的原因、冲突的性质、对组织的影响等，采取有效地进行管理和化解，是管理者的重要职责之一。在企业中，冲突是指组织内部成员之间、不同部门之间、个人与组织之间由于在工作方式、利益、性格、文化价值观等方面的不一致导致彼此相抵触、争执，甚至攻击等行为。

在组织情境中，引起冲突的起因或来源是多方面的，主要表现在：组织中不同的个人或部门的目标、利益互不兼容、相互干扰时，就会引起冲突；个体之间的差异化，如价值观、文化背景不同，性格、岗位、地位差异等；完成团队的任务时存在相互协作与资源共享，使团队成员之间可能出现依赖性；资源匮乏，不足以满足所有任务需要；组织的沟通渠道不畅通，沟通方式不当，或者缺乏沟通能力、机会等；信息不充分，没收到信息、信息模糊、错误解释信息等；职责不明、权责不对等；内部竞争等。因此，“为了使组织成为更有效的管理手段，使之有效实现管理目的，组织的设置、组织

① 杨伍栓．管理哲学新论［M］．北京：北京大学出版社，2003：97.

的控制和组织的调整，又成了管理者的基本任务，从而组织形成了管理的对象。”[①]但是，组织冲突是不可避免的，然而冲突对组织会造成两种截然不同的结果：建设性影响和破坏性影响。建设性影响是指组织成员从组织利益角度出发，对组织中存在的不合理之处提出意见等，这有利于促进组织内部的交流，促进良性竞争。破坏性影响是指由于大家在认识上的不一致、组织资源和利益分配方面的矛盾，导致员工发生相互抵触、争执甚至攻击等行为，从而使组织效率下降，组织环境恶化，导致组织的凝聚力下降，资源浪费和破坏，妨碍组织任务的顺利完成，并最终影响到组织的发展。

因此，在面对冲突时，我们首先要对冲突的性质进行认定，以此确定我们的态度和策略。从性质上区分管理冲突是必要的，我们可以把管理冲突视为属于积极类型的或是消极类型的，这一区分不仅具有重要的理论价值，而且还具有重要的现实意义。企业的管理者需要对管理冲突进行性质上的判断，真正理解其冲突的根源所在，只有这样才能够采取有效的行动来化解冲突。然而，对积极性质的管理冲突，要主动引导，给以充分展开和有效利用，从而达到调适冲突、推动企业发展的目的。从企业发展的角度看，管理者要善于鼓励有益的冲突。但是，在现实当中，有的企业内部人与人之间的关系过于融洽、和平、安宁、稳定，这在一定程度上容易使企业对变革和创新的需要表现得较为静止、冷漠和迟钝，反而不利于企业的创新发展。对于这些企业而言，一定水平的有益的冲突，能够调动员工的主动精神，使大家善于自我批评和不断创新，进而使组织保持旺盛的活力和生命力。

从以上分析来看，组织冲突是一把双刃剑。但冲突在所难免，冲突必不可少，这就要求组织必须加强冲突管理。首先，要在组织中营造鼓励创新、鼓励良性竞争的环境，激发员工与组织的活力。其次，要创造一种民主的组织气氛，使成员敢于面对问题，敢于发表不同意见。第三，要保持组织信息渠道的完整性和畅通性，及时交流思想，避免信息阻塞，提高沟通效果。第四，采取有效策略和措施，把消极冲突控制在一定的范围之内。第五，要避免和改正组织中压制民主、束缚成员创新的机械式的规章制度，以保持组织旺盛的活力和创造力。

---

① 钱学成，全林．管理哲学［M］．上海：上海交通大学出版社，2009：165.

（三）企业系统与管理方法

一般而言，系统指的是一个整体结构中相互联系、相互作用着的若干要素的集合，这种集合按一定方式组成的统一整体，形成了一个有机统一的体系。事物都是作为系统而存在的，整个世界及其各种事物无不处于系统的联系之中。系统具有整体性、结构性、层次性、目的性与开放性的特征。系统方法就是从系统观点出发，从系统和要素、系统和环境、要素与要素之间的相互联系及相互作用中认识事物、改造事物的方法。系统方法具有自己的一般方法论原则，如果从哲学方法的角度看，主要有整体性原则、相互联系原则、有序性原则、动态性原则和最优化原则。客观事物都是作为系统而存在的，系统具有普遍性。系统方法是辨证方法的重要组成部分，是人们认识事物的重要方法。把系统方法作为一般辨证方法的具体形态，反映了现代科学成果对马克思主义哲学发展的重大影响，也体现了辨证方法论的时代精神。①

因此，系统论从系统与要素、整体与部分等双面联系出发来揭示世界的普遍联系和发展。系统分析方法强调在“两点论”的基础上，对事物进行多维的认识，研究事物的多种关系对事物的影响。由于它研究的是系统与环境以及系统内部各要素之间的相互作用，因而具体揭示了客体变化的内在机制，为人们全面、具体地认识客体提供了有效的方法。管理也是一个系统的存在，是一个特殊的系统。因此，我们在管理的过程中，就可以利用系统论的方法来认识和处理管理问题，从而提高企业的管理效率。

1. 系统整体性与管理有序性

我们知道，企业是一个由特定的社会组织系统构成的整体，是一个结构性的整体，企业的整体目标就是把最优化的管理活动列为自己的奋斗方向。要对企业进行科学有效的管理，就必须具有系统整体的思维，注意企业的整体性，讲究经济效益而且是整体效益。从这方面来说，企业的整体效益主要体现在充分利用各种人才、物资、设备、环境、信息等资源的投入，以便使得人和人、人和物、物和物等各种资源的最佳组合效应，并产生巨大的综合效益。在管理中，要强调局部服从整体，正确处理好局部和整体的关系、部门利益与企业整体利益的关系、具体目标和企业总目标之间的关系等。同

---

① 郑凤．马克思主义哲学方法论［M］．厦门：厦门大学出版社，2007：117—121.

时，也要密切关注局部对整体的影响，注意各要素之间的协调与配合情况，及时处理好各种具体问题，通过局部优化最终实现整体优化。因为，“管理系统是由许多不同质的内容构成的复杂大系统。管理系统内部特定质的内容要素相互影响、相互作用、相互制约，构成特定的管理结构。”①其中，主要的是以企业人流、物流、信息流为导向，以现代信息技术为基础，以流程再造为手段，不断改进和优化各项流程，实现系统管理的整体优化。体现在人事的管理上，必须以企业发展战略为指导，加强人力资源规划，在引进、培训、使用、稳定、激励人才及管理上采取相应的措施，使企业内部形成优胜劣汰、良性循环的人员流动机制；体现在物流的管理上，则主要体现在产品设计、物资管理、工序管理、产品加工管理、质量管理、产成品管理等方面，对每一道程序、每一个环节，都要根据各自企业的特点，具体问题具体分析，制订出相应的管理措施，设计出优化的生产流程，不断提高企业的生产效率和效益；在信息流的管理上，做好信息系统建设的整体规划与合理布局，抓好信息的及时收集、整理、快速处理、反馈、准确统计分析等环节，坚持信息收集的真实性、简洁性、及时性、系统性，建立信息收集、处理、分配、反馈中心，制订科学的信息管理程序，对各种信息按紧急程度、决策权限、信息价值等划分等级，规定相应的管理办法，最大限度地发挥各种信息的价值，提高管理决策的速度和质量，增强企业对环境变化的快速决策与反应能力。

在企业管理的过程中，无论是管理者或是被管理者，都应该树立系统整体的思维，用系统的观念看待自己的岗位和职能、处理各项事务。每一个企业都是一个有机整体，而现代高度的分工的职能体系使企业的每一个部门都需要与其他部门进行充分的交流与协作，在完成工作的过程中，会大量涉及跨部门的事务。企业组织功能的发挥，在于人流、物流和信息流等的畅通，跨部门间的有效沟通与协作不仅是企业生存和发展的基础，而且是企业提高工作效率的关键。随着企业规模的扩大，市场业务的拓展，企业内部设立的职能部门和业务部门越来越多，职责分工越来越细化，跨部门间的有效沟通就显得更加重要。然而，在实际运行中，受多种因素的制约，跨部门之

---

① 钱学成，全林．管理哲学［M］．上海：上海交通大学出版社，2009：161.

间的沟通与协调却越来越难以进行，如企业的研发设计、生产加工、采购、销售、财务等部门之间以及与客户之间的矛盾与冲突时有发生，存在部门之间相互推诿、相互指责、互不配合甚至相互刁难等现象，常常影响公司整体的运作效率，令很多企业的领导者苦恼不已。因此，在企业中，使部门与部门之间保持有效的沟通与协作，已成为越来越多的企业大力倡导的一种管理理念。

在企业内部存在几堵有形和无形的“墙”，或曰“部门墙”，制约和阻碍着内部沟通的效果。一是“有形之墙”，即客观存在的空间上的地理与物理的区隔、职能分工、各自为政等；二是“无形之墙”，即各部门与其管理者的唯我独尊、自以为是、懒于沟通、被动沟通、形成或保护自己的势力范围等；三是“个性之墙”，即管理者个人的性格、地位、价值观、固执与偏见等，对沟通方式和效果造成不良的影响。这些问题的出现不是偶然的，主要原因在于，第一，部门的本位主义思想较为严重，过于考虑部门的职能和利益，甚至把部门利益置于企业整体利益之上；第二，企业内部的运营流程、运行机制不健全，业务在部门、岗位之间的衔接不流畅，存在盲点；第三，信息交流与沟通体系不完善，缺乏有效的沟通氛围，没有合理的跨部门的沟通机制，出现信息交流的障碍；第四，存在有个性的人；第五，没有形成鼓励沟通、勇于承担的企业文化。

企业要健康发展，就必须打破部门墙，形成良好的沟通环境，促进跨部门的沟通与协作，通过运行效率。按照福利特的说法，“使人们接受和实施集体责任，应该从人们接受和实施团体责任即部门组织的责任开始，因为部门组织形式是统一企业的最有效方法，通过部门责任，能够进一步上升到企业集体的责任。”① 在具体措施上，企业可以考虑从完善机制，采取科学方法等方面入手。明确共同的目标和愿景，用目标企业的各个部分凝聚起来；调整和改善组织结构，使职责明晰，衔接顺畅；加强团队建设，围绕特定业务需求，建立跨部门的业务团队，追求对市场的反应能力；梳理和优化工作流程，建立和完善跨部门的工作流程，明确流程中各任务主体的责任与要求，增强员工的责任心；调整办公区域设置，建设开放式办公模式，便于各

① ［美］福利特．福利特论管理［M］．吴晓波等，译．北京：机械工业出版社，2013：7—11.

部门之间的沟通；通过有效的会议进行协调；建立和完善企业的信息系统，充分利用现代信息技术手段和沟通工具，保证信息交流、沟通的及时性、准确性；加强企业文化建设，构建开发、沟通、协作的企业文化。只要企业的各部门、各岗位在工作中能够做到用心、主动、尊重、换位思考、必要的妥协，具有合作与协调的意识，有效履行各自的责任，就能打破部门墙，形成良好的沟通协作环境，推动组织的整体发展，从而也就保证了在实现整体目标的同时，更好地实现了各环节的利益。

2. 系统结构性与管理层次性

在企业中，系统是由不同要素构成的，各要素在系统中的地位和作用也是不一样的，它们按照一定的规则有机结合在一起，从而形成了系统的结构性和层次性。管理系统具有整体性和结构性的特点，这也决定了管理系统的层次性。组织管理的内部系统不是各个部分的简单组合，而是各个部分有机联系构成的系统整体。企业所实行的科学管理，本质上要求需要从企业结构的系统各个组成部分的有机联系上去把握企业活动系统的层次结构关联性，使组织内部各个部分都能按系统的整体要求合理运转，充分发挥各自的作用和功能。为了提高管理效率，企业应结合实际情况，根据工作需要，在相关环节大胆放手，进行授权管理，实现职、权、责、利的有机统一，充分调动各个层次的积极性和主动性，这样才能使系统获得有效的管理并正常运转。要及时审视企业的运行情况，调整和完善组织结构，理顺企业的管理体制，对不合理的结构要素要进行修改，明确企业管理中各个子系统的定位，使其有效发挥各自的职责和作用。谢尔登指出，“管理者有义务最大限度开发工人个体的潜能或才能，应该根据每个工人的脾气性格安排工作，按照职业能力表现提升工人，为他们提供最好的工作环境和充分个性能力发挥的空间。”[①] 为了保证指令的统一，管理者必须明确各自的管理权限，正确行使自己的权力，遵循统一指挥的原则，不能越级管理、越级指挥，避免出现多头领导，引起管理混乱。可以看到，系统的结构和管理是有层次的，不同层次的系统均有自己的特定功能，它们应该各司其职，各负其责，密切配合，而不能相互干扰，相互取代。每一个层次功能的有效发挥和任务的顺利完

---

① 刘敬鲁 . 西方管理哲学［M］. 北京：人民出版社，2010：131.

成，才能保证整体目标的实现。同时，在管理中，要遵循系统管理的基本原则和要求，上一层次只负责其直管层次的事务，其他层级的事务应由直接主管去解决。如果管理中出现的任何层次上的混乱，必将损害整个系统的管理效能。

在现代组织管理中，为了建立科学合理的组织结构和高效的运行机制，体现组织系统整体性的要求，提高组织的运行效率，特别强调组织设计。组织设计的任务就是设计科学合理、职责明确、关系清晰、层次分明、运转灵活的组织结构以及组织的运行机制，系统规划和设计组织中各部门的职能和职权，有效集聚和整合组织的资源要素，协调好组织中各要素之间的关系，使员工和部门明确自己的责任和权力，从而创构出柔性灵活的组织结构体系，推动各项工作的顺利开展，动态反映内外环境变化的要求，保证组织目标的实现。尽管随着规模的不断扩大，现代企业的组织结构日益复杂，类型演化越来越多，但从总体来看，任何一个组织的结构都存在三个相互联系的问题，即部门如何设立，管理层次如何划分，职权如何划分等。由于组织内外环境的变化影响着这三个相互关联的问题，使得组织结构的形式始终围绕这三个基本问题发展变化，也是每一个企业在进行组织设计时必须处理和解决好的问题。

3. 系统开放性与管理时效性

企业是整个社会系统的有机组成部分，与外部环境存在着输入与输出的关系。所以，在企业管理的过程中，不仅要考虑本系统内部各层次结构的关联性，还需要注意系统本身和外部环境的关联性，处理好企业系统与外部环境之间的关系。若仅从系统本身的内部关联着眼而忽视与大环境的动态相关，往往会影响企业内部系统的正常运转。企业管理应该是开放的，企业时刻都与外界环境进行着物质、能量、信息的交换，进行新陈代谢。因此，企业只有向社会开放，根据市场需求以及企业自身生产经营活动的需要，有效进行物质、能量、知识、信息等的交换，才能更好地生存，为消费者、为社会创造更高的价值。

管理系统的内部诸要素之间的联系，使它具有整体性、结构性与层次性，管理系统的外部联系，使外部环境成为管理系统生存和发展的必要条件，从而使管理系统具有了开放性。这里说的开放性指的是管理内部系统与周围环境也即其他系统的有机联系。可以肯定地讲，管理环境与管理系统有机统一，并相互作用，可以说，“管理环境与管理系统存在着相互影响、相互作用、相互制约的关系。”①企业依赖于客观环境而存在，企业运行所需的原材料、能源、人才、信息、资金等各种资源来自于外部环境。环境对企业生存发展具有较强的制约性，有的环境因素甚至具有决定性的影响，如国家对一些相关的法律法规、政策等进行的调整，可能对企业今后的经营方向、业务领域等造成重大影响。这就要求企业增强对环境变化的敏感性，时刻关注和监测环境的发展动向，发现环境中对企业有利的因素和机会而加以利用，对出现的不利因素要及时采取措施进行应对和化解。

三、管理方法论的思维方式

我们知道，所谓思维方式，是指人通过自己的思维在获取、加工、输出信息的认识过程中对于外界事物的一种相对定型化的思维程序、思维方法和思维模式。思维方式是人们思考问题的根本方法，是看待事物的角度和方式，它对人的思考、心态、言行等都产生着规范性、指导性、调节性的作用。一般来说，人的思维方式有三个层次。第一个层次是经验方式，是依据传统、惯例，或依据经验而得出的逻辑、数据的思维模式，是把握具体事物的可重复性、可交流性和可证实性的思维方式，如人们依靠自身的经验去认识和处理问题；第二个层次是艺术的思维方式，是依据想象、情感、体验的思维方式，是显示人的心灵、张扬人的激情的思维方式；第三个层次即逻辑的思维方式。

一种真正代表时代精神精华的哲学理论，它所具有的这种方法论的意义，就意味着人们能够从那里获得一种用以思考、观察一切问题的新的思维方式和思维逻辑。就管理的基本思维方式来说，它主要包括以下几种形式，即实践思维方式和本体论的思维方式、经验的思维方式和逻辑的思维方式、单一性思维与多样性思维、静态思维与动态思维。逻辑思维又包括形式逻辑和辩证逻辑。其中，实践思维方式和本体论思维方式是最基本的思维方式，后面几种思维方式是由这两种思维方式发展演化而来的。辩证思维方式是由

---

① 钱学成，全林．管理哲学［M］．上海：上海交通大学出版社，2009：166.

实践思维方式发展而来的，或者是实践思维方式的另一种表现，而形式逻辑的思维方式、多样性的思维方式、动态的思维方式等都从不同的方向和角度表现了辩证逻辑；而经验的思维方式、单一的思维方式、静态的思维方式则都是本体论思维方式的具体体现。

（一）实践论思维方式与本体论思维方式

马克思主义的实践观首先是通过其实践的思维方式表现出来，实践的思维方式是马克思主义的解释原则和看待一切问题所使用的思维逻辑的根本基础和首要前提。同时，马克思主义的实践观点是对传统抽象的主体概念的否定和解构，它超越了传统哲学主体与客体的二元对立，实现了主客体同一。因为，“实践思维既强调自然世界、客体相对于人化世界、主体的本原、基础作用，又强调人、主体对于自然世界、客体的能动作用。”①实践观点的思维方式是马克思的哲学革命的实质，以实践这一本体的中介为基础，超越了传统唯物论与唯心论两极对立的思维模式。实践观点的思维方式其最根本之处就在于对人的本质进行了重新地理解，把实践看作人的存在方式，从而实现了从抽象的人、虚幻的人到具体的、现实的人的转换。②马克思坚持实践的思维方式，根本上是从人的实践活动出发，看到了实践对于人与对象之间关系的本质联系，通过对人的实践活动的定位，形成了实践的思维方式。

本体论的思维方式（又称形而上学的思维方式）和实践论的思维方式具有本质上的不同。从古希腊柏拉图以来的哲学家们，都认为在纷繁万物的现象背后有一个本原的东西，它是一个超验的、非感性的、永恒的存在，而这个超验与永恒的存在，就是这纷繁复杂万物的最终根源。哲学家们的最终使命就是寻找这种本原，因而“所产生的作为人的自我意识的哲学，当然就会相信外在的权威的力量掌握着命运，先在的本质规定这一切存在，要理解事物的存在状态，首先就得认识决定它的那个先在的本质。”③就以上分析表明，本体论思维方式是自古希腊开始直到近代以来的哲学，这种哲学学说以追求世界的本源为目标，对世界永恒真理的追求和绝对真理的获得为途径，进而形成了本体论的思维方式。但是，这种本体论的思维方式并没有真正获

① 王干才．实践思维［M］．北京：中央编译出版社，2007：56.

② 马克思，恩格斯．马克思恩格斯文集（第1卷）［M］．北京：人民出版社，2009：499—503.

③ 高清海．哲学思维方式的历史性转换［J］．开放时代，1995（6）.

得对世界本质的认识，因为这种哲学思维方式是以抽象的逻辑进行对世界本源的追溯的，体现出自身的抽象性。

实践的思维方式和形而上学的思维方式具有以下的不同点。首先，本体论的思维方式持外因论，从外部认识万事万物，也即为人与自然界的存在寻找永恒的、不变的根据和理由；而实践的思维方式是持内因论，即从人的实践活动自身的内部出发认识对象，为人与自然界的自我相互生成与发展提供一种解释的原则或方式。其次，本体论的思维方式其结果是静止地看问题，把人看成了一种已然形成的、无时间性的物；而实践的思维方式则从动态的、发展的观点看问题，看到了人与自然界之间的真正关系，看到了它们之间的相互生成。因而，这种实践思维方式把人看成为一种历史的、时间性的存在，看成是一种尚未完成的、不断生成的、朝向未来的存在。马克思通过对传统本体论致思方式的批判，创立了实践思维方式。马克思以实践为中介，解决了二元对立与主客二分的问题，找到了人和自然界共同存在的根源——人类的实践活动。①

可以说，实践思维方式和本体论的思维方式是两种根本对立的思维方式，同时也是管理中两种根本对立的思维方式。在管理中，我们就要自觉地运用实践的思维方式，发挥本体论的思维方式对管理有用的一面，贬斥其有弊的一面。就企业经营管理活动而言，其本身就是一种复杂的实践活动，受制于环境的影响。随着企业内部与外部环境的变化，企业必须及时转换经营思路，调整经营行为，与经营环境的要求相适应。实践论思维方式和本体论思维方式这两种思维方式是哲学的思维方式，是具体思维方式的总结和提高。体现在管理中，经验的思维方式、单一性的思维方式、静态的思维方式等管理的思维方式都是本体论思维方式的表现；而逻辑思维、多样性思维、动态思维等管理的思维方式则都是实践思维方式的表现。

（二）经验思维方式与逻辑思维方式

一般认为，经验思维，就是以人们以前所经历过的类似事件作为自己在后来的活动中的评价标准和前提，也即运用经验而进行的思维活动。经验生活，包括人们生活的亲身感受、直接的实践结果等直接经验，也包括通过其

---

① 高清海．哲学思维方式的历史性转换［J］．开放时代，1995（6）．

他媒介所获得的间接经验，如通过学习获得的经验、与其他人交流获得的经验、通过观察获得的经验等。经验思维方式是人们大量和普遍使用的一种思维方式，但它既有科学的因素，又有非科学的因素，如比较经典的“守株待兔”的寓言故事。逻辑思维又可以分为形式逻辑和辩证逻辑。形式逻辑是初级的逻辑思维方式，它所讲的同一律、排中律、矛盾律和概念、判断、推理的各种规则和形式，在管理的思维活动中都是必须遵守的。辩证逻辑是高级的思维方式，它形式多样，必须根据思维的客体对象的特性和矛盾运动形式进行具体分析，不能一概而论。

逻辑思维方式是建立在经验思维基础上的较为高级的一种思维类型。它以揭示和把握事物的内在本质及其一般规律为根本的任务，通过一套具有系统的、特定的逻辑程序来进行思维活动；它抽去了事物的具体内容和细节，而用概念、判断、推理等去抽象出其中的共同的特征、本质、规律等。所以，逻辑思维又叫抽象思维。形式逻辑侧重于按照形式上的结构对各种概念、判断和推理进行形式化的处理。辩证逻辑则从内容和形式的统一中研究思维；形式逻辑及其符号化、形式化的作用，是有其客观内容和客观依据的，这就是客观事物的相对静止以及不同事物之间的确定界限。辩证逻辑超出了形式逻辑的范围，它不仅反映事物之间的相互区别，而且反映事物之间的相互联系；不仅反映事物的相对静止，而且反映事物的绝对运动；它承认事物自身的同一性，同时又确认这种同一性存在于差异和对立之中。形式逻辑和辩证逻辑之间的关系说明，管理主体在进行管理的过程中，必须把逻辑思维方式中的形式逻辑和辩证逻辑结合起来。我们知道，逻辑思维的基本方法主要有归纳和演绎、分析和综合、从抽象上升到具体、逻辑的和历史的一致等方法。其中归纳和演绎、分析和综合是形式逻辑与辩证逻辑所共有的方法，而从抽象上升到具体、逻辑的和历史的一致则是辩证思维所特有的方法。

1. 经验思维方式的作用和局限

从思维的特性来看，经验思维具有直接可行性的特点。管理者在管理实践中观察到的某种现象造成了某种后果，对此，管理者经过反思和认真分析，弄清楚了它们之间的因果关系，形成了对该问题和现象的经验。当下一次碰到这种现象时，就会在管理者的头脑里直接呈现出其后果，并因此而提出管理对策，按照以往的成功经验处理现实的问题，进行有效的管理活动。

经验思维方式在具体运用中也会用比较、类比、分类等思维方式，也可能会利用分析、归纳、演绎等思维方式，但利用这些思维方式时基本上是处于模糊的状态或者是下意识的状态。如，当管理者在管理中碰到问题时，就会在头脑中回忆类似的经验，并通过比较或类比，寻找出此问题和彼问题之间具体联系与区别，并参照彼此问题的解决方法去解决此问题。再如，有丰富经验的管理者通过比较和类比发现，有些类似的问题可以通过这种方法去解决，而另一些类似的问题可以通过另外一种方法去解决，这其实就是运用了类比、分析与归纳的思维方式。最后，管理者由于具备了丰富的经验，在碰到棘手的或者以前并没有碰到的问题时，也可能利用类似于演绎的思维方式，在一般中寻找个别，找出解决的办法来。

一般来讲，经验思维方式对于管理具有重要的作用。第一，经验思维是管理的基础。对于任何企业或公司的管理，经验思维是基础。没有经验思维方式，我们最初的管理活动就无从展开。经验思维方式虽然主要是对感性材料进行加工的思维工具和把握事物现象及外部联系与个别特征的思维方式，但却是达到逻辑思维层次的基础，是对事物本质及其规律认识不可缺少的思维武器。运用经验思维方式进行的管理活动所得到的成功或失败的经验和教训，是对企业进行成功管理所不可缺少的必要条件。因为，“它是从经验事实中抽象概括出普遍特征的基本认识方法；它可以使我们从个别事实的考察中看到真理的端倪，推出假说和猜想。”[①]管理思想和管理理论来源于管理实践，管理者在管理实践过程中不断探索新方法，积累管理经验，促进了管理活动从实践到理论的升华。从管理实践来看，企业管理中诸如计划、组织、领导和控制等这一系列的过程，都是通过经验思维方式所得来的。没有经验思维方式这个基础，科学的管理就成了无源之水、无本之木。所以说，对于一个企业或一个组织，选择有经验的管理者和员工是非常重要的，可以帮助企业快速推进各项工作，避免出现经验性的失误。

第二，经验思维方式可以提高管理的效率，降低管理成本。经验对于各级管理者具有重要的作用。管理者在长期管理实践中的经验积累，可以增强

---

① 钱学成，全林．管理哲学［M］．上海：上海交通大学出版社，2009：252.

其敏感性，甚至形成一种本能，当发生类似问题或者出现问题的征兆时，能快速做出反应，及时进行处理，避免问题扩大或者防患于未然。管理者对某些管理活动和过程的特点、程序、关键节点熟悉后，就会形成具有习惯性的连续性的经验思维，由经验思维支配管理者，用经验去对比、分析、判断周围的事物，在出现问题的征兆时，会迅速而敏捷地做出反应，进行相应的管理活动。按照培根的说法，经验思维“把这种材料加以改变和消化而保存在理智中的。因此，从这两种能力之间，即实验和理性的能力之间的更密切和更纯粹的结合，我们是可以希望得到很多的东西的。”①从这一方面看，任何管理模式或思维模式都要通过人去实行，有经验的人更容易理解和使用这些模式推进工作的开展，从而有效降低经营管理的成本。一个有经验的管理者对于企业的发展具有重要的作用，他可以通过复制或者模拟以前的经验，并有效识别各种风险，避免发展陷阱，选择合理的方向和道路，使一个企业迅速走上正规化、科学化发展的道路，从而减少企业的成长时间，减少成长成本，使企业在激烈的市场竞争中占得先机。如具有其他企业失败的经验教训的员工，对本企业中出现的类似问题就具有一定的敏感和警觉，可以提醒决策者注意这些问题，从而避免企业发展出现失误。

第三，经验思维方式适应小微企业发展的特点，可以在小微企业的管理活动中得到广泛的运用。在我国的企业中，以家庭为单位的小型作坊和规模不大、人数较少的小微企业的数量比较多。由于家庭作坊和小微企业规模较小，管理相对简单，业务流程并不复杂，产品结构单一等特点，经验的思维方式是较为适应它们管理的一种可靠的思维方式。由于经验思维方式具有直接的可行性，管理者掌握了各种管理对象之间某种联系的经验，就能运用经验思维方式总结出管理的方式与方法，在实践中证明这些经验是可行的之后，就能够运用这些经验在基本相同的条件下进行相同的管理活动，从而保证管理的成功。这样既可以增强管理的有效性，又能较好地降低管理成本。

同时，基于经验思维自身的特点，经验思维方式在管理中也具有一些局限性，在应用时要注意避免它的缺点。

第一，经验思维不能解决管理中的深层次问题。运用经验思维方式进

① ［英］培根．新工具［M］．许宝骙，译．北京：商务印书馆，1984：88.

行的思维活动，主要是认识和把握具体事物的现象及其外部联系、个别的特征，还不能洞察到事物的本质及其规律等普遍特征。从严格意义上来说，经验思维还只是感性认识，没有达到理性认识的高度。所以对于管理来说，经验思维只能解决管理中的一些表面问题，维持管理的现状，保持管理活动的稳定，使企业的管理活动能正常进行。但是，对于企业的深层次问题，对于企业所面临的国际国内形式的变化，对于企业自身的定位和规划，对于企业的战略与策略等问题，经验思维方式还缺乏足够的认识，因而不能有效解决这些问题。因为，“这类推理只研究现象而不研究原因，它不能保证在考察的对象中没有例外，结论带有较大的或然性。”[①] 如在企业战略管理上，有的企业经营者缺乏科学理论的指导和深层次的思考，往往凭借过去的成功经验，过度自信，盲目进行企业扩张，进入一些不熟悉的业务领域，最终导致企业经营的失败。

第二，经验思维方式是非统一性的思维方式，不利于企业的可持续发展。经验因人而异，不同的人有不同的感受和体验，这种感受和体验，还是一种未曾规范化的认识。由于每个人的经历、感受和知识的不同，经验思维常常会形成不同的思维习惯、方法和定势，使经验思维的结果呈现出很大的个体差异性。因此，经验思维就是一种没有统一规则和一般模式的思维活动。而企业运行有着自身的规律，企业为了发展，必须使管理程序化和规范化，这一点是经验思维方式所不能做到的。经验思维方式只能在一定的管理水平，在一定的管理条件下对管理具有有效的指导作用，超过一定的范围，或者当管理的环境和对象等发生了很大的变化后，经验的思维方式就很难发生作用了。其缺陷在恩格斯看来，“我们用世界上的一切归纳都永远不能把归纳过程弄清楚。”[②] 如对于企业的生产管理，在目前现有条件下经验可以发挥作用，当技术、设备、产品等发生改变时，过去的经验就受到局限，很难发挥作用。因而，经验思维方式只是适应了中小企业在特定阶段的发展，对于企业的继续发展，对于企业的规范化管理就显得捉襟见肘。因此，我们应从企业长远发展的角度思考问题，既要善于总结和积累经验，又必须善于学

---

① 钱学成，全林．管理哲学［M］．上海：上海交通大学出版社，2009：251.

② 马克思，恩格斯．马克思恩格斯文集（第 9 卷）［M］．北京：人民出版社，2009：492.

习和深度思考，超越经验思维，达到逻辑的思维的境界，用逻辑思维去指导企业的管理实践。

肯定地讲，经验思维对于企业管理的价值是不言而喻的，而从经验思维获取的知识与技能往往以隐性知识的形态存在于企业中，不容易扩散，制约着其价值在更大范围发挥作用。因此，管理者要使经验、技术诀窍等知识在企业中有效发挥作用，就需要加强知识管理，建立知识管理体系。由于科学技术发展的进步突飞猛进、市场日益多元化和全球化、产品周期短期化和竞争的日益加剧，市场环境呈现出前所未有的复杂性和不确定性，因而，创新能力在企业持续发展过程中发挥着日益重要的作用。在企业的所有资源中，知识无疑是提高创新能力的最基础、最重要、最核心的资源。知识管理是指现代企业组织系统有效地利用信息和专门技术的能力，通过这种改善企业组织机构的创新能力、响应能力、生产效率和技能素质，创造企业发展的良好环境。知识管理的出发点是把任何能够作为指导企业发展的知识作为企业最重要的战略资源，把最大限度地掌握和利用知识作为提高企业竞争力的关键。一般认为，知识管理的过程是一个收集、整理知识、传递知识、利用知识、产生新知识的循环过程。知识管理也意味着对各类模糊资源的分配和控制过程进行一种系统的处理，就像企业现在对其资产、原料和其他的物理性资源所进行的控制那样。从目前的实际情况看，不少企业缺乏知识管理的观念与促进机制，在知识型员工的管理、创新管理、企业知识的收集、整理、传播、共享，以及创造新知识等方面，发展较为滞后，制约着企业竞争优势的形成与发展。因此，在新经济时代，建立知识管理体系，促进知识的收集、整理、学习、创造、传播、共享和运用，就成为企业管理活动中面临的一个重要课题。

OECD 曾在一份报告中对知识进行了界定，把知识分为四大类：知道是什么即知事（Know — What，又称事实知识）、知道为什么即知因（Know — Why，又称原理知识）、知道怎样做即知窍（know — How，又称技能知识）、知道谁有知识即知人（know — Who，又称人力知识）。其中，前两类知识即事实知识和原理知识是可表述出来的知识，也即我们一般所说的显性知识，而后两类知识即技能知识和人力知识则难以用文字明确表述，亦即隐性知识。显性知识相对来讲易于管理，而隐性知识则较难管理。对显性知识的管理主要是编码化、数据库化；而对隐性知识的管理则主要是显性化，使其能为更多的人理解、掌握和运营。然而，并不是所有的显性知识都应该进行编码，也不是所有的隐性知识都应该显性化。显然，还应该对显性知识和隐性知识进行分类，结合企业的实际情况进行科学的管理。

一般来讲，隐性知识比显性知识更完善、更能创造价值，隐性知识的挖掘和利用能力，将成为个人和组织成功的关键。① 企业能够通过运用众多方法来创造企业发展的良好环境，这里所言的方法可以是显性知识的，也可以是隐性知识的。一般而言，显现知识是企业管理中比较明确地提出来的知识，而隐性知识则是内含在员工和管理者心中的，并不具有一定的公开性。具体地说，对一个企业而言，它的知识构成大致可以分为以下四种存在形式：（1）企业在发展中物化在机器设备上的知识，即关于技术设备的操作说明等；（2）体现在书本、资料、说明书、报告中的编码外的知识，大部分是指企业的管理制度、管理规章等；（3）存在于员工头脑里的意识观念知识，如员工对企业的认同感，以及对企业发展的看法等；（4）固化在组织制度、管理形式、企业文化中的制度知识，这些知识是企业发展所必不可少的。所以，从知识的构成来看，企业知识管理除了应对企业的信息资源和信息系统进行管理外，还应包括对企业技术创新的管理、企业文化的管理、企业员工知识的管理、企业组织和制度的管理、企业固化知识的管理等。现在很多企业已经注意到对研究与开发的投资，然而对教育与培训的投资却重视不够或不知从何处着手，很多企业已经注意到对新知识、新技术的重视。但对已经固化到企业制度、组织形式、产品或设备上的知识则没有重视，或者不知如何管理。存在于员工头脑中的意会知识是企业最宝贵的财富，包括员工的经验、感受、技术诀窍等，在生产中具有重要作用，但很多内容是以非文字形式存在的或者是难以用文字进行表述的，需要有组织地对其进行收集、加工处理，整理成为显性知识，以便于更好地在企业中进行扩散，使其在更大范围内发挥价值。企业知识管理的要求就是要建立和完善知识管理系统，解决对知识特性分析中所提出的矛盾和问题。企业知识管理的目标就是通过建立激励机制，以及设计、构造良好的企业文化和组织形式，促进知识学习，鼓

① 王德禄．知识管理：竞争力之源［M］．江苏：江苏人民出版社，1999：41.

励终身学习，发掘固有经验、诀窍和知识，引导知识创新，实现知识共享，并通过对共享的知识进行有效应用，最终提高企业的竞争力，增强竞争优势，实现企业的可持续成长。

2. 逻辑思维在管理中的作用与局限

管理中的逻辑思维是从管理中的经验思维发展而来的，是比经验思维较为高级的一种思维类型。在管理领域，管理者必须具备逻辑思维的能力。逻辑思维在管理中具有重要的作用，具体来说有以下几种。其一，逻辑思维有利于管理主体把握管理的本质。由于逻辑思维能比经验思维更能把握管理的本质和规律，因而能够为人们进行科学管理、提高工作效率提供理论上的说明和方法论的指导。其二，逻辑思维能让管理者站得更高，看得更远。逻辑思维通过概念去把握事物，并能在此基础上进行判断和推理。在管理中，逻辑思维方式通过对一些具体的管理经验的观察与实验，通过比较、分类、分析和综合，得出一些规律性的东西，帮助管理者把握管理中的规律。仅仅停留在经验论的水平上，只能维持管理的现状，只能在有限的经验范围内解决问题，缺乏开拓性的方法，永远不能使企业获得开拓性的进展。只有超越经验性的思维方式，通过逻辑的思维方式去把握企业，认识企业管理中所存在的固有的、客观的规律，按照企业成长的规律去规划企业的未来，开创性地解决发展中遇到的问题，才能不会被囿于企业现有的发展水平，才能站得更高、看得更远。其三，逻辑思维能做出更有利于企业发展的战略与决策。由于逻辑思维反映了事物发展的规律，在管理活动中便具有了预见未来的功能。它不仅能在管理目标、决策中发挥指导、预测的作用，而且能运用逻辑思维方式对管理活动的规律与管理对象发展的规律进行分析和预测，预见管理对象的发展趋势，极大地提高管理者在认识和改造管理客体的实践中的能动性和创造性。其四，逻辑思维能促进管理者解决企业发展中深层次的问题。逻辑思维能全面把握企业的发展方向，通过对各种影响因素进行综合的分析判断，能够看清楚企业的内部环境和外部环境之间的联系，把握环境中的有利时机促进企业发展；能用发展的观点看问题，预见到社会环境及企业未来的发展趋向。因此，运用逻辑思维有利于企业不断提高管理水平，处理和解决好出现的深层次的矛盾和问题，使企业得以平稳、健康的发展。

（三）单一思维方式与多样性思维方式

我们一直讲，管理是人类社会活动中既具有普遍性，又具有特殊性的社会实践活动，这要求管理者的思维方式要具有多样性，而不能单一化。思维的单一性往往表现为一个思维角度、一个思维指向、一个逻辑线索、一个思维结果，甚至是一个评价的标准。多样性的思维其实就是在思维的活动中，从多个角度、多个层次、多种因素、多个变量等去思考问题。单一性思维和多样性思维所具有的不同的特点，归根究底，就是形而上学的思维方式和辩证思维方式所具有的不同特点。形而上学思维方式或本体论的思维方式，就是用片面的观点看问题，而实践的思维方式或辩证的思维方式就是要求用全面的观点看问题。

1. 单一性思维的特点和缺陷

管理中的单一性思维就是单纯从某个方面、某个片段、某个角度、某个环节去看待管理，而忽视了与其他方面、片段、角度、环节的关系，也忽视了和其他方面、片段、角度、环节之间内在的联系。由此看来，单一性思维是一种孤立的、片面的思维。单一性思维与人的生活经历和管理经历有关，人的个体经历决定了他的思维首先是单一性的思维，是对事物个别性的观念。每个人的生活经历和管理经历不可能让他熟悉生活中的方方面面，不可能让他懂得管理中的每个环节和流程，如果把自己在有限的经历中的经验固定化，就可能形成单一性的思维方式，在管理中就可能造成片面性，只顾一点，不及其他。从人们的思维特性来看，单一性的思维在我们认识过程中是不可避免的，关键是我们要善于了解管理中单一性思维的缺点，通过分析与比较，进而克服单一性思维在管理中的缺陷。

一般而言，管理活动中单一性思维具有如下的缺点：其一，具有片面性，不能从全局的角度去考虑。单一性思维往往是只及一点，不及其他，只见树木不见森林，只顾局部利益，而不顾整体利益。表现在管理中，则是只顾及企业中某一个环节、某一个流程、某一个部门，而不顾及整个企业的发展及整个企业的利益。比较典型的表现是本位主义或者个人利益，有的管理者在处理问题时，首先考虑的是本部门的工作和利益，而不是从组织整体利益的角度去考虑和处理问题，这样往往会在组织中造成各种矛盾。这是形而上学思维在管理中的典型体现。

其二，具有直线性，忽视了复杂性。单一性思维往往是一种直线性的思维，而忽视了思维的多样性和复杂性。任何组织都是一个复杂的社会系统，是一个动态的系统，各种要素之间、各个层次之间存在着千丝万缕的联系。单一性思维忽略了这种状态，反映在管理中，就是往往用局部获得的管理经验去分析和解决复杂的、具有整体性的管理问题，忽视了管理中的复杂性和曲折性。

其三，具有低级性，还停留在思维发展中的初级阶段。体现在管理中，就是还只能适应与简单的管理，适应与那些刚起步的、结构尚不复杂、规模尚小、管理幅度尚不算宽的小型企业。随着企业的变化与发展，管理主体的思维方式也必须随之变化与发展。如对于市场营销活动，在企业初创时期，因为产量比较低，市场范围有限，产品销售更多的是依靠人员促销、关系营销等方式，产品销售的效果比较理想，销售成本也不高。随着企业规模的扩大，市场的不断拓展，就要求企业系统地思考和解决销售问题，结合市场发展的状况，确立合理的营销策略，建立相应的销售体系。而过去的传统销售经验和做法就有较大的局限性，如果处理不好，就可能成为企业发展的阻碍。

2. 多样性思维的特点和作用

多样性的思维其实就是辩证思维的一种具体体现，也就是从全面的观点看问题。需要多样性思维是由于客体的基本属性。思维对象的客体是多种多样的，客体的属性也是多种多样的，这就在客观上要求主体的思维具有多层次、多角度、多时空、多个标准等特点。多样性的思维也就是主体从各个层次出发，对思维的客体进行多方位、多角度、多因素、多变量的分析与考察。

体现在管理活动中，多样性思维就是要求管理者以管理对象的特性为依据，以多种理论原则和逻辑规则为指导，从多角度、多方面、多层次对管理对象进行系统的考察。因此，多样性的思维要求管理者，首先要从管理活动的不同方面、不同角度、不同特点、不同程序来考虑，抓住不同问题的本质，具体问题具体分析，具体事件具体处理，而不是拘泥于某一方面、某一角度，如造成产品质量的因素可能来自于人、机器设备、物料、操作方法等多方面；其次，要认清组织内外各种关系的复杂性和相互关联性，多方面、多层次地揭示管理活动中的诸如内部和外部、直接和间接、必然和偶然、系统与各个层次等各种各样的联系，有针对性分析和处理具体问题。

由于对问题认识的较为全面的视角，多样性的思维对管理具有重要的作用。具体来说，有下面几个方面：其一，有利于把握管理活动的整体性，取得管理的总体效益。管理对象的客观复杂性要求管理者在管理活动中树立系统整体的观念，运用多样性的思维。在管理中科学运用多样性的思维方式，就能正确处理重点与全局的关系，既能看到局部利益对整个企业的作用，同时不是拘泥于此，也能看到整体利益。在管理中运用多样性的思维，有利于企业从整体上考虑问题，形成系统的管理思路，建立有效的沟通协调机制，统筹协调企业各方面的关系。同时，在问题的处理上也能做到标本兼治。其二，有利于把握管理活动的深度，从而采用有效的管理方式。因为思维具有多层次性，所以能够深入到管理的各级、各层次中去。运用多样性思维，作为组织的管理者就可以高瞻远瞩，通观全局，上下贯通，运用系统的思维和工作方式，把各个层次的工作有机衔接起来，使组织中的流程优化，沟通流畅，工作顺畅，有效地通过组织的工作效率，推动各项工作顺利进展。其三，有利于促进管理的开放性。多样性思维具有开放性的特征，能不断开拓思维空间，增加思维活动的渠道。企业作为社会的有机体，它的生存与发展必须与外部环境密切联系起来，企业存在的这种客观性要求思维活动的多样性。企业与社会环境存在紧密的输入与输出关系，企业经营管理活动所需的各种资源来源于外部环境，政府的法律、法规、政策等对企业产生着直接或间接的影响，消费需求不断地发生变化，各种信息瞬息万变，从而从不同的角度和层次对企业产生影响。只有用多样性的思维，才能增加管理活动的认识角度，从而加强企业内部和外部的交流，及时了解和应对外部环境发生的变化，迅速调整企业的经营管理行为，拓宽企业发展的渠道和空间。

从更加深入的角度来看，管理对象各方面诸如横向联系、纵向联系、时间联系的统一，客观上要求单一性思维方式与多样性的思维方式结合在一起。单一性思维和多样性思维都有其各自适用的范围。单一性思维适用于小型的、管理层次简单的企业，而随着企业的发展与规模的扩大，客观上要求管理者的思维方式随之发展变化，因此，就需要建立多样性的思维。当然，多样性思维虽然是由单一性思维发展而来的，但却并不是单一性思维的机械总和，而是对其进行有机整合，使其各方面有机地联系着，构成一个有序的系统。

把单一性思维和多样性思维结合起来，也是我们在管理实践中运用辩证思维的必然要求。在管理中，我们要妥善处理好单一性思维和多样性思维的关系，认清二者的适用范围，把握它们各自不同的特点，根据面对的具体问题灵活地加以运用。随着企业的发展和管理的深入，还要不断促进单一性思维向多样性思维发展与转化。管理者要自觉地把多样性思维与单一性思维结合起来，在一些特定的场合下，对一些简单的、重复性的问题，用单一性思维去思考和解决，提高决策与处理问题的效率，但又不局限于此，还要以多样性思维去统摄单一性思维。总之，就是要求管理者善于运用系统的观点和手段，把单一性思维和多样性思维有机结合起来，充分发挥单一性思维的优势，并有效避免其缺点，促进管理工作的有效开展。

（四）静态思维方式与动态思维方式

马克思主义辩证法认为，事物是相对静止和绝对运动的结合，这要求我们在看待事物的时候，既要看到它相对静止的一面，也要看到它绝对运动的一面。这从客观上要求管理者在想问题和做事情的时候要具有静态的思维和动态的思维，而且还要善于把二者有机结合起来。管理中存在的相对稳定性和不断发展性的矛盾，要求管理主体洞察组织所处的客观环境，既要具有静态思维，又要运用动态思维，才能把握管理发展的规律，合理解决管理问题，促进企业的不断进步。

静态思维和动态思维是两种相对的思维方式，一种是用静止的观点看问题，一种是用发展的观点看问题。两种思维方式各自具体不同的特性，分别适用于不同的组织环境。静态思维适应于事物相对静止的状态和环境，它要求我们思维的定型化与稳定性；动态思维适应于事物绝对运动的状态和环境，这要求我们的思维要依据事物的发展而不断地发展，随时调整我们思考和处理问题的方式，改进思维的程序和方向。在管理活动中，管理主体要把静态思维与动态思维结合起来，具体问题具体分析，正确地指导管理工作。

1. 静态思维在管理中的作用与局限

管理中的静态思维主要表现为基于管理中的某个时段、某种现象、某种环境而采取的相对固定的分析思路和对策。静态思维方式在管理中具有重要的作用，具体表现如下。

其一，静态思维是管理者从事管理活动的依据。静态思维是与动态思维相对的一种思维方式，它具有确定性与重复性的特点。管理主体从事管理，必须以相对固定、静止的管理客体为对象，去把握管理规律。管理主体只有把握了这些管理规律，才能据此进行有效的管理。静态思维在管理中得到了广泛的运用。组织的运转在一定时间内需要保持相对的稳定性，为了保证制定的各项规章制度、工作流程、技术规范与措施等得到有效落实，就不能朝令夕改，否则会让人无所适从。所以，在规章制度的制定与实施，以及在控制管理过程和检测管理成果的过程中，都会经常用到静态思维。计划、组织、生产、协调、控制等一系列的管理过程都有相对固定的、行之有效的模式与方式，在开展相关活动时必须运用静态思维。如组织进行决策时，为了保证决策的科学性与可行性，就要按照科学的决策进行决策。如此一来，企业管理活动总是先收集各方面的信息，确定计划、决策等面临的具体问题，然后进行比较、确定目标，再一步就是拟订方案、进行预测、分析评估各个方案，最后拍板定案，并推动决策方案的顺利实施，解决组织面临的问题，实现预期的目标。每个企业的决策过程莫不如此，这也是运用静态思维的典型。

其二，在管理过程中运用静态思维可以提高管理效率，降低管理成本。管理中必须运用各种规章、制度、条例、厂规等，工人生产必须有工艺流程和各种技术标准等。这些规章制度和技术规范一旦制定，就具有相对的稳定性，作为人们在组织中行为的依据。进行制度化、规范化、程序化管理是现代化企业的管理基础，这也是利用静态化思维的具体表现。规范化、程序化管理要求管理主体在管理的过程中严格按规矩办事，对出现的问题要依据企业的制度、规范等进行程序化决策，使问题得以快速、有效的处理。这从根本上有利于提高企业管理效率，降低管理成本。

当然，静态思维也具有其固有的缺点。静态思维很可能让管理者看不到事物的绝对运动，形成思维定式，以固有的方式去处理新的问题，不能根据变化了的情况制定相应的对策。因为固守教条，从而使其思想僵化、死板，使其思维失去活力。如针对目前网络经济的发展和市场环境的变化，新的营销方式不断出现，冲击着传统的经营方式，而有的企业就没有转变思维，不能积极应对，仍然固守传统的业务模式，结果受到新模式的严重冲击，导致市场规模的萎缩，企业经营面临巨大的压力。因此，在面对变化了的问题和环境时，静态的思维方式必须进行转变，发展到动态的思维方式。

2. 动态思维的特点与作用

事物是绝对运动的，这在客观上要求人们用动态的思维去看待事物，去处理问题。一般认为，动态思维是指人在认知外部事物时运用的一种运动的、调整性的、不断择优化的思维活动。具体地讲，它是根据不断变化的条件与环境来改变自己的思维方向、思维程序，对事物进行调整与控制，选择较为适合的方式与手段，从而达到优化的管理目标。它的运行模式如下：根据事物的运动得到最新的信息，对该信息进行加工处理，即进行分析与比较，发现新的问题或趋势，然后据此形成新的思维目标、思维方向，确立新的方案与对策。可以看出，动态思维的过程由信息、反馈、控制、变动等四个要素组成。动态思维的理想目标是通过有针对性的思维的运行模式，使主体的思维能真实地反映处于运动中的客体。动态思维在管理过程中具有重要的作用。

其一，动态思维能使管理者随时调整自己的思维方向，做出正确的决策。动态思维具有流动性的特点，它要求在思维的过程中，善于根据环境和客观事物的发展变化，对思维进行动态的调节和控制。具体体现在管理中，就要求管理主体紧跟不断变化的管理客体做出自己相应的反应，及时调整管理决策，转换管理方式，在运动中管理，推动各项工作和整个组织在变化中前进。动态思维还能使管理者选择更优的管理方案。可以看出，动态思维在管理活动的思维过程中考虑的任何一项工作，都是在设定各种可能的方案、可能的过程中形成的，并在这些方案、措施、办法和过程中选择比较优化者而用之。在管理过程中，管理主体依据变动的情况不断地做出自己的分析，科学预测环境的发展变化趋势，多角度地考虑问题，对每种可能性都有目的的进行评估，然后对各种方案、计划、措施等进行可行性分析，比较各自的优劣，并在此基础上做出选择，并对选择的方案进行不断优化。

其二，有利于从总体上把握企业的发展。动态思维是一个思维过程的整体，无论是企业内部各种系统要素之间的相互关系，还是企业系统与外部环境的关系，动态思维是把握其整体的方法。动态思维要求管理者在管理活动中能够做到使信息、反馈、控制、变动四要素互相协调，采用系统的思维方式，把整个思维过程看作多因素、多层次、多变量的统一体。企业是由各种要素、各个部分组成的动态的统一体，是一个运动的统一体，具有系统的整体性。运用动态思维就是要在企业的发展过程中动态地、有机地处理问题，处理好局部和整体的关系，维护企业的系统性和整体性。另外，动态思维能正确处理当前利益与长远利益的关系。动态思维要求管理主体要具有长远眼光，在制定企业的战略决策的时候，既要看到企业当前的利益，同时要克服"急功近利"的偏向，还要看到企业的长远利益，追求企业的长期利益和长远发展。着眼于企业未来的发展方向和目标，立足于现实，能使管理者一步一个脚印，扎扎实实开展工作。

如在企业的计划管理工作中，由于计划很难准确地预测未来影响企业经营所面临的经济、政治、文化、技术、产业、顾客需求、生产订单等的各种因素的变化，而且随着计划期的延长，这种不确定性就越来越大。因此，若机械地按固定的计划实施，或机械地、静态地执行原定计划，则可能导致巨大的错误和损失，企业面临较大的风险。但是，如果随意变动，就容易偏离企业的发展目标。滚动计划法就可以紧密结合环境变化的情况，并有针对性地调整和执行计划，可以避免这种不确定性可能带来的不良后果。

由此而言，管理活动中的滚动计划法是通过设定一定时期的计划，从而执行其管理行为的计划。这种计划看重企业发展所需要的内外部环境，并更具企业的内外部环境来调整计划，并按照计划的调整来进行下一步的工作任务。尤其是在企业的计划制定上，为了能够全面准确地制定合理的计划，这种方法能够很好地为企业制定出科学合理的工作目标。而且滚动计划法能够综合前期计划的实行情况，并及时调整正在进行的计划，从而不断向前推动、不断延伸，使企业的生产活动能够灵活的反应和适应市场需求的变化，把供产销密切结合起来，从而有利于实现企业预期的目标。滚动计划法较好地解决了计划的相对稳定性和实际情况的多变性这一矛盾，使计划更好地发挥出科学指导生产实践的作用。

3. 静态思维与动态思维的辩证统一

静态思维与动态思维二者是矛盾的统一。在同一思维过程中，既有静态思维，也有动态思维，二者是相互补充，相互促进的。动态思维离不开静态思维，动态思维必须以固定化、程序化的静态思维作为自己的基础，没有静态思维，动态思维就会失去稳定性，导致思维活动和思维体系的混乱，进而引起管理活动的混乱。同时，静态思维也离不开动态思维，静态思维其实是动态思维中一个运动的点，是一定条件下的特殊情况的思维。静态思维有待于发展到动态思维，如果脱离了动态思维，静态思维就变成了形而上学的思维。

在管理活动中，静态思维与动态思维也是结合在一起、交互发生作用的。管理中，必须先有静态思维，才能使管理活动规范化和程序化，使各项工作具有明确的依据。但是，企业的内外部环境是不断发展变化的，市场竞争也不断表现出新的态势，只有发展到动态思维，才能不断创新，及时应对各种新情况、新问题，开拓出管理的新道路、新方法、新模式，形成新的目标和程序等。因此，只有把静态思维与动态思维有机结合起来，才能既保持管理的稳定性，又增强管理的柔性与活力，促进管理效益的最大化。

第二节　西方管理哲学方法的反思

管理是人类的一种基本的而又特殊的社会实践活动，是人们有计划和有目的的自觉活动。无论是经济管理、政治管理、文化管理，还是军事管理、教育管理等，都是管理主体事先拟定计划并经过管理者的组织实施的自觉活动。计划、组织、领导、控制等一系列实施管理活动的过程，都贯穿着管理主体的思想、意识和目的。这些管理活动表现为管理主体的管理方式，即行为方式和思维方式。管理主体的行为方式和思维方式是结合在一起的。可以说，管理主体的思维方式是行为方式行动的指导，管理主体的行为方式是思维方式的外部表现。

管理主体的行为方式，实质上即是管理方式或管理方法。在不同的历史时期，由于社会生产力的发展水平与人们的认识水平的差异，导致了管理主体行为方式也表现出不同的时代特征。从管理实践发展的历史来看，由于管理者运用职权的形式不同，历史上曾出现过专断的、民主的或协商的、放任的、集权的、人性的等不同类型的管理方式。概括起来，大致有下面几种方式：古代尚未成型的经验管理方法、科学主义的管理方法与人本主义的管理方法等。

一、西方管理哲学方法演变

西方管理哲学方法在这里指的是资本主义社会管理学发展的方法论提炼，反映的是西方资本主义企业的管理方法模式。如果就西方古代社会的统治者来说，只能说是一种专制的或者独断的管理方式。但我们主要分析的是以历史遗留物特别是以古代的文明为载体，去反推古代劳动人民所使用的管理方式。在这段时间里，中国、埃及、古巴比伦、古罗马、希腊等文明古国曾创造了灿烂的文明。这些文明古国在国家管理、生产管理、军事管理等方面都创造过光辉的实践。在军事管理领域，如欧洲的十字架东征、古罗马帝国的军事扩张、蒙古成吉思汗开创帝国的远征等。如春秋战国时期的《孙子兵法》提出的关于战争的一些原则、谋略和方法，在至今的军事以及企业管理中都有重要的指导作用。生产管理领域，如中国的万里长城、埃及的金字塔、古巴比伦的“空中花园”、古罗马的水道、古希腊的雅典神庙等伟大的工程和建筑，在这些伟大的建筑中都蕴含了无穷无尽的管理艺术。在这些管理的实践中，古代的人们发挥了自己惊人的智慧，提出了一系列有价值的管理思想和方法，成为现代管理理论发展的重要的思想和实践基础。但是，总结起来，由于当时的生产力水平有限，他们的管理方式基本上来说都是经验式的，他们还不可能发展出像现代人一样的管理方式。一般认为，西方管理哲学方法的演变经历了三个阶段，即古典管理理论阶段、行为管理理论阶段和管理丛林理论阶段。

（一）古典管理哲学方法思想

随着资本主义的建立和发展，特别是在第一次世界大战的前后，在科学技术迅速发展的基础上，企业大规模发展内在地对创新管理提出了要求，资本主义社会的生产开始体现出标准化、统一化、数量化、可计算化等特征。在资本主义刚建立的时期，甚至是建立之前，有些古典政治经济学的学者，如亚当·斯密等就已经非常重视“分工”了。到了资本主义社会发展的帝国主义阶段，资本主义生产中的“分工”就已达到了极致。在此基础上逐渐形成了由古典管理理论所指导的科学管理方法。古典管理方法理论由美国的泰勒创立，它以亚当·斯密的“经济人假设”为哲学基础建立了自己的管理理论体系。具体来说，泰勒的科学管理方法可以总结为两点，“（1）改进操作方法以提高工效，并合理利用工时为目的；（2）在动作分解与作业分析的基础上，进一步观察和分工人完成每项动作所需要的时间，即一天合理的工作量。”[①]所以，古典管理方法也被称为管理思想发展中的“经济人模式”。随后，泰勒在思维方式、方法论和价值论方面，全面吸收了亚当·斯密关于“经济人假设”的主要思想，并创造性地运用到分析企业管理中的人性问题，形成了模式管理中实体人性论的第一种人性假设——“经济人假设”，并由此提出了模式管理的第一种管理理论——古典管理理论（也被人们称为科学管理理论，下文讲的科学管理方法指的就是古典管理方法理论）。

泰勒以科学技术手段为基础，通过科学的研究和分析，建立了一套科学的管理理论体系，开创了管理学研究的先河。科学管理的根本目的是为了谋求生产的效率，为此目的就需要用科学的管理方法代替旧有的经验管理的方法；制定明确的制度、条例、标准，使生产中的一切科学化、制度化并在具体的工作中严格执行。泰勒的理论主要包括如下几个方面：其一是选择科学的操作方法，制定科学的工艺流程，并用文件的方式使之固定下来；其二是使管理和工人的劳动分离，使之分属于计划的职能和执行的职能，使管理职能独立出来，等等。这种科学的管理方式特别适合于流水线的生产，它为资本主义生产的发展、为企业劳动生产率的提高发挥了重要的促进作用。

（二）行为科学管理方法

可以说，古典管理理论的形成当时的企业管理做出了贡献，为当时的社会发展提供了动力。但是，随着管理活动的深化，人们发现古典管理理论有不适应社会发展的局限所在，尤其是对人的研究，涉及的非常少。20世纪20年代，许多企业尽管采取了泰勒的科学管理方法，但劳资纠纷和罢工还是此起彼伏。科学管理所倡导的经济刺激和物质刺激也出现了效用递减的现象。于此，古典管理理论的“经济人假设”受到广泛的质疑，很多心理学家、人类学家、社会学家等加入到了管理研究的行列。

---

① 郭咸纲．西方管理思想史［M］．北京：经济管理出版社，2004：84.

针对科学管理及其“经济人假设”“重物轻人”的弊端，英国的斯图尔特·克雷纳指出，“从理论上讲，科学管理的逻辑是非常强有力和不可辩驳的。然而，实践中，企业引进大规模生产和科学管理技术后，劳动者的士气通常会有所降低。管理思想开始关注人的方面。”① 为此，一种新的管理思想——行为科学管理理论就应运而生。为了克服科学管理的历史局限性，行为科学在实体人性论方面进行了转向，从重视人的自然经济属性转向了关注人的心理情感因素。而推动实体人性论转向的是人际关系学说的创始人、美国哈佛大学教授乔治·埃尔顿·梅奥。梅奥通过举世闻名的“霍桑试验”，创新了企业管理理论。首先，梅奥首次提出了“社会人假设”，这也为行为科学奠定了理论基础。其次，霍桑试验的一个重大贡献是，发现了企业中存在“非正式组织”，并对其进行了系统、深入的研究。最后，在对“社会人假设”和非正式组织分析的基础上，梅奥指出，管理者应具有新的领导能力即要拥有技术能力和人际能力。而梅奥要解决的问题在于，“人际的和谐关系在怎样的程度上影响工作效率？”②企业中新的领导能力在于提高工人的满意度，以鼓舞工人的士气，提高企业的劳动生产效率。提高工人积极性和生产效率最重要的手段不是经济和物质刺激，而是工人的满意度。

行为科学理论研究的内容包括：人的本性和需要、行为动机、人际关系等。主要研究个体行为、团体行为和组织行为。目的在于研究人的心理、行为等对高效率地实现组织目标的影响和作用。在梅奥提出人际关系学说的以上主要观点后，许多行为科学家在此基础上做了更加深入的研究，其中最典型的有马斯洛提出的需要层次理论和麦格雷戈提出的 X 理论和 Y 理论。

行为科学理论在方法论上表现出如下的特点。

其一，注意个体激励，趋向于更人性化的管理。所谓行为科学，就是对工人在生产中的行为及其产生的原因进行分析研究，以便调节企业中的人际关系，提高生产率的系统理论。相对于古典管理理论强调严格管理，认为管理得严才能出效率，“行为科学”理论则认为，从人的行为本质中激发动力，才能提高效率。其二，注意组织激励，发挥企业中非正式组织的作用。

---

① ［英］克雷纳．管理百年［M］．邱琼，钟秀斌等，译．海南：海南出版社，2003：65.

② 袁闯．管理哲学［M］．上海：复旦大学出版社，2005：194.

行为科学中的群体行为理论要求管理者更加重视企业中非正式组织的客观存在，策略地对非正式组织，对其进行科学的引导和管理，正确引导其形成群体规范，注意发挥非正式组织的有利影响，避免其对企业管理不利的因素，使其为提高企业的劳动生产率服务提供。其三，注意优化领导模式。行为科学中的领导行为理论对领导者的品质和领导者行为进行研究，对管理者提高管理艺术和管理水平提供理论的指导和方法论的支持。总而言之，行为科学的各种观点从不同的角度对人的行为进行了探讨，但他们都有以下共同的特点，即都从人道主义的立场出发来看待管理问题。它首次提出了管理应该注重对人的研究，从人的因素出发，行为科学对涉及管理中人的各方面内容进行了深入的研究，如对个体行为的研究、群体行为的研究、领导行为的研究等。这些深入细致的研究，不但奠定了管理学进一步发展演进的基础，也为心理学、社会学等领域的发展做出了巨大的贡献。①

进入 20 世纪 60 年代以后，原子能、计算机、新材料、生物工程等高科技技术取得了多方面的巨大突破，推动了世界经济的发展。同时，世界企业的结构也发生了变化，具体呈现出了以下的特点：垄断企业规模的巨型化，垄断企业的混合化，大中小企业的协作化，企业股份的高度分散化，企业的国际化进程加快等，也对管理理论的突破和创新提出新的要求。同时，企业管理思想方面的学术著作及其理论也如雨后春笋般地兴盛起来，形成了百家争鸣的局面。“管理理论丛林”是由美国管理学家孔茨首先提出来的。为了搞清楚各种管理理论的核心内容及其局限性，孔茨分别于 1961 年和 1980 年发表了《管理理论的丛林》和《再论管理理论的丛林》两本有影响的著作，指出了各种管理理论的主要分歧，并提出了清理这片“丛林”的意见，他在著作中分别将这些理论划分为 6 个和 11 个不同的管理学派。在这一阶段，数学、计算机等工具在企业管理实践中得到了广泛应用，各种新潮的所谓管理模式、管理工具、管理方法等让人眼花缭乱、目不暇接，从而把科学主义管理推向了极致。

管理丛林理论在管理方法论方面有如下的特点。其一，将科学的技术与方法引入并运用到管理活动之中，帮助管理者进行计划、实施控制，提高

---

① 郭咸纲．西方管理思想史［M］．北京：经济管理出版社，2004：198.

了管理的科学性与精确性。如，管理信息系统的产生，可以帮助组织根据各层次所需要的信息进行系统分析，并协助组织进行决策；各种管理模型的运用，可以使我们更清楚地了解组织的复杂性及所处的环境的状况，也使管理者能更精确地进行控制和管理。其二，在管理中，能把决策与工具、技术结合在一起，能把可以为管理者提供正确方向的决策与可以为已做出的决策提供最少成本而实现目标的方法结合在一起。

二、西方管理哲学方法局限

西方管理哲学方法在企业管理中发挥了重要的作用，适应了时代和经济的发展要求，但是，西方管理哲学的方法本身具有与生俱来的局限性。其具体表现在如下几个方面：第一，其方法论的哲学基础是以实体人性论为思想前提的；第二，支持其方法论的思维方式是传统的形而上学的思维方式；第三，其方法论的价值追求是片面追求经济利益的最大化。

（一）哲学基础：实体人性论

科学主义管理方法把实体人性论看成是产生各种管理理论的决定因素，即有什么样的人性假设就有什么样的管理理论以至管理行为。古典管理理论的出现是和"经济人"的人性论联系在一起的，而行为科学理论和管理理论丛林则是和"社会人""自我实现的人""复杂人"等人性论联系在一起的，这些人性论是相关管理理论出现的人性论基础。实体人性论局限性的三个最主要的表现是片面性、固定性和抽象性。

第一，实体人性论最突出的局限性就是片面性。实体人性论虽然对人性的认识有着特定的时代背景，对各种人性假设都有着各自特殊的社会历史根源，对管理的把握有着特殊的视角，并曾经发挥过各自的历史作用，有着一定的历史合理性，但是，它们只抓住了人性的某一个方面的属性。尽管实体人性论的各种表现形态都看到了人性在某些方面的内涵和特性，但它们都试图以这些方面代替或决定人性的全部，从而陷入了片面性人性论的泥沼。实体人性论不是从实践的角度把人当作各种属性有机统一的整体，而是将人的整体属性单纯地归结为局部属性，将一些局部属性上升为人的普遍属性，将人的属性的个别方面作为人性的本质，忽略了人的普遍属性和人的个性的辩证关系与人性在具体内涵上的丰富性、差异性，从而忽略了人性各种具体内涵之间的相互联系、相互依存、相互渗透和相互转化。

“经济人假设”片面地认为，人的本性就是追求经济利益的最大化。它过分强调了人的物质需求，忽略了人的心理、情感等因素。“社会人假设”尽管看到了人除了物质需求以外，还有心理、情感等社会需要，然而它又走向了另一个极端，即过分强调员工对于企业中非正式组织的归属感和心理上的安定感等社会需要，而轻视经济利益——而经济利益是员工所追求的根本利益；过分偏重于非正式组织，而轻视正式组织；过分强调企业中员工与员工之间关系中的感情因素的作用，而轻视企业中规章制度的作用，等等。“自我实现人假设”虽然较为科学地看到了人的需要的层次，但它却是片面化的去理解人的自我实现，把人的自我和社会在无意中对立了起来。“复杂人假设”虽然看到了人的需要的多面性以及人的复杂性、变化性等，但是，它过分强调了人的差异性和复杂性并加以绝对化，这在一定程度上忽略了人的共同性，没有看到人的普遍性与特殊性之间的辩证关系，从这些方面来说，也是片面化的。

第二，实体人性论的另一个局限性在于它的固定性。也就是用形而上学的观点，用静止的观点看人性的问题。这种固定性是和片面性结合在一起的，这种片面性是把人看成是一种既定的不变的存在，是一种“既定”的存在。无论是古典管理理论，还是行为科学理论和管理丛林理论，它们都是把各自坚持的人性论当作是一种“既定”的“固定”的存在。实体人性论的“既定”性或“固定”性表现如下：不是将人视作不断发展变化、不断自我生成和自我创造的实践存在，而是把人看作固定不变的既定性的存在；不是将人视作不断向未来展开、充满多种可能性和不确定性的价值性和社会性存在，而是仅仅从人的某一方面的属性出发揭示人的本性，等等，其结果必然导致把人当成一种物来理解，从而对人性作物化的、实体性和既定性的认识和理解。

无论是“经济人假设”“社会人假设”，还是“自我实现人假设”“复杂人假设”等，其实都是不同程度地把人性论固定化，都在试图创造一种不变的既定人性来满足于经济利益最大化的管理目标。“经济人假设”认为人仅仅是一种经济人，“懒惰”是人的天性，只有采取严格的作业管理和组织管理，才能提高工人的劳动生产率。“社会人假设”是针对“经济人假设”忽视人的心理、情感等社会因素的局限性而提出的，可以说是“经济人假设”的进一步优化。“社会人假设”虽然看到了人的心理、情感等社会因素的一面，但是，“社会人假设”视野中的人的本性仍然是一种固定性的存在，人在管理实践中更多地表现为一种工具和手段而不是目的。这种“社会人”只是从管理中的技术和工具层面来理解人，和马克思“人是社会关系的总和”中去理解人本性的“社会性”是不同的。“自我实现人假设”似乎比前面两者更加注重人的自我实现。但是，“自我实现人假设”没有看到自我实现是一个相对的概念，其本身也是在不断提升的，因而把自我实现看作是一个自然进行的过程，并将其内涵绝对化、固定化。应当承认，“复杂人假设”看到了人性的复杂性，这一点是对前面几种人性论的超越。但是，“复杂人假设”把人的复杂性、差异性绝对化和固定化，没有看到人的各种属性间的矛盾运动，没有看到它们之间的不断转化、提升的规律性。从这一个角度说，“复杂人假设”在人性论上面也是具有固定化的特征的。

第三，实体人性论还有一个局限性在于它的抽象性。实体人性论将人的某一方面的属性片面化、固定化为人的本性，就必然导致其抽象性。按照马克思的看法，人是在生活中不断生成的，人性不是人生而就有的，而是在人在后天的实践活动中由社会和文化所赋予的，人性也是随着人的实践活动而不断发展的。实体人性论把人性固定于“经济人”“自我实现的人”“社会人”等某几个较为片面的方面，其实也是把人性抽象化了。我们知道，实体人性论中的各种人性假设把人的社会本质、制约人的制度因素、法律因素、文化因素、道德因素等抛置不顾，而以抽象的、理想化的、脱离社会的人性假定来代替生活世界中“现实的人”，从而把人变成了一种抽象性的存在物，并以此为基础来从事管理的研究和运作。其后果就是对管理的研究愈来愈注重其“工具理性”“技术理性”的层面，愈来愈强调其外在的物质利益，而丧失了“价值理性”和内在精神的追求，致使这种管理在本质上缺少人文底蕴，缺乏注入对人的本质力量对象化及其道德力量的关切，导致人的主体性遭到扭曲和破损。①

因此，在管理活动中，管理者以抽象的实体人性论为依据，虽然在某一

① 戴木才．管理的伦理法则［M］．江西：江西人民出版社，2001：162.

特定的时段或特定的情境下，能够提高劳动的生产率，促进企业的发展。但是，它不能根本解决问题，随着企业的发展，这种实体人性论所表现出来的局限性会变得越来越明显，管理中各种难以解决的矛盾就会出现。

（二）思维方式：本体论的思维方式

人的行为是和人的思维方式结合在一起的，有什么样的思维方式就会有什么样的行为方式。管理中科学主义方法的出现是以传统的形而上学的思维方式为理论基础的。传统的形而上学的思维方式又称为本体论的思维方式。这种本体论的思维方式在西方具有悠久的传统。自古希腊开始，西方的哲人们就希望在纷繁复杂的现象世界背后寻找一个永恒不变的本质，这个本质是万事万物变化发展的根源。因此，找到了这个根源就等于找到了真理。

本体论的思维方式是和马克思主义的实践思维方式相对立的。以本体论的思维方式为思维的主导，主体的行为方式就会呈现出相应的特征。其一，坚持外因论，从事物的外部寻找事物生成与发展的理由。在对待人的问题上，也是从外部去找原因，看不到人的自因性，看不到人的自我生成。这种思维方式从外部为万事万物，也即为人与自然界的存在找永恒的、不变的根据和理由。其二，用静止的观点看问题。本体论的思维方式看不到事物的运动与发展。在持本体论思维方式的人们看来，事物的本质和属性已经固定地存在着，事物已经生成，他们的任务就是寻找其永恒不变的本性。其三，用片面的观点看问题。只及一点，不及其他，看不到事物复杂的一面。于此，本体论的思维方式必然导致在看待问题时用孤立的和片面的观点。因为本体论的思维方式必然导致用片面的、静止的观点看问题，因而，在对待人这一问题时，把人看成是已然生成的，具有固定的人性的一种“物”。其实，人是通过自己的实践活动而不断生成的，是鲜活的，是朝向“未来”的，人不具有某种固定不变的本性。

可以看出，实体人性论无论是把人看成是“经济人”“社会人”，还是“自我实现的人”和“复杂人”，都是在本体论的思维方式的指导之下，把人看成是一种具有片面的、固定的本质的事物，看不到人通过自己感性实践活动的自我生成。这就是说，本体论思维方式“都片面强调或者是感觉，或者是概念在思维运行中的作用，片面强调思维主体在整个认识中的主导性作用，忽略或者抹杀客体在认识、思维中的基础性作用，因而从认识的总体出发又不能不说是片面的。”①

（三）价值诉求：片面追求经济利益

无论把人看作是具有什么样本性的人，科学主义的管理方法其最终目的只有一个，即把经济利益的最大化作为自己的最高价值目标，这其实也是资本追求经济利益最大化的需要。在科学主义管理中，对经济利益最大化价值目标的片面追求开始于科学管理时期。泰勒对于管理研究的起因，就是为了解决工人们平时“磨洋工”，以及生产效率低下等现象。正如泰勒在其著作《科学管理原理》中所说：“管理的主要目的应是确保每一个雇主获得最大限度的财富的同时也确保每一个雇员能获得最大限度的利益。”②当然，泰勒虽然也想让工人也能获得“最大限度的利益”，但是，这种管理方式的目的是要通过最大限度地提高工人的生产效率，从而使资本家的利润实现最大化。他这里只是把工人当作一种劳动的机器或工具，对工人的生存状况他从来不做多的过问。科学管理在片面追求经济利益最大化目标的过程中，不仅使得工人的利益受损，且社会的整体利益也受到了不同程度的损害。为此，泰勒的这种科学管理不但受到工人的强烈反对，而且也遭到了美国国会的质疑。

科学管理理论的前提是抽象的人性论，即实体人性论。科学管理思想尽管提出了很多人性假设形态，但是，主导实体人性论和模式管理价值目标的仍然是科学管理的“经济人假设”。“经济人假设”把人看作是追求经济利益最大化的“经济人”，这种“经济人”的本性就是自利性，自私自利是“经济人假设”的根本前提。“经济人假设”不仅在实体人性论中一直占据主流和统治地位，而且成为科学管理片面追求经济利益最大化的理论根源。在古典管理理论之后，科学主义管理理论在行为科学管理、管理理论丛林等阶段又提出了看似更“科学”“合理”的各种管理理论、管理模式及其人性假设。但是，这些管理模式的内容和形式不管发生怎样的变化，片面追求经济利益最大化作为科学管理的最高价值目标，则始终没有发生实质的变化。

可以认为，“社会人假设”中的对人的社会性的理解及其应用都是很片面的。这种假设主要是根据梅奥的霍桑试验而总结出来的。通过这个试验，

---

① 王干才. 实践思维［M］. 北京：中央编译出版社，2007：32.

② ［美］雷恩. 管理思想的演变［M］. 李柱流，译. 北京：中国社会科学出版社，1997：168.

梅奥看到了非正式组织在管理中具有重要的作用，同时也看到了科学管理的不足。虽然这种“社会人假设”看到了人的“社会性”，要求在管理中把工人当作不同的个体来对待，当作社会的人来对待，但这种“假设”的出发点并不是要为工人寻求更大的利益，它的最终目的还是为了资本家的利益，为了片面追求资产业主的经济利益最大化。而对于员工，主要是为了安抚一下他们的情绪，适当满足他们的心理或情感需求，使之能更高效地、心甘情愿地提高其劳动生产率。“自我实现人假设”和“复杂人假设”等，其实都是和“社会人假设”一样，其最终目的还是为了片面追求经济利益的最大化。

因此，企业一旦把片面追求经济利益最大化作为自己的最高价值目标，就会把自己束缚在急功近利的小圈子里，在经营行为上就难免把工人作为获利的工具，当作机器，把竞争对手当成是冤家对头。正如马克思所说的：“如果有10%的利润，它就保证到处被使用；有20%的利润，它就活跃起来；有50%的利润，它就铤而走险；为了100%的利润，它就敢践踏一切人间法律；有300%的利润，它就敢犯任何罪行，甚至冒绞首的危险。”①因此，有的企业为了最大限度地获取财富、获得利润，甚至在企业经营等方面会不择手段。在片面追求利益最大化的理论指导下，企业的行为容易走向极端，产生对社会不利的影响。

三、人本管理哲学方法的优越性

人本管理理论以马克思主义哲学为指导，在哲学基础、思维方式、价值诉求等方面对科学管理理论进行了全面的继承与深化。

（一）人本管理方法的哲学基础：实践的人性论

人是社会的存在物，这决定了他必有其社会本质。“人的本质并不是单个人所有的抽象物，在其现实性上，它是一切社会关系的总和。”②这就是马克思关于人的社会本质的一个科学论断。马克思在这里所说的“在其现实性上”，其实指的就是“在实践上”的意思。人是通过实践而自我生成的。同时，只有从实践上来理解，我们才能更好地理解人的本性是“社会关系的总

① 马克思，恩格斯．马克思恩格斯文集（第5卷）[M]．北京：人民出版社，2009：871.

② 马克思，恩格斯．马克思恩格斯文集（第1卷）[M]．北京：人民出版社，2009：501.

和”这个命题。从这一点上我们称它为实践人性论。

对于这一论断，我们可以从以下三个方面来理解。其一，它把人与人的关系，从个体与类的关系转变为人与社会的关系。对于人的“类”的说明，费尔巴哈讲得比较多，但费尔巴哈所谓的“类”与社会不是同一个概念，它强调的是个体的自然同一性，即个体所具有的共同的自然属性。而社会表示的是积极活动的个人之间的全部联系和关系，社会是人类的升华。马克思所讲的一切社会关系的总和指的就是社会的这个含义，而且是在社会中所形成的人的全面发展关系。这样，也就实现了在对人的本质的理解上的个性与共性、个体与社会的统一。在这里，马克思所理解的“社会的人”与实体人性论中“社会人假设”的“社会人”是不同的意思。其二，看到了人的本质的具体性和丰富性。首先，马克思认为，社会生活是多方面的，每个人的社会生活和社会关系都是丰富多样的。可以认为，人的这些丰富多样的社会关系不是杂乱无章地存在着，而是按一定的规则组织起来、具有特定结构的有机系统。马克思所说的，人的本质在其现实性上是“一切社会关系的总和”意味着，规定人的社会本质的，不是社会关系的某一个片面，而是全部的社会关系；而所有这些社会关系，又不是简单地、机械地凑合在一起发生作用，而是按它固有的结构形成的“总和”即作为一个系统整体来规定人的社会本质。其次，马克思这里看到了人的本质的具体性。每个人所从事的实践活动都是具体的，是人的感性的活动，而不是抽象的活动，因而，人的社会关系也是具体的，不是抽象的社会关系。其三，看到了人的本质的发展层面。社会关系还在时间上展现为一个发展变化的动态系统，人的社会本质只能由一定历史条件下的“一切社会关系的总和”来规定，它在历史上绝不是凝固不变的，人的不同的社会关系就有不同的人的本质。从这里我们也可以看出，马克思从人的社会存在的角度去定义人的本质，与其说是在定义人的本质，还不如说是为理解人提供了一种方法，是一种理解人的方法。

由此我们可以看出，人本管理所依据的实践人性论对于实体人性论所固有的缺点——片面性、固定性、抽象性进行了批判，显示出自身的优越性所在。

（二）思维方式：实践论思维方式

有什么样的思维方式就会有什么样的行为方式。科学主义管理方法的产生离不开其所依据的本体论的思维方式。人本主义的管理方式用实践的思维方式超越了科学主义管理方式所依据的本体论的思维方式。具体来说，人本主义的思维方式有如下几个方面的内容。

其一，坚持内因论。实践的思维方式坚持内因论，即从自身的内部出发，为人与自然界的自我相互生成与发展提供一种解释的原则或方式。实践思维方式坚持人的自我生成，强调感性实践活动在人的生成中的重要作用。马克思主义坚持实践的思维方式，从人的感性活动或实践出发，看到了实践对于人的生成的重大意义，因而看到了人的自我生成，看到了真正的人。其二，用动态的发展的观点看问题。实践的思维方式从动态的、发展的观点看问题，看到了人与自然界之间的真正关系，看到了它们之间的相互生成，因而这种实践思维方式把人看成为一种历史的、时间性的存在，看成是一种尚未完成的，不断生成的，朝向未来的存在，同时，把事物也看成是一种运动中的存在。其三，实践的思维方式要求我们用全面的观点看问题。因为用全面的观点看问题，能够深入到企业管理活动的内部，以整体的观点审视管理活动。

总而言之，人本主义的管理方式用实践思维方式超越了科学主义管理所依据的本体论的思维方式。因为有这种思维方式的内在理论支持，人本主义的管理方式将会是真正科学管理所应该追求的方向。

（三）价值诉求：追求人的自由全面发展

可以说，人本主义的管理思想追求的最终价值目标是人的自由全面发展，而科学主义的管理模式追求的最终价值目标是经济利益的最大化。人的自由全面发展是马克思主义的最高命题。马克思恩格斯指出："代替那存在着阶级和阶级对立的资产阶级旧社会的，将是这样一个联合体，在那里，每个人的自由发展是一切人的自由发展的条件。"[①] 人的自由全面发展的哲学本体论基础在于人自身，在于人的实践人性论所追求的具体、丰富的人的本性，在于人的实践活动。实践是人的安身立命之本，是人的存在方式。人通过实践积极地改造自然，并从自然中获取维持自己的生存和发展的物质资料，进而形成人的社会。在马克思看来，实践是人认识自然的本质和基础，

① 马克思，恩格斯. 马克思恩格斯文集（第二卷）[M]. 北京：人民出版社，2009：53.

是实践使人成为“有意识的类存在物”，成为社会存在物。而且实践还构成了人的发展的根本动力，是推动人类社会发展的基础。从这方面来看，实践内在地包含着人与自然的关系、人与人的关系、人与意识的关系，这三重关系相互制约、相互作用，形成迄今为止的人类社会。人类社会在人与对象世界的矛盾中不断发展，正是在社会基本矛盾运动的推动下，人类社会实现了由低级向高级的发展。

马克思在批判资本主义社会“畸形发展”的片面性和有限性的基础上，阐明了人的发展的具体目标，即全面、自由、充分、和谐发展。关于人的自由全面发展的主要内容，马克思将其概述为“人以一种全面的方式，就是说，作为一个完整的人，占有自己的全面的本质。”[①]由此出发，马克思从下面三个方面概括了人的自由全面发展的具体含义。第一是，人的全面发展指的是人的活动及其能力的全面发展，指的是将人的丰富的能力——包括体力和智力、自然力和社会力、个体能力和集体能力、现实能力与潜在能力以及知、情、意等——最大限度地发挥出来，即任何人的职责、使命、任务就是全面地发展自己的一切能力；第二是，人的全面发展指的是人的社会关系的全面发展，指的是人与人之间的社会关系——包括经济关系、政治关系、道德关系、交往关系、家庭关系等——的高度丰富展开与占有；第三是，人的全面发展指的是人的个性的全面发展，指的是个人关系和个人能力的普遍性和全面性的完全展开。在这样的条件下，人们不再受到压抑，不再只是局限在少数人或某些阶层身上，而是充分展现自己的生命丰富性。与此同时，每个人的物质生活和精神生活不断得到提高，个人素质不断完善。

我们知道，人本管理方法理论是以马克思主义为指导，具有更加科学性的管理方法。追求人的自由全面发展是人本主义管理模式所追求的最终价值追求，也是管理的最终目标。目标是人行动的指南和前进的动力。只有设立了这种“追求人的自由全面发展”的价值目标，管理者才有可能在实施具体管理的过程中自觉地维护员工的利益，自觉地制订出一些有利于自己与员工的自由与全面发展的管理规章制度。同时，这些措施也有利于从根本上促进管理者与员工的和谐相处，关注员工的健康发展与成长，有利于协调企业的

---

① 马克思，恩格斯．马克思恩格斯文集（第一卷）[M]．北京：人民出版社，2009：189.

利益与员工的利益，客观上也有利于提高员工的生产积极性，从而为提高劳动生产率，促进企业的发展做出贡献。从企业生存和发展的角度来考虑，人本管理模式也要追求经济利益的最大化，但并不把这当作唯一的目的，而是把它当作达到最终目的的手段。人本管理的最终价值目标是追求人的自由全面发展。

第三节　人本管理方法的基本内涵

人本管理理论持实践人性论，看到了具体的、丰富的和不断生成的人，所依据的是一种实践的思维方式，所追求的最终价值目标是人的自由全面发展，从而实现了对科学主义管理理论的超越。落实到企业的管理上，就是要时刻关注人，时刻重视人在企业中的作用。在企业的内部，就是要充分发挥管理人员的作用，充分调动员工的积极性，发挥员工的作用。人是企业的主体，是企业的核心资源。人本管理不仅是我们建构科学、合理管理思想的理论要求，而且是企业取得持久成功的基础，企业只有坚持人在管理中的核心和主体地位，推行人本管理，才能彻底走出思维的误区，才能保证企业健康、快速、持续的发展。

一、人本管理方法的基本要求：高度重视人的作用

马克思认为，实践对于人具有重要的基础性作用，人是在自己的感性实践活动中不断生成自己具体与丰富的人性的。同时，实践也离不开人，实践是一种属于人的感性物质活动，实践的最终推动者是人，最终的目的也是为了人。管理是人的一种特殊的实践活动，管理也必须将人牢牢置于核心和主体的地位。关注人、重视人是实践人性论的最根本要求，也是人本管理超越科学主义管理的现实基础。人本管理重视人的作用主要包括下面的内容：确立人的主体地位，培养人的能力，尊重人的个性等。

（一）确立人的主体地位

人本管理以实践人性论为其哲学基础，这从本质上要求企业在管理的过程中间确立人的主体地位。在管理中，管理者要面对的有人和物（生产资料）等多种资源，但我们要分清楚各种资源的主次与轻重。在管理中，我们

要确立人的主体地位，而不是物的主体地位。在严格的意义上说来，管理其实管理的是人，在一定意义上说，对于物，我们只需要利用而不需要管理，所谓对物的管理也是围绕对人的管理来进行的，物的作用的发挥在很大程度上依赖于人的行为和主观意识。这就是说，“人是一种资源。如何更好地利用、控制、激励人这种资源，发掘出更多的人的潜力，成为这种人本管理认识的基本目的。”①人是一种特殊性的存在，外界的刺激只有激发人自身的反应，才能转化为外部的行动。在管理中，人怎么干，干得怎么样，对产品的数量和质量有着决定性的影响，企业的各种物质要素、生产的各个环节等都是要通过人加以控制和操作的。人不像物一样，物只是被动地对外部的刺激加以固定的反应，而人则具有主动性，会积极地加入到生产中并对生产过程发挥作用，管理的过程在一定意义上也是充分调动人的积极性的过程。只有人自己才能发挥自身的作用，从而利用自己的努力和行动为企业赢得更大的发展空间。

现代企业的发展与壮大必须依靠先进的设备、现代化的技术等，离开了这些物的因素和资源，企业不可能生存，更谈不上发展。在某种意义上讲，大凡优秀的企业都有比别人先进的技术或者现代化的生产设备或者质量过硬的产品或者所谓科学规范的管理制度等。作为企业生存发展的基础，以上诸多物的因素和资源历来为企业所高度重视。有些企业为了得到这些物的因素和资源，不惜花费重金。现代企业虽然不断引进先进的技术和自动化生产线，表面看来似乎是机器设备完全决定了生产效率和产品质量，实际上，企业发展的最终决定权还是在人的手里，人的行为影响着物质要素作用的发挥。离开了人，离开了人的作用的发挥，没有了人的积极性、主动性和创造性，物的作用就成了无源之水。人本主义的管理所追求的最终价值目标是人的自由全面发展，所以，我们对企业的评价标准也是有别于科学主义管理的评价标准的。在我们看来，企业到底经营的怎么样，企业的发展前景如何，说到底还是要看它是否促使企业的所有人员都能充分履行各自的职责，是否真正体现了人之为人的价值。企业的主体是人，是由人来创立、运营和由人来管理的，企业忽视了人就忽视了企业自身的存在。所以，企业管理的优

① 袁闯．管理哲学［M］．上海：复旦大学出版社，2005：206.

劣最终还要归结为人的因素。人这种特殊性的存在物，其特殊性在于他是“人”，而且是在社会中不断变化的人。每个人都有个性、有尊严、有情感等，而要使得人这种特殊性存在物全身心地投入工作，高质量地完成任务，他需要有动力，需要得到鼓励、激励、奖赏甚至引导等，最终使他产生满意感以至成就感。对人的这种特殊性的认识，对人的特殊需要的理解与满足程度，反映着管理者的管理水平与管理艺术，影响着人的积极性与针对性，也影响到整个企业的发展水平。

很多现代化的大企业，能够获得别的企业难以企及的成功，其秘诀之一就是充分认识到了人的作用，重视人的价值，建立合理的机制激发人的创造力，使人的潜能得到了较好的释放。日本的“经营之神”松下幸之助认为，“经营的基础是人。在企业的经营中，资金、技术、制造、销售等固然重要，但主宰这一切的却是人。没有会利用这一切东西的人，这些东西也产生不了任何作用。”①美国通用电气公司前任总裁阿佛雷特·小斯隆也曾经说过：“企业最大的原动力来自于员工。不管企业潜力多么大，产品多么精良，市场多么广阔，决定企业成败的关键依然在于员工的团结合作和努力奉献。”②所以，在他看来，即使摧毁了所有卡迪拉克生产基地的建筑物，但是，只要还拥有了企业的人力资源，卡迪拉克汽车就又会完美无缺地被制造出来。所有技术的、工艺的东西、大多数物质的东西，都是由人创造和生产出来的，它存在于人的思维和头脑之中。固然，这些资本主义制度下的大企业，其重视人的最终目标还是为了利用人，发挥人作为工具性的作用，实现经济利益最大化的目标，但是，它们这种重视人的理念却是值得我们学习的。

我国的一些企业在管理实践中积极坚持以人本管理理念为指导，特别注重人的作用和价值，有力地促进了企业的发展。创造了我国经营管理奇迹，被称为“中国第一 CEO”的张瑞敏所领导的海尔集团，其前身是一个濒临破产的国有企业。1984 年，在张瑞敏接手该企业时，企业亏损 147 万元。但是，就是这样一个濒临倒闭的企业，到 2002 年时，全球营业额竟然达到 711

---

① 倪德玲．松下电器：造物先造人［M］．北京：中华工商联合出版社，2004：63.

② 刘伟等．经济管理新思想解读与应用［M］．北京：中国言实出版社，2004：193.

亿元人民币，并且在2002年摘走了“全球冰箱销量第一”的桂冠，它用18年时间走过了国外著名企业100多年走过的历程。海尔积极开拓国际市场，到2015年，海尔集团全球营业额达到1887亿元，实现利润180亿元，为我国企业国际化发展探索了一条成功的道路，积累了宝贵的经验。在谈到企业成功的经验时，张瑞敏认为，高度重视人的作用，是海尔集团制胜的“法宝”。在张瑞敏看来，人永远是第一位的，只要是人，他都希望能得到别人的尊重，都希望能够实现自己的价值。所以，高度重视员工的作用才是上上策。张瑞敏指出，成功企业离不开资金、设备、技术等物的要素，但拥有了这些要素不等于就是成功的企业。这需要有一个必不可少的决定性因素——人，只有充满活力的人才是企业成功的根本。企业真正的核心竞争力在于人，其他的竞争力则是人的某一个方面的外化，人是企业竞争力的根本优势所在。人有主观能动性，人具有创造性，只要条件成熟，他就能适应变化，不断进步，成为企业持续成功的基础。①

（二）培养人的能力

实践人性论告诉我们，人是在自己的感性实践活动中不断生成的。人需要在自己的实践中不断培养自己，通过不断学习，吸取营养，丰富知识，增强能力和才干，创新思维方式，才能不断提高和完善自己，才能趋向于人的自由全面发展的目标。人都有不断进步、不断成长、追求成绩和突破的内在需要，这也是企业不断发展的内生动力。可以说，“这种意识的人本管理已经基本摆脱了把人看作是标准物和标准化资源的传统管理哲学。”②因此，企业要营造良好的环境，为员工创造有利学习的条件，鼓励员工的健康成长，同时，结合企业发展目标的要求，有计划地培养培训员工，全面提高员工的整体素质，从而为企业的发展奠定坚实的基础。实际上，员工追求个人发展和成长的目标与企业发展的目标是一致的、统一的，对此，管理者必须善于引导和协调。我们知道，人只有发挥自己的作用，实现不断发展，才会感觉自己生活得有意义，存在得有价值。人们在一个企业里待久了，如果觉得自己没有进步，就会感觉自己每天在重复着毫无改变的生命，这样，就容易

① 胡泳．张瑞敏如是说［M］．浙江：浙江人民出版社，2004：27.

② 袁闯．管理哲学［M］．上海：复旦大学出版社，2005：194-206.

使人感觉心灵被禁锢、被异化，从而影响人们对企业的认同度，找不到人生的归宿，进而影响到工作的积极性和主动性，对企业的发展就会产生消极的作用。

世界很多著名的大企业，都非常注意培养人和使用人，并为员工发挥自身价值创造良好的条件。日本的松下公司之所以能取得骄人的成绩，这和它的创始者松下幸之助“造物先造人”的经营理念是分不开的。松下幸之助不同意他的公司是全日本最著名的家用电器制造公司的观点。在一次和其人事部门的下属谈话时，松下幸之助说：“你们这些人都是在人事部门任职的，难道还不懂得培育人才是你们人事部最主要的职责吗？如果有人问松下电器是制造什么的，你们就要回答说松下电器是培育人才的公司，兼做电器产品。松下电器培养的人，应该是个个有社会责任感，为社会做贡献，积极进取，团结礼让，业务精熟；无论把他们派到哪个部门，派到什么地方，九州、四国，还是北海道，他们都能胜任工作，心里装着顾客的利益、客户的要求和公司的荣誉；如果派驻海外，见了国旗，他们会落泪。松下电器培养的人，都应该这样。这在你们的培训计划书中，在执行中，应有所体现。现在，你们竟然这样回答我，都是严重的渎职。经营的基础是人，对于这一点我不知道讲了多少次。在企业经营上，资金、生产、技术、销售等固然重要，但人才是这些东西的主宰，如果不从培育人才开始，那松下电器公司还有什么希望呢？”①松下正确地看到和把握了“培养人的能力”和“促进企业的发展”之间的辩证关系，正是以此作为公司的指导思想和经营理念，才会有松下公司的快速发展和今天的成功。

要想使企业发展壮大，我们就必须不断从各个方面培养人，全面提升企业每一个员工的素质。现在有很多企业都设置了培训部门，对新进员工进行培训，组织对老员工进行培训。但是，我们发现，很多企业培训的内容有限，基本上都是员工的工作技能、企业的规章制度、企业的文化等一些作为该企业的一员所必须懂得和掌握的东西。在我们看来，这些只是把员工当作该企业的一个工具所必须具备的基本技能，还没有脱离科学管理理论所规定的范畴，还是实体人性论的一种表现。因此，就企业培训的对象来说，应

① 倪德玲．松下电器：造物先造人［M］．北京：中华工商联合出版社，2004：60—63.

该是企业中的每一个人，包括管理者、员工以及企业的服务人员；就培训的内容来说，应该是以企业人员所必须具备的技术规范、工作流程、规章制度等为基础，还应包括理想与价值观教育、人生观教育，有实力的企业甚至是开展相应的文化教育等；对于表现突出的员工，还可以对其进行专门的培训教育，给予其特殊的政策优惠，在企业资助下去专门的培训机构甚至是大学进修。

可以认为，加强企业的培训管理，围绕企业的发展目标，结合员工的实际情况，对企业中的每一员工进行相关的培训，提高其各方面的能力和水平，对于企业的发展具有重要的意义。

其一，在企业管理中只有不断培养人，才能留得住人。在培养的过程中发现一个人的特长，然后为其安排合适的工作，使之做到人尽其才。员工有一种被重视的感觉，就可能以一种企业主体的身份去考虑问题并解决问题，从而把自己当作是企业这个大家庭的成员去考虑企业的问题。通过系统的培养，一个人的能力在企业中得到了提高，同时，企业又给了他展示自己能力的舞台和机会，他在自己的能力得到证实的时候也获得了一种心理上满足，获得了人生的成就感。只有这样，才能有效地留住人。

其二，企业管理只有不断培养人，才能不断激发人的潜力和工作的热情。在企业中，只有充分激发人的潜力和工作的热情，才能最大限度地发挥出人所特有的作用。也就是说，企业能否激发出人的潜能和工作的热情，对于企业能否最大限度地发挥出人的作用是至关重要的。人是需要培养的，人的潜力与热情是需要激发的。只有不断地培养人，不断地激发员工的学习与工作热情，才能在员工的学习和进步的过程中发现他特有的禀赋，然后，通过有效的方式激发他工作的潜力，激发他不断追求向上的热情。一个企业，必须尊重人，只有真正确立了人的主体地位，为员工搭建成长的平台，真心真意地促使员工不断地提高，才能激发员工的潜力和工作的热情，为企业做出更大的贡献。

其三，企业管理只有不断培养人，才能不断促进企业的发展与进步。很多成功企业的经验表明，培训和学习是企业发展的主要原动力。员工是知识、技术、经验、智慧的真正拥有者，一个企业最终的竞争优势在于企业持续学习的能力，以及将其迅速转化为行动的能力。现代社会科学技术的发展日新月异，知识更新的速度不断加快，企业只有通过有目的、有组织、有计划地培养员工，不断提升员工的整体素质，不断调整和更新整个企业人才的知识结构，才能更好地应对各种“变化”的挑战。

（三）尊重人的个性发展

人是个体存在和社会存在的统一。人不仅具有社会性和现实性，而且还具有个性，人首先是独具个性的个体，只有现实中的个人才是具体的。每个个人在现实中都有不同的家庭背景、成长环境、经历、个性、爱好、需求，以及不同的能力、素质、观念、行为方式和生活方式等，因而，企业在管理中不能搞一刀切，而要针对不同个人的具体问题进行具体分析。企业需要把人作为处于社会关系中的人来看待，从社会关系中把握人的特点和个性，从而发挥人的潜能，另外企业要把人视为在历史中活动的人，是一个不断变化和发展的人。这样一来，管理者能够正确认识员工的发展及其特点，对于每一位员工的重视也就能够形成，企业才能够实现所制定的目标。因此，凡是高度重视人的作用的企业都把目光瞄向了个人，这些企业发展中的每一个闪光点都是与他们尊重人的个性是分不开的。

企业是由各种个性特征的人构成的一个有机整体，在管理实践中，我们要对“尊重人的个性”进行正确的理解，处理好企业整体利益与员工个性之间的关系。尊重人的个性，首先是针对不同的人及其不同的特点，为其分派相适合的工作，安排适宜的岗位，这样才可能做到“人尽其才，才尽其用”，也即“把好钢用在刀刃上”；其次，是关心每个员工的生活，关注员工的需求，肯定每位员工的价值，倾听每位员工的心声；再次，尊重人的个性并不是不要进行规范的管理，不是要针对每位员工制订不同的管理制度。规范的管理是一个正规企业管理与发展的需要，尊重人的个性也是为了更好地促进企业的发展，从这点来说，尊重人的个性和进行规范管理在本质上是一致的，尊重人的个性实际上是要求在企业管理中努力实现企业规范化管理与员工个性化发展的有机统一。

坚持企业管理的规范性与尊重人的个性是人本管理对企业发展的要求，也是对管理者的要求。在具体的落实措施上，可以考虑从以下几个方面着手。第一，企业在员工的岗位安排、教育培训，以及在企业的工作环境、文化氛围、资源配置过程等诸多方面尽可能做到周到，而且也要以是否有利于员工的本意、按员工的积极性的发展以及按员工的长远发展来考虑管理行为，而绝不是简单地处置，绝不是仅仅从企业功利性目标出发去安排。第二，要建立和完善企业内部的沟通机制，畅通沟通渠道，使广大员工的建议和意见能够及时反映给上层管理者。同时，管理者也要以各种方式接触下层的每一位员工，和他们交流，倾听他们的心声，了解他们对企业经营与管理的看法。对于员工提出的合理的建议，管理者在工作中要积极借鉴和采纳，如果有的建议是不合理的或者暂时不具备实行条件的，一定要细心地做好解释的工作，不能因处理不当而影响员工的积极性。第三，要建立有效的决策机制，形成民主决策的良好氛围，切实保证员工在组织的重大决策以及涉及自身切身利益的问题上能够拥有话语权，能够表达自己的观点和意志。第四，要增强员工的责任感和参与感，吸引员工以主人翁的姿态积极地参与到企业的经营管理活动当中，让每一位员工都能充分发挥他们的聪明才智，更好地为企业发展出谋划策，贡献力量。

我们不得不承认，现在很多资本主义的大企业在尊重人的个性方面采取了一系列有效的措施，在一定程度上激发了员工的积极性和创造性，比我们国家的不少企业做得还要更好，如惠普公司、IBM 公司、微软、沃尔玛公司、松下等。但他们尊重员工个人及其个性的目的，只不过是把每一个员工看作是一个个有着特殊使用价值的工具而已，这与人本管理对员工个性的尊重有着本质的区别，尊重员工的个性在资本主义企业中是不彻底的、不全面的。实践人性论不但看到了人的社会性，也看到了人的个性，人的社会性和个性是结合在一起的。只有在马克思主义理论指导下的人本管理，才真正科学地认识了人性，才能够真正、全面地尊重人的个性，从而推动人的自由全面发展。

二、人本管理方法的基本条件：发挥管理人员[①]的作用

人本管理的核心思想是“尊重人，关心人，实现人的价值”。在企业管理中，人的因素是否能得到最大限度的发挥受到很多因素的影响，但是，其中最重要的就是管理人员能否发挥他自身应有的作用这个因素。优秀的、成

① 这里所说的管理人员主要是指企业的高层管理人员。

功的企业都与其优秀的管理者是分不开的。管理是通过人而对人、财、物，特别是对人进行的管理，所以我们说管理的发起者是人，管理活动所指向的对象也主要是人，而这个管理的发起者，就是管理人员。

现在有一种对人本管理的误解，认为“人本管理”就是一种员工自己管理自己，如果是由管理者对员工进行管理，那就不是人本管理。或者是，片面地理解了“管理中主客体的对立统一”，强调“统一”的一面，而忽略了“对立”的一面。实践证明，很多优秀的管理人员一般都把人才看作是企业中最宝贵的财富，他们把相当多的精力、物力和财力都投入到了人才的引进、培养、开发和使用等方面。在某种程度上讲，一个优秀的管理人员能够表现出卓越的管理水平和领导才能，可以引领企业解决困难，走出困境，赢得市场的主动权；反之，一个不称职的经理人员则很快就会葬送一个企业。人本管理的一个重要的前提，就是首先要有一个高素质的高层管理者，发挥这些高层管理者的领头羊作用是企业成功管理的关键，是人本管理的基本条件。

（一）体现效率的制度设计

在企业管理活动中，管理人员要行使自己的职责，对企业进行管理，维持一个企业的正常运转，这是管理者作用的最基本的表现。但更重要的是，要充分发挥他的制度设计的作用，这是人本管理的客观要求。人本管理是否能顺利地实行，制度的设计是基础，没有制度的保障，就失去了存在的依托。管理人员在制度设计上的作用主要体现在以下几个方面。

其一，对管理主客体相互协调与发展的管理机制的设计。这里所说的管理主体主要指的是指那些具有一定能力、拥有相应的责任和权威、从事现实管理活动的管理者。管理主体在管理过程中占有极其重要的地位，作为管理主体的管理者应该具有能动性、创造性和自主性。在企业管理中，构成管理对象的有人、财、物三个基本要素，除此之外，还有知识、信息和能力等。但在这些管理对象中，人作为接受管理指令的第一对象，理所当然被称为第一管理客体。

在这里我们就只研究作为管理第一客体的“人”。对于怎样进行管理机制的设计，我们认为，要遵循以下的原则。首先，是体制的设计要给员工一定自由的空间。在遵守企业最基本的管理规章制度的前提下，适当地给予员工一个想象的空间和领域，然让员工能够积极地参与到管理活动中来。而管理者采用什么方式达到这个目标则视具体情况具体分析，选择可能性较大的目标作为指导。其次，吸引员工参与领导与管理，释放员工的积极性与参与性。员工参与管理的目的在于唤起每个员工的集体意识和集体努力，唤起员工的主人翁意识，激发其创造性，以有效达到企业的目标。我们知道，企业的管理者让员工们参与决策，参与集体讨论、采用集体决定的监督方法，使员工们感到自己在企业中的价值，员工不仅会情绪高涨，在自己的领导下创造性地工作，而且也会了解如何有效协调与配合，从而使员工之间关系密切，气氛和谐。再次，将职务设计与人员安置相结合，这样有利于合理配置人力资源，有利于调动职工的积极性。最后，企业管理机制的设计应符合企业与人员共同成长的要求。所谓企业要与个性化全面发展的个人一起成长，就是说企业本身的发展应与以人为本的管理方式相适应，即组织体系、制度设计以及运作功能都要逐步凸显人本主义理念，改变金字塔式的科层制组织结构。管理者要在企业中建立合理的沟通机制与学习机制，鼓励员工学习，从而极大地激发员工的潜能并使之成为企业发展的内在动力。企业与个人共同成长的最终目标，实质上是在个人的个性化全面发展的基础上，建立一个真正的以人为本的管理体制与运行机制，以最大程度的激发人的潜能，发挥人的作用，体现人的价值。

其二，对人员激励机制的设计。现代企业人本管理的主导方式是激励，激励就是激发人的潜在的创造力，唤起人的全部能力，发挥人的内在潜力，其根本目的就是调动员工的积极性，保证企业生产经营活动一直处于最佳状态。因此，激励的过程就是充分调动人的积极性的过程。所以，企业的管理者要认真研究激励的途径和方法，找准激励的着力点，创造良好的环境并满足员工的合理需要，把握精神激励、物质激励的结合点，掌握一些行之有效的激励艺术，设计出能促进企业和员工共同进步的激励机制来。为此，在设计激励机制的时候，要注意以下几点要求。第一，要尊重每一位员工。要充分尊重员工，了解员工的需要，倾听员工的意见，信任员工，欣赏员工。海尔公司总裁张瑞敏倡导海尔人人都是人才，并落实到实处，使海尔的每个员工都能够“在海尔工作，在海尔生活，在海尔成长”。第二，要设立合理的目标。领导者要为群体树立一个或数个明确的、具体可行的目标，发挥目标激励的作用，引导员工朝向目标而努力工作。第三，对员工的具体工作进行激励。每一位员工的工作，甚至是他们在每一道工序的活动都是企业生存与发展的一环，都是企业生产经营活动所不可缺少的。要明确各项工作的意义和价值，把工作本身作为激励的内容和手段，强调工作的重要性，丰富工作的内容，增强工作透明度，并给职工以充分信任，使工作具有自主性和挑战性。第四，利用奖惩制度来激励员工。奖惩是企业管理的重要手段之一，员工的行为表现与企业的奖惩状况有着密切的关系。但奖惩不是目的，而是激励员工的重要手段。在实施激励时，管理者要把握好奖励与惩罚的尺度，使员工既要有积极性，又要受到制度的约束。总之，管理者要善于调动员工的工作积极性，使人的才能在企业中得到最大程度的发挥。

目标管理是现代管理中一种有效的、运用广泛的制度设计，对激励员工有着重要作用。目标管理的概念是管理学家德鲁克于 1954 年在其名著《管理的实践》一书中最先提出的。其后他又提出“目标管理和自我控制”的主张。德鲁克认为，企业的目的和任务是必须转化为目标才能够实际形成，如果一个企业的发展没有目标，这个企业必然会被杂乱无章的琐事所烦扰，进而不能够实现顺利发展。也就是说，企业的各级管理人员只有通过这些目标对员工进行领导，并以目标的实现与否作为衡量每个员工的贡献大小，才能保证一个组织的总目标的实现。如果没有一定的目标来指导员工的具体工作，那么一个企业组织的规模越大，人员越多，发生冲突及浪费的可能性就越大。因此，他提出，让每个职工根据总目标要求自己制定个人目标，并努力达到个人目标，就能使总目标的实现更有把握。德鲁克认为，“目标管理则是综合了以工作为中心和以人为中心的管理技能和管理制度，能使职工发现工作的兴趣和价值，从工作中满足其自我实现的需要，企业的目标也同时因而实现了。”[①] 为了达到这个目的，德鲁克还主张，在目标实施阶段和成果评价阶段中，企业的管理者应做到充分的信任员工，实行权限下放和民主协商，使员工实行自我控制，独立自主地完成自己的任务。此外，成果的考核、评价和奖励也必须严格按照每个员工目标任务的完成情况和实践成果的大小来进行，以便进一步激励每个员工的工作热情，发挥每个人的主动性和

① 郭咸纲．西方管理思想史［M］．北京：经济管理出版社，2004：286.

创造性。德鲁克的这些思想，在当时的企业界和管理学家中产生了巨大的影响，并为目标管理的实际应用打下了坚实的基础。

目标管理是一种全过程、全方位、全员参与的管理方法，是一种综合的以工作为中心和以人为中心的系统管理方式。目标管理是一个全面的管理系统，它用系统的方法把企业许多关键管理活动结合起来，并且有意识地瞄准有效地和效率高地实现组织目标和个人目标。它使企业的总目标和总任务、各个部门和每个员工的奋斗目标都切实落到实处，保证了企业目标和任务的有效落实。目标管理方法一经诞生，就被美国企业界视为一种起死回生的有效手段，迅速普及于工业、金融、公用事业等大中小企业。随后，目标管理方法又传到西欧和日本等地，成为世界上较流行的一种现代管理方法。到1965年，目标管理已经风靡整个日本产业界。日本的目标管理还与日本的文化结合，具有其本国特色，它是在引进美国目标管理和本国传统管理制度相结合的基础上加以充实、提高、发展而形成的。因为，“集体主义既不是要力争实现的企业目标或个人目标，也不是他们追求的口号，相反，它是理所当然的，因而个人的行为不具有任何重要性。”①所以，日本的目标管理比美国效率更高。我国企业于20世纪80年代初开始引进目标管理法，并取得较好成效。目前，目标管理作为一种卓有成效的管理模式，在我国的许多单位得到广泛应用。

（二）发挥战略规划作用

很显然，管理人员的职责不仅仅是通过行使自己的职权来设计一些企业发展的制度，维持一个企业的正常运转与发展，体现一定的组织计划的管理作用，更重要的是，要关注企业的长远发展，关注企业的未来，制定体现企业发展战略的决策和规划。战略和决策可以说是企业管理人员至关重要的一项工作，战略和决策的水平，全面体现了一名管理人员素质和能力的高低。战略和决策需要从企业的大局出发，需要考虑企业的核心价值观、企业使命和发展远景，这不仅关系到企业未来发展的命运，更关系到企业目前的发展能否持续。制定战略规划的能力是高层管理者必须具备的能力。

企业管理在“以人为本”理念的指导下，要发挥管理人员的战略规划

① 刘敬鲁．西方管理哲学［M］．北京：人民出版社，2010：226.

的作用，就要注意两点。其一，把培养人的规划与企业的发展规划结合在一起。企业的长远发展是以科学的人才队伍结构为基础的，企业战略的实施是与人才的培养和供应密切相关的，管理者必须在企业发展战略指导下做好人力资源规划，为企业提供坚实的人才支撑，二者不能脱节。其二，必须注重员工的发展与成长。企业的发展和企业中每一个人的发展是结合在一起的，人的进步会促进企业的进步。其三，使企业的最终目标和阶段性目标相结合。企业发展的最终目标是人的自由全面发展，企业的阶段性目标是企业在一定的时间段里所要达到了理想状态。企业最终目标的实现是一个长期的过程，需要一步步的积累。只有把阶段性目标和最终目标有机结合起来，在最终目标的指引下，不断推动阶段性目标的落实，才能不迷失企业的最终发展方向，同时能使企业一步一个脚印，踏踏实实地开展工作，不至于陷入空想。

（三）履行感召激励作用

在“人本管理”理念的指导下，一个高级管理人员就应该履行感召激励的作用。作为一个管理人员，衡量其工作的尺度应该是他的职能以及他的贡献，管理人员不同于甚至高于其他所有人的职能，就是他能起到教育、引导和激励作用。要履行感召激励的作用，管理人员就应该具备相应的优秀品质。正如管理学家德鲁克所说的，“明天的经理人员工作做得越好，就越要求他品德上正直无私。”“将来比过去更加有决定意义的既不是教育也不是技能，而是个性和品德。”①

一个高级管理人员，就应该像一位家长，一位老师。他会用自己的品德和企业良好的激励机制去感召和激励下属和员工，而不是用自己的权力去约束人，不是对犯错误的下属和员工进行严厉的惩罚，而是进行规劝和引导，用自己的品德去感化他，使之认识到自己的不足的同时，又感觉到内心的温暖。这样的方式比一味地惩戒要好得多。一个高级管理人员，就应该像一位目标明确、意志坚定的指挥官。他心中时刻关注着企业所要达到的近期与远期目标、最终目标和阶段性目标，并会客观评价企业的发展态势。他意志坚强，当企业面临困难的时候，能够正视困难，毫不气馁，并能在挫折中

① ［美］德鲁克．管理实践［M］．帅鹏等，译．北京：工人出版社，1989：450.

总结经验教训，制订出切实可行的解决问题的办法，从而起到稳定“军心”的作用，鼓励和带到员工渡过难关。可以说，“现代管理领导者应运用自己的指挥权，使管理过程处在有效的严密控制下，始终保持系统的良性运动状态。”[①]管理者做到了这一点，那么他的下属和员工们看到他的有效管理方法，就有了主心骨，就看到了希望。

由此可见，体现管理人员的良好品德，在充分发挥管理者自身的感召力和激励作用方面的意义非同寻常，它不仅是人本管理的内在要求，更是未来企业发展的必然趋势。

三、人本管理方法的价值体现：全面释放员工积极性

实践证明，凡是能够做到事业持续发展并取得突出成就的企业，都有一批非常优秀的管理人员，其管理人员的作用也表现得非常出色，这些优秀的管理人员是企业事业长青的关键。但是，他们能够发挥作用，这是建立在员工努力工作的基础之上的，是他们全面调动员工的积极性和主动性的结果。从某种意义上说，员工才是企业管理的主体，因为，研发、采购、生产、销售、服务等企业的各个环节和流程都是在企业员工的参与下开展的，离开了企业员工的参与，企业就无法正常运转。没有企业员工的工作，管理人员就会陷入“巧妇难为无米之炊”的困境。因此，人本管理就是以员工为本，以员工的利益和发展为本，这才是人本管理的具体表现，是人本管理超越科学主义管理的基础，这更是与资本主义人本管理的根本区别。

（一）人本管理方法的原则：运用约束与放权

人是一种在实践中的主客体的统一。以实践人性论为哲学基础的人本管理要求人们在管理中把约束与放权结合在一起，在对员工的管理中，这二者是有机联系在一起的。首先，人是一种管理的客体存在，这种存在在一定意义上是与其他管理客体如财、物等是一致的，他们都属于管理中的一种要素、一种资源。在此意义上说，企业中的物和人这两种管理客体都必须围绕企业的目标和任务来进行管理。人和物一般而言需要服从企业发展的需要，必须受到一定的约束，必须遵循一定的管理制度，才能最大限度地发挥出各

---

① 崔绪治，徐厚德．现代管理哲学概论［M］．安徽：安徽人民出版社，1986：255.

自特定的作用。在这里，员工在管理中主要体现的是服从性、适应性和被动性。有人认为在人本管理中对于员工就应该自由发挥他的功用，而不应该进行管理，任其自由劳动，或者是员工能任意按自己的意愿去工作，而不必刻意遵循企业的管理制度或工作的流程，否则，就会陷入科学主义管理的泥坑。其实，这些理解都是错误的，都是对人本管理的错误理解。从企业经营的实际看，人本管理在一定程度上也需要严格的管理，需要完善的规章制度，需要科学的流程，需要每位员工都按流程、按规范的要求工作。如此才能保证企业正常的生产经营秩序，保证各项工作有条不紊地顺利进行。

其次，人本管理需要适当地放权，需要对员工进行激励。放权，就是给组织成员们确定一定的规范，赋予他们一定的责任，并给予一定的履行责任的权力，然后让其在特定的范围内自由发挥，目的是更灵活有效地、最大限度发挥人的积极因素。在实际的管理活动中，管理者的放权实际上是在一支团队内建立相互的信任和了解的有效措施。有效的放权能够在激励下属、实现开拓创新的同时，解放领导者自己，达到事半功倍的效果。人不仅仅是一种被动的客体性资源，人更多的是一种主体性资源，有着很强的主观能动性，这也正是人不同于动物的本质区别，是人之为人的根本。与以实体人性论为指导的科学主义管理理念实质上把人当作是“物”的看法不同，人本管理理念则是以实践人性论为指导，不但把人看作是一种客体性的存在，而且是一种主体性的存在，是实践基础之上的主体性和客体性相统一的存在。基于这种考虑，与科学主义管理把人看作物而实施单纯的约束和控制不同，人本管理所倡导的实践管理，把人看作管理的主体和客体的统一而坚持约束与放权相结合，充分体现人本管理对人的主体地位的重视。杰克·韦尔奇有一句经典名言：“管得少就是管得好。”为了尊重人，也为了企业能持续健康发展，就必须在管理中适当放权。

管理者放权的具体表现就是，在尊重企业基本管理制度的前提下，给员工充分的自由，让其自己管理自己，让他们可以对企业的管理制度与工作的流程发表自己的看法和建议，可以对管理人员的管理方式与方法提出自己的质疑；可以对于企业的发展规划提出自己见解，并能够通过适当的渠道表达出来；可以自主决定自己的工作方式，采取合适的工作方法等。企业放权的目的是为了激发员工的生产积极性和主人翁意识，激发员工的潜能，使其充分发挥价值和作用，促进企业健康与稳定的发展。授权是管理者对下级放权的一种重要方式。授权就是上级将自己的职权通过命令链分派给下属，使下属在执行相关任务时无须事事请示，以便迅速完成任务。更多的授权可以给下级员工更多的自由发挥的空间，更好地激发他们的责任心和创造性。通过授权，上级从日常事务的管理中摆脱出来，集中精力抓大事；下级能自主决策，有了积极性，也得到锻炼；下级更了解具体情况，面对问题可以迅速行动，提高工作效率。一般来讲，授权主要包括三个方面的内容：第一，分派任务，即向被授权者交代所要委派的任务；第二，委任权力或职权，即授予被授权者相应的处理特定问题的权力或职权，使之能有权履行原本无权处理的事务；第三，明确责任，即要求被授权者对委派的工作负责。

授权虽然对调动员工的积极性与提高工作效率有着明显的作用，但许多研究表明，管理者由于授权不当所引起的失败也比较常见。因此，为了保证合理与有效授权，每一个管理者都要注意掌握授权的方法与技巧。正确的授权应遵循以下原则：第一，重要性原则。管理者所授的权限不能只是一些无关紧要的小事，要是关涉企业发展的重大和重要的事务给予的权限，否则，将会在员工中导致失去积极性的后果。第二，适度性原则。管理者的授权过少或者过多，都会往往造成员工的工作量过大或者过少，授权过多又会造成工作杂乱无章，甚至造成管理失控，所以要适度。第三，权责一致原则。权力与责任是永不分离的，在授权时，管理者必须让被授权者明确所授任务的目标、责任及权力范围，权责必须一致，否则，被授权者要么可能滥用职权，要么对工作无所适从，造成工作失误。第四，级差授权原则，即不越权授权。管理者只能在工作关系的范围内进行级差授权，不能够越级进行授权。越级授权会造成中间层次在工作上的混乱和被动，扼杀他们的负责精神，并导致组织结构的失衡，进而破坏管理的秩序。

（二）人本管理方法的途径：激发责任心与满足成就感

要真正体现人本管理，激发全体员工的工作热情和潜能，全面发挥员工的作用，除了要首先遵守约束与放权的基本原则之外，最有效的途径就是激发员工的责任心和满足员工的成就感，这是进行人本管理的最根本途径。

在企业管理中，我们说的责任心是指员工对自己和他人、对企业所表现出来的负责任的认识、情感和信念，以及与之相应的遵守规范、承担责任和履行义务的自觉态度。员工具备对他人、对集体、对工作的责任心，是一个员工干好工作的心理基础，是一个员工应该具备的基本的职业素养。员工所具有的责任心首先是对自己负责，对自己的成长负责，对自己的利益负责；其次是对自己所在的企业负责，对自己的工作任务、工作目标负责，敢于承担责任。同时，还能够自觉关心企业的发展，自觉维护企业形象，维护企业的利益。具有责任心的员工，会认识到自己的工作在组织中的重要性，把实现组织的目标当成是自己的目标，而不负责任、推卸责任的员工则是企业的梦魇。因此，只有公司和员工共同努力，才能最大限度地激发员工的工作责任心，才能保证公司目标的达成。

成就感是指一个人做成一件事情或者做一件事情时，为自己所做的事情感到愉快或成功的感觉。成就感在本质上是一个人的内心体验，它既取决于个人的认识和感悟，又容易受到外界评价的影响。员工的成就感指的就是员工在自己的工作中由于尽到了自己的能力，发挥了自己的主观能动性而做出了相应的贡献和成绩，并得到了人们的肯定和赞扬，从而在内心所获得的一种愉悦感和满足感。管理者对员工的成就感的培养起着重要作用，不同的处理方式会导致不同的结果，引起员工不同的反应。因此，对于表现好的员工，管理者要及时给予表扬和肯定，对于员工积极主动的行为要善于给予真诚的赞美，对于员工取得的成绩要及时进行奖励，培养员工的荣誉感，激发其成就感。

人本管理的理念要求管理者在对员工进行管理的时候，要合理运用企业现有的激励机制，甚至是自己特有的具体措施激发员工的责任心。管理者要让员工们深刻地明白这样的道理：每一个员工都是企业的重要成员，是企业不可分割的一分子，企业的成长就是他们自己的成长，他们每一个人的所作所为都关系到企业的发展与进步。企业要从各个方面满足员工的成就感，让员工明白，企业使他们的人生与聪明才智有了一个充分发挥和施展的舞台，他们的努力受到了企业充分的重视，他在企业受到了良好的培训，获得了为人与做事的本领，他们的工作促进了企业的发展，他们和企业一起都迈向了新的台阶。

优秀的企业在激发员工的责任心和成就感方面做得都比较出色。换句话说，优秀企业一般都能让员工心甘情愿地为实现企业的目标而努力工作。这种企业的目标不是仅仅让员工顺从，而是在企业的发展目标中体现出员工的拼搏进取和团队精神。在现代化大生产条件下，这种精神显得尤为重要。企业不能使得员工像机器设备那样被动地完成任务，而是要让每一个员工都主动地承担起对企业的责任，体现员工的地位和价值。因此，企业激发员工的责任心，满足了他们的成就感，实现员工与企业的共同发展和成长，就能有效地激发他们的主人翁意识，让他们自觉把自己的前途与企业的命运紧紧连在一起，就能让他们站在企业利益的高度去思考问题、解决问题，就能激发他们的勇气去迎接更大的挑战。由此看来，激发责任心和满足成就感是激发员工工作动力的最有力的源泉，是企业推行人本管理的根本途径之一，也是管理者应该具备的一项管理技能。

（三）人本管理方法的目标：释放潜能与自我实现

人本管理的最终价值目标是追求人的自由与全面发展，落实到在对企业发展发挥了最基础作用的员工身上，就是发挥他们的聪明才智，发掘他们的潜能，从而使他们获得自我实现。人本管理的理念要求在企业经营管理的过程中充分发挥管理人员的作用。要发挥管理者对企业发展的引领作用，发挥他们对员工的感召和激励的作用，要体现他们对企业制度进行设计和完善的作用。只有管理人员把这些都落实到各项具体工作中，才能得到员工的认同，真正影响员工；只有通过员工作用的有效发挥，才能体现出管理人员以及他们设计的这些制度与措施的功用。

人本管理理论与科学主义管理理论对人的自我实现的理解是不同的。科学主义管理理论也强调人的自我实现，但这都是以个体的人作为自我实现的主体，因而是从抽象的孤立的个人出发做出的自我实现。他们强调的或者是人的个人价值或社会价值的片面实现，或者是生物学意义上的自我实现，这种实现在现实生活在并不能够真正获得。科学主义管理理论认为，自我实现的目标就是人对自己的本能和社会文明之间的矛盾冲突的解决，是自我与社会之间的和谐相处，在这里人的自我所起的作用就是不要过分地压抑本能，同时也不要让本能冲动冒犯了社会戒律，达到人与社会的统一。所以，最终所实现的自我实际上只能是人的本能欲望，即生物学意义上的自我实现。而马克思主义则认为，人的自我实现不仅是人的个人价值的实现，还包括人的社会价值的实现，是人的自我价值的实现和社会价值实现的有机统一，即人的自我实现必须包括人的个人价值和社会价值的实现，即二者的统一。

发挥员工自身的潜能与他们的自我实现是联系在一起，不能分开的，潜力的发挥是手段，而自我的发展与完善等自我实现是目的。管理人员要致力于管理体系的设计与实施，致力于企业文化的塑造，致力于员工多种需求的合理满足，利用激励机制和激励措施等配套措施，为员工发挥自己的主观能动性、发挥自己的潜能创造良好的环境。在这样的环境下，员工的行为将发生根本的改变：企业员工不会再因为害怕惩罚而被动工作，也不会再因为得到奖励而向管理者表现出自己的积极性，员工心理深处的价值实现感、成就欲和事业心，以及自尊、自爱、自强的心理与主动性、创造性，都将自然地发挥出来，他们将自觉地与管理者一道把工作做得尽可能圆满，使企业和自身都得到健康发展。在这一过程中，员工的社会价值得到彰显，同时，员工自身的价值也将积极地呈现出来。

第四章　管理价值论

从人类诞生，有了群体生活，便产生了人类的组织。因为，人们发现，与他人结成共同的单位即组织，不仅可以放大和扩展自己的生存能力与本领，而且可以获得情感、友谊式的存在状态和方式。一旦出现了组织，便生成了对组织加以“管理”（分工、协调、维护等）的需求，因为，在一个组织中，必须相互协调与沟通，才能有效完成组织的各项任务，促进组织更好地为其成员服务。人们产生对管理的需求的同时，也产生了对诸如为何与如何进行管理等此类问题的初步答案与构想，这些答案与构想本身，就是人类的管理思想。一方面，在人类产生了对管理的需求意识的那一刻，已经有了管理思想，因为，这种对管理的需求意识就是一种管理思想。从这个角度看，管理思想对于管理实践，具有先在性和决定性。另一方面，对管理的需求意识，还不是完整的系统的管理思想，任何管理思想都是在管理实践中得以孕育、发展、升华，并最终为自成体系。从这一角度看，管理实践较之管理思想又具有第一性和决定性。人类的管理思想与管理实践，就是在这种双向交错决定的道路上不断前进，就是在这种双重决定的逻辑支配下丰富与发展的。

我们所要探讨的管理价值与价值观，属于特定而具体的管理思想，它们是在与管理实践决定与被决定的历史框架内生成与发展的。也就是说，任何管理实践，都是在特定的世界观与价值观支配下的管理实践，而任何对管理价值的认识和管理价值观，都是在管理实践的土壤中得以丰富和发展的。可以说，“作为管理者哲学重要范畴的管理价值是价值一般的特殊表现，其基本含义是以管理在多大程度上，以怎样的方式满足人们的需要为核心的，作为主体的人们与作为客体的管理之间的一种特殊关系。”[①]管理价值、价值观

① 崔绪治，徐厚德．现代管理哲学概论［M］．安徽：安徽人民出版社，1986：46.

与管理实践之间的这种关系，正是下文我们叙述的逻辑体系。从人的思维展开的前提看，人们只有获得了对感性对象意义即感性对象之于主体的功能作用后，才能生成对感性客体进一步研究的内在动力和思维展开路径。我们把对管理本身价值的探讨作为向读者叙述的逻辑起点，正是基于对人们获得思维展开前提重要性的认识考虑的。即是说，读者只有首先明白了管理与价值之间的内在关联与相互牵制，才能继续获得进一步阅读的兴趣和动力。在此之后，我们探讨的重点内容，就是管理的价值目标与管理价值观。管理的价值目标，是管理价值的具体化和实践化，它既是管理实践的重要手段——只有树立了恰当的管理价值目标，企业发展才有上升的空间，企业管理才能获得实际效果，又是管理实践必须重点处理的管理事项——在当代管理价值目标不断冲突的时代，只有不断树立相对合理的管理价值目标，解决价值目标之间的冲突，保持价值目标之间的合理张力和动态稳定，企业发展才能获得方向和动力。管理价值观是企业管理的指导思想和企业文化的核心与灵魂，它是企业价值目标的观念化和综合化，具体的管理价值目标共同形塑了特定的观念的价值观念，即“人们对各种管理的价值和管理的各种价值进行概括，便形成了管理价值观”。[①] 从这个角度看，对管理价值观的探讨，是对管理价值目标的进一步深化和拓展，是其逻辑的自动延伸。对管理价值观的探讨的主要旨归，不仅仅是拓展对管理价值观的研究，还是试图告诉读者，全球化和信息化的时代，各种价值观念在全球范围内传播，各种价值观念之间相互交流、交融、交锋，甚至发生冲突。在此背景下，探讨如何依据中国实际，生成具有中国特色社会的社会主义企业管理价值观，乃是本章的另一任务。

第一节 管理、价值与价值观

管理、价值与价值观，属于不同学科领域的范畴，研究管理价值论的首要前提，就是要探讨管理、价值与价值观之间的内在关联。这三个范畴不仅组成了本章叙述的逻辑节点，更是本章研究的重要内容，只有明晰了三者之

① 崔绪治，徐厚德．现代管理哲学概论［M］．安徽：安徽人民出版社，1986：47.

间的概念及其关联，才能展开对管理价值论的整体性构建和叙述。

在日常生活话语下，上述三者之间关联的重要表现，就是人们习惯把管理与价值、管理与价值观组合使用，即赋予“管理的价值”与“管理价值观”以整体化、独立化的含义。我们将管理与价值、价值观牵连，就是从探讨“管理的价值”与“管理价值观”的含义开始的，试图在具体讨论中进一步揭示三者之间关系。

一、管理的价值：对管理功效的探讨

（一）对价值概念的厘定

在“管理的价值”这一命题中，“价值”是中心词，因此，剖析“管理的价值”这一命题，首先需要解析“价值”的相关意蕴。一般而言，“价值”至少存在着经济学与哲学两种语义下的含义。在马克思那里，他一开始所谈论的“价值”，主要是经济学意义上的“价值”，正如有学者指出并论证的那样，价值的初始含义，它起源于经济学，马克思是在政治经济学语境下使用价值的。马克思曾说，“价值这个经济学概念在古代人那里没有出现过。价值只是在揭露欺诈行为等等时才在法律上区别于价格。价值概念完全属于现代经济学，因为它是资本本身和以资本为基础的生产的最抽象的表现，价值概念泄露了资本的秘密”。[①] 马克思又说，“一切商品（包括劳动）的价值（实际交换价值），决定于它们的生产费用，换句话说，决定于制造它们所需要的劳动时间。价格就是这种用货币来表现的商品的交换价值”。[②] 基于此，一些学者指出，人们常常把价值（商品的社会属性）与使用价值（商品的自然属性）混淆起来，即从使用价值的含义上去理解价值的含义。

在经济学语义下，马克思赋予“价值”的基本含义，主要是指，价值是特殊而具体的商品（而不是一般意义上的物品）所具有的区别于其自身自然属性（即使用价值）的一种人类无差别的劳动凝结。千差万别的具体的不同地域的商品之所以能够用来交换，就是因为商品中凝聚着劳动，这种劳动

① 马克思，恩格斯．马克思恩格斯全集（第31卷）[M]．北京：人民出版社，1962：180.

② 马克思，恩格斯．马克思恩格斯全集（第30卷）[M]．北京：人民出版社，1962：84—85.

是抽象意义上的劳动，它不因为时间不同、地点不同，劳动的主体不同而不同，它是无差别的。否则，有差别的具体物品就无法确定一个等量的衡量标准来进行交换，没有交换，现代市场经济也就失去了根基。

除了经济学意义以外，马克思还曾赋予了价值以哲学的内涵。马克思说，“如果形式不是内容的形式，那么，它就没有任何价值了。”[①]恩格斯也指出，“任何一个人在文学上的价值都不是由他自己决定的，而只是同整体的比较当中决定的。”[②]马克思恩格斯这里使用的“价值”主要是指，一般物品（而不是特殊的商品）的自然属性对于人的需要的满足及其程度。倘若将这一含义放大甚至是扩展为，价值主要是指“客体对主体的满足”，那么，马克思所赋予价值的哲学内涵，就是我们现在日常生产与生活中常说的“价值”。我们常常说的“人的价值”“管理的价值”和“物品的价值”中的“价值”含义，就是指“主体对客体的满足”。它是一种客体满足主观需求的客观的关系，一种主体对客体的一种主观性判断。如此一来，在哲学上，价值主要表现为一个关系范畴，它内在所表达的是人与人、人与物之间的一种需要和满足需要的相对应的关系。也就是说，价值是指作为客体的存在，以其特有的属性和功能满足作为主体的存在（常常表现为人）的一种客观的关系状态。

（二）对管理价值的探讨

既然价值就是主客体之间的一种关系，那么，我们所说的管理的价值，就是指作为一种客观存在的管理行为，它对于作为主体的组织的作用和功效。管理价值的这一范畴，是对管理与组织之间一种特殊的关系概括，是组织存在的依据。试想，如果没有管理，组织将无法存在或者无法有序存在。自从有了组织以后，管理便被作为一种历史任务而被提出了。人类提出管理这一历史任务的一个基本前提，就是管理存在特定的价值，即管理对人类组织发展具有重大功效，人类的发展离不开管理，否则，管理便不会生成和发展。

当人以“类”的形式开启共同生活的时候，管理的价值便已凸显。当

---

① 马克思，恩格斯．马克思恩格斯全集（第 1 卷）［M］．北京：人民出版社，1962：179.

② 马克思，恩格斯．马克思恩格斯全集（第 1 卷）［M］．北京：人民出版社，1962：523—524.

然，在人的“类”组织较小的时候，管理的价值一时还难以体现。当“类”组织不断发展壮大后，管理的价值进一步得以确定和清晰。因为，不断壮大的“类”组织的资源是有限的，但人的需求却是无限的。为了协调处理这种有限与无限的关系，规避有限与无限之间的冲突，进而使得“类”组织处于特定相对稳定状态中，必须要有一部分人专门从事协调与沟通工作，这种在组织中的协调与沟通工作就是管理，协调与沟通的过程就是彰显管理价值的过程。特别是资本主义生产方式确定以来，资本与市场的双重逻辑所催生的企业成为社会的基本单元和细胞，成为社会的主导性组织后，基于资本对利润的追求、对运营效率的追求，迫使人们去考虑和处理企业中的各种关系。在此背景下，资本天生的追求利润最大化的逻辑要求人们，必须加强对企业的管理，改进企业中的各种关系。因为，“管理哲学所阐述的管理价值观，既是由人们在管理活动中所处的一定经济、政治地位决定的，又是受人们在这种管理活动中所信奉的一定世界观所支配和制约的。”①这时，管理的价值进一步体现为企业管理的价值，日常生活话语中的“管理的价值”，一般也特指为“企业管理的价值”。（当然，为讨论方便，受篇幅所限，本文也是将“管理的价值”限定在“企业管理的价值”这一领域内。）

任何企业都是由多种要素组成的，然而，这些独立的组织要素自身如果孤立存在，是无法满足资本增值逻辑的。为此，企业必须加强要素管理，只有通过管理，进行有效的资源整合，才能把一个个分散的要素按照一定的规则有机结合起来，使其共同协作为资本增值服务。可以说，在一个企业组织中，如果没有管理的存在，企业的任何工作都无法有条不紊地进行，更无法实现企业既定的利润目标。一句话，企业集体活动发挥作用的效果和程度，取决于企业自身的管理水平所达到的程度和高度。这便是对企业管理价值的最高概括与凝练。

例如，河南一家化工有限公司是一家主要生产碳酸氢氨、甲醇、液氨等产品的化工企业。在企业发展中，为了降低原材料成本，公司针对原材料供应方面存在的问题进行了深入的变革，彻底改变了原来的采购供应模式。公司原来的采购供应方式是，由车间等使用部门申报采购计划，确定需要采

① 崔绪治，徐厚德 . 现代管理哲学概论［M］. 安徽：安徽人民出版社，1986：48.

购的数量、规格、标准等要求，采购部门据此进行采购。但采购部门在实际工作中发现，经常存在采购申报单还没到采购部，供应商已经把产品准备好了，供应商提供的产品与收到的申购单的采购请求完全一致，而这些供应商都是与企业合作时间比较长的。在对供应的产品进行的检测、价格比对时，也发现了一些以次充好、价格较高等问题。并且，很多供应商还要求必须现款支付，不允许账款延期，这也增加了公司的资金占用，提高了资金成本。通过分析，公司预感到这里面一定有不少问题。为了公司的健康发展和长期利益，必须对采购供应制度进行变革。

公司经过慎重考虑，决定更换供应商，通过招标等方式，寻找新的供应商。但新供应商供货后，使用部门经常反映供应的材料、零件、工具等存在质量问题，影响了生产进度和产品质量。经过采购部门与供应商的充分沟通，发现问题的原因不在于产品质量，而在于操作环节，在于使用者不愿意更换供应商，所以，就以各种各样的质量问题阻止公司与新供应商进行合作。找到问题的症结后，在集团公司的强力支持下，对公司的采购供应制度进行了系统的改革，形成新的采购供应制度。制度规定，任何车间和使用部门在申报采购计划时，不允许推荐企业，只提出标准和要求。有国家标准的产品必须符合国家标准的要求。新选择的供应商的供应产品在使用中出现问题的，如果确实存在一定的质量问题，认定后就要更换厂家。如果不是质量问题，就要求厂家派技术人员对工人进行现场指导，手把手教会工人。厂家为了开发和稳定客户、销售产品，对培训非常尽心尽力，很认真、耐心、用心地教员工如何操作。公司规定，厂家教会了员工以后，车间使用中又出现问题，就由车间承担责任，如果车间解决不好就换人。如原来员工在拧阀门时，由于不负责任，往往随意一拧，经常不到位，可能对生产造成损失。经过培训，形成了统一的标准和操作规范，要求很详细、具体、明确，便于操作和控制。

随着公司新的采购供应制度的推行，在供应方面出现一系列新的变化。一是淘汰了劣质厂家，引入了优质供应商，供应的产品质量更好、更稳定了；二是采购价格、成本降低了，提高了公司的效益；三是供货的账期得以延长，货款可以延期支付，减少了公司的资金占用，资金成本降低了；四是供应商可以提供相关方面的培训，培训的针对性强、效果好，能够提高员工的技能，也节约了公司的培训成本；五是促进员工在思想观念等方面发生了深刻的变化，在企业中形成了积极向上、自觉维护公司利益的良好风气。

通过以上简要的论述和理论解析，以及企业管理的实际情况可见，管理价值至少具有如下特点：

其一，管理价值具有主体性与主观性。任何价值都是人的价值，都是客体之于主体的意义。同样，任何管理都是人的管理或者是对人的管理，（当然，也存在对管理物的活动，但管理物的活动不仅是为了更好地管理人，更是通过对人的管理而进行的。）这注定了任何管理价值都具有鲜明的主体性。不同时代的管理者，处于不同的管理环境中，面对不同的问题，从事着不同的管理实践活动，进而使得不同的管理具有不同的管理价值。因为，“价值观念反映了主体的根本地位、利益和需要，以及主体实现自己利益和需要的能力、活动方式等方面的助管特征。”[①]奴隶时代的管理价值当然不同于资本主义时代的管理价值，政治管理价值也不同于企业管理的价值。正是在此意义上，我们才可以进一步说，管理价值具有主观性。主体不同、时代不同、尺度不同、对象不同，管理价值的大小、对管理价值的认识和评价都不同。这是管理价值主观性的具体而典型的体现。

其二，管理价值具有客观性。任何价值都是主体对客体的一种评价，没有了客体，价值也就失去了依据，即是说，价值具有客观性。把对价值客观性的这一分析思路运用到对管理价值的分析可知，任何管理活动都是依据特定的组织需求而展开的实践活动，它的生成、发展、特点和规律等，是从不依据任何主观意志而改变的。管理自从诞生以来，它的价值尽管具有不同的表现形态和时代特征，但其都是客观存在的，是任何人都无法否认的。这就是说，“主体的需要和满足需要的实际程度要受到社会实践和历史发展的制约，这是理解价值客观性的关键。”[②]管理价值的客观存在，是由管理的对象、管理的载体、管理的手段、管理的内容、管理的方式方法等的客观存在性所决定的。值得一提的是，管理价值所具有的客观性，还是由于人这一管理的主体的客观存在性决定的。尽管人这一特殊存在在实践中处处体现出其

① 杨伍栓．管理哲学新论［M］．北京：北京大学出版社，2003：220.

② 王德清，么加利．管理哲学［M］．重庆：重庆大学出版社，2004：334.

之于客体大自然的主体性与主观性，但其存在本身确实是客观的。这决定了人的重要活动——管理也是客观的，进而，管理的功效与作用——管理的价值是无法否认的客观存在。

其三，管理价值具有多层次性。管理价值是一个多面体。我们知道，人的需求是多样的，不同时期，不同阶段，从事不同领域的活动，人们对特定事物价值的评价是不同的，这注定了价值是一个由不同层次和不同侧面所组成的价值多面体。从层次看，价值具有核心价值与非核心价值之分，核心价值居于主导地位，非核心价值围绕核心价值而展开，构成核心价值的外在环境和生存依托。从领域或类型看，价值具有政治价值、经济价值、文化价值、社会价值等。可以看出，“管理价值的表现形式依主客体特征的差异而丰富多样。主体需求的发展越充分，主体对客体的认识越深入，主客体之间的价值表现形式越是多样化。”①管理价值属于价值的一种特定类型，因此，管理价值也是由不同层次和多个侧面所组成的价值多面体。管理价值具有核心的管理价值和由此核心的价值所衍生的非核心价值。管理的核心价值固然重要，但构成管理核心价值外在生存依托的管理非核心价值也必不可少。对此，下文还将重点论述。管理价值的侧面还包括，管理的个体价值、群体价值和人类历史价值，管理的精神价值、管理的物质价值，等等。

其四，管理价值具有历史生成性。与人类同步产生的，是人们的物质生产活动，即原始社会的劳动。一般意义而言，劳动就是人与自然界交换物质与能量的方式、载体和工具。然而，人们在劳动过程中无法回避的问题之一，就是如何把劳动过程中的物质要素、精神要素和工具要素有机结合，并使之成为运动中的有机整体。为解决这一难题，管理实践活动从劳动中逐步分离出来，成为一种协调和掌握劳动的劳动。“管理活动本身是在历史进程中发展的，而人的需要也同样随着时代的前进和时间的推移而不时发生变化，因而管理价值也必然随着主体、客体及条件的变化而变化，表现出一定的历史性和时效性。”②从这个角度看，管理价值的生成历史几乎与劳动的诞生历史同步，它是人类在改造自然过程中自觉形成的。进一步看，管理价值

---

① 王德清，么加利．管理哲学［M］．重庆：重庆大学出版社，2004：334.

② 王德清，么加利．管理哲学［M］．重庆：重庆大学出版社，2004：336.

在人类改造自然和历史过程中具体为，管理作为一种新型的却又独立于劳动之外的劳动，它以其主导性地位把劳动中的生产力与生产关系各个要素有机结合。这种结合的物质凭借，就是各种强而有力的组织，管理总是“打着”组织的“旗号”，以特定组织的“名义”来召集、凝聚和动员相关生产要素和生产资源。特别是随着近代以来的高科技发展，管理体现其价值的最新载体便是科技。管理在科技的牵引下，不断优化自身流程，运用新的管理工具，使用新的管理技巧，进而重塑或完善自身价值。如依靠现代信息技术建立的企业信息系统对于企业有效收集、整理和存储信息，进行各种数据的分析、处理，提高企业的科学决策水平，完善企业管理发挥了重要作用。

二、管理价值观：对管理理念的探求

（一）价值观与管理价值观

学界一般认为，价值观是人们对社会存在的基本观点，是价值意识的系统化、理论化和规范化表达。它是“人们在长期的社会实践中形成的关于社会生活和实践中的重大问题、根本性问题的，具有高度普遍性、概括性和广泛社会性的价值观念或价值观念体系，内在地蕴涵着人们对真善美的价值诉求。”[①] 具体而言，价值观就是人们关于生活中的最为基本的价值的主张和选择，是人们对物质生产与日常生活中的事物和事务的规范性评价和衡量标准，是人们对社会存在的总体性评价及其建立在此评价基础上的社会交往规范。人与动物的重要不同之处在于，动物没有创造环境的能力，也就是说动物是没有劳动，而人是通过自己的实践活动创造属于自己的环境，而人在这种创造环境的实践活动中形成了对外部世界的认识，并且认识世界也就是一个选择的过程。所以，人之所以能够做到这些，就是因为人具有价值观，即人是拥有价值理性的动物。

对于价值观何以生成，学界观点不尽一致。有学者认为，社会价值观的出现，主要是源于处理个人与社会之间“分裂”。“当人类个体有了自我意识之后，就有了自我与他人以及群体的‘分裂’。特别是随着私有制和阶级的产生，人类社会出现了真正意义上的分裂。从此以后，‘个人与社会的

① 吴倬等．论提炼和概括社会主义核心价值观的方法论问题［J］．马克思主义与现实：2010（5）．

关系是一切社会问题的根源，个体与群体的矛盾和群体（特别是阶级）之间的矛盾相交织和缠绕，使社会生活呈现出极为复杂的画面。为了处理因这种‘分裂’带来的社会后果，不同的社会价值观就应运而生。”[①]有学者却认为，社会价值观的生成，源于利益。“价值观是人们意识到的利益。人们的实际利益具有多样性，人们意识到的利益也具有多样性，因而人们的价值观念也具有多样性。在众多利益中，存在两种基本利益，即个人利益和公共利益；同时也存在两种基本价值观念形态，即个人主义价值观和集体主义价值观。”[②]

从价值观的类型看，一般而言，可做以下几种分类。一是二分法，即价值观可以大致分为理性价值观与非理性价值观。理性价值观反映并代表了人们对知识和真理的认识程度和基本观点，这种价值观一般是社会精英们所持有的。非理性价值观是人们对社会存在的感性认识，是一种相对非规范与非系统的价值体系，它一般是普通大众所持有的。二是四分法，即经济价值观、政治价值观、文化价值观和伦理价值观。经济价值观是人们对社会经济生活与经济实践的理念反映，这种价值观的核心理念就是有效或者说是效用。政治价值观是人们对政权、政治生活、政治决定和政治行为的总体性意见和评价，它反映了人们对社会政治的本真态度和真实想法。文化价值观是人们对关涉自身的诸如生活方式、理想信念和精神追求的认识和评价。而伦理价值观，则是以群体和他人为中心的价值观，它规范并指导着人们的以家庭生活为代表的私人生活，它是经济价值观、政治价值观和文化价值观的重要补充。三是多分法，即按照社会生活的具体领域，把价值观分为诸如管理价值观、生活价值观、学习价值观，等等。

结合上述对于价值观的分析，我们认为，管理价值观是人的价值观的在管理领域的具体表现，是一种特殊的价值观。所谓的管理价值观，是人们（一般是指包括企业管理者和普通员工在内的企业人员）对管理本身的价值、管理事务的意义、管理目标的树立、管理实践方式选择、企业社会形象的塑造等的基本态度、基本观点和基本选择。即是说，“指人们对管理价值

---

① 吴向东．价值观的核心问题及其解答的前提批判［J］．马克思主义与现实：2010（1）．

② 梅宁华．建设社会主义价值观是当代中国社会的必然选择［J］．北京日报理论版：2011（1）．

的根本观点和态度，它是客观的管理价值关系在人们观念上总体的反映和表现，是人们社会意识中关于管理价值内容的概括。”[①]管理价值观是企业在自身发展中长期积淀的产物，是企业精神的核心组成部分，是联系所有企业员工的精神纽带，是指导管理实践开展的思想体系和理论原则，是企业行为规范、规章制度的基础。管理是处理人与自然关系的一种实践活动，是人化自然发展的重要方式和步骤。从这个角度看，管理价值观是人的价值观的重要组成部分，更是人的世界观的重要组成部分。

值得注意的是，管理价值观与价值观管理是有区别的。何谓价值观管理？对此，学界的意见不一，代表性的观点有：[②]第一种为“建构论”。美国学者斯蒂芬·P. 罗宾斯等人的观点是：“价值观管理是管理者建立、推行组织共享价值观的一种管理方式。”可见，这个定义将价值观作为企业管理的对象要素或杠杆要素，即通过管理价值观而管理企业；第二种为“辅助论”。潘承烈、虞祖尧等认为：“价值观管理是在企业的价值观指导下，形成各种与之相适应的制度，辅助企业的管理”。这是吸收东西方管理之长，同时又克服各自管理文化的缺点而形成的一种管理思想。第三种为“核心论”。核心论的价值观是管理哲学中比较重要的观点。管理活动的价值树立是以价值观为核心形成的，并且通过提高管理者的价值选择素质作为目标，以便更好地把企业经营管理好。企业的管理者从价值观的树立出发，把实现企业的价值与社会价值相结合，从而制定和实施一系列的管理措施。

（二）管理价值观的特征

管理价值观是价值观的一种重要类型，它既具有一般价值观的普遍性，又具有自身特殊的个别属性。据此，下文对管理价值观特征的论述思路便是，在简单介绍一般价值观的普遍性基础之上，引入并重点介绍管理价值观之特殊属性。从不同角度，可以描述出不同的管理价值观特征。从总体上看，在哲学话语下，管理价值观至少具有以下特征。

其一，实践地位的重要性。管理价值观既是对企业管理行为的精神反映，又是对新的管理行为的思想指导，它在管理实践中具有重要地位，任

---

① 王德清，么加利 . 管理哲学［M］. 重庆：重庆大学出版社，2004：338.

② 胡宁 . 价值观管理基础理论研究述评［J］. 道德与文明：2008（3）.

何企业管理者都必须高度重视之。具体而言，它的实践功用主要体现在：一是管理规制作用。价值观天生便具有一种规范人们社会交往之功用。这是因为，价值观是诞生于社会交往之中的，“而交往关系本身就是一种价值关系，要使这种关系保持一种稳定性和有序性，人们需要对他人的行为做出价值预期，而使预期成为可能的一个基本条件就是：人们的社会行为可能因遵守某些规则而呈现出重复性特征，即行为具有规范性，规范性成为价值预期实现的一个条件。社会行动规范性的意义是通过概念体系的建构来实现的，也就是说社会行动的规范性意义表现为一种知识结构，它是作为一种社会生活知识形式来范导个人行为的”。[①] 企业管理价值观是企业全体员工特别是企业管理者对企业管理实践的思想反映，是企业成员用来评价企业目标、生产和企业中相关人际关系与各项事务的最高标准与准则，是人们对企业生产等各种企业行为价值认同的深层基础。如此一来，企业管理价值观便通过对企业员工行为取向及对企业事务的评价、态度等反映出来，进而规范和引导着企业员工的行为选择，支配和调节着企业员工的生产与交往行为，甚至包括企业员工的社会行为。

二是精神向导作用。企业管理价值观是价值观的特殊形态。任何价值观不仅是人对世界的一种认识与评价，更是人获得精神生存的重要方式与载体。在价值观领域，人获得自我，表现自我，确认自我。先进的企业管理价值观倘若被企业员工所认可与接受，那么，这种管理价值观就会融入员工内心已存在的价值观，进而更新与丰富员工的个人价值观体系，成为员工日常工作甚至是自己的精神支柱，决定着员工生产行为的价值取向和积极心态。进一步看，一旦企业管理价值观被企业所有成员接纳，那么，这种管理价值观便内化为企业员工的一种内在的无形尺度，它存在于整个企业之中，支配并决定着整个企业员工的行为选择、态度信念和对企业的认同与认识，为员工从事生产活动提供自认为合法性的理由与最大化精神动力。特别是在现代社会，社会价值体系日益多元化和复杂化，冲击着人们及企业的价值体系，人们更需要这种精神动力，因为，在工业化生产的单位内即在现代企业内，“人们内心深处的反应，对他们自己来说都感到已经完全物化了，他们感到

---

① 潘自勉．论价值规范［J］．现代哲学：2002（1）．

自己特有的观念是极为抽象的，他们感到个人特有的，只不过是洁白反光的牙齿以及汗流浃背卖命劳动和呕心沥血的强振精神的自由。”[①]

三是文化凝聚作用。在现代社会，科学技术发展迅速，知识更新不断加快，唯一不变的就是变化，正如马克思恩格斯在《共产党宣言》中形象地描述的那样，“生产的不断变革，一切社会状况不停地动荡，永远的不安定和变动”，“一切固定的僵化的关系以及与之相适应的素被尊崇的观念和见解都被消除了，一切新形成的关系等不到固定下来就陈旧了。一切等级的和固定的东西都烟消云散了，一切神圣的东西都被亵渎了。人们终于不得不用冷静的眼光来看他们的生活地位、他们的相互关系。”[②]在这样一个不断变化的世界，使得人们难以形成固定不变的价值观念，一些人原有的对生活的信仰与信念，不断被现实的变动不居而腐蚀和消解，人的生产世界与生活世界，到处弥漫着怀疑主义、相对主义、非理性主义。然而，从人的本真需求角度来看，人真切地需求着稳定的价值目标与精神信仰，否则，人的精神世界就会出现空虚。正如有学者指出的那样，“很多管理者不再把经济利益看作是唯一追求，而开始注重精神、个人兴趣等方面的需要”。[③]在资本逻辑统治的现代世界，生产是社会的主导行为，而人们生产的重要场域，就是企业，如此看来，企业价值观具有为人们提供相对稳定与温暖温馨精神家园的责任。而实际上，企业价值观本身也具有这样的功能。企业价值观是企业生产活动的反映，而任何生产的主体都是人的生产，都离不了人的参与。从这一角度看，企业价值观的最终旨归，也是对人的关照与关怀。即是说，企业价值观具有人的属性，这与价值观的人之属性相通。

总之，管理者树立积极向上的企业价值观，能够在促进企业生产，帮助社会建立健康向上的价值观体系中具有重要的作用。当然，在如何确立健康向上的价值观的过程中，确立正确的理想、信仰、信念，努力克服精神生活空虚、道德滑坡、行为失范的现象等方面尤其重要，所以，企业管理者应该重视价值观的选择和树立，这不仅对于企业，而且对于社会发展而言也具有重大的意义和功效。

---

① ［德］阿多尔诺．启蒙辩证法［M］．洪佩郁，蔺月峰，译．重庆：重庆出版社，1990：158.

② 马克思，恩格斯．马克思恩格斯文集（第 2 卷）［M］．北京：人民出版社，2009：34–35.

③ 王德清，么加利．管理哲学［M］．重庆：重庆大学出版社，2004：340.

其二，表现形式的复杂性。一方面，从不同层次看，企业价值观具有不同的表现形式。价值观的初级形式，就是人们在日常生活中表现出来的心理倾向和具体意识，如管理过程中的动机、欲望、情感、意志等。而价值观的高级形式，则是核心价值观，即支撑并贯穿于人们整个思想与行动的关键理念和核心原则。在企业中，管理者对员工的态度、员工对企业发展的自我构思等，都属于企业管理价值观中的初级形式。而企业员工特别是企业高层管理人员对企业发展环境、企业未来目标选塑、企业市场布局的运思、人员积极性的调动等，则属于企业核心价值观。同时，从不同侧面看，价值观具有不同展示侧面，但这些不同的侧面不是孤立地、单个地存在与彰显的，而是按照一定的逻辑和意义联结在一起，单一的价值观只有处在整个价值系统中时才能显示出作用和意义。因为，“管理者的动机和行为都受到他们所处的社会价值系统的影响。”[①]企业管理价值观也是如此，它具有多面性，这些多侧面是按照一定的结构层次或系统而存在的。另一方面，不同的企业具有不同的价值观。我们知道。对于个人而言，价值观因人而异，不同时代和不同区域（或国家）的人，也具有不同的价值观。其原因主要是，价值观不是像康德等哲学家所指出的那样，是先验的存在的事物。价值观不是既成的，而是在与后天的感性物质世界的互动中生成的。这种互动主要表现为主体与客体的相互刺激与反馈。不同的人具有不同的先天认知条件、后天认识环境和人生特殊经历等，共同决定了人们不可能具有共同的价值观。不仅如此，即使处于同样的客观环境与外在条件下，秉持不同心理动机与实际愿望的人，其对某一价值之物的反映与认识也不同，即他们的价值观也不同。与个人价值观这种复杂多样性一致，由于企业的性质、规模、时代、区域和所处行业等的不同，特别是企业所处的政治环境、经济背景和文化传统不同，社会对企业的要求以及员工对企业的要求也不同，这些不同反映到企业的价值之域内，便生成了不同的企业管理价值观。有学者指出，“由于每个社会中的伦理观念都是多元的，因此现代的管理者并非以绝对的或一元论的管理价值来指导自己的行为，而是凭现在社会中所存在的多元性的伦理来指导自己的行

① 杨伍栓 . 管理哲学新论［M］. 北京：北京大学出版社，2003：222.

动。”[①]当然，我们所指的企业管理价值观具有复杂多样性，主要是从价值观的微观差别角度考察的。从宏观维度看，由于面对相同的社会历史条件，相同的社会价值体系，存在一些不同企业可以共同持有的管理价值观或管理价值观体系，更何况，在特定的时间、地点、条件下，企业管理价值观总是相对稳定和持久的。同时，我们所说的企业管理价值观的多样差异性，也并非意味着企业的管理价值观的“朝令夕改”。进一步地说，我们指出企业管理价值观的差别多样性，不是否定管理价值观的共性，企业管理价值观大致可以分为普适性价值观和特定性价值观，否则，倘若不承认这一点，也就不存在本章第三节对具有普遍适用性的现代管理价值观的选介了。

（三）管理价值观与企业价值观

由此一来，人们可能会产生疑问或进一步思考，前面所说的管理价值观与日常所说的企业价值观是一回事吗？对这一问题的回答，不仅可以解决人们的疑问，而且可以进一步深化我们对管理价值观的理解。基于此，我们将对这一问题做简要阐释。

如前所述，管理价值观一般是指包括企业管理者和普通员工在内的企业人员对管理本身的价值、管理事务的意义、管理目标的树立、管理实践方式的选择、企业社会形象的塑造等的基本态度和基本观点。而这里的企业价值观，则主要是指企业在整个经营与管理过程中，努力使全体员工共同接受、都必须坚守的信念与原则，是企业全体或多数员工一致赞同的关于企业意义的终极判断。这一价值观所要解决的问题，是企业如何对待客户、如何对待员工、如何面向市场、采用何种经营策略、企业何以获得生存等问题的基本态度与基本观点。企业价值观是企业哲学的基本要素和核心原则。

从上述对二者的简单定义中可见，管理价值观与企业价值观存在着根本的区别。企业的管理价值观从属于企业价值观。企业价值观，是企业关于经营与管理的根本价值理念的总和。它是一个企业本质的和持久的一整套原则和立场，它是企业文化的核心和灵魂，正如张瑞敏所说：企业发展的灵魂是企业文化，而企业文化最核心的内容就是价值观。可以说，一个企业有什么样的价值观，就有什么样的制度文化和规章制度，价值观和企业文化有机统

① 杨伍栓．管理哲学新论［M］．北京：北京大学出版社，2003：222—223.

一。一般而言，企业的文化是以企业的价值观为核心形成的，企业的价值观是把所有员工联系到一起的精神纽带，价值观是企业行为规范制度的基础和依据。不仅如此，企业价值观还深深地根植于企业发展实践并持续地引导着企业发展实践，是企业生存、发展的内在动力。从内容上看，企业价值观主要包括企业的经营价值观、企业管理价值观、企业发展价值观等。这些价值观是全体员工的价值共识与基本意见，而不仅仅是企业管理者的个人意见。对于任何一个企业而言，这个企业绝大多数员工树立起共同的价值观，整个企业的核心价值才能够形成。企业的价值观同管理者和员工的价值选择具有紧密的联系，只有那些能够为了企业的发展和社会发展相统一的价值才能够作为企业的核心价值观，这样的价值观才能够在企业员工中建立起来。

我们知道，在微软，无论团队领导者还是个体贡献者，首先需要认同企业的六大价值观：即正直诚实；对客户、合作伙伴和新技术充满热情；直率地与人相处，尊重他人并助人为乐；勇于迎接挑战，并坚持不懈；严于律己，善于思考，坚持自我提高和完善；对客户、股东、合作伙伴或者其他员工而言，在承诺、结果和质量方面值得信赖。① 上述这些价值观，不仅仅是企业管理者的个人意见，而且是包括广大员工在内的所有人员对企业精神的概括，对企业文化的共同期许。

可以说，企业价值观是企业的核心与灵魂，为企业的生存与发展确立了精神支柱。企业价值观是管理者与员工据以判断事物的标准，它一经确立并成为全体成员的共同信念，就会产生长期的稳定性，甚至成为企业几代员工共同的信仰和价值追求，对企业具有持久的精神支撑力。当个体的价值观与企业价值观一致时，员工就会把为实现企业的发展目标作为自己的理想奋斗，从而把个人利益与企业发展紧密结合在一起，关注企业的命运。一个企业如果能使其价值观为全体员工所接受，并引以为豪，那么企业就具有了强大的凝聚力和想象力，具有了克服各种困难的强大的精神力量。②

而管理价值观，则从属于企业价值观，但是管理价值观主要从管理这一

---

① 李杨．微软中国：从价值观到领导力［J］．中欧商业评论．

② 彭新武．管理哲学导论［M］．北京：中国人民大学出版社，2006：352—356.

侧面来展示企业的基本价值，从而为企业的发展提供理论指导。对于管理价值观而言，它是说明企业管理者核心团队或者企业家本人的肺腑之言和真实理念，这些理念被企业家及其管理团队在企业管理实践中所恪守和拓展，是企业管理者的管理哲学。

（四）简单的小结

彼得·德鲁克认为："管理，作为一门学科，作为一门实践，它涉及人与社会的价值观。"①然而，在20世纪80年代以前，管理实践者们秉持各种利益激励理论（这些激励理论的核心主张，对于员工来说，经济利益、物质财富就是最大和最根本的刺激因素），期望通过物质激励而加强管理和促进生产。这时，科学管理理论的"经济人"的管理模式、行为科学管理理论的"社会人"管理模式、管理丛林理论时代的"复杂人"管理理念，都是在上述理念指导下展开自身的实践模式。进一步说，采用这些模式的管理者们没有看到文化在企业管理中的重要地位，更没有看到文化的核心——企业价值观在企业管理中的重大地位与实际作用。

然而，到20世纪80年代以后，随着管理实践的深入，特别是各大企业的快速发展和社会的飞速前进，人们发现，仅仅依靠物质激励似乎难以解决员工对企业的认可等问题。这时，以价值观的塑造为核心的价值观管理模式逐步兴起。这种价值观管理模式认为，企业不仅仅是纯粹的经济组织，而且还是一个社会组织和文化组织，这一组织之于员工的功能，不仅仅是"养家糊口的地方"，更是一个实现自我价值和承担社会责任的地方。这种价值观管理模式主张，"通过倡导'主体间性（intersubjectivity）''关系中的自我'（self in relation）来消除人我之间的对立。"②也就是说，为适应后现代社会和后工业化生产时代的特征和特性，企业管理必须改变从前那种十分崇拜科学理性和物质激励的观念，进而用自由而全面发展的人的个性来充实和完善科学理性，从而把管理效率与管理效益的提高，从依靠物质激励转化为物质激励与诉诸人的文化自觉和价值自律之上。

由此可见，在学术界理论研究的助推下，企业文化管理特别是企业价值

① ［美］德鲁克．管理的前沿［M］．许斌，译．上海：上海译文出版社，1999：202.

② 治河．全球化与后现代性［M］．广西：广西师范大学出版社，2003：7.

观管理理念逐步被管理实践者们所认可和采用。正如有的学者指出的那样，“任何管理理论的诞生都有其特定的时代背景，现实社会经济、科技、文化等物质文化和精神文明水平的极大提高，是企业文化理论（管理价值观理论）产生和发展的根本原因。企业文化理论的兴起是当代学术思潮发展的必然结果，是美、日企业竞争的产物，更是对管理实践变化的回应，是管理理论逻辑发展的必然结果。”①可以预见，企业价值观管理，必将成为新世纪的管理潮流。

第二节　管理价值目标选择

一、管理价值目标

正如前文所指出，作为一种历史性活动，管理的对象是组织，因此，广义的管理，就是组织管理，主要包括行政组织管理、企业组织管理和非政府组织管理，等等。随着社会经济的发展，企业已经成为现代社会中最大的结构性单位，并且发挥着日益重要的作用，因此，我们这里主要以企业管理为主要对象，来探讨企业管理的价值目标。

探讨管理价值目标功能的前提，首先就是要厘清管理价值目标的内涵。

（一）管理价值目标的内涵

从构词的角度看，“管理价值目标”这一称谓，主要是由普遍到特殊的三个层级构成的概念体系。即最为普遍的概念——目标，特殊的概念——组织目标和价值目标。这三个具体概念，共同规定了管理价值目标的深刻内涵，因此，我们的解析思路，就是在介绍这三个具体概念基础上，进一步阐释管理价值目标的内涵。

目标，是我们日常生活中的常见词汇。目标的哲学含义，就是个人主体或组织主体在认识客体和改造世界实践中，主体依据相关规律和经验，充分发挥主观能动性，对自身实践所要达到的最终结果的一种期望与谋划。从这一简单的定义可见，目标具有主体性和主观性。也就是说，目标是实践主

① 魏文斌. 管理维度：组织文化管理通论［M］. 吉林：吉林人民出版社，2006：3.

体的目标。同时，尽管大部分目标都是人们依据特定的环境因素、事物发展的规律和经验的理性计划，具有客观性，但毕竟，它是人主观的积极努力的结果，是人们对活动预期结果的主观设想，是在头脑中形成的一种主观意识形态，带有浓厚的主观色彩，是主观与客观的统一体。在不同的历史时期，持有不同目标和不同认识能力的个人和组织，从事不同的改造自然和认识世界的实践活动，其目标是多样的和差异的，如政治目标、军事目标、经济目标等。这些不同的目标，构成了人类自身发展史上丰富的目标体系，是人类意义世界的重要组成部分。管理实践是人类重要的实践活动，管理的价值目标，是世界目标体系中的一员。这里，我们从宏观角度简单解析了管理价值目标的家族归属。深入理解管理价值目标的具体含义，还要建立在理解“价值目标”和“组织目标”的真切含义之上。

一般话语体系下的价值目标，往往是特指人的价值目标。人活着究竟是为了什么，人的一生该如何生活，这是人们常常思考的问题，它不仅构成了人生观的基本规定，而且构成了价值观的基本元素。人们在对上述这些问题的深刻思考和自我确定过程中，往往会形成一个特定的目标，作为自身思考问题与从事实践的指南。这一目标的内涵，就是人的价值目标。人的价值目标说明的是人在自己的生活中经过反思而形成的关于人生和世界的看法，是人的价值选择的过程，这种选择过程又通过社会的道德规范而塑造起来，是道德具体活动的行动纲领。一旦价值目标确定下来，人则在道德生活中持久地行动和生活。所谓组织目标，是指一个组织在自己的活动中所要达到的目标，它是管理者和组织中一切成员的行动指南、活动的方向，而且还是企业的组织决策、效率评价、协调、控制和考核的基本依据。可以说，“管理作为一个投入－产出的过程，提升效率、转化效能是管理价值的主要标志，实现管理效益则是管理价值观对管理活动的作用和功能的集中体现。”①从这个方面来说，企业中无论组织成员各自的目标有何不同，但一定有一个为其成员所接受的共同目标，以统一所有组织成员的思想和行动。可以说，企业的组织目标是推动企业发展的载体，组织目标随着企业的发展而不断变化，但企业的根本目标不会随意更改。企业的组织目标是企业管理活动展开的依

---

① 王德清，么加利．管理哲学［M］．重庆：重庆大学出版社，2004：341.

据，每一个企业的管理活动按照组织目标而制定相应的计划，并以全体员工的充分活动而不断推进。

由上述分析可知，管理价值目标的含义，一般而言，就是指企业管理者从事企业管理实践过程中对企业究竟是什么、企业能做什么、企业最终目的是什么等关涉企业发展的根本问题的不断反思与理性认识。管理价值目标不同于其他组织目标的最大之处在于，它是对企业最为根本问题的期许，表明了企业存在的价值和意义，具有长期性和战略性。而其他组织目标则是对企业管理活动中具体事务的谋划和打算，具有暂时性和战术性。

（二）管理价值目标的功能

管理价值目标的功能，是管理价值评价的基本前提，因此，我们对其简要阐释如下：其一，导向和规制功能。人的价值目标，规定了什么是善恶、美丑、荣辱、正义和非正义等事项。而这些事项恰是人们从事实践活动的前提，是实践活动的方向标和指挥棒。正是依据这些前提，人们才可以确定在实践活动中赞成什么，反对什么，该做什么，如何做，等等。例如，在中国传统社会中，统治者把“仁义礼智信、温良恭俭让”作为特定的价值目标，这些价值目标，牵制着人们的日常生活与行为选择。管理价值目标同样具有这一功能。正如前文所述，企业管理的价值目标，从战略上和根本上规定了企业作为与不作为的重大事项，这便从思想上为企业前进指明了方向、规定了路线，为企业衡量自身发展提供了基本标准、考核指标。即是说，管理价值目标确立以后，企业的各部门和各个员工都有了工作的依据和自我衡量标准，并能根据这一标准和依据来进行自我控制、自我引导，进而使整个组织有序、有效运转。

管理价值目标之于企业发展的规制功能还体现在，对于一个企业而言，从整体上看，存在不同层次、不同级别、不同部门、不同岗位，在这些不同层级和部分之中，又存在着具有不同个性、不同技能和不同愿望、动机的人才或员工，概而言之，即便是在同一时空内从事企业生产与基于业务需要和个人生活需要的交往活动，由于存在上述这些不同，人们之间的观念与认识就存在差异。如果不加约束和限制，任其自由行为，必然导致组织陷入混乱状态。这时，就需要一个共同的价值目标加以统摄，以此来规制群体的行为和选择。因为，作为管理价值目标的企业文化组织，“它深刻影响组织的形象，规范员工的行为，指导管理者的决策，扩大组织的社会影响。”① 否则，失去了共同的价值目标，就意味着失去了思想共识，进而产生思想矛盾与冲突。当然，价值目标与价值共识的形成过程，本身就是一个确立目标与达成共识的过程。从更高的层次和角度来看，企业管理中的价值目标之功能，与政党执政的指导思想一致，具有统一全党和全国人民思想之功效。

其二，激励和促进功能。管理价值目标具有抽象的形式和概念，但其内容是具体而实际的。管理价值目标是激励组织成员的一种力量源泉，因为只有在企业管理者能够使员工明确其行动目标之后，才能够充分调动企业员工的积极性，并使企业员工主动参与到企业的经营发展当中。当一个企业的组织目标能够充分体现出企业的整体利益的时候，就能够顺利地推进企业全部员工形成共同的价值理念，从而树立起凝聚心。员工在达到了目标后，也会产生成就感和满足感。对于一个特定企业而言，其价值目标总是依据企业自身发展的环境和基础而转化和确定为具体的目标。这些具体而实际的价值目标，具有感性实在性。即它们具有时间限制性和数量限制性，是阶段性任务和阶段性的工作定额。企业围绕这些实际价值目标而开展经营与管理活动，便可以把这些价值目标作为激励员工的重要手段。可以说，管理价值是否建立在符合员工精神上的需要，是激励员工士气的试金石，“积极的组织文化鼓励员工发挥主动性、决断性和负责精神，而且为组织员工发挥主观能动性提供了政策条件。”② 正是看到了管理价值目标的这一功能，20 世纪后半叶，在西方的企业管理实践中，围绕管理价值目标才兴起了一股目标管理的潮流，这一潮流逐步固化为企业管理的一种时尚模式——目标管理。目标管理的首要主张，就是强调在确定和分解组织目标过程中，形成有效的多层次目标体系，明确组织中各个层次、各个部门、各个岗位的具体目标和任务，通过实现目标的奋斗过程，提升员工工作积极性，通过各个层次目标的完成，进而促进企业经营管理业绩的不断跃升。

① 钱学成，全林．管理哲学［M］．上海：上海交通大学出版社，2009：289.

② 钱学成，全林．管理哲学［M］．上海：上海交通大学出版社，2009：291.

二、管理价值目标的确立

（一）管理价值目标的类型

管理价值目标具有自身的体系，从不同角度和侧面，我们可以对其进行解剖和展示。囿于篇幅和知识积累，我们从其所处位置的角度，把管理价值目标，区分为核心价值目标与非核心价值目标。当然，这种分类只是相对而言，不具有绝对性。

其一，管理核心价值目标。美国管理学家孔茨认为，从非常实际的意义来看，企业管理的根本目标就是追求经济盈余。具体而言，管理就是为了创立一个供集体努力生产的环境，并能以最少数量的财力、时间、劳动和物质投入，使每个人为实现集体盈利目标做贡献。[①] 由此可见，企业管理最为根本的目的，就是聚合企业的各种资源，以最优的投入获得最佳的回报。企业获得合理的利润，是其生存的铁律。尽管一些企业在大肆宣传自己是如何贡献于社会慈善事业的，但其最终和最为根本的价值目标，还是经济利润这一目标。基于此，我们认为，企业管理的核心价值目标，就是经济利润。即是说，管理最大的实际功效，就是要能够为企业带来可持续性的最大化经济利润。否则，企业管理就成了多余，进而管理之存在的合法性便受到致命性撼动。企业之所以把经济利润作为核心价值目标，主要是因为企业与资本之间千丝万缕般关系。资本是企业的灵魂，企业是资本的实体，资本的运动逻辑，就是企业发展逻辑。企业获得利润的前提和载体，就是资本的逻辑运动。对企业的管理，就是对资本逻辑运动的管理。企业管理的价值，就是对资本运转管理的价值。因此，探讨企业管理的核心价值目标，离不开对资本及其本性属性的考察。

在马克思之前，资本被理解为一种单纯的“物”，在亚当·斯密那里，资本被看作是为生产而积累起来的物质。基于此，亚当·斯密认为，资本有四种用途。“第一，用以获取社会上每年所须使用所须消费的原生产物；第二，用以制造原生产物，使适于眼前的使用和消费；第三，用以运输原生产物或制造品，从有余的地方运往缺乏的地方；第四，用以分散一定部分的原

① 杨伍栓．管理哲学新论［M］．北京：北京大学出版社，2003：215.

生产物或制造品，使成为较小的部分，适于需要者的临时需要。”[①]对此，马克思批判地指出，亚当·斯密的“只看到了资本的物质，而忽视了使资本成为资本的形式规定”[②]。即资本不仅仅是“物”，更是一种“社会关系”，他指出，“资本显然是关系，而且只能是生产关系”，“资本不是物，而是一种以物为媒介的人与人之间的关系”。这样，马克思便剥离了对资本形而下的简单理解，进而赋予了资本以哲学形而上的深刻内涵。

从资本的哲学内涵这一角度看，企业管理的经济利润价值，取决于企业对资本的管理价值。一方面，对资本这一特定“物”的管理，即协调与完善资本生产、流通、积累与再生产的步骤、程序、速度、周期、时空等。也许正是基于此种认识，在管理思想史上，从泰勒对工序等的详细计算开始，一直处于主导地位的思想，就是强调管理的价值的核心是对“物”的管理，以“物”为中心来提高生产效率。这种管理价值观忽视了人的主体性，把“人”作为“物”的附属物，作为“物”自身不断壮大的工具，作为了机器的延伸。这样，管理的对象便头脚颠倒了。20 世纪 20 年代，出现的以人为本管理价值观，就是对此种管理价值观的反叛与纠正。另一方面，对资本内含的“人”的管理，即协调处理资本生产中的诸如职位设计、制度设计、人员选配、劳动激励、员工沟通等各项“人”与“事”，进而发挥企业管理之于资本增值之功效。实际上，从形而下的角度看，倘若企业把经济利润目标排除在核心价值目标之外，资本便会迅速逃离企业，使得企业丧失自己的灵魂，成为空壳，进而走向灭亡的必然命运。

其二，非管理核心价值目标。围绕管理的核心价值，管理还衍生出众多的其他价值，这些价值是实现管理经济利润价值的手段和途径，是管理经济利润价值的具体化和实践化。具体来看，这些衍生的价值主要有，效率价值、稳定价值、人脉价值等。对此，我们将作进一步的论述和分析。

一是效率最大化。马克思在《共产党宣言》中说：“资产阶级在它不到一百年的阶级统治中所创造的生产力，比过去一切世代创造的全部生产力还

① ［英］亚当·斯密．国民财富的性质和原因的研究（上卷）［M］．郭大力，译．北京：商务印书馆，1988：329—330.

② 马克思，恩格斯．马克思恩格斯全集（第 30 卷）［M］．北京：人民出版社，1995：213.

要多，还要大。”[①]资本主义生产方式之所以能够创生出巨大的生产力，主要是其树立了一个具有强大吸引力的价值目标，这个价值目标，就是对生产效率的追求，资本追求在不断变动中以效率的方式实现自身增值。正如马克思所指出的那样，“生产的不断变革，一切社会状况不停动荡，永远的不安定和变动，这就是资产阶级时代不同于过去一切时代的地方”。[②]现代企业是资本所创生的一种新的社会组织，它是资本增值的物质载体和有效方式。资本在运动中增值的逻辑内在要求企业管理的价值之一，就是在资本驱动下，不断提高劳动生产的效率，进而使得资本在效率最大化进程中不断增值。从哲学角度看，所谓的效率，就是作为主体的人在改造自然、社会和人本身等客体的过程中的努力程度和进展的速度，是在人的主观能动性作用下达到对客体的最佳改造或者重塑。从一定角度看，价值是人们对事物的一种评价。既然是评价，那么，就涉及评价的标准问题。作为管理价值的效率，其实质上也是人们对企业运行的速度和成效的一种评价，因此，深入研究效率问题，还必须引入关于效率标准的讨论。

我们知道，效率标准是主观与客观的统一。一方面，“效率的标准是自在的、客观的。效率通常表现为投入与产出的关系，它是一种客观效果。一个系统是否具有效率，不在于人们的主观评价，而在于客观结果。……效率的标准不是来自自身之外，而就存在于结果自身，当不同系统所发挥的作用产生特定的效果之后，标准也就确立了，因而这个标准虽然是自在的，但又不是先于过程的。人们关于效率的标准具有一致性的原因，还来自于效率一般的可量化性，因而标准更容易确立。”[③]另一方面，效率又是主观的。尽管资本主义生产方式赋予生产效率以至高无上的地位，尽管人们对管理实践能够带来效率深信不疑，但在不同的时代，在不同的生产领域，效率的程度和大小则又是无法找到一个统一的尺度和标准来衡量。管理实践所带来的效率的大小，往往被泛化为对资本增值贡献率的评价。正如有学者指出的那样，“由于效率标准以自身为参照系，而效率本身具有不断前进的特征，所以没有最好，只有更好。效率总是特定历史条件下特定系统的功能状态，它取决

① 马克思，恩格斯．马克思恩格斯全集（第1卷）［M］．北京：人民出版社，1962：277.
② 马克思，恩格斯．马克思恩格斯全集（第1卷）［M］．北京：人民出版社，1962：275.
③ 苏敏．关于公平与效率关系的哲学思考［J］．中国人民大学学报：1997（5）.

于要素的结构及其配置，当后者不断改进后，整体的效率也会不断提高。”①

二是维护稳定。维护企业稳定，就是企业追求一种动态有序的组织发展趋势与状态。所谓的稳定，就是指企业的管理系统内各个要素之间、企业各个功能系统之间保持一种动态的相互联系、相互制约、相互平衡、相互转化的有规则与有秩序的变动。人员、生产或工作车间、资本、设备等各个要素，计划、组织、协调、指挥、控制等各种功能，它们之间不会天然地形成一种和谐发展的状态，特别是企业中的人的因素，尽管具有共同合作的意向，但在涉及个人特殊利益和发展前途时，人往往首先在个体利益优先的原则主导下而选择不合作，进而使得企业组织具备处于一种不稳定和无序状态可能。同时，一些偶性因素也是促成企业无序的肇因。这些偶性因素主要包括，政府的政策法律发生重大变化、企业管理者的不当决策、企业生存环境的整体恶化、企业内部各项积弊的集中爆发、员工的不当行为、供应链发生紊乱，等等。基于此，维护企业稳定的目标就被提出。从这个意义来看，我们似乎还可以这么来定义企业管理，那就是，所谓的企业管理，就是试图通过设立共同的企业目标来协调和统筹各个不同利益个体和具有不同目标的实践和行为，进而通过明确的价值导向和权责利划分来协调复杂无序的个体活动秩序的过程。因此，企业管理就是“通过有意识的主动管理行为，使无序的因素组成有序的系统，在这个意义上说，管理就是通过协调来达到有序结构的实践活动，组织化也即是有序化。”②

企业动态稳定的标志，主要体现在以下几个方面。一是管理过程的程序化。管理过程程序化，强调组织行为应该是有序的行为，主要是指管理的主要过程——计划、组织、控制、协调、沟通等，要按照特定的有序步骤进行合理规划，上企业的各项工作步步为营，层层推进。二是员工职位明确化和组织结构稳健化。这要求企业对每个人都有明确的职位、职责要求、规范和工作程序，按照这些要求，企业员工立足自己的岗位，办好自己的事情，做到尽职尽责。在确定了企业员工岗位职责后，要建立起以员工职责为导向的企业组织机构。既然企业员工的岗位职责具有动态稳定性，那么，建立在此

① 苏敏.关于公平与效率关系的哲学思考［J］.中国人民大学学报：1997（5）.

② 王德清，么加利.管理哲学［M］.重庆：重庆大学出版社，2004：312.

基础上的企业组织结构也必须具备动态稳定性。这意味着企业各部门之间、员工之间的分工合作、权责利的划分、管理层次和管理幅度的划分、企业信息传递通道，等等，都要保持一定的稳定性。三是管理目标的稳定性。感性自然界能够为人提供的利益对象数量无法估计，任何人、任何组织只有确定一定的利益对象，才能获得生存的资本和生活的领域。对于企业来说，可以为其带来利润的对象众多，如何在众多的感性利润对象中确定自己的利润对象和利润目标，才能具有自己特色，才能获得自己的生存和发展空间。从这个角度看，企业一旦确定了自身的利润目标和发展目标，就必须保持其一定的动态稳定性。一般情况下，不应轻易改变其状态。

上述这些稳定性的表现，最终凝结为特定的、具有企业自身特色的企业管理模式与运营模式。这种特定的管理模式，既是企业自身特色的体现，更是其获得自身利润的物质载体或者说是企业获得利润的物质负载。可以看出，管理价值凝聚着对企业管理规律的探讨和企业管理经验的探讨，因为它“既具有感性活动的优点，又具有理性方法的优点。”[①] 管理价值目标是对企业管理风格、管理组织结构设置、企业内部员工权责利构成、管理方式方法等的具体而感性的企业表征的抽象，是一个从具体范畴“蒸发”为抽象概念（模式）的过程和结果，是长期管理实践理性积淀和凝练的结果。

三是人际关系资源。尽管企业管理的最为根本的价值是为了使得资本增值，但在企业管理的这一价值生成过程中，却又不断促生了人际关系资源价值。

企业是人的结合体，也是复杂的社会关系的结合体。企业是社会物质生产和流通的基本单位，是人的社会关系特别是人的生产关系的主要发源地、聚集地。正如前文指出的那样，管理就是为了协调企业生产中的各种关系，就是试图建立起有利于企业生产的分工体系和运行体系。而建立这样的分工体系和运行体系的内在要求，就是要使得企业员工之间建立起相互合作、相互依赖的生产关系，即建立起基于相互信任的良性而和谐的人与人之间的关系。这样一种生产关系，毋庸置疑，其建立的直接目的，就是促进企业发展和资本增值。但这种生产关系的建立也显示出了其溢出效应，即它不仅具

---

① 王德清，么加利．管理哲学［M］．重庆：重庆大学出版社，2004：317.

有有利于企业发展的一面，而且具有为人寻找自我存在和社会存在服务的一面。即是说，在这样一种温馨而和谐的生产关系中，人不仅获得了本质性存在规定。因为，人的本质，在其现实性上，就是一切社会关系的综合，而且获得了价值性存在规定。因为，在这种生产关系中，人们相互依赖，相互信任，无形中，这体现了人的社会存在价值，为人在自然和社会中确认自己、获得自己、相信自己找到了入口和载体。

（二）管理价值目标的确立

其一，管理核心价值目标的确立过程。管理价值目标的确立，是伴随着企业成长而生成与深化的。对于企业而言，其运行的根本铁律就是为了获得利润，企业不是慈善机构，也不是社会管理单位，从其存在的那一天开始，必须要确立其核心价值目标，即经济利润。这意味着，作为社会管理者的政府，必须从管理价值目标的视角，对政治机构与公司企业、事业单位与公司企业做出明确区分，否则，便会出现中国一段时间内存在的政企不分、事企不分等现象。这种现象最为典型的，就是我国国企曾一度把政治和社会的价值目标作为自己核心价值追求，形成了企业办社会的体制，使国有企业担负了过多的社会功能，进而使得自身发展背上沉重的包袱，难以轻车上路，彻底丧失了经营效率。实际上，我国国有企业改革的一个重大举措，就是适应我国改革开放实际和现代化企业发展的规律，按照市场经济自身规律的要求，重塑国有企业的核心价值目标，走向市场化的发展道路，成为市场竞争的真正主体，按照市场的规律，遵循市场的规则开展经营管理活动。

正如有的学者指出的那样，“成功的企业很可能有大量服务于社会的项目，但这只是一种实现企业利润的方法。‘IBM 就是服务’‘松下公司利润是为社会服务的回报’等等，都可以说是一种相当成功的管理哲学，尤其是价值管理哲学”。[①] 当然，在实际发展的过程中，企业可能会面临一些外在的社会价值目标的要求，这时，企业可以通过特定巧妙性的体制机制或战略举措而将这些社会价值目标要求，及时转化为自身获得经济利润的核心价值目标。企业存在于社会之中，理所当然应该承担社会责任，为社会服务，但企业要善于把追求利润与服务社会有机结合起来。

① 袁闯．管理哲学［M］．上海：复旦大学出版社，2005：153.

其二，非管理核心价值目标的确立过程。如前所述，由追求经济利润这一核心价值目标衍生出效率最大化、维护稳定、人脉资源等价值目标。实际上，这些价值目标，与经济利润目标之间的关系，就是目的与手段之间的关系。举例来说，企业管理树立效率最大化价值目标，就是为了加速资本周转速度，期望把资本浓缩在特定生产和流通时空内，以期通过征服资本运行时间而获得最大的经济利润。单个资本运行时间越长，则资本运行的风险就越大，唯有将资本限定在企业有限的时间范围内，才能有效防控和化解这些运行风险，进而获得可观的利润回报。从这一角度看，非管理核心价值目标树立的过程，就是管理核心价值目标树立的过程。当然，非管理核心价值目标的确立，并非与管理核心价值目标树立同步，它具有相对滞后性，它总是在管理核心价值目标确立之后，并在获得了管理核心价值目标认可与确认后，才获得生成的可能与生存的合法性。试想，企业经济利润目标倘若尚未确立，效率最大化价值目标就不可能树立。即使强行树立，其也只能是空壳运行。

从技术的角度看，管理非核心目标的确立过程总是体现在具体而实际的生产和销售过程之中，体现在企业的一言一行、一举一动之中，它不存在一个可以量化或者步骤化的具体过程。我们无法从技术和程序的角度，来考察和衡量管理效率价值观是如何一步步确立和实施的。这与管理具体的非价值目标确立过程不同。管理的非价值目标，往往可以技术化为下面这些具体步骤，即分析和评估企业现状、把握企业生存的政治经济环境、制定企业发展目标、试验并实施目标（包括细分目标）、检验和反馈目标效果、修正与完善目标。倘若按照这种思路来理解非管理价值目标确立过程，那么，必将导致对其的误解。

第三节　现代管理价值观刍议

价值观是人们对社会存在的价值评估，社会实践构成社会存在的动态结构，社会实践的变化，必然引致价值观变迁。在资本追逐利润逻辑的作用下，以现代化和现代性为主要特征的现代社会不断走向成熟。与此一致，管理价值观也经历了一个从前现代管理价值观到现代管理价值观的嬗变。从这个角度看，研究和探讨企业管理价值观，还需要从企业管理价值观发展的历史长河中，截取部分具有代表性的管理价值观，特别是选取与现时代企业管理实践相适应的价值观加以介绍。基于此种认识，本节在上述章节阐释了管理价值观生成前提的基础上，将视野向前拓展一步，以实证研究方式，向广大读者选介最具代表性的现代管理价值观，它们分别是，以人为本观、社会责任观等。这些介绍主要包括，特定现代管理价值观的基本内涵、生成过程和一般特征，以期给出关于这些现代管理价值观的较为完整的概貌。

一、以人为本管理价值观

（一）以人为本价值的基本含义

简单来说，所谓的以人为本价值观，就是指企业在从事经营活动和管理等实践活动过程中，要始终把人作为一种积极的存在主体，秉持企业员工至上的理念，做到在思想上相信员工，在行动上依靠员工，在发展目的上纳入员工利益，真正体现出员工在企业中的主体性和主动性。

文化是指人类在社会历史发展过程中所创造的物质财富和精神财富的总和。文化，即人化，它是对人的需求、人的个性、人的特长的精神关照和思想呼应，是在发展实践中经过自发和自为两个阶段形成的一种价值理念。因此，文化在本质上就是对人的关注、关心和关照。辩证唯物主义认为，人是生产力的第一要素，也是最活跃的因素，企业管理要具有可持续发展眼光的内在要求之一，就是要在关照物质利润的同时，高度重视员工的存在、员工的利益和员工的发展，进而，及时主动把这种对人的存在的关照上升到企业管理的文化层面，不断内化为企业管理各个层级人员的管理理念和管理价值观。因为，“管理过程就是充满着一系列决策的过程。组织成员都在有意识或无意识地参照组织文化来进行预测和决策。”[①]从这个方面来讲，企业文化既是企业外在形象的光滑剂，又是企业内在团结的凝结剂。它不仅体现企业发展活力，更彰显企业管理理念，从这个角度看，企业管理的以人为本管理价值观，主要体现在企业文化之中。深入理解以人为本管理价值观，必须深入到企业文化之中。

① 袁闯．管理哲学［M］．上海：复旦大学出版社，2005：291.

以人为本管理价值观在企业文化中得以彰显的路径，主要体现在以下两个方面。一方面，对于企业管理者特别是企业高层管理者来说，要树立大的管理观念：管理不仅是对人和物的管理，而且是对人之存在向新的、更高的存在状态跃进的服务，是为了人的自我不断完善服务。倘若做到了这样，既从主观上调动了人的劳动积极性，又从客观上提高了企业利润率，实现了企业发展与人的发展同步跃迁。进一步看，在具体的管理实践中，企业需要时刻坚持企业为人、企业靠人的人本理念，把理解人、尊重人、关心人、培养人、爱护人、合理使用人、全方位提高企业管理者和员工的整体素质作为管理的主要内容，要发挥企业文化的凝聚、导向、激励和转化等功能，用愿景鼓舞人，用精神凝聚人，用机制激励人，用环境培育人。另一方面，对于广大员工来说，要从完善自我的理念出发，重塑和完善自我的世界观、价值观和人生观。具体而言，就是要不断检视和更新自身对企业的认识、工作态度和工作方式方法，逐步将自我“改变世界”的能力转化为、具体化为“改变企业”的能力，进而以企业为具体载体，不断在更大程度上和更宽范围内彰显自我本质力量。这一点，我们将在“人人参与”观中再进一步论述。

（二）生成过程

以人为本管理价值观正在成为一种管理潮流，逐步被一些国际大企业大公司的管理者们所认同和采纳，如，IBM 公司的小托马司·沃森在《一个公司和它的信念》，中说：“IBM 公司的经营哲学大致归纳为两条简单的信念，我个人认为其中最重要的一条就是，我们尊重每一个人。这个道理和概念非常简单，我们公司多数经理人的时间都用在这方面了。在这方面我们所贡献的精力超过了任何其他方面。”[①]这表明，这种管理价值观的理念，正在外化为强大的实践力量。

从理念自身生成发展史看，自古以来，中西都存在着以人为本的管理理念。在西汉刘向编辑的《管子》一书“霸言”篇中，留下了古人关于以人为本思想的较早记载。该书记载了管子的一段话：“夫霸王之所始也，以人为本。本理则国固，本乱则国危。”[②]我国古代关于以人为本价值主张的理

① 黄朗喜．“以人为本”企业伦理价值观的基本要求［J］．中国利技信息：2007（7）．

② 《管子》第 2 册，商务印书馆，1936：8.

论资源甚多，诸如“民为贵，君为轻”“闻这于政也，民无不为本也。国以为本，君以为本，吏以为本”“民可以载舟，亦可以覆舟”，等等。尽管这些论述都是关涉国家治理的价值观，尽管国家与企业存在诸多根本的不同，但有一点二者是相近的，即它们都属于特定的组织类型。从这一点看，国家治理的相关价值理念，也深深地影响了企业管理的价值观。这些关于国家治理的理念，是现代企业以人为本管理价值观的重要思想资源和理论来源。从实践发生进程角度看，以人为本这种管理价值观首先是在西方的企业管理实践中付诸实际。综观西方管理思想史可见，西方管理实践经历了从以经验管理为主到以科学管理为主的变迁。无论是在经验管理时代，还是在科学管理时代，西方的管理者们一直秉持着亚当·斯密关于“经济人”和“理性人”的人性假设。在此理论预设下，管理者为充分调动人的积极性，便以给予人的更大的物质回报作为许诺和约束。尽管这是用“物”来“管人”，但其进步意义便在于，看到了人的积极性之于企业发展的重大作用，开始试图以对人的管理来提高自己的利润。“随着经济的发展与社会的进步，物质生活的日益丰富使人们已经不再需要简单的‘物质刺激’，而企业中森严的科层组织、严密的制度条例、刻板的指令、流水线似的作业方法，等等——这样一些‘法本’都对人的积极性和创造性的发挥产生了极大的影响。在这样的情况下，随着现代西方人文主义思潮的兴起，企业管理中的‘以人为本’终于成为一种不可阻挡的、也是能够促进企业创新与持续发展的潮流。”①

进一步来看，西方管理思想和管理实践中的以人为本管理价值观，是在与以“物”为本管理价值观的斗争中不断生成的。在企业发展的早期，指导西方管理实践的价值观是以物为本。这里的“物”，不是我们狭义理解的单纯的、可以触摸、可以看见的、具体而实际的“物质”，不是物理学意义上的“物体”，而是包括上述“物”在内的各种与人处于直接对立的客观存在。这些客观存在至少包括利润、工序、制度、法规，等等。第一，它立足于物，但坚决拒斥物质财富中心主义。合理正当的物质利润是企业发展的必然要求，但不能简单地以物质财富的累积遮蔽了人的主体发展需求，不能用物质发展成绩来张扬人的价值。否则，对企业和员工都会造成重创。第二，

① 王学秀．中西方文化比较视角的“以人为本”管理理念［J］．价值中国网：2007（6）．

它立足于工序与制度，但坚决拒斥工序制度中心主义。泰勒对工序的简化和明确、企业流水线生产的便利、各种规章制度的建立、科学技术的采用，等等，固然使得企业发展迈上快车道，走上了发展的“不平凡”，但不能因此而忽略了人在企业发展中的主体地位和主人翁价值。只有在遵循基本组织规则的前提下，通过充分发挥人的创造性，通过人的全面发展，才能达到组织发展与个人进一步发展的目的；只有“通过个性化地关注人的需求、关注人的发展、实现对人的尊重、强化情感的交流等等方法来达到管理的目的”；当然，需要特别指出的是，“‘以人为本’的管理是在坚守企业管理中的基本制度和规则、坚持科学管理基础的前提下进行的”，“以人为本的管理是将人放在首位的管理，它同科学管理的最大不同，就是尽管也重视器物层面的管理，但毕竟还是要把调动和发挥人的作用放在首位。”①人本管理与物本管理、科学管理并不直接和全面对立，而是相互补充与修正。

社会主义市场经济体制不断完善与发展，使得我国的企业不断成为市场的主体，各种类型的企业如雨后春笋般茁壮成长。在此背景下，我国企业开始真正走上了现代企业发展与管理之路。这意味着，伴随着市场经济的不断发展，伴随着市场机制的不断完善，我国企业以人为本管理价值观将与企业自身一起生成与成长。具体而言，我国大部分企业特别是中小企业，都是生成与发展于正在建设的现代化中国的环境下，都要在激烈竞争的市场环境中生存和发展，在此环境下，现代化是整个社会话题的主题，作为现代化基本话语的以人为本管理价值观，理所当然要成为现代中国企业秉承和秉持的管理价值观。这不仅是由于企业自身发展需求所决定的，更是由于整个社会存在即企业存在的社会环境决定的。

党的十七大提出了科学发展观。科学发展观提出后，更加进一步强化了我国企业的以人为本管理价值观生成与发展过程。正如党的十七大报告所指出，科学发展观，是对党的三代中央领导集体关于发展的重要思想的继承和发展，是马克思主义关于发展的世界观和方法论的集中体现，是我国经济社会发展的重要指导方针，是发展中国特色社会主义必须坚持和贯彻的重大战略思想。我们知道，政治环境是企业发展的重要环境，企业发展可以促进

① 王学秀．中西方文化比较视角的“以人为本”管理理念［J］．价值中国网：2007（6）．

政治环境的优化，但最为关键的是，企业发展受政治环境的制约与影响。当时，虽然已经意识到中国社会经济的发展必须转型，必须坚持可持续发展，但由于条件限制和历史原因，中国的经济还尚未完全转型。

在党的十八届五中全会上，提出了“创新、协调、绿色、开放、共享”五大发展理念，以此表明中国经济社会发展的变革已经到来。五大发展理念，从根本上说，是实现“全面建成小康社会、全面深化改革、全面依法治国、全面从严治党”的根本保障。“四个全面”战略布局和“五大发展理念”是对当代中国社会发展规律和实践逻辑的新阐释，是对中国特色社会主义发展理念的新发展，二者是内在统一的。“四个全面”回答了当代中国发展的战略目标、战略重点和主要矛盾，强调认识和实践的全面性、完整性；“五大发展理念”关注实现全面建成小康社会这一目标的发展过程的内在要求、科学原则和价值诉求，是对“四个全面”战略布局的路径展开，强调发展的综合性、多维度。可以说，“四个全面”是“五大发展理念”的战略统领，“五大发展理念”是“四个全面”的具体展开。“四个全面”战略布局和“五大发展理念”为中国社会发展确立了科学的指南和正确的价值引领，为实现“两个一百年”的奋斗目标和中华民族伟大复兴中国梦奠定了坚实的思想基础。①

实际上，从现代社会自身的发展进程来看，我国企业发展采取以人为本价值观还是由于现代社会发展实践决定的。在发达的资本主义国家，现代化发展所带来的人的单向度发展、资本对劳动的盘剥、人的价值迷失、不合理利用科学技术对人之存在的戕害，等等，都是现代化发展所带来的难以克服的弊病，对人、企业、社会等带来了一系列不良的影响，这些弊病遭到西方以法兰克福社会批判学派为代表的学者们的深刻反思。对于正在进行社会主义现代化建设的社会主义国家而言，对于正在加速实现现代化、城市化、共同富裕的我国而言，上述现代化的弊病必须引起我们的高度重视与警觉。这也是我国企业生成以人为本价值观的重要的国际环境与背景。同时，我国的企业也必须对发达国家企业发展中出现的问题引以为戒，坚持以人为本的管理理念，避免遇到西方企业发展中出现的问题和陷阱。

---

① 郝立新.从“四个全面”到“五大发展理念”[N].光明日报，2015(12).

（三）根本要求

如何践行企业管理的以人为本价值观，学界研究表明，对此问题的回答，没有固定的答案。学者薛炜华与贺治成的研究表明，理论界对如何实施以人为本的企业管理模式有不同的理解。有的从人际关系方面着眼，认为人本管理就是以尊重员工人格为基点，以管理者与员工之间的情感为纽带，营造相互理解、相互合作的环境，达到企业预定的目标。有的从人的需要和发展方面，提出企业人本管理就是以关心员工、尊重员工、激励员工、解放员工、发展员工为根本指导思想来进行的管理，就是把员工作为企业活动的主体和企业最主要的资源，充分利用和开发企业的人力资源，实现企业和员工的共同目标。有的从人的行为与心理发展角度，指出重视研究人们心理和行为在管理中的作用；有的还提出了企业人本管理的基本模式：一是目标协调—制度建设—培训与激励—实现共同目标；二是情感沟通管理、决策沟通管理和员工自主管理等。①

综合当前学界的研究成果，结合企业管理的实际情况，我们认为，践行企业以人为本管理价值观，至少要做到以下两点。

第一，重塑“企业—员工”和谐关系。康德认为，在世界上，人只能是目的，不能是手段。一切爱好对象都只有一种有条件的价值，因为如果爱好不存在，建立在爱好上面的要求不存在，爱好的对象就没有价值了。爱好本身，作为要求的来源，并没有一种绝对的价值，本身并不值得追求，完全摆脱爱好倒应是一切理性动物的普遍愿望。所以，一切通过我们的行动去获得的对象，永远只有有条件的价值。有些东西的存在并不靠我们的意志，是靠自然的，它们如果是无理性的动物的话，就只有一种作为手段的相对价值，因此称为物，而理性动物则称为人，因为他们的本性就已经表明他们是目的本身，不能仅仅当作手段使用，因此是受到限制、不可任性的（是尊重的对象）。所以，人在社会中并非仅仅是一种客观存在的事实，人作为社会的主体，其本身的存在就是目的。而且人作为目的而言，又是通过价值的完成而展现出来，这种价值并不是物质上的，而是对于人而言的自我实现，是人能够体现自己的能力和创造性的能力所在。

---

① 薛炜华，贺治成. 以人为本的企业管理模式的探究［J］.2007（1）.

我们知道。康德高度重视人的地位、人的价值和人的存在，这是正确的，但把人抬高至“绝对”的位置，则有失偏颇。因为，自在自然是不以人的意志而存在的客观物质世界，这样的物质世界，不会自动地满足人的各种需求，更不会主动推动人化自然发展，人必须首先把自己当作“工具”而不仅仅是“目的”，“人本质上是‘劳动者，创造者’，是一个从发挥自己作为人的能力中得到幸福的人”，[①]人只有积极主动地改造自然才能满足自身需求，从而促进社会进步。

从上述意义看，我们所说的重塑企业—员工和谐关系，有两层意义。一是要改变过去那种仅仅把员工当作企业发展工具的价值观，要真正重视员工在企业中的地位，及时满足员工的合理需求，激发广大员工对企业的热爱，自觉维护企业利益，努力促进企业发展。二是，员工要改变过去那种仅仅把企业作为“身外之物”的观念，真正把企业作为体现自身本质力量，发挥自我潜能，实现自我价值的有效载体与力量场域，进而真正做到“有为才有位”。做到上述两点，真正实现了员工与企业的统一与和谐，一个人人平等、和睦相处、心情舒畅的企业环境便形塑成功，一个促进企业发展与个人发展的企业愿景便构造成功，一个积极向上、如日中天的企业也便会走向成功。

第二，建立健全企业管理的相关体制机制。以人为本管理价值观是当前最为重要的企业管理价值观之一，是推动企业发展最为重要的社会思潮。践行以人为本管理价值观，既没有专门经验可以借鉴，也没有固定模式可以套用，需要各个企业结合自身实际，不断摸索与探索。而这种摸索与探索的最为关键的环节，就是建立健全践行以人为本管理价值观的体制机制。一是制度建设先行。这是体现以人为本管理价值观的重要根基。从以人为本管理理念本身看，这种理念是对管理实践的内在要求，就是要不断彰显管理的自主性、民主性、灵活性和发展性等特征。从这个角度看，践行这种价值观、健全企业管理制度的根本要求，就是这些制度要贯彻和体现上述这些特征与性质。二是促进管理创新。企业以人为本管理价值观强调人的主体地位，特别是员工与企业管理者、企业所有者都具有主体地位。这要求，企业建立健全

① 刘庆丰. 论社会主义的科学性与价值性的统一：兼评民主社会主义伦理价值观［J］. 西南农业大学学报（人文社科版）：2009（1）.

相关体制机制的过程，就是创新管理思想与管理方式的过程，就是体现刚性管理与柔性管理、显性管理与隐性管理相统一的过程，就是为员工与企业管理者实现自由而全面发展服务，为企业所有者实现企业财富最大化服务的过程。三是建立健全员工激励机制。尽管从一定程度上可以说，哲学在本质上是理性的事业，正如黑格尔所说："哲学家的工作只在于把潜伏在精神深入的理性揭示出来，提到意识面前，成为知识。"①但是，几乎所有不抱有偏见的哲学家，也无法否认非理性在人的行为中的巨大作用。特别是近现代以来，人们试图背叛理性主义，并在19世纪中叶得以凸显。我们知道，现代西方哲学中的非理性主义思潮的出现，既是对资本主义现实的回应和反思，又是对新时代的呼唤和预言，它为人类找到了一片属于自己快乐的"自由自在"的精神自我和精神家园。非理性主义在人们日常生活中的具体表征之一，就是人具有感情的需求，具有需要关心、关怀的内在愿望。对于企业而言，落实以人为本管理价值观的要求，需要建立健全对企业员工的激励与关怀机制。企业所有者与企业管理者需要以平等公平的态度，用赞赏员工的眼光，并以热情的行动为员工创造一个良好的工作环境。管理者把以人为本作为管理的出发点和落脚点，从而把管理的事实活动与价值活动有机结合起来，"把人的活动与管理价值判断的功能联系起来，我们就会发现，人们之所以要进行管理价值判断并不是为了要表达情感，相反是要形成对管理客体的管理价值认识，从而指导自己的管理行为或管理实践。"②所以说，企业员工的个性化发展是培养创新型人才的重要条件，因为个性化发展是对人自我价值确认的一种创新，是获得新知识、新能力的开始和前提，只有与众不同的价值管理才会有与众不同的创造，只有敢于走前人未走过的路，敢于做前人未做过的事，才会有所发现、有所收获，才能为社会和人类做出更大贡献。

二、管理价值社会责任观

企业是社会有机体的组成部分，是在与社会的互动中生存和发展的，企业行为对社会发展产生着重要的影响和制约作用。在社会经济快速发展的过

① ［德］黑格尔．哲学史讲演录（第1卷）［M］．贺麟，王太庆，译．北京：商务印书馆，1959：45.

② 冯军．管理价值研究［M］．北京：中国社会科学出版社，2006：102.

程中，危害公众和社会利益的企业行为时有发生，企业的社会责任问题引起了越来越广泛的关注。转变企业的发展理念，确立科学的社会责任观，认真履行企业的社会责任，是推动企业自身及社会长远发展的基本要求。

（一）基本含义

所谓责任，从哲学的角度看，就是主体在改造和利用客体、不同主体之间社会交往过程中所应践履的道德的承诺与承担的实践义务。社会责任是指企业在经营过程中，对社会应承担的责任或对社会应尽的义务，以最终实现企业的可持续发展。具体表现为，企业在经营过程中，特别是在进行决策时，除了要考虑投资人的利益或企业本身的利益之外，还要考虑与企业行为有密切关系的其他利益群体及社会的利益；除了要考虑其行为对自身是否有利外，还应考虑对他人是否有不利的影响，如是否会造成社会公害、环境污染、资源浪费等。企业在进行决策时，对这些问题进行考虑并采取适当的措施加以避免，其行为本身就是在承担社会责任。企业社会责任的本质就是企业自身对人类社会发展所承担的义务。[①] 其实，一个企业“关注社会，建立新的企业伦理，不过是通过自觉的行动来做出贡献。把对社会做贡献作为价值目标，与单纯追求利润相比，并不一定降低了利润。相反，这种价值现在越来越受到重视，并且产生了更为可靠的效果。”[②] 正是由于企业利益与社会利益事实上的相互制约与不可分割性，企业在履行社会责任时，其采取的行为就兼具自身利益与社会利益的双重影响属性。企业社会责任具有社会属性，是社会对企业组织的外在要求。企业社会责任是企业组织健康发展的必然结果。

现代企业所要树立的社会责任观，一般是指，大自然和社会是企业生成与生存的基本环境依据。对于这些环境，企业不仅需要从其中获取资源，获得利润，而且需要对其做出维持环境持续发展的道德承诺，并不断在实践中履行企业的之于环境的各项义务。具体而言，现代企业管理中的这种社会责任观的要求就是，企业管理与经营当然是获取生存与发展的主要依据之一——利润，但还需要明白，“通过巧妙的机制把社会的价值转化为经济组织的价值，或者把经济组织的价值目标与社会价值目标有机地联系起来，是企业生存和发展的

① 袁闯. 管理哲学［M］. 上海：复旦大学出版社，2005：159.
② 袁闯. 管理哲学［M］. 上海：复旦大学出版社，2005：165.

极其有力的方法。”[①]实际上，企业社会责任观不仅是现代企业管理必须具备的管理价值观，而且是企业获得可持续发展能力的主导因素之一。

理解企业社会责任观的基本内涵，需要避免一种错误的认识倾向，即认为企业社会责任观就是一种让企业办社会的观念，企业与社会是共生的，但二者之间没有利益的交集。这种错误认识倾向的哲学原因，是没有正确认识企业与市民社会之间的关系。这里的市民社会，不是一般日常生活中形而下的仅指“普遍而普通的市民生活”含义。在马克思看来，它主要是指，市场经济中人与人的物质交往关系和由这种交往关系所构成的社会生活领域。马克思对市民社会的理解，承继并批判了黑格尔的市民社会概念。在黑格尔看来，市民社会就是由一个个私人利益所组成的体系，而这个体系的基础，就是市民的感性物质活动，即市民的生产和交往活动。如此一来，黑格尔便理所当然地认为，市民社会依附于他所理解的理念上的政治国家。在《法哲学原理》中，黑格尔从客观唯心主义的立场出发，清晰地表达了他对市民社会与政治国家之间这种关系的认识。他指出，尽管政治国家是从家庭和市民社会中发展起来的，但“它仍是后者的原则和基础”。莱茵报时期，马克思还未摆脱黑格尔哲学的藩篱，在思想上暂时信奉黑格尔的上述关于市民社会与政治国家的关系论述。随着马克思实践的深入和对自身固有的“信仰的清算”，马克思批判了黑格尔对市民社会与政治国家之间关系的头脚颠倒的认识。在《黑格尔法哲学批判》中，他开始从唯物主义立场批判黑格尔的法哲学，得出了不是政治国家决定市民社会，而是市民社会决定国家的著名结论，在《德意志意识形态》中，马克思恩格斯进一步系统地阐发了市民社会内涵。正如马克思恩格斯在该书中指出的那样，“受到迄今为止一切历史阶段的生产力制约同时又反过来制约生产力的交往形式，就是市民社会。”[②]从马克思这里开始，市民社会这个术语已经成为在资产阶级社会经济基础的意义上使用的历史唯物主义范畴。

我们继续运用上述黑格尔和马克思关于市民社会理解的角度来剖析上述这种错误的认识倾向。社会是人与人之间相互交往的产物，社会属于“大

---

① 袁闯．管理哲学［M］．上海：复旦大学出版社，2005：153.

② 马克思，恩格斯．马克思恩格斯文集（第1卷）［M］．北京：人民出版社，2009：540.

家”的，而不仅仅是属于“某个人”或“某个企业”的，从道德义务角度看，企业确实不该承担“办社会”的责任。实际上，企业不仅不该独自承担对社会的责任，而且企业也承担不了对社会的所有责任。企业承担不了对社会的所有责任，并非意味着企业不该承担对社会责任。这是因为，正是在人与人经济交往的基础上（即在市民社会的基础上），人们产生了对商品需求，进而，企业才具备产生的潜在动因。而社会交往（市民社会）的不断扩大，则使得这种潜在动因转化为实际的存在。从这一角度看，企业生成与发展离不开社会，理所应当，企业应树立责任观念，应当在社会交往中扮演好自身的责任角色。企业树立责任观念，还在于其对市民社会的天生所具有的“威胁性”与“危害性”。“企业从其诞生的那一刻起就因为具有一种特有的力量——资本——而按其不断积累、无限扩张的本性对人、对社会、对自然发挥日益扩大的作用和影响；直至资本全球化时代，集资本和知识（或财力加脑力）于一身（必要时借助于暴力，如殖民、入侵）跨国企业富可敌国、强可灭国、智可愚民、力可撼天，掌握了前所未有的巨大权力，根据责任铁律，企业对人、对社会、对自然就应负有极大责任。”[①]另外，企业树立社会责任观，履行社会义务，这体现了深厚的人文关怀和人文精神，这种精神无形地渗透到经营与管理的每个环节，成为企业道德建设的重要组成部分，有利于树立企业良好的社会现象。置身于一个富有爱心和责任感的环境，可增加员工的归属感、自豪感和荣誉感，从而增强企业的凝聚力。

（二）生成过程

马克思指出，“历史从哪里开始，思想进程也应当从哪里开始，而思想进程的进一步发展不过是历史过程在抽象的、理论上前后一贯的形式上的反映。”[②]这表明，任何思想的发展与生成，不仅具有本身的维度，而且有历史与实践的维度。当然，前者与后者具有统一性，前者是后者发展的精神反映与思想表达。企业管理价值观中的社会责任观的生成，也同样具有此二者的维度。据此，对社会责任观生成的考察，是从理念自身发展与实践发展两个角度展开的。一般认为，社会责任观是一个涉及面较为广泛的概念，由于人

① 黄邦汉．企业社会责任概论［M］．高等教育出版社，2010：134.

② 马克思，恩格斯．马克思恩格斯选集（第 2 卷）［M］．北京：人民出版社，1995：43.

们分析问题的角度不同，在对社会责任观的认识上，存在较大的分歧。通过对各种论述的综合，总体来看，主要有两种不同的观点。

一是古典社会责任观。社会责任古典观强调管理者的社会责任就是实现利润最大化，其代表人物是米尔顿·弗里德曼。他认为当今的大多数管理者是职业管理者，这意味着他们并不拥有他们所经营的企业。他们是员工，仅向股东负责，从而他们的主要责任就是从股东的最佳利益出发，最大限度地满足股东的利益。而股东的利益又是什么呢？弗里德曼认为，企业的股东一般而言之所以关心企业的盈利问题，也就是财务方面的回报。管理者自作主张将组织资源用于社会利益时，是在增加经营成本，这些成本要么通过高价格转移给消费者，要么降低股东回报率。

二是社会经济责任观。社会经济责任观的支持者们认为，随着社会的发展，社会对企业的期望已经发生变化，管理者的社会责任不只是创造利润，应该关心长期财务收益的最大化，保护和增进社会福利。他们必须承担一些必要的社会义务及相应的成本。企业必须以不污染、不浪费、不歧视、不发布欺骗性广告等方式来维护社会利益。企业组织不仅仅是经济机构，社会接受并鼓励企业参与社会、政治、法律等事务。企业还必须具有社会责任感，在增进社会利益方面发挥积极的作用，如参与所在社区的活动、关心和参与社会福利事业等。

从社会责任的理念进展看，这种价值观生成经过了以下的过程。在西方的古希腊时期，从事生产行为的企业几乎尚未产生。那时，社会上部分人专门从事商品的交易、交换。在柏拉图看来，这些人地位低下，这些行业低贱，由非公民经营。由此可见，在当时社会伦理思想外在压制下，商人们迫于自己地位低下，为了生计的合法性，不得不践行道德义务。文艺复兴后，“神”走下了神坛，人被置于中心位置，中世纪的宗教对人的统治，逐步被世俗和理性的统治所代替。工业革命后，现代意义上的企业逐步建立，企业追逐利益的动机与欲望不仅积聚膨胀，而且被逐步合法化，亚当·斯密的人本性角度，打破宗教神学的压制，借助于启蒙理性，对此做了详细论证。他在《国富论》中指出，人是经济的动物，利己行为不仅可以促进个人利益实现与自我价值完善，而且是社会前进的发动机和助推机，可以促进整个社会的完善与发展。当然，他还强调了人在实现自我利益过程中，要注重一定程度的“节制”，要受到“正义”的规制。在《道德情操论》中，亚当·斯密指出，为了自由市场的有序合理运行，所有参与者（不管是组织还是个人）都要彼此诚实守信，彼此相互负责。从亚当·斯密的相关论述中，我们可见，在这里，企业社会责任观已经具有了一定的萌芽和雏形，这个时期，以亚当·斯密为代表的古典经济学家认为，一个社会通过市场自身具有的规律能够最好地确定其发展，如果企业尽可能的高效率地使用资源，并以此提供社会需要的产品和服务，从而使消费者愿意购买其产品，企业就尽到了自己的社会责任。

现代意义上的企业社会责任观，一般认为是在20世纪20年代被明确提出来的。1924年，英国学者欧利文·谢尔顿撰写了其名著《管理哲学》，他在该书中，首次较为系统地考察和使用了企业社会责任这一概念。此后，企业社会责任这一企业管理价值观逐步被人们所熟知，并越来越成为一种最为重要的现代企业管理价值观。当然，这种价值观被内化为企业生存与管理的核心和首要的价值理念，仍需待时日。但毫无疑问，当前，企业管理价值观，正在经历着一场从单纯追逐利润到追逐利润的同时兼顾社会责任的艰难的“范式革命”。之所以艰难，是因为，企业对利润的追求，已经内化为企业所有者和企业管理者的一条内在的管理铁律，也就是说，已经内化为企业管理的一种很难撼动的管理范式。正如美国科技哲学家库恩在其《科学革命结构》一书中指出的那样，人们改变一直所信仰与所效忠的“范式”，是一场不能被迫的艰难转变历程。[①]然而，尽管这种转化很艰难，但进一步生成与接受这种管理价值观，是时代所需。哈拉尔在其著作《新资本主义》中指出，过去那种以利润为主的企业生产范式是工业时代的产物，其时代境况是，物质财富匮乏，人的生存需要迫切。这种境况下，企业生产与管理以利润为主要目标，理所当然。“现代，向后工业时代的转换正在使得更高的需要处于突出的位置……文化的规范正在缓慢但肯定地走向新资本主义”。[②]由此可见，哈拉尔指出了实现管理价值观范式转换的外在背景和有利因素，这就是，资本全球化时代，无论是在资本主义制度下，还是在社会主义制度

① ［英］库恩．科学的革命结构［M］．金吾仑等，译．北京：北京大学出版社，2003：233.

② ［美］哈拉尔．新资本主义［M］．冯韵文，译．北京：社会科学文献出版社，1994：222.

下，社会生产的性质和职能正在改变，人们开始关注企业对社会的责任，而企业也开始关注社会对其的道德伦理的要求。

从实践角度看，这种价值观的生成绝不是偶然的，它深深根植于企业自身和社会启蒙理性的逐步成熟，特别是在全球化时代下，企业自身发展所面临的以及它所带来的一系列现实问题，进一步促生了企业社会责任观。企业管理中的利润价值观，从一定程度上讲与社会达尔文主义相关。社会达尔文主义肇始于英国文化哲学家斯宾塞。他依据达尔文的生物进化规律，提出了社会发展的相关规律，即社会可以和生物有机体相比拟，社会与其成员的关系有如生物个体与其细胞的关系，根据自然界“食物链”规律，社会上也存在“弱肉强食，物竞天择，适者生存”的发展铁律。资本主义的发展，为它利用科学技术进步与资本扩张对人进行各种操纵控制，提供了便利。面对这些资本主义工业发展实践中出现的问题，批评者们开始指责社会达尔文主义的残酷与资本主义企业家的无情。由此，人们逐渐意识到，企业必须对那些与其发展密切相关联的社会存在——员工、顾客和其改造的对象负责。为此，西方生态主义运动、劳动运动、消费者保护运动等，分别从保护大自然、保护劳动者和保护消费者等角度，提出了企业应该承担的具体责任与义务。

（三）根本要求

企业社会责任价值观的实现，需要一系列外在约束，如社会舆论监督与法律约束、政府的政策管制与利益引导等。但从根本上，还需要企业“自律”。因为，从哲学角度看，企业社会责任属于企业社会伦理的范畴，是一种伦理道德责任。而我们知道，任何道德戒律的践行，最为根本的，还是道德主体的自愿与自觉。然而，作为一个社会群体的主体，其群体的道德自觉，不是个人道德自觉的综合与总和，而是建立在一定群体规则基础上的长期思维习惯与文化习俗。更何况，价值认同是价值践履的前提。个人价值认同，往往带有主观性与偶然性，而社会群体的价值认同，则体现出主体性与规律性。其基本规律就是，社会组织的价值认同，需要有特定的机制做保障，这样的价值认同才具有根本性和长期性。企业管理实践中进一步认同社会责任价值观，需要建立健全企业社会责任伦理观念机制。实际上，许多企业在履行社会责任的过程中，都有自己的突出表现，而且这企业也具有一些共同的特点，即企业的管理者和全体员工能够对企业的社会责任做出认同的态度，能够对社会责任表现出高度的支持。

大家知道，陈光标是中国著名的企业家、慈善家，江苏黄埔再生资源利用有限公司董事长。他于1998年开始慈善事业，截至2010年累计捐献款物约26.39亿元人民币，帮助特困户逾70万。2008年，汶川大地震后第一时间出钱出力救灾，被当时国务院总理温家宝称为“有良知、有感情、心系灾区的企业家”，当选全国抗震救灾模范，被称为“中国首善”。2010年9月陈光标宣布，将去世后捐出全部财产。从一个小作坊起家成长为亿万富豪，从一无所有的普通人成长为中国十大慈善家之一，他以数十亿捐资的慈善之举，在众多民营企业家中走出了一条独特的创业轨迹，并由此赢得了人们的尊重。西南旱灾、汶川地震、玉树地震、舟曲泥石流，每次灾害发生的第一时间，他都携物资、人力、器械远赴灾区全力抢险救灾。从盈江地震救灾到贵州毕节“一路慈善一路歌”慈善演唱会，从组织全国企业家代表团慰问云贵藏老少边穷地区贫困百姓，到携企业家爱心团赴台湾感恩之旅，无一不展示出一个草根企业家回报社会的情怀。

同时，他又是一个环保企业家，大力倡导推进环保产业、绿色经济、可再生资源回收、加工和再利用，陈光标麾下的公司主要从事建筑垃圾处理和再生的业务，所采用的拆迁方式以绿色、环保、再利用、良性循环为基本原则。如果说陈光标热心慈善是在帮助身处困难的人解决现实的燃眉之急，那么他所倡导和进行的循环经济，则是造福子孙后代的更具长远意义的事业。在突发灾难时他冲锋在前，低碳环保亲力亲为，为社会文明进步建言献策、大声疾呼。他将企业的可持续发展与社会担当相结合，是民营企业家回报社会的典范。“陈光标式”的救灾和慈善，只是企业家履行社会责任的一种形式，其更大的意义在于带动更多的人关注慈善、投入慈善，更好地履行社会责任。①

从上述意义与实践来看，践行企业社会责任价值观，需要建立健全一系列企业自身的伦理责任体制机制。其一，建立健全企业信用决策机制。在树立社会责任信用观念的基础上，企业应将社会责任信用融入管理体系和企业的决策机制中，使其成为企业经营的有机组成部分。在现代企业治理的实

---

① 梁瑞丽．陈光标：用慈善谱就灿烂人生［J］．东方企业文化：2010（7）．

践中，守法经营、尊重员工、创造和谐的工作环境、注重保护环境、加强与社会的沟通、保护消费者权益等都是一个成熟企业应有的基本行为方式，这种行为方式体现在企业的全部管理和经营过程中。[①]对于一个良好的企业而言，将社会责任伦理纳入企业管理决策体系，事实上也就是以现代企业管理理念，调整、改革企业管理中与法律法规、社会道德观念不相符的东西，使企业的行为符合现代企业公民的要求。可以说，对于一个具有伦理责任的企业而言，“正规的管理法规，从制定的形式到内容应该发扬民主精神，注意听取被管理者的意见，贯彻实践—认识—实践的认识路线。”[②]企业管理活动的过程实质就是一系列的决策活动过程。对企业而言，履行企业社会责任体现在决策活动过程中的信用的思考。注重企业决策的信用强度，依据信用原则制定决策的信用评估标准，从而提高决策主体的道德性。企业应该建立并完善社会评价体系，加强对企业的决策的社会责任的评价指标，这样可以使管理者在做决策时考虑到各方面的影响，从而做出既能带来高经济利益又能带来高社会效益的决策。可以说，企业信用评价机制的具体实施还可依靠在企业内部成立企业信用委员会等，对企业的决策活动进行全面的信用等级监督，对企业生产运营的全部过程，如产、供、销等环节进行全方位、多渠道的信用调控，及时发现并纠正企业的不良信用决策与行为。

其二，建立健全企业道德培训机制。目前我国企业出现的问题，间接地讲，在很大程度上与缺乏相关的企业道德培训有关。因此，建立企业道德培训机制，给予企业领导者和员工以一定的道德培训是十分必要的。因为，对于一个企业的管理活动而言，“管理道德依据道德标准，从现实利益关系角度出发，特别是现实生活中个人对社会整体利益的角度，去调节人的管理行为，进而提高管理的价值。”[③]从这一方面看来，企业建立比较完善的道德教育价值，对于企业管理而言具有重要的价值。企业的管理水平是否能够提高，企业的发展是否能够顺利进行，关键在于人的素质。而且企业的品牌形象的确立，也无不与企业管理者和员工的道德素质的高低有很大的关系，而其中尤为关键的是企业高层管理人员的道德素质更是重要。一方面，企业高

① 冯军.管理价值研究［M］.北京：中国社会科学出版社，2006：243—245.

② 杨伍栓.管理哲学新论［M］.北京：北京大学出版社，2003：207.

③ 杨伍栓.管理哲学新论［M］.北京：北京大学出版社，2003：238.

层管理人的地位决定了他们在企业经营活动过程中的地位与作用以及决策的道德水平；另一方面，企业高层领导人的个人道德对于企业道德规范的形成起着举足轻重的作用。如默克、惠普、微软、松下等公司的创立者们在他们公司高标准道德行为规范的形成方面起到了示范性和决定性的作用。当然，企业员工的整体道德素质也是十分重要的，应加强对企业员工的伦理道德教育，通过对员工企业伦理方面的培训学习，提高员工的伦理敏感度与社会责任意识。只有企业高层领导者和企业员工的整体素质都提高了，企业才能有效地履行其社会责任。

其三，企业必须依法诚信经营。企业必须树立法律意识，守法经营，切实维护利益相关者的利益，满足消费者的要求，在遵纪守法方面做出表率。企业要依法约束自己的经营行为，遵守相关的法律、法规，包括环境保护法、清洁生产法、产品质量法、消费者权益法、劳动保护法等。讲究信誉，诚信经营，合法经营。管理者要带动企业的所有员工、企业所在的社区等共同遵纪守法，共建法治社会，做履行社会责任的楷模。

综上所述，对于中国企业而言，社会责任还是新生事物，企业社会责任理念刚刚起步。在经济发展的同时，我们也付出了沉重的代价。我们过度追求经济的高速增长，造成了严重的资源浪费，一些企业违法排放废物、废水等，对自然环境造成严重的破坏；对自然资源过度开采，人类的生存环境日益恶化；一些不良企业生产的假冒伪劣产品充斥市场，如假奶粉、瘦肉精等，严重损害着消费者的利益，等等。从现代社会对企业的要求来看，企业道德形象建设越来越重要，企业面临着“白热化的道德压力”。为此，企业必须主动树立企业社会责任伦理观念，加强企业信用和道德形象建设，构建责任型企业。在企业经营活动中，树立诚实经营、公平交易、平等竞争的观念，并切实维护股东、员工与消费者等利益相关者的权益，注意节约资源和环境保护，让社会责任伦理观念进入企业经营机制，从而使企业在公众中树立良好的道德形象，真正成为一个受公众欢迎的“道德”型负责任的企业。

总之，在新形势下，企业需要真正树立社会责任价值观，而要树立企业的社会责任观，需要围绕两条最为根本的主线：即努力把握人与自然之间关系的平衡，树立企业自然伦理责任观；努力实现人与人之间关系的协调，树立企业社会信用责任。

第五章　管理环境论

第一节　管理环境的内涵

管理系统是由若干参与管理活动的要素及其相互关系构成的、为达到一定管理目标的有机整体。管理系统的正常运转，受着各种各样的管理环境因素的制约与影响。管理环境作为管理系统的一个非常重要的组成部分，是最不为人了解的元素。因此，为了保持管理系统的生存和发展，必须了解、研究与适应管理环境的变化发展。那么，何谓“管理环境”？它的内涵又是怎么样的？

一、管理环境的定义

要明确何谓“管理环境”，我们必须首先明晰何谓“环境”。所谓环境，《辞海》解释为“周围的境况”。在人类之初，这种环境主要是指自然环境。得到学者们普遍认同的“环境”概念是：它是一个相对性的概念，是以人（包括作为个体的人、作为组织的人和整个人类群体）作为行为主体，指那些直接或间接地影响与制约人生存、发展的各种自然因素和内外部社会因素的总和。据此，我们认为，“管理环境”以管理主体（包括管理者个人以及各种管理组织）作为行为主体，指那些直接或间接地影响和制约管理主体生存和发展的各种自然因素和内外部社会因素的总和。

为了深入把握“管理环境”概念，必须要明确两点：第一，管理环境是相对于管理行为主体和管理活动而言的。管理的行为主体特指那些参与管理活动的人。孤立的、不参与管理活动的人对于管理系统来说不具有任何意义。具体而言，当行为主体置身于管理活动之外时，他们不成其为管理主体，只有当行为主体参与到管理活动之中，并且与管理系统中的其他构成要素形成一定联系的时候，行为主体才成为管理行为主体。一个反面的说明是，“在动乱的环境中，组织必须建立一个更适应的反映系统；变革是由环境力量决定的，管理者起的是比较被动的反映作用。”[①]由此可见，只有管理行为主体参与管理活动，并与管理系统中的其他要素形成一定联系时，管理环境才能生成。

第二，管理的行为主体是人，但是人又包括个体的人、组织的人和整个人类群体。因此，从某种意义上可以说，随着行为主体的不同，管理系统的组成要素也各不相同，不同的行为主体与不同的组成要素形成不同的管理系统，进而决定了管理环境的不同。具体而言，当管理的行为主体是个体的人时，管理环境就是指那些直接或间接地影响和制约个体生存和发展的各种自然因素和内外部社会因素的总和；当管理的行为主体是组织时，管理环境就是指那些直接或间接地影响和制约组织生存和发展的各种自然因素和内外部社会因素的总和；当管理的行为主体是整个人类群体时，管理环境就是指那些直接或间接地影响和制约整个人类群体生存和发展的各种自然因素和内外部社会因素的总和。由此可见，“管理环境”是个相对性概念。

二、管理环境的性质

根据管理环境的定义，我们可以发现，管理环境的性质主要表现在以下几个方面。第一，客观性。管理环境是客观存在的，它不依赖于人们的主观意识而转移。具体而言，只要当行为主体参与到管理活动之中，并与管理系统的其他构成要素形成关系时，管理环境就会生成。而且它一旦生成就会对管理行为主体和管理活动产生影响与制约。第二，系统性。管理环境也是一个系统，它是由各种管理环境形式有机构成的。具体来说，它包括行为主体自身的环境、自然环境和社会环境三大部分及其相互联系。这就是说，“组成这个系统的各种要素，如自然条件、社会条件、文化条件等相互关联，形成一定的结构，表现出环境的整体性。”[②]第三，相对性。管理环境是一个相对性的概念，它是相对于管理行为主体和管理活动而言的，不同的行为主体

① 彭新武．管理哲学导论［M］．北京：中国人民大学出版社，2006：367.

② 王德清，么加利．管理哲学［M］．重庆：重庆大学出版社，2004：225.

和不同的管理活动形成不同形式的管理环境。

动态性。规律环境的构成是十分复杂的，管理环境系统的内部矛盾决定了管理活动始终要处于不断地运动变化的过程中，矛盾的平衡性及其相互作用决定了管理环境的性质及其发展方向。最后。多样性。组织与环境发生着千丝万缕的联系，组织行为受到来自于组织内外多种因素的制约。管理环境的多样性表现在，伴随着管理行为主体的不同、工作内容的不同、行为方式的不同，它们与管理系统的其他要素所共同构成的管理环境也各不相同。

三、管理环境的构成要素

管理环境有机整体，不同的构成要素在有机体中的地位和作用也各不相同。在管理环境的定义中，“管理环境”是以管理主体作为行为主体，指那些直接或间接地影响和制约管理主体生存和发展的各种自然因素和内外部社会因素的总和。通过对管理环境内涵的分析，我们了解到，管理环境实质上是由管理行为主体（包括管理者个人以及各种管理组织）、管理哲学视域下的自然因素以及社会因素（包括社会经济因素、社会政治因素、社会文化因素）及其相互关系所共同构成的有机整体。

管理环境的自然因素特指那些直接或间接地影响和制约着管理主体生存和发展的自然因素。管理环境的社会因素特指那些直接或间接影响或制约管理行为主体生存和发展的各种社会因素的总和，它主要包含社会经济因素、社会政治因素和社会文化因素。社会经济因素是根本的，它制约和影响社会政治因素和社会文化因素，社会政治与社会文化因素反作用于社会经济因素。在以下的论述中，不会单独的论述管理环境的社会因素，而是会详细地讨论它的三个组成部分，即：社会经济因素、社会政治因素和社会文化因素。

实际上，管理行为主体既是自然的存在，更是社会的存在。自然因素是管理行为主体自然存在的维度，社会因素是管理行为主体社会存在的维度。自然因素是管理行为主体现成的存在，而社会因素是管理行为主体现实的存在。自然因素是社会因素的基础，社会因素是自然因素的延伸。自然因素与社会因素既可以形成相互优化的良性的循环，也可以产生相互劣化的恶性的循环。然而，无论是自然因素还是社会因素，都构成管理行为主体活动的环境，都是管理行为主体对象性的存在，管理行为主体既需要良好的自然因素，更需要优化的社会因素。从这个意义上来说，“企业的发展不是一种被动的适应过程，而是一种充分发挥自身的能动性，进行大胆创新，创造环境，并与周围环境一起共同进化的过程，从而使外部环境、企业自身条件、企业经营目标三者协调、平衡，达到和谐状态。”[①]因此自觉地调适自然因素与社会因素的关系，实现二者的良性循环，对于管理行为主体的存在和发展具有重要意义。

四、管理环境的类型

通过探讨管理环境的定义与它所具有的性质，我们了解到，根据管理行为主体的不同，管理环境表现出多样性的特征。按照不同的标准，可以把管理环境分为不同的类型。

（一）一般管理环境和具体管理环境

一般管理环境表现为一种共性，是指所有管理环境共同具有的某种性质，即一切管理环境都具有直接或间接地影响和制约管理主体生存和发展的性质。具体管理环境表现为一种个性，是指每一单独管理环境所具有的区别于其他管理环境的特性，它们既可以是管理行为主体自身的环境，也可以是自然环境和社会环境。一般管理环境与具体管理环境相互联系、相互区别、相互作用。

一般管理环境蕴含在具体管理环境之中，具体管理环境是一般管理环境的表现形式。因而，具体管理环境是一般管理环境得以产生的现实基础，制约着一般管理环境发挥作用的形式；同时，一般管理环境又制约与影响具体管理环境，规定着不同具体环境的性质与特征。

具体管理环境虽然受到一般管理环境的制约与影响，但是，它仍然具有自身独立的特性。这种特殊性主要体现在以下几个方面：第一，形式上具有特殊性，这是由管理行为主体的不同和管理系统构成要素的差异所导致的；第二，性质上具有特殊性，这是由各构成要素的不同性质所决定的，同时也是由各构成要素在系统中所处的位置，及其作用发挥程度的不同所决定的。

① 彭新武．管理哲学导论［M］．北京：中国人民大学出版社，2006：369.

根据管理环境的定义，我们还可以把管理环境划分为内部管理环境和外部管理环境两个部分。所谓内部管理环境就是指管理行为主体的内部环境，这既可以指以个性为主体的内部环境，也可以指组织内部环境和整个人类群体的内部环境，它包含了情感、意志、激情等心理因素，也包含企业文化等因素。外部管理环境是指那些处于管理行为主体之外，直接或间接地影响和制约管理行为主体的生存和发展的各种自然因素和社会因素的总和，它包含自然、社会经济、社会政治以及社会文化等因素。但是，内部管理环境与外部管理环境在一定条件下能够相互转化，它们并不是固定不变的，“内部环境与外部环境的划分不是绝对的”，[①]随着管理活动的展开，两种环境可以相互转化并形成新的特点。

（二）主要管理环境与次要管理环境

管理环境作为一个有机系统，具有动态性的特征。管理环境系统的内部矛盾决定了管理活动始终要处于不断地运动变化的过程中，矛盾的平衡性及其相互作用决定了管理环境的性质及其发展方向。据此，我们可以把管理环境划分为主要管理环境和次要管理环境两个部分。主要管理环境是指那些决定管理主体生存和发展的因素，它在管理环境系统中起着主导作用，决定着管理环境系统的性质及其表现形式。次要管理环境是指那些影响和制约管理主体生存和发展的因素，但其不起主导作用，只是提供一定的条件与保障。主要管理环境与次要管理环境之间存在着一定的辩证关系，即二者既相互区别又相互联系，并在一定条件之下可以相互转换。伴随着取得支配地位的环境系统的主要方面和次要方面的地位的转化，管理环境系统的性质也会发生根本变化。

（三）现实管理环境与可能管理环境

现实管理环境与可能管理环境是反映管理环境的过去、现在和将来关系的一对范畴。现实管理环境是标志一切实际存在着的管理环境的范畴，是指相互联系着的实际存在的管理环境的综合。可能管理环境是指包含在管理环境中、预示管理环境发展前途的种种趋势，是潜在的尚未实现的东西。某种管理环境在其还未成为现实管理环境以前，只是一种可能，而且并不是任何

① 王德清，么加利．管理哲学［M］．重庆：重庆大学出版社，2004：240.

可能管理环境都会变成现实管理环境。这是因为，在管理环境系统发展过程中存在着种种不同的可能管理环境，在一定条件下，只有一种可能管理环境会转变为现实管理环境。当这种可能管理环境变为现实管理环境后，在一定时期内其他种种可能管理环境就难以转变为现实管理环境了。

第二节　管理环境的自然基础

自然界先于人类社会而存在，人类是自然界长期演化的结果，人类社会依赖于自然界。人类为了自身的生存和发展需要保持与自然界进行交流，不断从自然界中获得必要的物质生活资料和生产资料，离开了自然界，人类就失去了产生和发展的基础，人类社会的实践活动也就无法进行。

一、管理哲学视野下的“自然环境”

人类社会是自然界长期发展达到高级阶段的产物，但它不同于自然界，具有自己的特点和特殊规律，同时它又和自然界有着不可分离的密切联系，受到自然界的很多规律的制约和影响。自然环境可以说是人类生活的基础和前提，是供给人类物质生活资料的必要条件。可以说，自然环境是人类社会存在和发展的必要条件，人类社会的发展过程，实际上也就是社会同自然界互相作用的结果。[①] 人们必须通过不同的途径和方式去利用和改造自然界，以满足人类生存和社会发展的需要，而为了人类生存和发展，又必须保护好自然环境。

一般认为，“自然”概念具有三个方面的含义。第一，作为哲学物质本体意义上的自然，如：“真正本体论的本质”“自然界的实在性”等；第二，作为人类社会赖以存在和发展基础的自然，即自然生态环境，如：人类“赖以生活的无机界”，“人本身是自然界的产物，是在自己所处的环境中并且和这个环境一起发展起来的……”；第三，作为人类社会构成要素的自然，即“人化的自然界”和“人类学的自然界”。[②] 那么，是不是这三个方面或

① 王德清，么加利 . 管理哲学［M］. 重庆：重庆大学出版社，2004：225—226.
② 王德清，么加利 . 管理哲学［M］. 重庆：重庆大学出版社，2004：227—228.

者哪些部分包含在管理环境视域下的自然环境中呢？

“管理环境”以管理主体（包括管理者个人以及各种管理组织）作为行为主体，指那些直接或间接地影响和制约管理主体生存和发展的各种自然因素和内外部社会因素的总和。所以，根据管理环境的定义，我们可以推导出，并不是所有的自然环境都是管理哲学视域下的“自然环境”，只有那些直接或间接地影响和制约着管理主体生存和发展的自然因素才是管理哲学视域下的“自然环境”。

据此，让我们回过头来再次探讨通常意义下的“自然”。在“自然”的三个方面中，第一个部分显然不是我们所要研究的自然环境，只有第二个方面和第三个方面属于管理哲学视域下的“自然环境”，即只有那些作为人类社会赖以存在和发展的自然基础与作为人类社会构成要素的自然才是我们管理哲学所探讨的自然环境。如果按照管理环境的类型对这两个部分进行再深入地划分，我们会发现，这两部分的自然其实也存在着一定的区别。只有作为人类社会构成要素的自然才是真正意义上的管理哲学视域下的“自然环境”，才是现实的管理环境。“随着社会生产力和科学技术的进步，越来越多的自然物进入了人的实践活动范围，成为社会管理的环境因素。”[①]而作为人类社会赖以存在和发展的自然在管理哲学视域下只是作为可能的管理环境而存在，或者说是作为一种潜在的自然环境而存在。它在什么时间以及何种程度上成为管理环境的一部分，需要以管理行为主体的活动范围而定。

由此可见，管理哲学视域下的“自然环境”是特指那些直接或间接地影响和制约着管理主体生存和发展的各种自然因素的总和，这些自然条件主要是管理行为主体所生活的地理环境以及在这一地理环境上形成的地形、地貌、气候、土壤、水源、植被、森林、鸟兽、矿物等自然物。这些自然物相互联系、相互作用，组成了一个自然有机体。

二、自然环境对于管理环境的制约与影响

自然环境是人类生活、生存的重要条件和基础，自然环境的好坏，对于人类生活和社会生产的发展状况，以至整个社会进步都有明显的影响，应该

---

① 王德清，么加利．管理哲学［M］．重庆：重庆大学出版社，2004：227.

给以足够的重视。自然环境对于管理活动的制约与影响主要体现在它对于管理环境其他构成要素的制约与影响上。

自然环境为人类的生存和发展提供必要的物质生活资料，人类的生存和发展依赖于自然环境。这种依赖关系主要体现在两个方面：第一，自然环境为人类提供生存场所，离开适合人类生存的自然环境人类便无法生存。第二，自然环境为人类提供物质生活资料和物质生产资料，这些物质资料包括生态资源（如太阳辐射、气温、水分等）、生物资源（如森林、草原、鸟兽虫鱼、菌类等动植物和微生物等可再生资源）和矿物资源（包括煤、铁、石油等各种矿物等非可再生资源），离开这些自然条件和物质资料人类便无法生活和生产，更谈不上开展企业的经营管理活动。

现代企业是物质财富生产的主要组织形式，是国民经济运行大系统中的子系统。企业的全部生产经营活动是在社会自然环境中进行的，与自然环境存在着千丝万缕的联系。企业的自然环境条件制约着企业的物质资料的供应条件、交通运输条件、市场状况、员工的生活条件、人力资源的供应、信息条件等，对企业的生产经营产生着巨大的制约作用，从而对管理行为主体提出各种挑战。

人类社会具有属人性，是在社会实践的基础上，由人及其相互关系所构成的有体整体。既然人类的生存和发展依赖自然环境，那么，人类社会的运行、发展也必然受到自然环境的制约与影响。作为社会系统的一个重要组成部分，管理环境系统的运行和发展同样受着自然环境的影响与制约。自然环境对于人类社会的制约与影响主要体现在两个方面：第一，自然环境直接影响着社会的物质生产和再生产，影响着社会经济的状况，对人类社会的发展起着加速或延缓的作用。自然环境的优劣能够影响企业劳动生产率的高低，也能够影响一个国家经济发展的变化。这主要是从一个国家或地区的产业结构等是以其自然条件为基础的这一方面来讲的。第二，自然环境的优劣还可以通过对社会人口的分布等的影响，在一定程度上制约不同国家社会的发展。需要说明的是，自然环境虽然对一个社会的发展起到制约和影响的作用，但本质上来说自然环境对社会发展不起主导作用，而是生产力对社会的发展起主导作用。这是因为地理环境不能决定社会制度的性质和社会形态的更替，地理环境在社会发展中的作用受社会因素、主要受生产力和生产关系的制约。

科学技术是第一生产力。随着社会生产力和科学技术的进步，越来越多的自然物进入了人的实践活动范围，成为社会管理的环境因素。19 世纪末 20 世纪初，由于科学技术革命的发生，自然科学进入到了一个全新的现代科学技术的发展时期。现代科学技术革命的发生，使得社会生产力的发展达到了前所未有的程度，在人类工业史上打开以高新技术为主导的时代。同时，科学技术革命也在更全面的意义上造就了一个更为庞大和先进的“人化自然”。伴随着粒子物理学、宇宙学、分子生物学、量子化学、系统科学等新型学科的兴起，人们在宏观和微观两个层面更为深入地认识了我们身处其中的物质世界，从而深入地揭示了自然界的本质和规律。

现代科学技术，特别是能源技术、生物技术、电子计算机技术、微电子技术、空间技术、材料技术、航天技术等技术科学的兴起，人们以前所未有的速度和规模创造出一个全新的人造物世界。这些技术的广泛运用充分地表明，当今人类作用于“自在自然”的力量在不断增大，人类作用于自然界的深度和广度也在不断扩大。现在的地球上，我们随处都可以看到“人工自然”取代“自在自然”的情况，以至于那些在人类产生之前就存在的纯粹的、完全意义上的“自在自然”已经所剩无几，取而代之的是“人工自然”。正如著名物理学家 W. K. 海森堡所说：“在以前各个时代里，人类觉得他所面对的只是大自然本身。万物聚集的自然界是一个按其自身的规律而存在的领域，人类不得不设法去适应它。然而在我们这个时代，我们生活在一个被人类如此彻底改造过的世界里，以至在每一个领域中——无论我们拿起日常生活用具，还是摄食用机器制备过的食品，或是到被人类根本改造过的乡村去旅行——我们总会遇到人工制造物，因此从某种意义上说，我们遇到的只是我们自己。”[①]美国著名计算机科学和心理学教授 H. A. 西蒙也指出：“我们今天生活着的世界，与其说是自然的世界，还不如说是人造的或人为的世界。在我们周围，几乎每样东西都有人工技能的痕迹。”[②]现代科学技术的迅猛发展，使得人类具备了更高的认识能力和更强的外界改造能力。在先

① ［德］海森伯 . 物理学家的自然观［M］. 吴忠，译 . 北京：商务印书馆，1990：10.
② ［美］西蒙 . 关于人为事物的科学［M］. 杨砺，译 . 北京：解放军出版社，1985：3.

进技术面前，自然界成了一个不懂得反抗的单纯的资源供应所，它任凭那些头脑中装载着科学武器、手中挥舞着技术大棒的人类的控制与支配。应用现代技术，人们可以控制自然界，成为“自然的主宰”。

第三节　社会经济环境

社会经济因素是社会因素中最为根本的因素，在各种因素中起着决定作用，一定的经济因素决定一定的政治因素和文化因素。管理哲学视域下，社会经济因素特指那些直接或间接影响或制约管理行为主体生存和发展的各种社会经济因素的总和。

一、社会经济环境的构成要素

一般认为，社会经济因素主要包括社会生产力水平、社会经济成分和社会经济制度三个方面。

首先，一个社会的生产力水平。生产力是指人们改造自然，使之适应人的需要的物质力量，它标志着人类改造自然的实际能力和水平。一个社会的生产力不是个人的生产能力的简单相加，而是个人的生产能力通过一定的社会结合方式，包括协作、分工等方式形成的社会力量，它在本质上是社会生产力。生产力包括劳动者、劳动资料和劳动对象三个要素。生产力发展水平是衡量一个国家经济水平的根本标准，它反映了社会的总体生产能力和社会占有物质财富的水平。

其次，社会的经济构成。经济成分是构成国家总体经济的各个要素的总和。从历史的进程来看，人类社会分别经历了原始社会、奴隶社会、封建社会、资本主义社会和社会主义社会五个阶段，相应的采取了主要经历五种不同的经济形式，即采集渔猎经济、奴隶制经济、小农经济、私有制经济和公有制经济。根据所有制的形式不同，主要可以划分为私有制经济和公有制经济两大组成部分。私有制经济主要指奴隶社会、封建社会和资本主义社会所采取的经济形式；公有制经济主要指原始社会和社会主义社会所采取的经济形式。不同的经济形式决定不同的经济成分。当今社会成分呈现多样化，主要包括国有经济、集体经济、个体经济、私营经济、外资经济和混合所有制经济几种形式。这些经济成分相互区别，相互联系，相互作用，共生共荣。

最后，社会中的经济体制。经济体制一般是指在一个国家或者一定区域内的经济发展的各种机制的总和，是说明一个国家经济运行方式的概念。从更为宽泛的意义上来讲，经济体制是国家国民经济管理的运行方式，它体现出一个国家在经济发展过程中具体的生产、交换、分配和消费的一般规律，在此基础上规定了国家与企业、企业与企业、企业与各经济部门的关系，并通过一定的管理手段和立法，调控和影响社会经济活动的范围、内容和方式等。经济体制对企业生存与发展的形式、内容、途径等提出了系统的基本规则与条件。根据所有制形式的不同，经济体制可以划分为计划经济体制和市场经济体制两个部分。计划经济体制又可划分为公有制计划经济体制和私有制计划经济体制两个部分；市场经济体制也可划分为公有制市场经济体制和私有制市场经济体制两个部分。经济体制作为系统化的制度安排，是由各种具体的经济制度按照一定的联系方式而构成的有机整体，它包括所有制结构、经济决策体系、经济利益关系、经济调节体系、经济组织体系等部分。在不同的经济体制中，管理行为主体扮演着不同的角色，承担着不同的职能。

二、社会经济环境对管理的影响

社会经济因素中生产力水平、经济成分和经济体制因素，从不同的方面对管理活动产生着各自特定的影响和作用。

（一）生产力水平对管理的影响

物质资源的占有是管理行为主体从事管理活动的客观基础，社会生产力发展水平决定了管理行为主体可控制物质资源的多少，因此，生产力水平从根本上制约和影响着管理行为主体的社会实践活动。一个国家在一定阶段的生产力发展水平影响着管理行为主体自身的管理能力，特别是伴随着现代科学技术的应用，管理行为主体的综合素质得到普遍提升，认识能力和实践能力得到极大提高，这对于整体管理水平的提升具有积极的促进作用。

一个国家一定阶段的生产力发展水平影响着管理行为主体的活动范围，对整个管理活动起着控制与协调作用。伴随着生产力发展水平的提高，社会产品会越来越丰富，管理行为主体的实践对象也会越来越广阔，管理活动的范围也会随之而扩大。一定国家一定阶段的生产力发展水平影响着管理的水平和效率。一个国家已有经济实力、生产力发展水平直接影响着管理水平和效率。现代科学技术日益渗透到人们生活、生产的每一个领域，它们在为管理行为主体提供完成管理任务的必要条件的同时，也对管理行为主体提出了更新的、更高的要求，要求管理行为主体不断地提升自身的管理水平，提高管理效率。因此，生产力发展水平既给管理提供了坚实的物质基础，也赋予了管理与生产力水平同步科学化和技术化的内涵，从而大大提高了管理的水平和效率。

（二）经济成分对管理的影响

经济成分的多寡以及每种经济成分在整个国民经济中所占的比重，反映了社会各阶级或阶层的基本构成。一定的经济成分构成，决定了管理行为主体要采取相应的经济职能、经济管理方式和经济政策的不同。在经济成分比较单一的国家或地区，管理行为主体的经济职能往往比较单一，他们采取的经济管理方式也比较单一，因此，其经济政策也比较有针对性。但对于那些经济成分相对复杂的国家或地区，管理行为主体的经济职能往往比较复杂，他们采取的经济管理方式也往往复杂多变，因此，其经济政策主要侧重于解决那些最迫切的、最主要的管理问题，同时适当地兼顾那些相对次要、不紧急的管理问题。

（三）经济体制对管理的影响

经济体制对于管理的影响和制约是多方面、宽领域的，主要体现在以下几个方面：第一，经济体制确定了管理行为主体的权利范围，对整个社会的经济活动起着协调作用。以市场经济和计划经济为例，计划经济与市场经济的区别就在于经济决策体系和经济组织体系的不同。市场经济由市场主导，属于分散决策；计划经济由政府直接组织生产，属于集中决策。在市场经济体制下，市场运行主要是自行调节，国家并不直接干预具体的经济生活，只是采取相应的管理方式与手段间接地调控市场，通过市场去影响和引导作为市场主体的企业的行为；而在计划经济体制下，国家运用行政手段，组织具体的经济活动直接对市场进行调控，这些组织工作、计划活动成为政府管理的重要行为。这就在根本上规定了管理行为主体的权利范围及其活动方式。

第二，经济体制确定管理行为主体共同遵循的行为规范，对管理行为主体不符合社会整体效率的行为发挥约束作用。以社会主义社会的社会管理为例，社会主义社会实行公有制占主导的所有制形式，这就决定了社会主义社会管理在其基本性质上以及体制、人事制度等方面要真正的体现以最广大群众的根本利益作为根本落脚点。这就决定了管理行为主体所要遵守的行为规范及其行为方式。

第三，经济体制确定经济利益分配规则，对管理行为主体行为发挥激励功能。经济利益作为人们对于经济生活和经济条件的需求，它是影响管理运行的最直接的因素。个人在社会中的地位、身份、职权等因素的差异，直接影响到他们经济利益分配，从而形成不同的经济利益个体和经济利益群体。在一定的社会中，不同的利益个体之间、不同的利益群体之间的关系构成了特定的经济利益关系，表达着不同的利益要求。在现实社会中，经济利益的分配不可能达到绝对的公平、正义，这就要求管理行为主体要根据具体情况对不同的利益个体、利益群体进行适应的分配。

三、影响社会经济环境的外部条件

影响社会经济因素的外部条件主要包括自然环境因素、社会政治因素、社会文化因素和科学技术因素四个方面。

（一）自然环境因素对于社会经济环境的影响

一个国家所处的地理位置以及其拥有的自然资源的性质、数量、质量和分布状况对于一个国家的经济发展有密切的关系，同时也间接制约着管理行为主体的生存和发展，在某种程度上甚至决定了管理行为主体活动的内容及其方式。自然环境因素对于社会经济因素的影响主要体现在以下两个方面：

自然环境因素的数量、质量以及分布情况，决定着管理行为主体发展的方向及其发展空间的大小，决定了管理行为主体从事管理活动的类型、内容及其方式。比如在交通条件恶劣的地区，尽管自然资源等非常丰富，但由于交通条件限制了物流与人流等，使企业的投资、经营、发展等异常困难。自然环境因素在某种程度上制约着管理行为主体从事管理活动的类型，同时也影响着管理活动的效率。尤其在经济不发达的时期，一个地区的经济结构在很大程度上要受到当地自然资源状况的影响。可以说，“生产力的发展水平既给管理者提供了坚实的物质基础，也赋予了管理与生产力水平同步科学化和技术化的内涵，从而大大提高了管理的水平和效率。”①

总之，自然资源的性质、数量的多少、质量的优劣及其分布情况，决定着管理行为主体从事管理活动的类型、内容及其方式，决定着管理行为主体发展的方向及其发展空间，影响制约着管理活动的效率。

（二）社会政治因素对于社会经济环境的影响

如果说经济因素为社会的发展提供了坚实的物质基础，文化环境为社会的发展提供了思想引导的话，那么，政治因素就为社会的平稳健康发展提供了强有力的制度保障。实际上，社会政治因素是一把双刃剑，它对于经济因素有利弊两个方面的影响。

政治环境对于经济环境的积极影响主要体现在以下几个方面：第一，完善的政治环境可以通过制定和实施一定的政治准则，从而为经济的健康、稳定发展提供明确的发展方向和适宜的外部政治环境；第二，完善的政治环境可以通过一定政治思想的传播来引导整个社会的思想潮流，获得民众的思想认同与支持，从而消除社会经济发展中的阻碍因素与离心因素，为社会经济因素的发展铺平道路；第三，完善的政治因素可以通过开展一定的政治活动为民众提供行为的示范作用，从而纠正那些出现在社会经济发展活动中的行为偏失，引导市场行为主体在生产生活中沿着正确的轨迹前行。

偏失的或者不完善的政治环境会对经济因素起到负面作用。以我国社会主义初级阶段为例，由于片面地强调 GDP，尽管可以解决当下的一些经济问题，但却产生了一些不良的后果——生态问题、市场行为主体的作风问题等，这些最终都会反过来制约经济的长远发展。具体而言，在社会主义初级阶段，虽然我国很早就在理论和政策上强调经济社会协调发展，然而，在具体贯彻落实过程中人们仍然无法摆脱“经济增长第一”观念的束缚。经济的增长，特别是把 GDP 的增长作为衡量社会发展程度的唯一标准，忽视了在其中与之共同运行的社会发展。新中国成立后，以毛泽东为代表的第一代领导集体强调工业化。改革开放以来，以邓小平为核心的第二代领导集体重视现代化建设，特别是经济建设，提出“以经济建设为中心”，我国的社会主义事业取得了巨大的成就。伴随我国社会主义市场经济的飞速发展，我国的

---

① 王德清，么加利．管理哲学［M］．重庆：重庆大学出版社，2004：230.

生态环境问题的成因也呈现出新特点。如果说20世纪50、60年代我国生态环境问题的产生主要是由于人们缺乏生态意识造成的，那么，在市场经济条件下，我国生态问题的愈演愈烈则主要是市场经济本身对于经济利益最大化的追求所造成的。进入90年代，以江泽民为代表的第三代领导集体提出新三步走战略，强调“发展是执政兴国的第一要务”。在这一时期，我国开始建立社会主义市场经济体制。作为一种资源配置手段，社会主义市场经济体制必然生产双重后果：一方面，通过市场配置资源，会大大提高资源的使用效率，降低投入的生态成本，从而在满足人民生活需要的同时，有可能减少对环境的破坏；另一方面，市场经济所遵循的利益最大化原则会使不同的利益主体不惜以牺牲资源和环境为代价来追求自身利益，尤其是在市场经济体制和相应法律法规不健全的情况下，生态环境的破坏尤为突出。而这些不良的后果，最终都会反过来制约经济的长远发展。

在经济发展中，片面地强调GDP的增长还使得我国出现了很多怪现象：单纯的以经济的发展情况作为考核政府官员政绩的指标，以牺牲大多数人的利益为代价来换取个人的发展，以牺牲整体和全局的利益来换取个人或局部的发展，长官意志、钱权交易、官僚作风、地方保护主义等，造成对管理环境和社会风气的巨大破坏。因为，“对于管理来说，政治制度和政治结构主要是提供一种外部的政治组织环境，即它通过组织体系的合理化和有效的权力分配状态与机制而对管理产生影响。”[①]因此，如果这些影响受到破坏，而不能得到及时地调整和纠正，不仅会制约经济的健康、稳定发展，甚至会波及社会的长治久安以及国家的政权稳定。

（三）社会文化因素对于社会经济环境的影响

社会经济因素与社会文化因素都是社会整体的重要组成部分，经济发展为社会的发展提供坚实的物质基础，是国家安全和社会稳定的保障。社会文化是社会发展的内在尺度，是对一定社会经济的反映，同时又为经济的健康、稳定发展创造有利的社会文化环境，提供价值观的导向，在某种意义上说，社会文化在很大程度上主导着经济社会的发展。经济发展具有丰富的文化内涵，经济的发展程度以及发展的阶段性特征，都可以在不同形式和内

① 王德清，么加利．管理哲学［M］．重庆：重庆大学出版社，2004：231.

涵的文化中得到体现，在某种意义上可以说，经济发展就是一种反映着人类生存和发展的文化战略。文化是一个国家或一个社会的生活方式的体现，同时也是一个社会或一个民族行为方式的体现。文化不但引导着一个国家、一个社会、一个民族的价值观，同时也可以推动社会的消费潮流，调节经济的运行和发展。文化对经济的影响一般而言表现在三个方面：第一，引导民众树立正确的价值观，顾全社会的整体利益；第二，增强民族的凝聚力和向心力；第三，激发民众的热性，调动民众的积极性，增强民众的主观能动性。而“任何民族和国家都有自己独特的民族整体文化，管理是在民族文化的氛围中进行，因此整个社会文化的变迁与发展必然影响管理的运行。”[①]需要说明的是，文化对经济的影响体现出具体化的倾向，不同的国家、不同的社会、不同的地域，甚至是同一个国家、社会的不同发展阶段都存在着不同的文化，它们对经济的影响程度以及作用方式也存在着很大的差异。

以当代中国的发展现状为例。当今的中国正处于经济改革及转型时期，建立社会主义市场经济不单是经济的变动，同时也意味着社会和文化的转型。此时，文化对经济的影响作用主要体现在两个方面：第一，调节社会经济的正常运行。当代中国经济改革的目标是要建立具有中国特色的社会主义市场经济体制，既要改善民生，实现经济的又好又快、可持续发展，同时又要实现经济社会发展与人口、资源相协调，突出强调人的全面发展。一般而言，社会主义市场经济是高度商品化的商品经济，是市场在资源配置中起基础性作用的一种经济形势，是对高度发达的商品经济运行机制的资源配置方式等体制特征的概括。市场经济体制是指以市场机制作为配置社会资源基本手段的一种经济体制，是商品经济制度在其历史发展过程中形成的较为稳定性的运行和发展机制，它是高度发达的、与社会化大生产相联系的大商品经济，其最基本的特征是经济资源商品化、经济关系货币化、市场价格自由化和经济系统开放化。市场经济体制（主要是指现代市场经济体制）下的政府只能作为经济运行的调节者，对经济运行所起的作用只是宏观调控。[②]因此，作为一种具体的制度文明，社会主义市场经济体制不只是一种单纯的经济运

① 王德清，么加利．管理哲学［M］．重庆：重庆大学出版社，2004：233.

② 杨瑞龙．社会主义经济理论［M］．北京：中国人民大学出版社，1999：47—48.

行形态，也是一种文化形态。社会主义市场经济体制的生产和发展不仅要依靠一定的物质基础，同时也要受到一定社会文化因素的影响与制约。

目前，在我国的经济运行中出现了一些不良的现象，例如市场效益低下、市场失灵等，这些现象的出现既有新旧经济体制之间的摩擦与矛盾，也有新旧社会文化之间的碰撞与博弈，传统的思想观念和思维方式中一些不科学、不合时宜的因素会成为经济发展的阻碍力量。所以，要建立具有中国特色的社会主义市场经济体制，不单单是建立社会主义市场经济文明准则的过程，它也是一种文化形态的转型过程，即由传统的建立在自然经济和计划经济之上的文化形态转变为依托市场经济并与之相适应的商品经济文化形态。正如英格尔斯曾经所指出的那样，“人的现代化是国家现代化必不可少的因素。如果一个民族缺少一种能赋予现代化的制度和管理以真实生命力的广泛的现代心理基础，如果执行和动用着这些制度的人，自身还没有从心理、思想、态度和行为方式上都经历一个向现代化的转变，失败和畸形发展的悲剧结局是不可避免的。换言之，现代化的目标不仅是指可精确计算的经济指标体系，而且是指国民的心理状态即以文化价值体系为核心的国民文化素质。各种文化价值不仅是抑制或加速增长的动机的基础，而且最终决定着增长目标的合理性。”①

第二，引导民众树立正确的价值观。相对于自然经济和计划经济时期的文化形态，商品经济文化形态是一种全新的文化形态，它所形成的价值观和伦理观也具有巨大的历史进步性。从商品经济中我们可以推导出平等观念、契约观念、信用观念，也可以推导出民主意识和法治精神，这些对于人的最终解放和全面发展具有重要的推动作用，对于培育和塑造经济行为主体的道德品格和职业素养也具有重要的推动作用。

除了积极的因素外，不完善的或是偏失的社会文化因素会对社会经济因素起到一定的负面作用。商品经济文化并不等同于整个社会文化，商品经济文化无论是在外延还是内涵上都比社会文化要小得多。商品经济是一种交换经济，强调价值的交换，如果这一规则在社会生活中被泛华，就会对正常的社会秩序产生冲击。所以，如果无限制地放任商品经济固有的负面影响，不

① ［美］英格尔斯 . 人的现代化［M］. 曹忠德等，译 . 天津：天津社会科学院出版社，1995：34.

仅会引起全社会道德危机、行业的信任危机，滋生腐败等丑恶现象，还会反过来制约和损害市场经济本身的运行和发展。

（四）科学技术因素对于社会经济环境的影响

科学技术作为第一生产力，对于经济的发展起着巨大的推动作用。这些作用主要表现在以下几个方面：

第一，科学技术的进步促进了经济增长方式的转变。这种作用主要表现在：首先，科技进步是经济增长方式转变的先导。粗放型生产方式区别于集约型生产方式。粗放型经营的技术水平低下，其实质上就是依靠劳动力和生产资料的简单的重复性生产，以高投入带来高产出，造成了社会资源的极大浪费；而集约型经济则依靠科学技术、先进的经营管理模式等的应用，来实现投入要素综合利用率的提高，从而不断地提高产出效率。可以看出，作为人类器官的延伸，科学技术的进步使得人类可以不断地提升自身对于自然的"解释能力"和"改变能力"，正是由于科学技术的存在，使人类可以提高资源的利用率，从而以最小的投入获得最大的产出，实现经济原则。从某种程度上说，正是由于科技进步的存在才促使经济增长模式由粗放型生产向集约型生产转变。其次，科学技术的进步是经济增长方式转变的动力源。科学技术的进步为经济增长方式转变提供的动力主要表现为以下几个方面：科学技术的进步可以创造新的经济领域，促使经济结构的升级，从而使经济结构向着更合理、更高级的方向发展；科学技术的进步可以使市场行为主体实现规模经济；科学技术的进步可以使企业实现经济原则，提高生产要素投入的使用率；科学技术的进步，可以带动企业经营管理模式的转变，从而实现资源的优化配置。再次，科学技术的进步为经济增长方式的转变创造条件。科学技术的进步为经济增长方式转变创造的有利条件主要表现为以下几个方面：作为人类器官的延伸，科学技术为人类提供了可以不断认识自然和改变自然的手段，为经济增长方式的转变提供了坚实的物质基础；科学技术的不断进步可以使人类突破经济发展所或缺的手段的瓶颈，克服经济增长方式转变过程中所遇到的各种阻力与困难。

第二，科学技术的进步促进了产业结构的升级与优化。科学技术的进步最直接地影响到了科技创新，科学技术的创新促生了许多依托新技术的新兴产业，并使之不断成为主导产业，这些以新科技以基础的产业部门彻底地改变了固有的产业结构，使产业结构发生深刻变革，导致了整体经济的飞速增长。与此同时，新兴产业的形成和发展又会带动一些类相关产业的形成和发展，从而拉动了社会整体经济的均衡、协调发展。

产业结构的优化过程在实质上就是投入的资源的优化过程，主要体现在投入的各生产要素的优化配置上。众所周知，传统的生产模式采用的技术水平低下，它是在一定限度内，单纯地依靠增加生产要素的投入才实现单位要素产出效益的提高的，一旦超出这一限度，不仅会影响到单位要素的产出，还会导致总产量的减少。科学技术的进步可以促使生产以幂函数的形式增长，其原因就在于它可以使人类提高资源的利用率，从而以最小的投入获得最大、最优质的产出，实现经济原则。与此同时，科学技术的进步还能改变产业间生产要素流动的格局，从而促进了产业结构向更合理化的方向发展。

由此可见，科学技术是经济增长的决定性因素和动力源，特别是在经济增长方式转变的过程中其作用更为突出。一个国家要振兴经济，实现国民经济的健康、稳定、快速、持续发展，就必须加强科技管理，加大对科学技术方面的投入，大力发展科学技术，充分发挥科学技术作为第一生产力的功能。目前，世界范围内人们推动科技进步的速度加快，人类社会已进入信息经济时代，信息技术的不断创新、信息传播不断突破及其快速高效的商业化运作，使得社会经济呈现出知识经济型、网络型的趋势。我国必须加速社会技术创新，推动社会技术转移和现存产业的变迁，实现技术进步和技术升级。

第四节　社会政治环境

社会政治因素是社会因素的重要组成部分，对社会经济因素和文化因素起着强大的制约作用。管理哲学视域下，社会政治因素特指那些直接或间接影响或制约管理行为主体生存和发展的各种社会政治因素的总和。

一、社会政治环境的构成要素

从理论层面看，社会政治因素主要是指政治制度、政治结构和政治关系等因素，也包括管理行为主体所拥有的政治权力。从现实的实体层面看，社会政治因素主要是指一个国家或特定社会中的立法机关、司法机关、政党、政治社团、群众自治组织和公民，以及国家的立法、政策等因素。

（一）政治制度

政治制度是人类社会发展的衍生物，是伴随着人类社会政治现象的产生而产生的，它是指政治权力为了实现社会政治的有序运行，维持社会有机体的安全和利益，维持社会的公共秩序，按照不同的标准对各种政治力量之间的关系及其活动方式做出的硬性规范。政治制度包括根本政治制度和具体政治制度，同时也包括根本政治制度的结构原则及由它所决定的具体政治制度的结构原则。

（二）政治结构

社会的政治结构是伴随着人类社会的衍生物，是伴随着人们政治生活的产生而产生的，其实质上是人与人之间政治关系的反映。从一般意义上看，政治结构是指那些建立在经济结构之上并作用于经济结构的政治法律制度及其相互关联。从具体意义上讲，政治结构指的是在一个国家中构成政治管理的诸多行政结构和体系的总称，是国家内部各行政部门相互作用和相互联系的状况。

（三）政治关系

所谓政治关系，是指人们在社会生活中，基于国家的阶级划分要求而形成的并以政治权利和统治权利为主要特征的社会关系。政治关系反映出一定时期经济关系的发展情况，本质上是一定经济基础的反映。在阶级社会中，政治关系表现为阶级统治的关系，是统治阶级对被统治阶级实行的管理。社会的政治关系是一个庞大而复杂的政治网络系统，由众多错综复杂的政治网络组成。这个网络中最重要的有阶级关系、党政关系、军政关系、中央与地方的关系、个人与集体的关系、个人与个人的关系和国家与国家的关系等。其中每一种重要政治关系都表征着政治系统的性质与状态，政治关系在一个社会的经济发展中具有重要的影响作用。政治关系中首要的和基本的，是由人们的要求引起的由特定社会经济关系决定的利益关系。为了达到这一利益要求，人们结成了特定的社会政治力量，进而根据政治力量的对比确定政治利益分配的资格，形成特定的政治权利关系。一般而言，在一个国家特定的政治权利关系中，管理主体所拥有的管理权力来自于特定经济集团的分配，是在特定阶级统治下的具体权力。[①]可以说，管理行为主体所拥有的权力实质上是政治权利在企业管理中的下放的结果，权力的范围和程度依托于特定的政治环境，它是各种法定政治权利在管理领域的自然延伸。

二、社会政治环境对管理的影响

社会政治因素中的政治制度、政治结构、政治关系和管理行为主体所拥有的权力等因素，从不同的方面对管理活动产生着各自特定的影响和作用。

（一）政治制度和政治结构对管理的影响

政治制度和政治结构对于管理的影响主要体现在它们通过组织体系的合理化和有效的权力分配机制为管理的有序、良好运行提供一种有利的外部政治环境。有利的外部环境对于管理行为主体的生存和发展是基础性的，也是极为关键的。此外，为了实现管理目标，管理行为主体还要尽可能寻求立法机构和直管部门的支持与协助，因为这些机构是否提供支持与协作，以及支持与协作的程度会直接影响到管理目标能否实现以及实现的程度。需要说明的是，立法机构和直管部门的支持与协作有时并不一定就是政治制度本身，它们可能是政治组织环境质量的一种表现形式。因此，政治制度和政治结构对于管理行为主体的影响可以反映一定历史时期政治组织环境的优劣。

（二）政治关系对管理的影响

利益关系是政治关系的核心和基础，管理活动的目标是为了协调和增进社会的综合效益，因此，政治关系在某种程度上必然会对管理行为主体的活动产生影响。政治关系对于管理行为主体的影响体现在两个方面：第一，政治关系通过特定的政治制度所规定的政治实体以一定的法律法规来对管理行为主体的活动施加影响；第二，现代社会是一个由各种各样的政治关系所组成的一个复杂的政治关系有机整体，管理行为主体作为政治关系有机整体的一个要素，其活动必然要受到政治关系有机整体本身以及其他政治关系整体要素的制约与影响。

（三）管理行为主体所拥有的权力对管理的影响

管理行为主体所拥有的权力是特定的政治制度通过法定规范的形式赋予

---

① 王德清，么加利．管理哲学［M］．重庆：重庆大学出版社，2004：232.

管理行为主体的自决权、自我管理权和经营权等，这种权利主要体现在管理者处理、协调相关事务和调动、整合社会资源上，这种权力一旦产生就会对管理组织决策的制定、协调、实施、控制和评估发挥着一定的影响作用。如企业作为市场的主体，享有独立的投资决策、战略决策、市场决策等权力。这些决策的质量，对企业的经营管理有着长远的影响。

三、影响社会政治环境的外部条件

影响社会经济因素的外部条件主要包括自然环境因素、社会经济因素和社会文化因素三个方面。

（一）自然环境因素对于社会政治因素的影响

自然环境对于社会政治因素的影响体现在它对政治系统有机整体及其各构成要素的影响上，主要表现为以下几个方面：第一，社会政治因素的存在和发展需要基本的、必要的物质、能量和信息等资源，而这些资源只能在自然环境中获得，自然环境为政治系统的存在和发展提供坚实的物质基础和物质前提，离开了自然环境便不会有国家、民族甚至人本身，更谈不上社会政治因素的存在和发展了。第二，自然资源的性质、数量的多少、质量的优劣及其分布情况，决定着管理行为主体从事管理活动的类型、内容及其方式，决定着管理行为主体发展的方向及其发展空间，从而制约国家政府职能部门的设置与职能范围。因此，不同国家因其自然环境条件的差异，在政府部门的设置及职能设置上，存在一定的差异。同时，特定的自然环境还会影响到政府机构对于公共政策的制定及其发展方向。以当前的“全球性生态问题”为例，生态环境的恶化产生了一系列不良的后果，严重威胁到管理行为主体的生存和发展，这就要求政府机构必须要相应地制定生态政策、生态战略来保护自然环境。如对碳排放的限制、提倡清洁生产、加强环境监测和执法力度等，都是政府基于环境保护的需要提倡的具体政策措施。所以说，自然环境在某种程度上影响政治系统的结构与功能。第三，自然环境的优劣直接影响社会的物质资料产出的数量和质量，制约着整个社会经济体系的建设，影响着社会经济的状况和发展水平，这就间接影响到国家的政权和社会的稳定。特别是那些拥有优越自然环境的国家，优越的自然环境为国家经济、社会的快速发展提供了坚实的物质基础保障，提供了优越、便利的交通位置和条件，可以使他们获得相对安全的位置。所以说，自然环境在某种程度上影响着政治系统的安全和国家国防战略的选择。

可见，自然环境为一个国家和社会的存在和发展提供了必要的物质基础和物质前提，它对政治系统和社会具有永恒的影响。但是，我们不能片面地夸大自然环境的影响作用。自然环境是社会、国家存在和发展的最基本因素，但它不能决定社会和国家性质，也不是社会和政治发展的终极原因。国家的性质与自然环境之间没有必然联系，它是人们选择的结果。同时，人们可以发挥主观能动性对自然环境进行改造，使其更好地服务于国家与社会的发展，服务于人民群众生活水平的改善与提高。而片面地夸大自然环境的影响作用会导致机械的“地理环境决定论”。

（二）社会经济因素对于社会政治环境的影响

按照马克思主义的看法，社会政治因素属于上层建筑范畴，它根源于一个社会的经济基础，由经济基础决定，并对经济因素起反作用。任何阶级或社会集团的政治活动，归根结底是为了实现和维护本阶级或本集团的根本经济利益。社会经济因素对于社会政治因素的影响主要表现在以下几个方面：

第一，社会经济因素决定社会政治因素的产生及其性质。社会经济因素是社会政治因素的物质基础，一定的社会政治因素是一定社会经济因素的反映和集中表现，是适应经济基础的需要而产生的。社会经济因素的发展状况决定社会政治因素的性质，有什么样的社会经济因素就必然要求有什么样的社会政治因素与之相适应。正如恩格斯所指出的：“国家，政治制度是从属的东西，而市民社会、经济关系的领域是决定性的因素”；“国家的愿望总的说来是由市民社会不断变化的需要，是由某个阶级的优势地位，归根到底，是由生产关系和交换关系的发展决定的”。

第二，社会经济因素的变化决定社会政治因素的变化。社会政治因素对经济因素的发展具有制约作用，而经济的发展将对传统的政治因素产生冲击，争取自己的成长空间，从而推动社会政治因素发生变化。这种变化具有阶段性特征，当某一社会的经济因素发生某些局部性的变化时，被其决定的社会政治因素也要相应地做出局部调整，如对相关的法律、政策、政府职能、管理方式等进行必要的变革，使其适应社会经济发展的需要；而当社会经济因素发生根本性变革时，被其决定的旧有的社会政治因素也要相应地做出根本性的变革，由新的与经济因素相适应的政治因素所取代，如整个社会的经济体制的转变。

第三，国家之间关系对社会政治因素的影响。国家与国家之间的政治、军事、经济关系、社会资源的状况对政治因素产生着重要影响。由于经济发展水平、生产力布局的不同，导致其经济结构状况不同，不同的经济结构状况要求有不同的职能部门和管理部门与之相适应。因此，社会经济结构的状况在一定程度上决定着一个国家职能部门和管理部门的结构与功能。例如，在当今世界中，存在着发达国家和发展中国家，发达国家为了经济的持续发展，需要在资源丰富的不发达国家进口大量的原材料，而发展中国家，特别是那些依赖于原材料出口来拉动经济增长的国家，就需要设置一系列与出口原材料相关的职能部门和管理部门，并且由于原材料出口在国民经济增长中的重要地位，这些相关的职能部门和管理部门也会成为国民经济中最重要的部门。

第四,一个国家的经济发展水平在一定程度上决定着该国的国际地位。在国际社会中，国与国之间的关系更多的是靠军事实力与经济实力说话，靠国家的综合实力说话，所以说，弱国无外交。经济发展的总体水平是一个国家综合国力的基础和集中体现，是硬性标准。一个国家在国际上的地位及其在处理国际事务中能发挥多大的作用，最主要的就是取决于一个国家的经济实力。一个国家的经济实力越雄厚，它的国际地位及其在处理国际事务中的作用就越明显，反之亦然。我国在改革开放以后，随着经济实力的不断增强，在国际事务中的地位也越来越高，国际影响力越来越大，拥有了越来越多的话语权。雄厚的经济基础和经济实力是重要的影响力量。

第五,一个国家的经济发展状况，在某种程度上决定着政权与社会的稳定和发展。这主要是由社会的经济政策、经济结构的合理性及经济发展水平决定的，一国经济发展水平的高低、发展速度的快慢、发展的战略及其与其他各社会要素的协调程度，往往关系到国家的政权稳定程度和社会的发展方向。例如，我国当前提出的“科学发展观”就是出于对国民经济整体的健康、稳定、持续发展和社会安定、和谐的角度而提出来的，要解决好经济发展不均衡、不协调的问题，解决分配不公的问题，处理好经济发展与环境保护之间的关系问题，严厉打击生产经营领域的假冒伪劣等问题，消除各种造成社会不安定的因素。

（三）社会文化因素对于社会政治环境的影响

社会文化因素对于社会政治因素的影响不像自然环境因素和社会经济因素那样带有明显的物质性，社会文化因素作为一种“软环境”“软要素”，它的作用主要体现在精神层面，对政治系统和社会成员产生着潜移默化的影响。第一，社会文化因素在一定程度上制约和影响着政治系统的体制和活动。一个社会的政治系统具有一定的历史传承性，要受到其传统文化因素的影响，尤其是传统的治国执政理念的影响。例如西方的“民主”“平等”“法治”观念，中国古代儒家的“中庸之道”，这些社会文化因素对于政治系统体制的形成和活动方式具有重要的影响作用，在某些时候这种影响甚至是决定性的。

第二，社会文化因素在一定程度上影响着政治系统的变迁。可以说，历史上的每一场伟大的社会政治革命，往往都是以文化的变革作为先导的。社会政治变革需要积极的思想武器，需要一定的理论引导，需要有利的社会舆论条件，而社会文化因素恰恰是实现这些目的的途径，它为政治系统的变迁创造了良好的文化氛围。历史上这样的事例举不胜举，如俄国的“十月革命”，中国的“辛亥革命”“新民主主义革命”等，都是与特定的政治理论的发展和政治观念的变革联系在一起的，都是以特定的政治理念为先导的。

第三，政治文化是社会文化的一部分，它在一定程度上影响着政治系统的权威性。稳定的政治统治要以一定的统治文化为基础，这也是政权得以稳定的社会思想基础。所以，执政者必须努力打造和传播与其执政理念相统一的政治文化，来彰显其合法性、合理性或者正统性。如西方社会宣传的自由、民主的社会精神与文化，就是与自由资本主义制度的本质相统一的。正如阿尔蒙德所说，“政治文化是一个民族在特定时期内流行的一套政治态度，信仰和感情……政治文化影响各个担任政治角色者的行为、他们的政治要求内容和对法律的反映”。[①] 可见，适宜的政治文化对于保持和巩固一个国家政治系统的权威性与稳定性具有重要的作用。

---

① ［美］阿尔蒙德．比较政治学［M］．曹沛霖，译．上海：上海译文出版社，1987：21.

第五节　社会文化环境

人们对文化的研究有不同的角度，也提出了各种各样的观点，有代表性的是从广义和狭义两方面进行解释。广义文化指人类在社会历史发展过程中所创造的物质财富和精神财富的总和。狭义的文化侧重于社会意识范畴，是指伴随着人类的出现而产生的，指人所确立的不同于外部自然与生物本能的行为规范和价值体系。文化是由人创造的，文化的形成是一个漫长的过程，它在某种程度上也是人自身的发展过程。人在改造自然和创造文化的同时也在不断改造着自身，实现自身的不断发展。文化具有普遍性，它是整个人类所共有的，它的内涵随着人类历史的演进而不断得到丰富，在某种程度上说，人类社会进步发展的历史，也就是文化进步发展的历史。同时，文化也具有特殊性，每一个历史时代、每一种社会形式都具有自己独特的文化，甚至是每一个历史时期、每一个地域民族也具有自己独特的文化。

物质生产活动是人类生存和发展的最为首要的活动，物质生产活动本身就包含着文化创造，并由此促生了生产关系的产生。人创造文化的过程实质上是人的本质力量展现的过程，也是人不断确立主体地位的过程。需要指出的是，人类创造文化并非是凭空创造、不要任何条件的，文化的创造需要一定的环境基础。文化环境特指人之所以为人以及人的认识和实践活动所赖以进行的各种文化条件的总和，它是“一定区域内社会成员在社会化过程中长期积淀而形成的一种较为稳定的意识形态。”① 人类社会的发展离不开一定的文化环境。文化环境作为历史的产物参与到整个文化史的创造过程之中。而且，“文化环境作为一种社会存在，是一个巨大的社会文化效应场，特别是其中的文化传统有着强大的辐射力和遗传力，它常常表现为一种内控自制的惯性运动，作用和影响着社会生活的各个方面，造成各种不同的社会效应。”②

① 王德清，么加利 . 管理哲学［M］. 重庆：重庆大学出版社，2004：233.

② 王铁林 . 论认识主体与文化环境的相关效应［J］. 社会科学战线：1991（5）.

可以看出，管理的社会文化因素是社会因素的重要组成部分，一定的社会文化因素制约和影响着经济因素和政治因素。管理哲学视域下，社会文化因素特指那些直接或间接影响或制约管理行为主体生存和发展的各种社会文化因素的总和，它是一定区域内的社会成员在社会化过程中长期积淀而形成的一种较为稳定的意识形态。

一、社会文化环境的构成要素

文化包括社会心理和社会意识形态两个层次。社会心理属于自发形态的文化，是指一定的民族、阶层中普遍流行，没有经过系统化、理论化的精神形态，通常表现为情感、情绪、愿望、性格，其中蕴含着普遍的社会动机、社会态度和价值取向。社会意识形态是指自觉形态的文化，包括政治法律思想、道德、艺术、宗教、哲学以及科学。其中，政治法律思想、道德、艺术、宗教、哲学属于意识形态，具有鲜明的阶级性。① 据此我们可以推断，管理的社会文化因素主要包括管理的社会心理因素和管理的社会意识形态因素两个方面，同时管理的社会文化因素还包含教育因素。

首先，社会文化的心理因素。社会文化的心理因素是指管理组织所处的社会中人们普遍存在的情绪、感情、风俗、成见和自发的倾向等心理因素的整体。这种心理环境也是一定社会区域中个体心理与群体心理、宗教心理、阶级心理和民族心理等不同层次心理因素的统一体。社会文化的心理因素集中表现为人们在管理中所拥有的一定的强烈动机、鲜明的态度和价值取向。它往往产生强大的精神力量，给管理组织以深刻的影响。其次，社会文化的意识因素。社会文化的意识形态因素是指那些存在于管理活动中的政治法律思想、道德、艺术和科学等文化因素。其中道德因素和科学因素尤为重要。道德因素是指那些为人们所普遍认可、接受并在管理实践活动中得到具体体现的各种行为规范的总和。它是在一定伦理思想指导下的综合体，体现人们在管理活动中所具有的情感、风格、情操和信仰等方面。我们一般把社会文化的道德因素称为社会风气。科学技术因素是由科学与技术发展的水平、科技体制及科技政策、社会普遍应用科学成果的程度等因素组成的。任何管理

① 王德清，么加利. 管理哲学［M］. 重庆：重庆大学出版社，2004：233.

组织想要实现自身的管理目标都要与一定的科学技术发生稳定的联系。科学技术因素对管理系统的生存和发展具有重要的影响作用。最后，社会文化的教育因素。社会文化的教育因素在一定程度上决定着管理组织人员的素质，它对于管理系统的生存和发展具有重要的影响作用。任何管理目标的实现、管理活动的实施都要依靠一定数量的、具有各种专业才能的技术人员，他们综合素质的优劣决定着管理活动的实施情况和管理目标能否达成。同时，社会文化教育因素主要由全民的整体的文化水平、教育制度的完善程度与专业程度、受过高等教育及专门训练的人员所占有的比例、教育与社会联系的状况等构成，这些因素在一定程度上制约着一切管理组织的工作效率和发展前途。

二、社会文化环境对管理行为主体的塑造功能

在管理哲学视域下，人与自然因素之间主要存在两种管理关系，一种是管理实践关系，一种是管理认识关系。无论是在管理实践关系中还是在管理认识关系中，人都作为管理行为主体而存在的。

作为管理的认识主体，人不再是以一种纯自然的蒙昧状态来从事认识活动，而是始终处于一定的管理文化环境之中。文化环境呈现为一个由物质文化、精神文化及文化传统状况等文化要素融合而成的文化效应场。人与管理文化环境之间存在着一种双向互动的关系，管理行为主体的认识活动依赖并受制于一定的文化环境，同时，管理行为主体又在认识活动中不断地建构、整合一定的文化环境。

社会文化因素是人类对象化的产物，它一旦形成便会成为一种独立的、客观的物质力量反过来制约、影响人类的各种社会活动。任何一个民族都具有独特的整体民族文化，如独特的价值观念、道德观念、风俗习惯、生活方式、行为习惯等。人都生存于特定的社会文化系统中，要受到特定文化因素的影响与熏陶。管理行为主体的社会化过程是在一定的社会文化因素中完成的，这在某种程度上就决定了管理行为主体的思维模式、行为方式、道德标准、价值观念等必然会打上社会文化因素的烙印，从而影响管理行为主体对于周围环境的认识。总的来说，管理的目标是为了实现社会的综合效益。但是，如何增进社会的综合效益，即在管理活动中获得那些有价值的、对生活

有意义的因素，这些并不取决于管理行为主体自身的感觉，而是取决于由一定的社会思想、价值、观念、习俗和社会心理决定的具体的评价标准。社会文化因素通过各种各样的途径，以各种各样的方式影响着特定的管理行为主体，从而把一个人塑造成为属于特定管理文化群体和管理文化环境的管理行为主体。

社会文化因素对于管理行为主体的塑造功能是多方面的，但最为重要的两个功能是，通过一定的方式自觉地向管理行为主体输送相关的管理文化因素；通过多渠道、多方面不自觉地向管理行为主体渗透管理文化因素。在现代社会中，随着科技与文化知识的重要性、丰富性和更替性日益增强，社会文化因素对于管理行为主体的文化素质的提高和对人才的成长也具有愈来愈重要的作用。一般来说，社会文化因素对于管理行为主体的塑造功能主要在以下几个方面。

（一）社会文化环境对于管理行为主体文化心理结构的塑造

文化环境是一种社会存在形式，是一个巨大的社会文化效应场。处于特定社会文化因素中的管理行为主体，往往被这一环境中的特定文化传统氛围所包容。文化传统具有强大的辐射力，它通过某种固定的教育模式和社会认知交往模式，使管理行为主体在不觉中潜移默化地接受这一社会文化因素的塑造，从而形成一定的深层次的文化心理结构。文化传统常常表现为一种内控自制的历史惯性运动，它在一定程度上作用和影响到社会生活的各个方面，从而形成各种程度不同的社会效应。文化心理结构是固化于管理行为主体的生理和意识之中最深层的、由一定的思维方式、价值观念和心理、习惯等要素所构成，具有相对稳定功能的，是现实的认识主体完成任何一种认识所必需的主体性条件，其产生依赖于一定的社会文化环境。

我们知道，每一代管理行为主体都具有特定的时代文化背景，他们一开始就是处于这一文化环境中，并为这一环境中的特定文化传统所包容。由于文化传统的不一样，他们在不同的管理行为主体中形成的文化心理之间存在着较大的差异。实际上，每一种文化传统都携带着特定的文化信息，它们如同经过“编码”的“遗传因子”，会使处于其中的管理行为主体作为承载这种遗传因子的载体，从而使得这种文化传统得以延续，并在不同的管理行为主体身上体现其不同的性质和功能。[①] 如中国的传统文化中有着丰富的管理思想、管理艺术与管理智慧，对历代的管理者都产生着重要影响，在今天的社会管理、企业管理等方面仍发挥着重要作用。但同时，由于历史发展的不同阶段的社会历史环境不同，其文化传承也具有不同的特色。“管理主体的社会化过程是在这一文化环境中完成的，即他们的思想、观念和认识方法等本身在一定文化背景下产生，从而在认识和解释周围环境时不能不打上特定的温暖烙印，决定着管理组织的管理价值取向。”[②] 所以说，每一代管理行为主体都必然要受到特定的社会文化因素的塑造，在特定的时代社会文化传统中，形成特定的文化心理结构，设定不同的思维逻辑起点，从而实现传统与现实的有机衔接。

文化传统对于管理行为主体心理结构的塑造，最终会通过管理行为主体的认识活动体现出来。不同的管理行为主体在认识活动中所表现出的不同的风格，体现了它们之前接受的不同的文化传统，进而体现出由这些不同的文化传统决定的不同的文化心理结构。当然，管理行为主体在从事管理认识活动中并不是单纯地、被动地接受文化传统的塑造，他们是在不断理解文化传统的同时，不断的发挥自身的创造能力，实现对既定文化传统限定的超越，进而不断创造适合自身生存和发展的新的文化环境。正是这二者之间的双向互动关系，促成了文化传统的持续和良性发展。

（二）“知识系统”对于管理行为主体的影响

管理行为主体的认识能力是其在管理认识活动中实现主体客体化的根本条件。学术界对于管理行为主体认识能力的来源及其产生的条件的争论不一。马克思主义认识论认为，人的认识能力的产生依赖于一定的生理基础和自然物质前提，即人的认识能力的产生需要认识器官；认识能力的发展依赖于一定的社会实践活动，即人的认识能力只有在实践中才能得到发展。正如恩格斯所指出的：“人的智力是按照人如何学会改变自然界而发展的。”[③] 但是，对于现实的管理行为主体来说，其认识能力的形成，除了亲身参与管理活动之外，还与其所处文化环境中精神文化的造就密切相关。因为，在每一

① 袁闯．管理哲学［M］．上海：复旦大学出版社，2005：100—102.

② 王德清，么加利．管理哲学［M］．重庆：重庆大学出版社，2004：234.

③ 马克思，恩格斯．马克思恩格斯选集（第 3 卷）［M］．北京：人民出版社，1995：551.

个实际的企业管理活动中，管理者都必须要在前任所遗留下来的精神文化资源基础上继承并发展，这些文化资源构成了企业管理的重要手段，并且为企业管理者的管理活动提供一定的认知条件。

可以说，企业的知识系统犹如一个巨大的信息存储库，储存着企业发展的较为完整的知识信息，并且把这些信息以不同的方式供管理者使用，它凝聚着前人历史进化的智慧，反映着前人智力开发的程度以及对世界的认识和把握的水平，传承着前人创造的思想、知识、经验和智慧。作为文化的一部分，“知识系统”是精神文化的核心内容，是与管理行为主体的认识能力产生相关效应的关键因素。在管理哲学视域下，“知识系统”对于管理行为主体认识能力的影响是多方面的。

第一，“知识系统”规定着管理行为主体认识能力的逻辑起点。通常意义上，经验可以分为直接经验和间接经验两个方面，直接经验就是主体通过自身的亲身实践活动获得的关于对象的知识，间接经验就是主体通过接受各种形式的培训、教育、引导等，间接地从别人那里获得的关于对象的知识。由于人们受到实践的时间、范围的限制，人类经验的积累更多的是依赖于间接经验。间接经验具有可传播性和可传递性。每一代管理行为主体都可以通过间接经验将前人的认识能力延续下来，从而以较短的时间达到人类千百万年才能达到的认识水平，而不必事事都通过直接经验，避免重复性劳动。恩格斯认为，人类主体在一定的社会实践活动中通过不断的主体客体化过程，不断地获得的关于对象的知识，以及在不断的客体主体化过程中得以提高的智力水平，都是可以通过一定途径传递给后代的，从而避免后代事事去亲身经历。所以说，每一代的管理行为主体都是在不断地继承、理解、掌握和吸收前人知识财富的基础上，才能具有在特定时代背景下进行管理认识活动的能力的。需要指出的是，伴随着现代科学技术的迅猛发展，管理行为主体认识能力的逻辑起点有了大幅度的提高。

第二，“知识系统”影响着管理行为主体认识能力的发展方向。管理行为主体对前人管理经验的继承和应用是有层次的，他们并不是全盘的、毫无批判地继承前人的管理经验，而是根据自身的需要，根据时代的发展状况及组织的实际情况，有选择的、部分的批判继承。不同的管理行为主体会选择继承不同的知识系统，而这些知识的获得会促使他们形成各不相同的知识结构，从而使得他们的智力水平与能力结构向着更加专业化的方向发展。管理行为主体在某些方面所具有的管理知识越多，他在实际管理活动中加工、处理这方面问题的能力就越强。实际上，管理行为主体之间的差别，在一定程度上反映在他们知识结构和功能指向上的差异，而已有的管理知识就是形成和扩大这种差异的催化剂。伴随着现代科学技术发展的高度综合与高度分化趋势的加强，已有的管理知识对于管理行为主体认识能力发展方向的影响作用也日益增强，对管理行为主体的持续学习能力也提出了越来越高的要求。

第三，“知识系统”有利于拓展管理行为主体的创造性认识能力。人类的认识每前进一步，都会以思想观念或理论的形式把思维活动的成果积淀下来，通过不断积累，并使之成为一个庞大的知识系统。这种积淀形式可能是概念的、范畴的，也可能是科学方法的。因此，已有的管理知识系统，不仅为管理行为主体从事认识活动提供了概念、范畴和方法等观念形态的认识工具，也为管理行为主体提供了有利于其创造性认识的基本条件、思路、方法和工具。这也就为管理行为主体的创造性认识能力的开发，提供了相应的基础。管理行为主体可以“通过这些不同时期管理信息的分析比较，可以发现管理活动变化发展的一般规律。根本一般发展规律，从历史的演变到现实的变化，还能预测管理活动未来的发展趋势，从而为管理者及时调整自己的管理策略提供分析依据。”①同时，管理行为主体也可以通过已有的管理知识中蕴含着的新的知识萌芽，来启迪管理行为主体的创造性思维，激发其创造性灵感，促进新知识的生成。

（三）社会文化环境为管理行为主体从事认识活动提供物质文化基础

适宜的管理方式与管理方法在一定程度上决定着管理目标能否实现以及在多大程度上可以实现，而适宜的管理方式与管理方法的取得又在很大程度上依赖于一定的物质文化因素。其原因在于，既有的管理方式和方法都是一定文化的产物，它们是否适宜以及在多大程度上适宜，都受到管理目标和管理对象的特点的制约，而其中一个基本内容就是对象的思想、习俗和心理习惯等。

管理行为主体想以观念的形式把握对象，获得关于对象的知识，仅凭

① 王德清，么加利．管理哲学［M］．重庆：重庆大学出版社，2004：222.

自身认识器官的功能是远远不够的，要达到这一目的，还必须借助一定的认识手段，只有积极主动地运用一定的认识手段去作用于客体，才能获取关于对象的相关信息。如已经存在的管理思想、管理理论、成功与失败的管理案例、管理者的经验教训、各种故事、传说等，都是管理工具与方法的重要载体，为后来的管理行为主体提供了取之不尽、用之不竭的知识源泉。同时，认识手段还体现为物态化的认识工具，它存在于管理行为主体所处的物质文化因素之中。物质文化作用于整个人类社会，作为整个人类社会的一部分，它为人类认识自然、改造自然提供了一定的物质性力量，同时，也为人类的生存和发展提供了基础性的、必要的物质性保证。如各种物质技术装备是现代企业开展生产经营活动的技术基础，各种研发设施是进行技术创新、产品创新的物质依托，各种制造、检验、测量等工具为企业提高产品质量提供了基本的支撑。在社会发展中，物质性文化的性质规定了人类认识手段的性质，物质文化的发展水平也在一定程度上规定了人类认识的水平。良好的、高水平的物质性文化对于人类认识自然的深度和广度、认识的能力和认识的效率、人类自身潜能的开发都具有巨大的影响。

从纵向维度看，物态化的认识工具在人类历史的进程中经历了一个由低水平到高水平、由简单到复杂的演进过程，相应的为管理行为主体带来了三种效应。伴随着现代化的物态化认识工具不断地向高速、精密、仿生、系列及多样化的发展，管理行为主体自身生理器官和外界条件的限制得到不断的突破，物态化认识工具对管理行为主体的影响也日益明显。具体来看：

第一，物态化的认识工具使得管理行为主体扩大了对管理对象认识的深度和广度。在管理认识活动中，管理行为主体的认识器官存在着自然的局限性，但是，物态认识工具的存在使得这一状况得到了极大改观。物态化认识工具延伸了管理行为主体的肢体功能，补充和增强了自身的认识能力，缩短了自身与对象之间的距离，冲破了由于自身的生理局限所造成的“认识界限”，从而扩大了对对象认识的深度和广度。

第二，物态化认识工具使得管理行为主体增强了获取客体信息的能力。在管理认识活动中，管理行为主体需要获取尽可能多的信息以便进行有效指挥，就必须通过一定的手段对认识对象进行充分的改造，而物态化的认识工具恰恰充当了这一手段。物态化的认识工具延伸了管理行为主体感觉器官的功能，有助于管理行为主体更好地接收有关对象的各类信息。更重要的是，物态化的认识工具可以迫使复杂的对象及其信息发生形态上的转变，使之成为能够为管理行为主体的认识器官直接观测的形态和直接接受的信息，从而减少客体信息的衰变和失真。事实上，在复杂的管理认识活动中，认识对象的许多信息只有在管理行为主体通过物态化的认识工具对其施加改造之后才能真正获得。如信息技术的发展使互联网与信息设备成为管理的重要工具，成了管理者的千里眼、顺风耳，管理者借助互联网与各种信息手段，可以广泛收集、处理包括管理对象在内的各方面的信息，及时了解组织环境的变化趋势，从而增加了管理的宽度和广度，有效提高了管理的效率和效果。

第三，物态化认识工具使管理行为主体提高了认识效率。在复杂的管理活动中，管理行为主体面对着大量的各类信息，他们需要对这些接收到的信息进行分类、加工和处理，同时还需要对各种认识程序进行编制和调整。但是，迫于人脑这个思维器官的局限性，管理行为主体想要很好地从事认识活动必须要借助于物态化认识工具。物态化的认识工具延伸了思维器官的功能，极大地强化和放大了管理行为主体的智力功能，进一步扩宽了管理者获取和加工信息的途径，并且极大地增加了管理者处理信息的能力，从而缩短了管理行为主体对对象认识的周期，提高认识效率。随着信息技术的发展，各种办公现代化软件和工具得到广泛使用，如文字编辑系统、文件处理系统、信息传递系统、财务管理系统、物流管理系统、模拟决策系统等，使管理者对信息整理、处理、加工的速度大大提高，信息系统把很多复杂的处理过程和方法程序化、简单化、傻瓜化，极大地方便了管理者对各种问题的处理和解决，有效地把人从一些繁琐的重复性劳动中解放了出来。

需要说明的是，管理行为主体所处的文化环境规定了他将凭借何种性质和水平的认识手段去认识对象，但是，作为认识主体的管理行为主体，并不是消极地、纯粹地接受既定的物态化认识工具状况的决定，而是不断地发挥主体的创造力，不断地对物态化的认识工具施加改造。这种改造通常采取三种形式：一是根据现实的需要改造已有的物态化认识工具，在原有基础上进行创新；二是根据管理者对企业发展的认识目的的需要，需要充分发挥管理者的创造性，创造新的认识工具；三是管理者应该营造开放性的文化环境，通过企业与企业、企业内部之间的强化文化交流机制，把有利于新的认识目的实现的物态化认识工具纳入到现实管理行为主体的认识活动中，即把已有的工具应用于新问题的解决。管理行为主体的上述三种行为，既可以实现物态化认识工具的延续性发展，同时，也有利于不同文化环境中认识工具的相互交流和相互渗透。

以上我们分析了社会文化因素对于管理行为主体进行塑造的几个方面作用，可以看出，不同的社会文化因素对于管理行为主体的塑造方式和内涵是不尽相同的。社会文化因素对于管理行为主体的影响具有两面性，良好的社会文化因素对于管理行为主体的塑造固然起着积极的作用，但是，我们也不能忽视恶劣的文化环境对于管理行为主体创造力甚至生命的扼杀作用，如僵化的思维方式、落后的思想观念、不良的社会环境和习俗、腐败的政治环境、丑恶的生活方式等，都会对管理行为主体产生不良的影响。这些都需要我们辩证地对其进行分析。

对于管理行为主体来说，社会文化因素会影响到他们的思维方式、行为方式、道德标准、价值观念等。对于不同的人，因为这种影响的性质和特点不同，以及每一个人的具体认识及价值取向不同，他们在管理中采取的行为模式也会产生较大的差异。社会文化因素越是趋向于个人价值取向，越是容易促使管理行为主体过于自我的动机，其管理行为常常是个体性的，这时个体更可能根据自己的意愿而做出行动，较少考虑集体或他人的期望；相反，社会文化因素越是趋向于集体价值取向，管理行为主体越是容易受集体的规范、角色以及价值观的影响，其行为发生时也更容易顾及集体。

三、影响社会文化环境的因素

影响社会文化因素的条件主要包括管理行为主体因素、自然环境因素和社会制度因素三个方面。

（一）管理行为主体对文化环境的影响

就整个人类群体来说，人作为主体改变和创造文化环境的活动，是通过对文化环境的适应性和对自身的自组织功能性来展开的。“人类是依靠控制论的自保存和自组织功能保证自身的延续的。这种自稳定功能包括范围很广，从内稳定到心灵的最高表现。”[①] 这即是说，“即使是抽象的逻辑数学运算，也是这种机体自动调节的表现。这即是指出，人的生命存在是有着复制本能的，它使得携带文化基因的意识广泛化，生命得以演进。人作为主体与文化环境客体的相互作用的方式，在现实的具体的历史条件下，有着认识活动、实践活动、交往活动等等模式，它们表现为，主体抉择客体，或主体建立同其他主体交往相互作用的某种方式。”[②] 就管理行为主体而言，管理行为主体的对象化过程，以及对象的主体化过程，使得主体——客体关系成为一个动力场或综合效应场。管理行为主体在本质上是一切管理关系的总和，在管理系统中是真正的存在。管理行为主体的能动性使得他在管理活动中始终处于主体地位。在管理认识活动中，管理行为主体具有一定的认识能力，也可以借助于物态化的认识工具，从而使他能够以科学的、理性的态度对待社会文化因素。在管理实践活动中，管理行为主体可以充分地发挥自身的能动性，积极地调整自身与社会文化因素之间的关系，从而使二者之间的状态达到最优化。

在管理活动中，管理行为主体对于自身和周围的社会文化因素都有一定的了解，他通过管理实践活动和管理认识活动作用于社会文化因素，在对社会文化因素一定认识的基础上，按照“美的规律”来改造社会文化因素，从而把自身的本质规定性对象化地投射到社会文化因素当中。同时，管理行为主体在对象化的过程中也不断地实现自我改造，调整自身与社会文化因素之间的关系。

在管理行为主体与社会文化因素的相互作用中，价值性是一个贯穿始终的问题。在哲学范畴内，价值是指在实践的基础上形成的主体和客体之间的一种意义关系。这种意义关系是在人的现实实践活动中，主体总是根据自己的需要自觉地掌握和占有客体，利用客体的属性和功能满足主体的需要，以实现主体的目的。也就是说，在主客体的相互作用中，存在着一种主体按其需要对客体的属性和功能进行选择、利用和改造的关系，或客体的属性、功能对主体的需要和实现的关系。这种意义关系也称为价值关系。某事、某物

① 闵家胤等．系统哲学讲演集［M］．北京：中国社会科学出版社，1992：129.

② ［苏］M.C. 卡冈．人类活动［M］.1974：46.

能够满足主体的需要，就是有意义、有价值的；不能满足主体需要，就是没有意义、没有价值的。价值的大小，说到底就是客体满足主体需要程度的大小，客体对主体意义的大小。[①]在这里我们会发现，当说到客体是否具有价值及其价值量的大小时，这其中实际上是蕴含着价值评价的问题。评价是人对事物价值的一种观念性把握，是主体对客体的价值及其大小所做的判断，因而也被称作价值判断、价值评价。评价通过揭示客体对主体的意义，形成和表达主体对客体的态度，诸如喜欢还是厌恶、亲近还是拒斥、肯定还是否定等。[②]在管理哲学范畴内，管理行为主体作为价值主体，他的需要及其需要程度，决定着对象是否具有价值及其价值量的大小。管理行为主体是管理价值的终极评判者，他会时刻对周边的社会文化因素做出评价。为了自身的生存和发展，管理行为主体会不断地通过实践活动作用于社会文化因素，有选择地继承并保留有利于管理目标实现的社会文化因素，改造、创造有利于新的管理目标实现的社会文化因素。

（二）自然因素对于社会文化环境的影响

环境，即是“环人之境”，它是伴随着人的产生而产生的，反映人与外界之间的对象化关系，具有属人性。动物不会与外界发生真正意义上的关系，无所谓环境而言，只有人才能和外界发生对象化关系，也只有人才能有环境。“凡是有某种关系存在的地方，这种关系都是为我而存在的；动物不对什么东西发生‘关系’，而且根本没有‘关系’；对于动物来说，它对他物的关系不是作为关系存在的。”[③]起初，环境主要是指人类赖以生存和发展的自然环境，伴随着文化环境的产生，环境的外延得到不断的扩大。文化环境是人的主体性活动的产物，但它并不是单纯的、抽象的僵死物，文化环境从其对象化为客观存在的那一刻起，就具有了独立性，并反作用于人本身和人的社会活动。这样一来，人不但生活在一定的自然环境之中，而且生活在一定文化环境之中；人不但与一定的自然世界发生对象化关系，而且与一定的文化世界发生对象化关系。人在一定的自然环境基础上，创造、改造一定的文化环境。同样，作为人类群体的一部分，管理行为主体也与外部世界发

---

① 《马克思主义哲学》，人民出版社，2009：305.

② 《马克思主义哲学》，人民出版社，2009：311.

③ 马克思，恩格斯．马克思恩格斯选集（第1卷）[M]．北京：人民出版社，1995：81.

生对象化的关系，在一定自然环境因素的基础上，创造、改造一定的社会文化环境。

自然环境是先于管理行为主体而自在存在的环境，它为管理行为主体的生存提供基础的、必要的物质生活资料，管理行为主体也正是在自然环境中开始创造社会文化因素的。自然环境因素为管理行为主体提供了发展的空间以及发展所需要的物质生产资料。自然环境的性质及其特征在一定程度上决定了社会文化因素的性质及其发展方向与发展空间。作为企业生存发展的自然环境，它的地理位置、地容地貌、气候特点、物质能源分布等，在一定程度上能够直接影响甚至决定着管理行为主体生活和生产的方式，进而促使企业管理者具有不同的生活习惯和精神状况。例如生活在海洋附近容易形成渔猎文化，生活在草原上容易形成游牧文化，生活在山区容易形成狩猎采集文化，生活沙漠里容易形成驮运文化等。社会文化是管理行为主体认识、适应、改造自然环境的产物，在某种程度上可以说，有什么样的自然环境因素，就会形成什么样的社会文化，进而形成相应的社会文化因素。

就人类整体来说，在人类文化创始的阶段，自然环境对于文化环境的形成具有决定性的作用。但是，伴随着人类文化水平的不断提高，特别是随着人类对自然的认识能力和改造能力的显著提高，文化环境的独立性越来越强，在某种程度上甚至可以说，人类能够超越自然条件的限制，形成异于自然环境的文化环境，并反过来制约与影响人本身和周围自然环境的存在和发展。就管理行为主体来说，管理行为主体与自然环境和社会文化环境之间也存在着类似的相互作用。人类借助于科学技术手段，可以对自然条件进行改造，打破了传统的自然环境对人类生产、生活方式的限制，拓展了生产、生活的空间。如借助于航空技术手段，改变了空间的概念；高速公路、高铁的发展，使边远地区快速融入现代生活圈；现代通信技术彻底改变了信息传递与沟通的方式。

需要说明的是，伴随着管理行为主体对于自然环境因素的不断改造，虽然大大改变了和优化了管理行为主体的生存和发展环境，但同时却促使自然环境越来越向文化环境转化，特别是伴随着文化自然范围的不断拓展，文化因素中不断衍生出一些非理性膨胀因素，一些不合理的文化理念、文化行为对自然环境造成了极大的破坏，导致了自然环境危机的不断恶化，这些对于管理行为主体的持续生存和发展造成了严重的威胁。如过度的城市化，在创造了经济繁荣的同时，也带来了大城市病，导致了大城市中的就业、住房、教育、交通、医疗、社会保障等一系列问题的日益恶化。

（三）社会制度因素对于社会文化环境的影响

我们知道，社会制度是一个社会为了获得自身顺利发展的条件，而通过人制定了能够满足人的生活发展需要的一系列规范、章程、纪律等，社会制度已经形成便具有了稳定性。可以说，社会制度是由众多相关的社会规范构成的，也是相对持久的社会关系的定型化。不同层次的管理制度产生不同的功能，其影响和制约的范围也不同。一般而言，企业中的整体的管理制度决定着该企业管理系统的性质，也是制定各级管理规范的依据。而规范化的社会制度，是由一些在人们生活中的特定历史条件下形成的因素构成的，这些因素包含传统的生活习惯、价值观念、社会伦理道德、法律法规等。社会生活的价值取向作为社会意识形态的核心内容，对社会文化的走向、对社会秩序、社会管理等有着决定性的影响，因此，它要受到一个社会根本制度的规范和引导。同时，社会意识形态对社会心理、社会舆论，及社会行为等有着一定的引导作用，基于社会管理与控制的需要，社会意识形态在一定程度上也要受到一个社会的根本制度的规范和引导。不同的社会发展阶段，会建立与之统治相适应的社会意识形态，提倡预期社会管理理念相一致的社会价值取向，并通过一定的法律制度等规范把它们固化下来，指导和约束人们的行为。在管理哲学的范畴内，由于管理制度具有一定的内在属性，这些内在属性直接作用于社会文化因素，从而引导着社会文化因素前进的可能性方向，规范着社会文化因素发展的可能性空间。

具体而言，社会制度因素对于社会文化因素的影响主要体现在以下几个方面：第一，社会制度因素是保证社会文化是否能够顺利在管理活动中展现的根本保证。管理行为主体的行为选择，通常要受到两种外部因素的影响：其一，是社会系统的思想教育、道德舆论以及社会文明氛围对管理行为主体的熏陶，这有利于提升管理行为主体的道德良知，从而促使管理行为主体自觉约束自己的言行举止，形成行为的道德自律；其二，外部强制性的制度规范设定了管理行为主体行为选择的合理空间，这使得管理行为主体在进行个体行为选择之前，需要充分的考虑这一选择可能带来的预期收益以及可能付出的成本。

将影响管理行为主体进行行为选择的两种外部因素相比较，我们会发现，制度规范因素对于管理行为主体的影响更为显著，它直接关系到管理行为主体的切身利益。客观地说，道德素质与制度规范等都是建设良好的社会文化因素的有效途径，但二者的影响方式、影响程度有所不同。通过对管理行为主体进行道德教育，可以启发其思想觉悟和大的情操，提升其精神境界，也可以使得管理行为主体在进行行为选择时不断地由外在的他律转变向内在的自律，不断地由对外部强制性规范的遵从转向内在的自觉。道德教育因素对于管理行为主体的这些影响固然重要，但是不可否认，这一因素存在着一定的弊端。因为，一个社会的人口素质因素，无论是对企业的管理者还是被管理者而言都有较高的道德素质要求，它对管理行为主体的行为能否产生影响以及影响的程度，最终不仅取决于管理者的素质高低，而且更重要的是取决于被管理者的素质高低。因此，在某种程度上来说，道德素质因素是一种软性的约束机制，其作用的发挥受到行为主体的思维、情绪、意志、习惯以及外部环境等因素的影响。在现实中，同一个人在不同环境条件下，其行为选择可能存在差异，并不完全或经常一致。相对于道德素质因素的软性约束机制而言，制度规范因素的最大优势就在于它是一种刚性的约束机制，具有一定的强制性。从这一方面来讲，一个社会的社会制度是否健全与完善，能够使企业的管理者顺利地完成其管理活动，并且由于社会制度作为企业的外部环境的完善，也能够间接地影响企业管理活动的顺利实施。对于企业而言，作为市场的主体，必须依法开展经营管理活动，包括有效地维护消费者、股东、员工和社会等利益相关各方的利益，任何违法行为都要受到法律的惩罚。也正是通过完善的法制体系及严格的执法，才能保证各类市场主体遵纪守法，依法行为，从而形成良好的市场秩序，促进物质文明与精神文明建设的健康发展。

第二，社会制度因素内含的价值导向功能，对社会文化因素具有强大的激励和促进作用。社会制度因素为管理行为主体提供了一套完整的、明确的制度规范体系，它明确地规定了管理行为主体可以从事哪些管理活动，哪些是受鼓励的，哪些又是被禁止的，从而为管理行为主体对合适的管理活动选择设立了一个科学的、合理性的空间。与此同时，社会制度因素借助于企业的奖惩机制，不断地对管理行为主体的行为进行双向的激励，从而引导管理行为主体不断地做出科学的、合理的行为选择。当管理行为主体做出合乎制度规范要求的选择时，给予正向的激励，此时管理行为主体获得合理的、积极的回报；当管理行为主体做出违反制度规范要求的选择时，则给予反向的激励即惩罚，此时管理行为主体则获得消极的回报。积极的回报可以激励管理行为主体坚持自身的行为选择；而消极的回报会促使管理行为主体不断地调整、改变自身的行为选择，不断地向着科学的、合理的方向发展。如政府为了加强环境保护，不断加大环境检查和执法力度，对于企业严重破坏环境的行为给予了严厉的处罚，如高额罚款，甚至采取关停并转的处理措施等，目的就是引导企业重视环境保护的作用，树立环境保护意识，自觉约束自己的行为，依法开展经营管理活动。

第三，社会制度因素对社会文化因素具有传递和创造的功能。社会制度因素对社会文化因素的传递和创造功能具有积极作用和消极作用两个方面。就积极的方面而言，社会制度因素可以通过保存和传递历代管理行为主体的管理思想、管理创造、管理习惯、管理经验等管理文化因素，从而使得管理文化因素得以积累与继承。同时，社会制度因素也会促使管理行为主体根据现时代的管理现状以及自身管理目标的设置，不断地调整、改变前人的管理文化因素，并通过不断地创新，使管理文化因素得以持续的存在和发展。就消极的方面而言，既有的社会制度因素常常代表着传统的、固定的管理模式，这些既有的、固定的管理模式是在特定的历史条件下形成的，它们容易在管理行为主体的头脑中形成定向思维，从而促使管理行为主体的行为方式向着刻板的、僵化的方向发展，而不易考虑到时代背景，难以随着时代背景的变化调整、改变传统的管理模式，对创新形成一定的阻力。从这个意义上来说，社会制度因素对于管理行为主体的行为方式的选择和发展具有一定的负面作用。

第六章　管理实践论

管理作为人类社会历史发展中一项具有重要意义的实践活动，不断地被认定为是一定时期人们生产生活的理论总结。从人类社会形成时起，管理就同时作为人类相互合作与相互配合的方式呈现在人类的生活面前。人类社会历史早期的管理仅仅局限于城邦管理，而现时代所讲的管理主要是指企业管理。企业管理是随着社会的发展、商品交换以及社会生产的大规模进行，企业的结构与行为越来越复杂时才得到重视的。在企业的运行过程中，管理本身作为指导企业健康平稳发展的活动，成为一门重要的专业学科而得到不断深入研究。管理的最终目的是指导企业各个方面的因素能够相互良好的协调，在此基础上，使得企业获得较高的经济效益和社会效益。这表明，对于一个企业的运行来讲，管理是必不可少的一项重要的组织活动。而实践作为人类自身的生产生活，它是人类形成的基础，人之所以是人而不是物，不单单是因为人有思想，更是因为人具有实践能力，这种实践能力使得人类能够改造外部自然世界而为自己所用，其目的是使得人类能够更好地生存下去。

人类实践是随着人类历史和社会的发展而不断发展的。这种发展，主要体现在人类所使用的中介即工具上，而这种人类实践所使用的中介工具，体现了人类实践的特点和过程。具体来说，人类实践形态在从古代到现代经历了四次比较大的质的飞跃。第一阶段，以手工工具为物质标志和核心的手工技术，是人类实践最早的实践技术中介系统，这种实践方式是在生产力不发达的时候所使用的主要方式，它主要存在于原始社会、古代社会和封建社会中。手工工具是人类在与自然界的斗争中不断形成的，它是人类的手和脚等肢体的自然延长。例如：早期人类社会的石斧、石刀、弓箭和木棒，以及后来产生的青铜器和铁制工具等，都是人类实践在活动中创造和形成的，是人类自然力的放大。在这种劳动方式下，古代人类的劳动形式就表现为实践活动的个体性和分散性。究其原因，首先是劳动者各自使用自己的工具从事劳动，这种工具性的劳动的结果是以个体形式来进行的，而且以个人独立为特征的劳动方式并没有使人们的交往扩大。其次是在古代社会，劳动者基本上是在本行业内部分工的基础上进行劳动的，这种形式决定了生产活动是分散的小规模的劳动，结果是劳动者之间的社会交往比较狭窄，仅仅存在于家族和行业内部。第二阶段，在资本主义社会形成中，历史上产生的重大事件是第一次工业革命的发生，第一次工业革命为人类带来了以机器为主要物质标志和核心的机械性技术的生产，人类的实践中介系统发生了巨大的变化，它取代了早期人类的手工工具的使用，极大地提高了人类征服自然、改造自然的能力。这种以机器为中介工具的劳动，对人类的实践活动产生了深远的影响。第一，由于机械技术的使用，社会化大生产发展起来，使人们在行业中能够紧密地联系在一起，促使了人类社会向整体方向发展。第二，人们的交往冲破了以地域和民族为界限的狭隘生产，打碎了人们的分散性活动和互相隔离的状态，使人们更加紧密地联系在一起。第三，由于劳动是在大机器的主导下进行的，所以，人们就被机器所“征服”，以机器为核心，体力劳动和脑力劳动按着机器的规则运转，劳动者成为机器的奴隶。第四，大规模的社会生产，使社会的物质财富得以巨大的增加，而物质财富的增加，又驱使人们在更大的需要下不断扩大生产力和提高劳动效率，这种双向的运动，是当时人类实践的巨大特点。第三阶段，19 世纪后期第二次工业革命的爆发——主要是电子技术的应用——使以前主要以机械为主要工具的劳动方式转变为以技术为主要工具的生产方式，电力技术的应用推动了材料、工艺、照明、通信等技术的发展，特别是自动化控制技术的应用与发展，使人类的实践获得了空前的进步。而表现在以技术为中介的科学化生产使实践的主体在知识和实践过程中的信息化应用逐步走到了主导地位，这种实践的发展，反过来又促使劳动者的思维和智力的发展，因此，现代的实践，又是知识的生产、积累、传播和运用的过程。第四阶段，这个阶段的实践发展可以表达为技术的革命性发展，这种技术性的革命，带来了电子计算机的发明和信息技术的广泛应用，它标志着人类社会进入了高新技术的时代，这是到现在为止人们还在进行的过程。在当今社会，主导社会发展的已不再是以前那些工具性技术，而是当代的信息技术和电子技术，这种技术从根本上改变了人们的交流方式、思维方式、沟通方式、生活方式、消费方式、工作方式等，使各个地方的人们在经济、政治、社会生活和文化活动中更加紧密地联系在一起，整个社会的一体化程度日益紧密。

管理实践从字面上看，主要是指企业管理活动中的人们的实践活动。当然，从哲学层面上来诠释管理实践，这就要求把实践提升为具有一般意义上的、普遍性的概念，哲学层面上的管理实践是在更加抽象、更加普遍的范围上来诠释管理活动的。因为，“管理实践因其纵贯整个人类社会实践的历史而具有永久性。”[①] 管理实践成为管理哲学研究的对象，它本身就是对管理活动进行的更加抽象的层面来说明。企业管理活动在不同的历史时期、在不同的企业之中而且在不同的地域都会具有不同的特点与内容，这就要求管理哲学能够从特殊性与普遍性方面来诠释管理实践的发展规律，从而能够形成具有普遍性意义的方法，指导企业的健康发展。可以说，这也要求在管理哲学的发展中，把管理实践作为管理哲学研究中的一项重要的内容进行深入、持续的研究，是理所当然的。由于企业管理是通过管理主体和客体的相互作用、管理主体的思想以及管理理论的指导三个方面为相互统一的过程，因此，管理实践与这三个方面具有不可分割的联系，在论述管理实践的过程中，需要通过管理意识、管理主客体和管理理论三个维度的相互比较，来理解管理实践的内容。只有这样，才能够深入地把握管理实践的发展动态。

第一节　管理实践与管理意识

管理活动是企业运行中具有基础性地位的生产活动，整个企业的建立与发展，不可避免地要把管理活动作为其支撑，企业才能够顺利运行，因此，管理活动和人类的其他实践活动一样，成为管理哲学研究的又一领域。管理活动可以说也即是管理实践，它们两者在范围上属于同一层面，是主体与客体相互作用推动的人类生产生活，具有客观性与能动性的特点。然而，与人类普遍实践活动不同，管理实践又具有其自身的特殊性，有它自己的独特特点。管理哲学中的实践可以定义为企业发展具有根本性质规定的活动。从马

---

① 崔绪治，徐厚德．现代管理哲学概论［M］．安徽：安徽人民出版社，1986：76.

克思的实践哲学角度出发，对管理实践进行诠释，成为当今管理哲学发展的又一重要研究目标。

一、管理实践是人类特殊的实践活动

众所周知，自从人类诞生以来，人类的发展历史也可以看作是一部实践活动的发展史，也即人类不断改造对象世界与精神世界的人类实践史。人类由于其自身实践具有的改变世界的性质而创造了丰富的对象化世界，而且，在这一创造活动过程中，也使得人自身在实践活动中不断进步与发展。因此，实践活动可以看作是人们有目的地认识和改造客观世界的实践活动，也可以说，“管理实践就是管理者能动地发现和探索现实管理世界科学性的客观活动。”[①]从管理理论层面来看，管理实践具有不同于一般人类实践活动的特点与性质。管理作为企业发展的重要手段，它本身是由管理者，即管理主体，和被管理者，即管理客体这两大方面组成。在这两方面中，管理行为要根据管理实践的规律，密切关注企业环境的发展变化趋势，从中做出合乎企业发展目标的决策，制定出符合企业发展的管理目标与计划方案，并在组织与控制中，达到企业发展的预定期望。因此，管理是人类一种不同于一般实践活动的特殊社会实践，是人类众多实践活动如生产活动、精神活动、政治活动等的一个重要的组成部分。

管理实践虽然也是人类社会发展中的实践活动，但是，从整体的范围上来讲，管理实践具有一般的人类实践所特有的性质，在此不予过多的阐述，而只就管理实践的特殊性进行分析。管理实践与人类其他实践活动相比具有自己的特殊性，具体表现在以下几个方面。

首先，管理是人类的一种具有意识性的实践活动。人类的诞生不是通过上帝创造的，也不是突然形成的，而是在其自身的实践活动中所形成的，可以说人自身的实践活动就是人成其为人的根本条件。我们知道，区别于人的动物也具有一般活动的性质，动物也能在自己的活动中生存，但是，就动物的活动本身来讲，它是一种生物学意义上的本能活动，它们并没有自我意识作为其活动功能，不具有人类所具有的感性意识。因此，动物的活动全靠其

① 王德清，么加利．管理哲学［M］．重庆：重庆大学出版社，2004：5.

自身的本能来适应它周围的环境，而不能像人类那样有意识的认识与创造环境。马克思指出，“动物和自己的生命活动是直接同一的。动物不把自己同自己的生命活动区别开来。”[①] 人类作为一种具有实践能力的自然存在物，拥有系统的思维能力和分析判断能力，他的实践活动是具有自我意识的实践活动，他能够在其自身的实践活动中有意识地认识和把握自身以及他所处的环境，在这种有意识的实践活动中，就包含了人类实践活动的能动性和现实性。在管理活动中，随着科学技术和社会经济的不断发展，组织规模越来越大，分工越来越细，对沟通协调的要求也越来越高，管理环境越来越趋于复杂，这就要求管理者也必须适时而变，转变思想观念，创新方式方法，跟上时代进步的步伐。在适应时代发展的前提条件下，管理实践活动应该具有更加明确的指向性，推动企业在复杂环境中不断发展，从而促进管理实践的顺利进行。

其次，管理实践是企业管理活动中的人类实践活动，它是具有高度组织性的活动。历史是在人类的实践活动中不断发展与进步的，由于人类实践所特有的能动性，使得客观世界在被改造的同时，实践过程与其实践所改造后的对象化世界一并被反映到人的头脑中，形成感性意识，而感性意识反过来作为指导下一次实践的思想，指导人在实践中不断地向前发展。但是，这种实践只是一种没有组织性的人类实践，或者说是抽象性层面上来讲的人类实践。这即是说人类实践的普遍性决定了人类实践的丰富性，决定了人类实践活动的丰富性。从人类实践所生发出来的生产活动、意识活动再到政治活动和经济活动，都是在人自身的实践基础上进行的，他们是人类普遍性实践活动的不同表现形式。而管理实践是在某个企业组织中，按照企业生存的环境所提供的条件进行的有意识的活动，要对投入企业的各种资源要素进行有机组合，使其充分发挥各自的功能，有效地实现企业的各种目标。因为，“管理主体与管理客体只有处于一定组织的结构系统中，才能发生相互作用，形成现实的管理关系和管理活动。”[②] 所以，管理实践活动就更加具有目的性与计划性。实践活动作为管理组织中人的活动，其本身就含有管理的意识在

---

① 马克思，恩格斯．马克思恩格斯文集（第1卷）［M］．北京：人民出版社，2009：162.

② 王德清，么加利．管理哲学［M］．重庆：重庆大学出版社，2004：8.

其中，因为管理活动离不开计划、预测、决策、组织、沟通、系统、领导、激励、控制等管理要素，这样一来，管理实践也一并具有了管理要素充当素材，因而具有特殊性。

最后，管理实践主体和客体的不同。实践活动是人类生存的基础，人类在实践活动中创造了对象化的世界，并且在创造对象化世界的过程中其自身也相应地发展起来，这种实践是最具有普遍性的一种人类活动，它直接面对的是客观的自然世界，是对自然界进行的有意识的能动的改造活动，其主体和客体分别为人和客观的自然世界。而管理实践是在企业内部的人的实践活动，这种实践活动要根据企业管理的规律来进行，而不是从广义上来讲的人类普遍的实践活动。但是，企业内部的管理实践也具有一般实践所具有的特点，从这方面来讲，管理实践本身具有普遍性的性质。管理实践是企业内部管理主体与管理客体的相互作用的运动过程，主体是从事管理活动的管理者，他是管理实践活动的核心，是管理实践活动展开的指挥者。管理实践的客体在管理行为中也不是客观的自然界，而是企业内部的组织、人、财、物等，可以说，“管理客体是进入管理主体活动范围，并能接受管理主体协调组织作用的以人为中心的客观对象关系”。① 因此，管理实践客体并不同于一般实践的对象，它是人类一般实践活动的结果，是作为人化世界的属性而进入到管理实践主体的视野内。

管理是社会化大生产的客观要求和直接产物，因此，企业管理的产生与发展是在历史发展过程中逐渐形成的过程。一般认为，企业的管理活动是随着人类劳动的社会化生产而产生，并且随着人类生产力的进步而不断进步，管理活动是人类社会生产力必然造成的共同协作模式，也是主动调节人与人社会关系的主要途径。马克思说：“凡是有许多个人进行协作的劳动，过程的联系和统一都必然要表现在一个指挥的意志上，表现在各种与局部劳动无关而与工场全部活动有关的职能上，就像一个乐队要有一个指挥一样。”② 又说：“这种劳动在资本主义制度下，也是直接地和不可分离地同由一切结合的社会劳动交给单个人作为特殊劳动去完成的生产职能，结合在一起

① 王德清，么加利. 管理哲学［M］. 重庆：重庆大学出版社，2004：7.

② 马克思，恩格斯. 马克思恩格斯全集（第46卷）［M］. 北京：人民出版社，2003：431.

的。”[①] 这种结合，不是单一的、线性的结合，而是具有多种要素参与其中的复杂体系。因此，管理实践也是促使管理发展的基础，它既具有继承性，要继承人类管理实践上创造的丰硕的管理成果，同时，它也具有一定的创新性，要结合企业内外部环境的变化，促进管理方式的不断创新。在现代化程度很高的企业里，以为管理也应是全新的，并不需要继承以往管理实践活动的成果这种思想，显然是幼稚的，它否定了人类实践活动的传承性，否定了社会发展的历史基础。管理实践是对管理的本质以及管理科学的整个发展进程的运行规律的考察和反思。管理实践能否有帮助企业运行顺利进行的作用，本质上是企业管理活动能够按照要求推动企业发展的动力，也是支撑企业运行的基础。从这一方面看，管理实践活动根本上是一个关涉企业发展的重要内容，而且对于管理实践的实施是否具有科学性，决定着企业发展的未来走向。[②] 如果我们在管理实践的研究主题上产生分歧，而不能达成一致的意见，那么，不要说对管理科学的发展不会起到推动和支持的作用，就是管理实践本身的发展和存在，将会导致管理实践活动本身的危险。

二、管理意识的来历

作为人类最重要的实践活动之一，管理活动本身是由许多方面和许多层次组成的复杂运动系统，从总体上来讲，大致可以分为管理实践和管理意识两个大的层面。管理意识也即是管理活动中的人的意识（思维）活动，它反映并指导管理实践的展开，在管理活动中具有重要的指导地位。

（一）管理意识产生的追问

对于管理意识的产生进行追问，是现代企业管理不可回避的一项重要任务。管理思想的发展史表明，管理意识（思维）是在社会历史的发展变化中不断地变化与发展的，“是人类管理实践的产物，是高度发展、高度组织起来的物质——管理者大脑的机能和属性，是管理世界在管理者大脑中的反映。”[③] 从古典管理理论的产生，到现代管理理论各个流派的思想发展，再到当今的现代管理思维的创新，它们是在社会历史的发展中不断发展，并改变

---

① 马克思，恩格斯 . 马克思恩格斯全集（第 46 卷）[M] . 北京：人民出版社，2003：434.

② 崔绪治，徐厚德 . 现代管理哲学概论 [M] . 安徽：安徽人民出版社，1986：75—76.

③ 王德清，么加利 . 管理哲学 [M] . 重庆：重庆大学出版社，2004：3.

其具体内容的。然而，这些管理思想并不是随心所欲地产生的，它们也要随着管理实践的发展而不断更新其内容。实践是人类基本的生存活动，人与实践不可分割地联系在一起。在人类的实践活动中，对象世界按照人的目的被改造成属人的对象化世界，在这一过程中，意识也随着实践的展开而形成。实践活动是意识产生的基础，也是人类意识发展的动力。当意识一经产生时，它不可避免地就与实践活动形成相互作用、相互制约的状态，共同指导人类有目的、有计划的活动。从狭义上来讲，管理实践虽然比一般人类实践的范围要小，但管理实践也是一种基本的社会实践活动，也是人类改造客观对象世界现实生产生活，不过这个对象是被管理活动所规定好的，是在一定的环境下所进行的实践活动。

可以说，管理意识（思维）的产生也是基于管理实践活动才最终形成，是对一定时期管理实践活动的主观反映，而且，它会随着管理实践的发展而不断发展和变化。因为，“作为相对独立的管理意识却日益丰富和发展，成为人们须臾不离的自觉意识，而且消失了的那些社会意识中所包含的有关管理的成分还会积淀在管理意识中继续发展。”[①]管理思维是高度发展、高度组织起来的人脑的机能和属性，人的管理思维的形式是主观的，而内容归根到底是管理实践活动的产物。管理思维是人类特殊的思维活动，是对企业组织内管理实践活动的意识反映。人类社会是在人类实践活动中，以管理活动组织中的人结成一定的生产关系为主要形态的，而生产关系离不开合作、协调和指挥，在此基础之上必然产生与之相适应的管理思维。

我们知道，管理实践是随着社会的发展而形成，社会的发展反过来又促进了管理实践的复杂化和先进化。可以说，在人类社会分工之前，人类社会就形成了最初的社会管理，但是，那时的管理活动仅仅作为氏族或者部落的简单经济上和政治上管理，并没有形成如今的企业化的管理实践。[②]因此，当时的管理者对客观世界的反映是一种直观的、经验的、简单的管理思维形式。随着生产力的发展，管理思维也不断地进行深化和发展，从这个时候起，作为管理主体所意识到的是在有限的区域内形成的经验性的管理思维

---

① 王德清，么加利．管理哲学［M］．重庆：重庆大学出版社，2004：3.

② 崔绪治，徐厚德．现代管理哲学概论［M］．安徽：安徽人民出版社，1986：76—77.

模式。由于当时人类还没有形成独立的系统的管理理论，企业中的工场主及近代以来的企业管理者只能凭借直观经验思维进行管理，并没有形成系统化和规范化的管理模式。在这样的情况下，企业的工人也仅仅从自身的经验做工，而没有统一的操作规程和标准，工人和管理人员的培养，主要靠师傅带徒弟的方式，还没有摆脱小生产的传统。因此，在这一条件下，企业的管理者对企业的管理仅仅是依照生活上经验来进行，而管理思想没有形成理论化的体系，依然局限在生活的经验层面。[①] 在这种情况下，管理思维还受着传统的、经验性的思维框架的影响与制约。所以，这个时期的经验管理是简单而笼统的，是一种没有理论作为指导的管理思维，这一管理思维是粗陋的，而且是因循守旧的。直到 20 世纪初泰勒创立了科学管理论之后，管理思维才有了一个飞跃的发展。

所有管理意识都是具体的、充满现实内容的意识，并不存在抽象的、空洞的、超历史和永恒的管理意识。管理意识也可以称为“管理精神”，从广义上来讲，它就是指管理活动中的管理思想、文化、伦理和哲学等管理精神的总和。追问管理意识的来历，是保证管理活动能够进行有效运行的基本要求，管理意识（思维）不能够脱离管理实践的现实情况来做判断，必须实事求是地按照现实管理实践的条件来进行思考。由此看来，管理思维是管理实践的深刻反映，而管理实践是管理主体作用于管理客体的实践活动，体现的是管理者如何管理的行为。所以说，管理思维不仅仅是管理者头脑中的意识那么简单，而是说管理者的思维主要不依靠自己的经验，而是依赖于企业发展的现实情况。企业的管理者遵循企业的现实发展情况，从而形成对企业管理的观念和认识。这就是说，“管理者是有意识、能思维的社会的人，因而在主体与客体的实际相互作用中必然要发生这种观念反映关系。”[②] 所以，管理思维主要是管理主体对管理活动的认识、理解和思考，它反映出管理者对企业发展的认识和想法。但是，管理实践一经形成，就带有管理者的主观目的和愿望，而在一个企业中是管理者依据企业的发展而制定出的计划、决策等思想。可以说，管理思维是管理实践的反映，“凭借意识物化出的工具等

---

① 郭咸纲 . 西方管理思想史［M］. 北京：经济管理出版社，2004：22—23.

② 王德清，么加利 . 管理哲学［M］. 重庆：重庆大学出版社，2004：9.

物质手段，改造管理客体，使确定的目的和‘行动蓝图’实现于客观的管理对象之中”。[①] 当然，管理思维如同其他思维一样，它并不是绝对地、消极地、直观地和被动地反映管理实践，而是有目的地、能动地反映和指导管理实践。众所周知，管理是企业运行中有组织、有计划、有目的地实践活动，而计划、目的、组织、领导、控制等这些管理要素在管理活动中发挥作用的途径是通过人的意识来进行的，怎样才能使得管理意识能够准确地组织并有效分配管理各个要素，推动生产经营活动的顺利进行，这一问题的解答首先就要追寻管理意识的来历，通过阐明管理意识的真正出生地，才能从管理实践的基础上来使管理意识符合管理活动的现实条件与要求。

（二）管理意识的特点

管理意识（思维）本身有它自身的特点。第一，普遍性。管理意识作为一种基本的人类实践活动产物的社会意识，具有普遍性的特点。其表现形式是，在时间层面上，它贯穿了人类社会历史发展的全部过程，从人类诞生那天起，它就随之产生，并且随着人类实践的发展而不断发展；在空间层面上，管理意识遍布整个人类社会以及人类生产、生活的各个方面。在人类的社会历史发展中间，管理意识与社会意识是不可分割地联系在一起的，由于人类实践活动的普遍性，这也就决定了人类意识形式的普遍性，而管理意识也随着社会意识的发展逐步形成，人类的管理活动与人类的实践活动紧密相关的情况也是普遍存在的。这即是说，“在整个人类社会意识的历史发展过程中，管理意识始终是社会意识的重要内容，是不可缺少的组成部分。”[②] 从这个层面上来说，管理意识也具有普遍性的特点，它既是社会化活动和管理实践的产物，也是社会化活动和管理实践的要求。

第二，相对独立性。一般而言，管理思维作为管理活动的意识表达，它来源于管理实践，“管理实践是形成管理意识的基础，而管理意识对管理实践起着不可缺少的影响和指导作用。”[③] 立足管理实践活动而形成的管理意识，它是在管理对象要素材料的基础上，通过分析与综合、抽象与具体，并经过反复考察，可以把握到管理实践中的规律性的东西。因此，它可以预测

① 王德清，么加利．管理哲学［M］．重庆：重庆大学出版社，2004：5.
② 王德清，么加利．管理哲学［M］．重庆：重庆大学出版社，2004：3.
③ 崔绪治，徐厚德．现代管理哲学概论［M］．安徽：安徽人民出版社，1986：156.

管理实践的基本发展过程和发展方向，以及管理实践中出现的问题并采取相应的对策。就此而言，管理思维能够对企业的发展做出预测，能够在头脑中形成对企业未来发展的勾画。因为，“管理者整个活动都是围绕观念中存在着的目的进行的，管理者在活动以前，活动的成果就在管理者的想象中存在着。”[①]运用科学的管理思维，在努力提高企业管理效益，支持和指导管理体制的改革和管理方式、方法的创新方面，“作为管理者的主观印象的产生和变化，是管理者的主观素质系统同管理客观系统的相互作用的过程”，[②]以此推动企业管理效益最大化的实现。由此可以看出，现代企业要实现现代化的管理方式，形成有利于扩大市场规模，有效降低成本并增加经营效益的经营机制，就必须提高管理者的精神素质、知识素质和科学技术素质，在管理实践中形成科学的、现代化的管理思维方式，加强企业管理创新，促进管理水平的不断提高。

当然，管理思维在某一个时期可能是具有预测能力的，但也可能是落后与企业的发展现实情况，这取决于管理者的管理思维与企业的实际运行是否能够相契合。当管理者的管理思维落后于企业的实际情况，那么管理者就不可能做出正确的判断，以便解决企业发展中的问题。这时的企业管理者，其管理思维要么僵化，用固有的思维、方法去认识和处理新问题。其结果是，管理者只是单纯地、被动地维持现有的、简单的管理活动，由于管理思维落后，认识不到环境的变化、物质财富以及信息的潜在与现实价值，这不仅会使企业错失大好的发展机遇，还将导致企业管理效率低下，甚至使企业走向衰落。不仅如此，由于管理思维滞后于管理实践，对管理过程、管理策划等判断失误、无效率甚至是负效率地使用管理资源，很容易使管理实践趋于失败。

第三，管理意识具有特殊性。管理意识不仅仅具有一般社会意识所共有的性质，而且，它自身还有其特殊性，是一种特殊的社会意识。首先，管理意识具有永久性。人类实践是意识的出生地，是同人类社会一同产生和发展的，比起其他的社会意识更加具有永久性。自从人类社会生产力提

① 王德清，么加利．管理哲学［M］．重庆：重庆大学出版社，2004：4.

② 崔绪治，徐厚德．现代管理哲学概论［M］．安徽：安徽人民出版社，1986：168.

高形成脑力劳动和体力劳动之间的分工后，人类意识才能够形成诸如宗教、艺术、哲学、政治和法律思想等社会意识，但是在这种具体意识产生以前，人类的管理意识就一直存在着，这是因为，人类必须在实践的基础上结成一定的群体，从而在群体的共同组织中生存，对这种群体的组织方法和管理方法就会形成管理意识。当然，有些社会意识，如法律意识和政治意识等会随着社会的发展，随着一定社会条件的消亡而不再存在。而由于社会意识中的管理思想不会消失，所以，管理意识不会随着社会发展的变革而消失。其次，管理意识比社会意识具有更强的同化性。这种同化性表现在管理意识普遍地存在于人类社会生活的方方面面，它不断地渗透到人类的日常生活中，如果没有一定的管理意识，就连正常的日常生活都不可能存在下去。因为，“管理意识同人类的全部社会现实生活直接、紧密地联系在一起，若没有一定的管理意识，就不可能有任何正常的社会生活，也不可能有其他任何社会意识的形成和发展。”[①] 再次，管理意识具有很强的综合性。管理意识的形成和发展，不仅要受到哲学理论的指导和影响，而且它也要总结管理实践的经验和实际成效的结果，吸收人类科学技术等新的成果，在此基础上进行分析和综合，推动管理的不断创新。这是说，管理意识“不仅要综合社会生活各方面的管理实践经验，而且要综合各种文化知识的思想成果。”[②] 因此，管理实践能够综合社会生活的各个方面，从而使得反映管理实践的管理意识也具有总括的性质。所以，管理意识不仅仅要综合人类社会生活的各方面经验，也要概括人类各种文化的思想成果。最后，管理意识具有能动性。管理意识同人类的一般意识活动一样，一经产生和形成，就会具有巨大的能动性。管理意识产生于管理实践，又对管理实践具有指导或制约作用。这种能动性具体表现在：管理意识活动本身具有一种预见性，这种意识活动，可以对管理实践的未来进行预测，为未来的管理活动提供指导。管理者在进行管理之前，其实践的结果已经在管理者的头脑中形成了，这种在管理者头脑中形成的超前管理意识，又通过管理者的实践在现实的管理活动中得以实现。

---

① 王德清，么加利. 管理哲学［M］. 重庆：重庆大学出版社，2004：4.

② 王德清，么加利. 管理哲学［M］. 重庆：重庆大学出版社，2004：4.

（三）管理意识的功能

在企业的实际运行过程中，管理者的管理意识是随着企业的发展而不断变化的，那么管理者的管理意识也会随着企业的发展而不断变化。但是，管理意识本身并不是被动地接受企业的发展变化情况，而是本身体现出一定的功能。企业管理者的管理意识对企业的发展具有重要的功能，这些功能不仅能够很好地指导企业管理，而且能够推进企业管理的科学性和先进性水平不断提高。企业管理者的管理意识的功能，具体表现在如下几个方面：

第一，管理者的管理意识不仅能够认识管理活动的发展过程，而且能够通过管理活动的认识捕捉到企业发展的问题所在。可以说，管理意识就是在思想中进行的管理活动，在管理意识对管理实践认识的基础上，形成了管理方法、管理决策等一系列的管理措施。但不管是正确的还是错误的管理意识，先进的还是落后的管理意识，它们都是管理活动的反映，并且都可以在现实的管理实践中找到它们的根源。因为，"管理者通过发挥管理意识的'观察力'功能，是使自己能够主动地选择、适应和创造一定管理活动、管理环境、自身状态的重要基础。"[①]这样一来，管理意识所具有的众多的情感、意志、认识等思想内容，尽管在不同的管理者当中表现状态有所不同，但这些都是管理者在管理实践活动形成的对企业发展的内在意识。

由于管理意识反映管理活动的整个过程，这就体现了管理意识所具有的内在丰富性，而且管理实践所制约的管理活动是历史的、具体的和发展的，这也决定了管理意识的内容也是具体的和历史的。因为，管理意识"不能停在对过去和现在客观对象的理论认识上，而必须根据对自然和社会规律的认识，形成主体的意识和能力，对客观对象未来的发展做出预测和判断。"[②]随着管理实践的发展，由于每一时期社会历史条件的不同，社会物质资料生产方式不同，从而决定了社会管理实践的性质和水平也有所差异，从而使得反映管理活动的管理意识自身也具有差异性。从这个方面来讲，每一社会形态中都存在着具有独特性的思想观念，而具体到管理意识上，每个社会都具有与自身环境相适应的管理方法和管理观念，而且这种管理观念随着社会

---

① 崔绪治，徐厚德．现代管理哲学概论［M］．安徽：安徽人民出版社，1986：173.

② 王德清，么加利．管理哲学［M］．重庆：重庆大学出版社，2004：10.

的发展而呈现出不同的特点。因此，随着社会的管理活动发展而变化了的现实情况，管理意识也将会随着社会实际的发展而持续变化。如人类早期在手工生产条件下形成的经验管理的管理意识，在资本主义工业革命后随着科学技术的迅速发展而形成的科学管理的管理意识，现代信息技术条件下形成的平等、自主、沟通、网络化管理意识等，都是与特定的历史条件、社会生产条件、科学技术条件等密切相关的。因而，我们在考察对各种各样的管理意识时，不能够对一定阶段形成的管理意识做出抽象的形式的理解，而是只有把管理者的管理意识置放在现实的具体的环境中，才能够使其发挥重要的作用。

总之，管理意识反映的是管理活动的历史性和具体性这一特性告诉我们，作为现时代企业的管理主体，必须了解和把握时代发展变化的特点，跟上时代发展的步伐，密切关注科学技术和社会的发展变化，及时学习现代管理理论和技术方法，掌握现时代管理理论的发展状况以及先进的管理意识，发挥先进的管理意识对管理实践的巨大能动作用，只有这样才能推动管理实践的发展，才能推动企业管理水平的不断提高。否则，将会被落后于时代的管理意识所束缚，必将给管理实践带来消极的后果，从而制约组织的发展，甚至给组织带来灾难性的后果。管理意识“是面对未来实践活动的理想、意图、目标、方法、途径所做出的决定，是将要见之于行动的主观意识和能力。”①因此，现代管理者必须与时俱进，及时更新管理意识，并用适应时代发展要求的、崭新的管理意识指导管理实践。管理意识所具有的全面又而深入地反映管理活动的这种能动的认识功能，使管理实践主体能够通过观念的变革成为具有先进管理意识的管理者，在这一基础上形成对企业管理的科学方法和合理观念，从而科学而有效地指导企业的运行和发展。

第二，管理者的管理意识具有从整体上协调企业的管理运行体系的作用。这即是说，“在管理者的管理行为中渗透着的管理意识，只有通过理解管理活动、管理环境以及自身状态等方面各种现象的本质，才能使自己的管理行为建立在合乎规律的基础上。”②另外，在现实的管理活动中，作为个

① 王德清，么加利．管理哲学［M］．重庆：重庆大学出版社，2004：10.

② 崔绪治，徐厚德．现代管理哲学概论［M］．安徽：安徽人民出版社，1986：173.

体和组织的管理活动，既有理性因素参与其中的管理理论作为其指导，也有非理性因素参与其中的管理心理等的作用，如管理主体的个性心理特征、风险偏好、经验、情感、意志力、敏感性等主观因素也会参与到管理实践中，从而对管理主体的分析、判断、决策等活动产生影响。这就是说，管理意识“不仅需要常规性、逻辑性的认识，而且还要进行非常规性、非逻辑性的认识”，“不仅要由管理者或管理专家进行个人认识，而且还必须把众多不同专业、不同才能的人有机地组织起来，进行集体认识。”①所以说，在管理活动中，管理实践主体应努力使管理活动的协调更加具有自觉性，即加强协调中理性功能的作用，但这并不意味着完全排除管理实践主体的非理性因素，“这主要是因为，特定管理者自身的一定状态，是包括一定生理、心理、文化、知识、政治、习俗等众多因素的。”②所以说，管理环境是复杂多变的，组织面临的问题也是千奇百怪的，照本宣科、纯粹的“理性人”是搞不好管理的。其正确方法是用理性来指导非理性因素，使情感、愿望、信念、意志等非理性因素发挥积极的建设性作用，灵活地、创造性地处理组织所面临的不同的管理问题。同时，还要处理好管理意识与管理环境之间的关系，充分发挥管理意识在管理环境协调方面的作用。管理意识的协调作用，不仅表现在对管理组织的内部活动的协调和控制上，而且还应该表现在对企业组织内部环境的协调上。管理意识是对管理活动的自我意识，它不能脱离管理活动的环境而存在，需要对自我存在和发展的环境与条件有充分的认识，对管理环境中不和谐的因素进行调整和改造，建设团结协作、积极向上、运转有序、鼓励创新的组织环境，才能有效地推动管理活动的顺利进行和健康发展。

第三，管理意识对管理活动的前进方向具有引领作用。正确反映管理活动的管理意识，能够对组织发展及管理的基本规律进行总结和学习，站在企业发展的制高点来认识、发现和处理管理问题，具有超前反映的特征和科学预见的功能。它可以帮助管理者在决策过程中运用正确的管理思想、管理理论作为指导和理论依据，以企业的客观现实为基础，选择最满意的管理决

① 王德清，么加利．管理哲学［M］．重庆：重庆大学出版社，2004：10.

② 崔绪治，徐厚德．现代管理哲学概论［M］．安徽：安徽人民出版社，1986：171.

策方案，并尽可能消除与减少决策中的失误；可以帮助管理者在进行决策及决策实施的过程中及时发现问题，如实地提供全面及时的信息，从而进行有效的控制，避免管理活动失败的可能性，从而有效地实现组织的管理目标。总之，正确反映管理实践的管理意识，可以使管理者按照科学的思路开展工作，确立对管理实践成功的信心，指引管理者在正确的道路上朝向管理目标前进，并克服前进中的各种困难和阻力，努力实现企业发展的最终目的。

通过以上分析，可以看到，管理意识可以帮助管理主体深入细致地观察、分析管理活动、管理环境和管理者自身的活动状态，及时发现问题。这样一来，“人们可能认识系统要素之间联系和配合的客观规律，尽量使关系趋于合理，使管理功能在动态中经常处于最佳的状态。”[①]管理意识这种功能，使管理主体具有洞察和解决问题的敏感性、灵活性，能够深入细致地考察和分析各种管理活动中所产生的现象，通过现象抓住本质，从而做出正确的判断，把问题的解决限定在最初阶段。“管理意识的这种功能是它具有继承性、变动性、前进性、预见性的重要体现。”[②]从这一方面看，管理意识的作用越得到充分发挥，管理主体的敏锐性就越强，所以，认识到的问题及其解决途径越是科学和正确，从而在管理实践中的选择性也就越强，管理主体活动的自由度也就越大，管理活动的转换机制就能得到充分发挥，就能掌握科学预见未来的本领，为管理实践的平稳有效进行提供智力支持。

只有这样，一个组织才能在正确的指导思想的指引下，不断增强内聚力，充满信心，自强不息，求得长期的生存和发展。在当今世界，科学技术的发展日新月异，市场环境瞬息万变，各行各业强手如林，竞争日益激烈，在这样的社会环境中，企业管理者越是站得高，看得越是远，就能够保证其管理活动符合企业发展的要求，进而成为指导企业发展的科学意识。一个组织、一个企业要想长期立于不败之地，没有科学的管理意识武装头脑，不充分发挥科学管理意识的指导与引领作用，企业的健康发展是不可能实现的。

第四，管理意识具有创新管理观念、变革旧有管理意识的功能。管理意识不但应当真实地反映管理活动过程，而且也应当在管理活动中发挥创新经

---

① 王德清，么加利．管理哲学［M］．重庆：重庆大学出版社，2004：8.

② 崔绪治，徐厚德．现代管理哲学概论［M］．安徽：安徽人民出版社，1986：174.

营理念的作用，而具有明显的创新功能。管理意识的创新作用主要表现在，管理意识能够超越现实的局限性，创造出新的观念、新的思想、新的理论、新的方法，并在新观念、新思想、新理论指导下，实际地改变管理现实，创造前所未有的新的管理意识和理论。可以认为，管理意识的创新作用，深刻地体现在管理者对企业发展的创新途径的创造上。这是说，企业的管理者能够在把握管理实践活动的基础上，按照企业的发展规律而创造性地提出一些新的观点和新的措施，能够在占有现实管理活动材料的基础上，通过分析与综合、抽象与具体等方法，产生出具有远见的经营管理理念，使管理意识自身在内容上有所创新。随着管理意识内容上的创新，内容不符合旧有的管理活动的意识，将会随着管理活动矛盾的展开而形成新的管理意识以指导管理实践活动顺利进行。由于管理意识在内容和形式上的不断创新，使每一时代的管理意识展示出与以往时代不同的新特点和新内容，因为，“只有充分发挥管理意识的这种‘创造力’功能，才能使人在管理实践活动中的能动作用，成为推动管理活动、管理环境、自身状态及相应的管理理论不断向前发展的强大手段。”① 另一方面，管理意识的创新功能还体现在以创新的管理意识为指导，为企业创造出前所未有的机遇和机会。管理实践活动本身并没有创造新的管理意识的能动性，只有在管理者的管理意识充分完整地认识到管理活动的规律和特点之后，管理意识的创新能力才能够凸显出来。而且管理意识的创新功能也只有在深入了解企业发展的一般规律的基础上，才能够提出对于企业未来发展的空间和方向。管理意识的不断创新，是推动管理进步的重要精神力量，“通过管理意识的能动性（创造性——引者注）所体现的人在管理实践中的能动作用，从根本上来看，就是要根据这个过程及其特点，建立并发展相应的管理意识。”② 因为，管理意识本身就具有推动企业发展的无限的广阔空间，而企业的管理者是否能够深入洞察自己的这种内在精神，也就决定着管理者的管理意识在何种程度上能够为企业的管理实践提供稳定的支撑基础。

我们可以说，一个健康发展的企业，必然是在管理意识上不断创新的

① 崔绪治，徐厚德．现代管理哲学概论［M］．安徽：安徽人民出版社，1986：175.

② 崔绪治，徐厚德．现代管理哲学概论［M］．安徽：安徽人民出版社，1986：168.

企业，而不重视或压抑管理意识创新的企业，将会阻碍或放慢企业的发展步伐，最终将会落后于社会发展并被社会所淘汰，因为“现代社会活动的快速性，对管理认识的时效性提出更高的全新的要求，管理认识必须能够尽快及时，否则就分秒之误，后悔莫及。”[①]因此，当今企业的发展不可避免地将会受到社会发展的推动，但是只有那些先进的管理意识才能够推动企业与社会发展的同步性，也才能够起到推动企业不断更新换代的要求。从未来社会环境的发展趋势来看，科学技术发展水平越来越高，尤其是信息技术突飞猛进的发展，对企业的影响作用日益加大，同时，市场竞争也将越来越激烈，新的管理模式、盈利模式、商业模式不断涌现。因此，企业越向前发展，就越需要加强组织与管理，从而使得管理意识的作用越来越突出。在这样的环境中，创新意识和创新能力成为企业核心竞争力的重要影响因素，管理意识的创新功能越是得到充分发展的企业，其发展与进步的速度相对来说就越快。因此，管理意识的创新程度及其对管理实践的作用程度，可以说是衡量企业发展与进步的重要尺度。

三、管理实践与管理意识的相互关系

管理实践与管理意识是在管理活动中起基础作用的两大范畴，因为它们都具有支撑管理活动的基础性地位。管理实践是整个管理的基础，是管理其他方面的核心，可以说，管理活动中各个要素的原始基础是从管理实践中产生的。从哲学层面上来讲，实践是人自身的实践活动，是人区别于动物的根本属性，而管理意识是在管理实践活动中产生的对于管理实践过程的反映或认识，两者相互作用，共同推动着管理活动向前发展。一方面，企业的管理者之所以能够与管理客体发生作用，关键在于管理者能够运用管理客体的众多要素，而能够按照管理客体的要素来安排管理实践活动的展开。这样一来，管理意识也就形成管理者自身所具有的管理理念，形成管理者对企业管理的指导思想。另一方面，作为指导企业发展的管理者，他通过对企业管理的认识，获得关于企业发展的具体情况，并在思想观念中积淀下来，从而不断地推动管理实践活动的顺利进行。这样，存在于人身肉体组织中适合于一

---

① 王德清，么加利．管理哲学［M］．重庆：重庆大学出版社，2004：10.

切活动方式的潜能、素质就能得到培育，并不断地发挥出来，转化为能够按着客观规律进行生产活动的管理素质和能力。所以，管理并不是企业组织中管理者的个人事情，从某种意义上来讲，每个人都具有管理的潜力，因为，管理是一种基于个人天生素质的实践活动。但这并不表示人人都能胜任企业组织中的管理职位，成功的管理实践需要管理者个人的良好素质和能力，这决定着对管理活动的感知程度，决定着意识的反映水平，因为“意识在任何时候都只能是被意识到了的存在”。与此相一致，人的意识思维有着鲜明的个性特点，它通常都是在人的自我意识的指导下而能动地发挥作用的。所以，人类在进行管理实践时，能够根据以往的经验、思维、感受和常识等正确处理相关问题，能够凭借我们的直觉来进行管理，并具有个性。

可以认为，管理意识是人在管理实践中的心理活动，它是对外部管理环境和内部心理事件的知觉，是管理主体对管理客体的自觉认识，是对客观管理活动的积极的、能动的、创造性的反映。管理意识包括人们日常所说的精神、思想、感觉、经验等所有主观形式的东西。管理意识作为人的管理活动创造观念，提出观念的目的，并指导和调节人们的活动，从中使观念的对象和目的现实化。可以说，“正是在社会历史发展的过程中，管理实践和管理意识之间的相互作用，构成了管理实践和管理意识的具体的、历史的统一，并推动着管理实践和管理意识的不断发展。”[①]首先，管理本身是一项创造性的活动，是一个不断对企业实际运行进行认知和反应的过程，而这个反应的过程就是一个管理意识的形成过程。其次，管理又是一项复杂的实践活动，要做到使企业能够顺利地发展，并非一般性的技术性活动，技术性活动只需掌握一定的工艺性程序，通过不断地进行练习和学习就能达到。而处理问题的能力并不是简单地通过学习技术就能够运用的，它是一种在学习过程中不断综合和分析现实问题能力的培养过程。在这个过程中，管理者的管理意识有目的地过滤掉与管理活动无关的信息，而把管理意识集中于企业运行和发展的主导方面来。同时，对所有企业运行中出现的问题进行理性的分析，最终形成科学和合理的解决办法和手段。最后，根据企业发展过去的经验、知识和对不同后果的想象来执行或终止行为，这是管理者需要达到解决问题的

① 王德清，么加利．管理哲学［M］．重庆：重庆大学出版社，2004：6.

目的，而这整个过程都是在发挥着管理意识的功能性作用，并与企业的实际发展相互作用。

总而言之，现实的人的活动是有意识的、具有社会规定性的活动，而管理者的管理意识也是一样的。作为人的活动之一的任何一项管理活动，必须结合面对的客观情况，从实际出发，对相关的管理理论和管理方法进行灵活地运用。管理主体所面对的问题或管理客体都有其特殊性，都有特定的发生环境，如果没有管理者的主观能动性的发挥，即意识的能动作用，就根本谈不上管理，只能是被动地机械运动。管理过程就是管理者的管理意识对企业生产活动的能动反应过程，而管理意识就像一只"无形的手"一样，自动地影响着、指挥着、支配着人类的管理实践。

第二节　管理实践的逻辑建构

管理实践也和其他社会实践一样，是一种主体与客体相互作用、相互依赖、相互发展的过程。管理实践的各种基本要素，尤其是管理实践的主体和客体，在企业运行过程中构成了复杂的系统。因此，为了进一步加深对管理实践的认识，有必要深入分析管理实践的主体和客体以及它们之间的相互关系。

一、管理实践的生存论阐释

现当代的许多人误认为，实践就是一种人之工具性的活动，一种达到人之目的的工具或手段，如此一来，实践这个概念就被贴上了功利主义的标签。怎样才能深刻把握实践概念的内涵，是现时代社会发展对于人类生存而产生的问题，从存在论原则高度上来诠释实践，是当代人类生存需要的要求，也是适应社会发展趋势的唯一路径。

（一）实践的科学内涵

要深入理解管理实践的内涵，先从对一般意义的实践内涵的理解开始。从存在论高度来把握实践的内涵，主要有以下几个方面的内容。首先，实践是人存在的基础。以往的存在论包括理性存在论和感性存在论，都把人归之为一种没有实践活动的思维者，而看不到产生这种思维的现实途径，而马克思在《关于费尔巴哈的提纲》中，以人的现实实践活动——实践——作为一切的起源与归宿，“人的思维是否具有客观的真理性，这不是一个理论的问题，而是一个实践的问题。”[①]这就是说，以前的理论——形而上学理论——的真理性不是证明人的思维客观性的基础，这种基础应是一个在实践中解决的问题，即“人应该在实践中证明自己思维的真理性，即自己思维的现实性和力量，自己思维的此岸性。”[②]只有在实践中才能赋予人所认识的真理性，实践是真理的保证，也是通向真理的途径。由此，存在的基础在实践的基础上重新建立了起来，存在与思维的统一，在实践中达到了和解。人是一种超越的存在者，他不会仅仅局限于当下的事情，而要去追求那绝对的真理，但是，人唯有在自己的存在中，在自己活动中，才能找到通向真理的大门。存在是人的存在，人的存在就是实践活动，这种实践活动是人存在的根本方式，毋宁说就是存在本身，存在与实践活动是不可分的。实践是存在与活动的统一，又是两者达到统一的途径，两者的统一即人的现实的实践活动，为此，才能找到破除旧形而上学藩篱的路径。

其次，实践是社会存在的基础。理性主义者把社会规定为理性的自我建构，社会是理性的产物，一切社会，从古至今的一切社会，都是在理性的运转下建立起来的。然而，理性建立的社会又是更深一层理性的环节，故此，现实社会的一切不合理的方面都将会在未来理性的召唤下趋于完善。在此，我们看到，其实就有两个社会存在，一个是现实的社会，一个是理性的社会，这种两个社会的对立，深深地扎根于人的思维当中，而且，人们也认为只要通过理性的努力，就能够建立一个适合理性的社会，一个符合人性的社会，这乃是历史上最大的谎言。如果理性能够建立合理的社会，就不可能会有两个社会的分割，也就不会在人的思想里有一种理想的社会在那遥远的天空等待着被发觉。理性不是万能的，万能的乃是现实的人类活动。在人类的活动中，才会有社会的产生，“全部社会生活在本质上是实践的。凡是把理论引向神秘主义的神秘东西，都能在人的实践中以及对这种实践的理解中得到合理的解决。”[③]这就是说，社会不是理性建立的，而是由人们的实践活

① 马克思，恩格斯. 马克思恩格斯文集（第 1 卷）[M]. 北京：人民出版社，2009：500.
② 马克思，恩格斯. 马克思恩格斯文集（第 1 卷）[M]. 北京：人民出版社，2009：500.
③ 马克思，恩格斯. 马克思恩格斯文集（第 1 卷）[M]. 北京：人民出版社，2009：501.

动建立的，人的实践活动建立了全部社会生活的一切方面。假如对这个社会有什么疑问的话，也不要到那神秘的理性中去寻找，而是要到人的现实的实践活动中去寻找，什么样的实践活动，就决定了有什么样的社会，而且，一切社会的不合理现象，也不能到理性里去寻找，答案只能在人们的现实实践活动中去寻找，在这种实践活动当中，包含了所有一切问题的矛盾、起源与答案。正如我们的市场经济体制，它有自身的发展规律，如果按照理性的原则，它应该是一种高效的对市场资源进行配置的体制，能够促进市场的和谐运转。但市场的运行是复杂的，存在很多非理性因素的影响，经常突破规则的限制，引起市场的混乱及管理的失控，制约着市场经济的稳定发展。

这表明，社会的存在不是理性的功劳，人的实践才是社会真实的存在。理性仅仅是人们思想中的指南针，仅仅是屹立于远方的灯塔，它只能照亮通往它的道路，而从不会告诉人们该怎样去走这条道路。真正现实的乃是人自己的实践活动，这种实践活动赋予了人类通往未来的合法性。于是，社会的存在只能归结为实践的存在，没有实践，社会不会产生，更不会发展，在社会中一切神秘的东西，都将会在实践中得到合理的解决。

最后，实践是历史存在的基础。历史是一种事件堆积，是一种人们在现实活动中创造的并且对过去事件的回忆，它已经成为不可回转的过去。但是，理性非要建立合理的历史，这种历史不是现实的历史，而是理性所规定好了的历史，通过理性的建构，一种合理的历史将会摆在人们的面前，不管是过去、现在、将来，都将会在理性的指导下按照有秩序的规则来运转。黑格尔乃是这个历史最大的操控者，他把历史置于绝对精神的掌控之下，只要按着它的规则走就行了，不必要有什么顾虑，社会终将会在绝对精神的指引下达到完善。如果真是如此，那人类岂不成了像动物一样的生物，无自由可言。而现实的情况是，现实并没有朝着黑格尔的设计走下去，而是充满了不合理与灾难。他那神秘的东西一定要被炸毁，马克思就是这个破坏者，马克思认为，“正像一切自然物必须形成一样，人也有自己的形成过程即历史，但历史对人来说是被认识到的历史，因而它作为形成过程是一种有意识地扬弃自身的形成过程。”[①]由此，“人就是在感性意识的诱导下为满足自己的感

① 马克思，恩格斯.马克思恩格斯文集（第1卷）[M].北京：人民出版社，2009：211.

性需要而创造自己的感性存在，人是在自己实践活动中与人照面并被带给人自身的。”① 历史的基础是现实中的个人，是现实的个人活动创造了历史，以及其他一切关系，这就更加贴近了存在论的中心。历史的存在是人的现实存在，人的现实存在是历史存在的前提，人的现实存在与历史存在是内在统一的，不是两个方面，而是一个硬币的正反面，每一面都不可能离开它的另一面而存在。马克思在这里只是说出了问题的一个方面，还有另一个方面，即“任何历史记载都应当从这些自然基础以及它们在历史进程中由于人们的活动而发生的变更出发。”② 这就是马克思所说的从人们的现实活动出发来理解历史，历史不单单是从自然基础上来理解，而要将之置于人的实践活动中去理解，这样一来，就更加表明，马克思所说的个人不是抽象的个人、理性的个人，而是具有实践活动着的现实的个人，正是这种活动着的个人，使历史发生了变更，产生了丰富多彩的事件，“在思辨终止的地方，在现实生活面前，正是描述人们实践活动和实际发展过程的真正的实证科学开始的地方”，③ 这表明，思辨的哲学并没有找到解决历史发展的合法道路，思辨哲学在最后也把历史给终结了。但是，马克思认为，历史是人们实践活动的产物，在人们的实践活动中，历史是不会终结的，历史就是实践的实现，实践也是历史产生之基础。所以，马克思找到了历史的真正基础——人的实践活动。历史的存在论基础由于马克思所澄明的人之实践活动而被真正发觉，即人的现实的实践活动。人的存在是实践性的感性存在，如果给历史加个合法的理由，即历史的存在是由于人的实践活动才有可能，才有历史的发展与完善。

总之，实践活动是一种历史性的活动，它在人类发展的不同时期，具有不同的表现方式和内涵，它始终是在一定的社会关系形式和人与自然的特定关系状况下进行的。因此，要理解实践，就必须在特定的实践活动的社会关系中来把握。

（二）管理实践的研究方向

在澄清了实践从生存论高度的诠释之后，接下来对于管理实践的诠释将

① 马克思，恩格斯．马克思恩格斯文集（第1卷）［M］．北京：人民出版社，2009：194.

② 马克思，恩格斯．马克思恩格斯文集（第1卷）［M］．北京：人民出版社，2009：519.

③ 马克思，恩格斯．马克思恩格斯文集（第1卷）［M］．北京：人民出版社，2009：526.

会得到进一步的理解。毋庸置疑，管理是社会化大生产的客观要求和直接产物。企业管理的产生与发展是在历史过程中被认识到的，它是由于合作劳动的需要而产生，同时随着生产力的发展而逐步发展起来的，因此，社会生产力的发展不仅能够推动着管理活动的发展，而且也推动着生产关系的发展。当然，企业活动中的管理实践也是从单一到复杂的发展过程，后起的管理实践是对之前管理实践的继承与发展，它扬弃了旧有的管理实践中不合时宜的因素，在适应新环境的条件下，而自行产生新的因素。对管理实践的现当代考察，从人的生活世界方向这一层面进行研究，将是管理哲学研究中管理实践的发展的方向。

第一，管理实践的科学解释路向。关于管理实践的科学解释路向主要考察的是管理实践的实证化研究，也即管理实践作为企业发展的实证化解释模式。从另一方面表达，这种考察关注的是管理实践在一个企业科学技术系统中的活动状态或形式，研究者通常是在这种方式下去明确管理的本质属性的，即使如此，还是存在着一个如何去明确管理实践的方法问题。这就是说，如果我们要给管理实践一个确定的界说，并且不会产生很多的异议或者是没有意义的争论，那么，我们就必须对这种界说预先给出一个清晰而且确定的前提，这个确定的前提我们称之为科学技术之产生的基础。其任务是，我们首先应当把作为一种人的生活的管理实践的选择确定为一定的范围和明确界限，这个界限也就是我们用来确定管理实践属性的理论条件。

事实上，我们只有在一个比较确定的理论条件中，才有可能对一个事物的存在特征做出比较清楚的界定，通过这样对存在的事物的界定，是必须加以澄清的，同时也是理解存在事物的科学手段和方法。因为，一种具有普遍性的研究方法常常是对一些管理活动或问题，首先需要罗列一些关于这些活动和问题的定义和概念，从这些定义和概念中来推导出相应的结论，其结论如有与前提不相适合之处，再修正概念或定义，使其不断地完备起来。以此来看，我们总会得到一个长长的定义或概念的组合，这样看来，这些问题似乎得到了说明。然而，从生存论原则出发，这种方法不但未能说明问题，而且其以通过澄明问题的方法也值得反思。可以看出，这种做法给我们带来的所谓的清晰总是要远远小于它所带来的混乱。追问其缘由，一个很重要的原因是，人们未能明确他们是在一个什么样的空间或系统背景下进行这种讨论的，所以，由此带来的一个后果，就是在许多情况下，这样的讨论成为一种无意义的讨论或争论了。

第二，管理实践的生活世界研究路向。管理实践的生活世界研究路向，其考察方法是从人的现实生活中来界定的，人的现实生活是作为实践的基础性质而起作用的。在这里，需要指出的是，从生活世界路向上所界定的管理方式，指的不是管理作为一种技术标准可以衡量的，也不是管理作为一种活动或过程中来解答的量性标准，或者说，管理实践的内部的基础它在本质上只是管理者和被管理者的双重生活世界的表达，是管理实践在生活世界中形成的人的存在方式。管理的生活世界研究路向上所对应的管理实践活动，其含义是指管理实践作为企业管理者和被管理者所生活的世界本身而言，也即管理实践从生活世界本身的无到有的形成延续过程。对于管理实践的这样一种基于生活世界的研究，其意义和目的就在于从管理者和被管理者的现实物质生产生活出发，从而克服科学性的管理实践考核标准，进而对管理实践活动进行人性化的分析与推进，因为，那种管理实践的科学解释路向上所考察的管理者和被管理者的活动，从根本上讲，所论及的是以科学技术为主导模式的衡量标准，这个标准是抽象的和形式的，并不能为管理实践本身提供任何有效的发展方向，而且，这种考察也只是明确了一个管理“是什么”的问题。但是，在我们的社会活动中为什么会有管理实践这个问题存在，却是“是什么”这个问题本身所无法回答的。所以，只有在转向生活世界来提升管理实践的研究水平，我们才能真正实现对管理实践本质的认识。从此一维度出发，“是什么”的问题将会转变为“为什么”的问题，这种提问方式本身就构成了对管理实践的一个完整的生活世界考察。因此，管理实践的本质，正是在转向生活世界的轨道上来，对其的考察才能够真正做出合理的结果。毋庸讳言，以往对管理的本质的考察，一般来讲，总是毫无例外地属于以科学技术为基础的实证主义范畴，这种考察方式仅仅把数学标准作为衡量管理成败的关键，而缺少了对管理主体和管理客体本身作为人的衡量标准。因而，管理实践的本质事实上没有得到真正的和全面的考量，这是需要引起管理哲学的研究者注意的一个重要问题。

第三，管理实践作为管理哲学研究中的一项重要内容，需要按照社会历史的发展来进行研究。可以说，人类社会历史是管理活动产生的基础，但是，管理活动一经形成就脱离于人的社会历史，成为一种理论。但是，管理实践本身并不是静止不动的，对它的研究必须按照社会历史的发展所呈现出来的问题而进行不断扩展，所以，我们对管理实践的研究本质上必须是在社会历史发展基础上做出的。众所周知，历史考察基本上是从编年体上来描述的，它所呈现出来的是对在过去的时间中发生的各种人物及其思想，发生的各种重要事件及其变化的一种尽可能精确和全面的记述和解释，这种研究方法现已被历史学家所接受，但这种研究历史的方法并不是被所有哲学所认同的。这就是说，管理实践“并不仅仅是管理主体个人的主观活动，而且是一种社会的历史的活动”，[①]管理实践基于对管理活动的提炼，它说明的是在更为一般和抽象的意义上做出的对管理行为的规范。一个企业的发展造就了这个企业一般发展规律，而管理实践就是对这一规律的提炼与总结。

最后，管理实践本身具有价值维度于内，管理实践活动是具有价值的活动。我们知道，人的任何实践活动都不可能没有价值的参与，价值是融于人的实践活动中的。而管理实践活动恰恰是体现企业管理的价值的根本所在，管理实践的价值体现在是否能够推进企业管理的科学化和规范化，是否能够为企业达到目标而提供动力。管理实践所呈现的价值趋向和开启的价值目的，主要是通过以下几个方面来实现的：在实践对管理实践的明确掌握后，对管理实践进行范围设定；在这个基础上进行管理理论的分析，并找到差异之处；通过管理实践与管理理论相互比较，制定高效率而合理的实践运行方式；最后，对管理实践的未来走向科学的价值判断，而这个价值判断又是以对管理活动的现实情况为前提形成的。

概括说来，管理实践中包含着的价值判断，是我们在对管理实践的本质以及管理理论作为推动企业发展进程有了全面系统地明确和把握之后，所给出的一种规定性。管理实践最终关注的是人们在企业管理实践活动中所进行的行动、思想等的一些活动，从而研究它们的规律。“因为只有对管理对象的本质和规律具有一定程度的认识，才可能正确地确定管理活动需要解决的问题，从而选定管理活动所要达到的目标。”[②]管理实践所追求的目的，本质

① 王德清，么加利．管理哲学［M］．重庆：重庆大学出版社，2004：13.

② 王德清，么加利．管理哲学［M］．重庆：重庆大学出版社，2004：13.

上也是管理实践价值体现的目的。在各种社会实践活动中，价值被视为内在于实践活动中并支撑实践活动的重要载体，而管理实践活动也不可能脱离这一规律。

总而言之，管理实践的研究要求我们把其置放在企业的现实运行当中来考察，也就是从管理者和被管理者的现实的生产生活当中来考察。管理实践与管理理论是否能够相互配合与相互适应，关键在于管理实践是不是按照企业的现实情况而制定出科学和合理的决策、计划等制度。我们只有从管理者和被管理者的具体的现实的生活世界这个基础上，才能够真正获得对于推进管理实践科学化的有效条件，也才能够把管理实践真正推向引领企业发展的制高点上。

二、管理实践的主体

管理主体是管理实践研究的重要范畴，为了能够更加正确地认识管理主体，首先需要对“主体”是什么进行分析，这是理解管理实践主体的基础。根据以往哲学发展史来看，旧唯物主义把主体归结为生物学意义上的人；理性主义哲学把主体归结为精神性的存在；马克思的新唯物主义认为主体不是单纯的生物学意义上的人，也不是精神意义上的人，而是在现实的社会中从事着现实的实践活动的人。

（一）主体与管理主体

为了更加明确地理解和认识“主体”这一概念的内涵，可以从以下几个方面进行概括。第一，主体存在于社会关系之中。作为主体的人，不可能生活在一种离群索居的环境下，他必须与作为客体的他人或者外物结成一定的存在关系。“在实践活动中，在主体与他人、他物乃至整个世界之间不是一种相互隔绝、彼此孤立的关系，而是紧密地结合在一起。”[①]在前工业社会，由于生产力水平低下，人类实践活动呈现单一化的模式，使得作为主体的人与人、人与物的关系是一种单向关系。随着生产力的发展，主体在社会中作为一种关系性的存在日益被突显出来，并得到人们的重视。因此，在实践活动中，主体与他人、与外物等之间不是一种互相孤立的存在，而是处于彼

① 王德清，么加利. 管理哲学［M］. 重庆：重庆大学出版社，2004：75.

此的紧密联系之中。第二，主体存在于现实世界之中。作为主体的人，通过实践活动创造着对象化世界，在这个过程中，主体与客体之间由于实践活动结成一定的关系，这些关系的相互作用就构成了社会产生的前提。可以说，"社会实践活动是主体赖以存在的载体，离开了社会实践活动，就不可能存在什么主体。"①因此，人是在自己所创造的对象化世界中生存的，而这个对象化世界由于每个人实践活动的结果，使得人与人之间的关系越来越紧密地结合起来，正是这种社会关系从而使得人不像动物那样只是消极、被动地适应自然，而是在改造自然环境的同时，也改造着自身。第三，主体是具有实践活动的人。毋庸置疑，作为主体必须具有实践的能力，任何主体都是通过其自身的实践活动而体现出来的，在实践活动中，主体与客体构成了对立统一的关系，从而实现着改造外部世界和内部世界的作用。主体在改造外部世界的同时，不是在抽象的时空中进行的活动，他是在具体的环境下进行的现实的实践活动，这种实践活动要求实践主体必须具备一定的能力，才能够进行改造外部世界的行为。对于特定的人来说，在一种实践活动中作为主体方式存在，而在另一种环境中，主体可能就失去了其主体地位。最后，主体是具有意识性的人。任何实践活动都是人类自身能动性的产物，而人的能动性又是在自我意识的指引下进行的，这说明人类的实践活动都具有目的性，如果实践活动没有意识性作为指导，这种实践活动就会沦为一种盲目的活动而失去了目标。

通常认为，管理主体是比主体范围要小的概念，管理主体仅仅是在企业内部环境下所研究的范畴。管理主体首先是人，然而并非任何人都可称为管理主体，之所以如此，就在于管理主体还需要具有管理领域所需要的知识与能力。从这个方面来讲，管理主体是指具有管理科学知识和技能、具有管理权力并从事管理活动的人。为了对管理主体的理解更加深入，有必要对管理主体的内涵进行分析，其具体表现有以下几个方面。

首先，管理主体是管理实践的参与者。管理主体与管理活动在不断的相互作用中达到统一。管理实践是人类一种具有普遍性的社会化活动，可以认为它是人类活动中社会化程度最高的活动，它产生于社会成员实践活动

① 王德清，么加利. 管理哲学［M］. 重庆：重庆大学出版社，2004：76.

的集体性以及在社会生活过程中相互交往的必要性。管理实践又必须在人类社会化活动中才能够进行，人参与到管理活动中，从而形成所谓管理主体，“管理主体是指具有管理科学知识和技能、拥有相应权力、从事管理活动的人。”①因此，管理活动是在人类生产与生活中普遍存在的一项基本活动。在管理活动中，作为管理实践的主体也即是管理活动的决策者和计划者，作为主体的人只有现实地参与到管理活动之中，才具有管理主体的规定。

其次，管理实践主体需要通过与被管理者相互作用而存在，人类社会中任何活动，其主体与客体都是在实践活动中所生成，管理客体也是人的实践活动对象化的产物。在这一过程中，管理主体与客体在生存论上就达到相互作用的目的，因此，管理客体与管理主体是在人的实践活动中同时构成的，即“任何活动的主体，如果没有客体作为参照，他就会实质性地失去主体的性质，管理主体也是如此。”②所以，在企业管理实践中，管理主体和管理客体的相互确立和认同，也就可以了解了。

最后，管理实践主体是在企业之中存在的。管理活动毕竟是在一定的环境下进行的活动，而管理主体也只有在管理环境下才能够进行活动，需要在一定的现实条件下进行，抽象的、超时空的管理主体是不存在的。进一步讲，管理实践的行为主体，大部分是以企业中的个人或者组织组成的，管理主体有可能使一个个人，也可能使一个组织，他们共同构成管理实践的主体。在管理者进行管理行为时，管理主体不能够脱离一定的组织而进行。从这个意义上讲，管理实践的主体是具体参与管理活动的人，是制定企业发展规划的主导者。

（二）管理实践主体行为方式的演变

管理实践主体在管理发展史上，其表现形式并不是一成不变的，在不同的历史时期，由于社会生产力发展水平与人们的实践水平的差异，要求管理主体在管理活动中的行为方式相应地表现出与时代相符合的境况。从管理发展的历史来看，管理主体的行为方式产生了三次不同的转变，把握这些管理主体方式在不同时期的转变，有助于我们更加深入理解管理主体现当代的发

① 王德清，么加利．管理哲学［M］．重庆：重庆大学出版社，2004：76.

② 王德清，么加利．管理哲学［M］．重庆：重庆大学出版社，2004：77.

展趋向。

第一，古代的经验管理模式时期。在前资本主义时期，由于生产力水平低下且发展缓慢，劳动工具简单，易于操作，劳动过程机械重复，管理主体（无论是奴隶主还是封建地主）只要占有了土地这一“财富之源”便控制了一切。同时，由于管理客体中的人没有人身自由，被看成是同其他劳动工具一样的“物质人”，管理主体对人的重视尚提不到日程上来，管理客体基本上没有人身自由，被看作是同其他劳动工具一样的“物质人”。所以，管理主体经常用一种强有力的控制方式来行使管理职能。在这个时期，支配管理主体管理行为的并不是具有科学性的规章制度，而是依赖于管理主体的个人经验与权威，其行为方式还局限于较低的经验管理层面。

第二，近代的科学管理模式时期。近代以来，随着生产力的不断进步，机器设备在企业中得到广泛应用，资本主义生产方式逐渐确立起来，社会化大生产体系的建立，从而使得整个社会从生产到生活都表现出标准化、统一化、一致化的特点。在这样的社会环境面前，管理也被纳入到了科学化的轨道之中。“科学管理理论”的创始人泰勒认为：科学管理的根本目的是谋求最高的生产效率。为了提高工作效率，就必须用科学的管理方法代替旧有的经验管理模式。因此，泰勒认为，管理是一门科学，而管理主体的行为要使得管理活动更加标准，使一切都能够在科学与制度下得到统一履行。管理主体应该能够提出具有科学方法的具体管理模式，以便于合理利用工时，提高效率。管理主体也需要制定科学的工艺流程，用制度、规则等把管理程序制定下来，按照这些制定好的管理程序进行管理。可以看出，在科学管理时期，管理主体的重心转移到了法规、制度、规则、计划、标准等的制定等方面。然而，这一时期的管理主体还没有完全把管理客体的人作为活生生的人看待，只是被当作生产工具或生产工具的延伸从而进入管理过程当中。

第三，现代人性化管理时期。自从 20 世纪四五十年代以来，科学技术的迅速发展，新兴工业不断出现，企业员工队伍的结构发生了巨大的变化，且文化程度明显提高，这种新的社会环境促使着企业管理朝向人性化方向发展，从而也督促着管理主体改变旧有的管理方式，以适应社会发展对管理方式进行变革的要求。因此，管理主体行为方式的重心从由对物的管理向对人的管理转变。一方面，表现在对管理客体的认识，经历了从被当作“物质人”到科学管理时期的“经济人”，再到现当代的“社会人”与“复杂人”三次大的转变。由此可以看到，管理主体对管理客体的对待方式是随着社会的发展而不断转变的。另一方面，管理客体的情感因素也被作为一项重要的管理因素纳入到管理主体的管理范围内，管理主体在行使管理职能的同时，日益注重考虑情感因素在企业运行中的作用，人本管理成为重要的管理方式。因此，管理主体在管理活动中需要了解员工的心理需求和心理变化，加强与管理客体的情感交流，注意尊重人、理解人、关心人，在情感交流中履行管理职责，实现组织的管理目标。

三、管理实践的客体

在确定管理客体的含义之前，应先要对什么是“客体”进行理解。对于“客体”，哲学学术界已有比较一致的看法，即客体就是不依赖于人之外的外部世界，然而，这种对客体的解释未能正确反映客体自身的含义。作为与主体相对应的客体，客体应是在主体实践活动中所对象化的外部世界，也是主体在实践基础上被改造被重建的外部世界。以此来看，对于“客体”的完整表述应该是，通过主体的实践活动所生成的对象化世界，这个对象化世界是人的本质力量的体现和确认，是相对于主体而言的客体世界。由此来看，“客体只是纳入到人们认识和实践活动范围之内的那部分客观对象。也就是说，只有进入到人类认识和实践之中，成为人类改造对象的那一部分客观事物，才构成认识与实践的现实客体。”①

为了更加深入地了解与理解客体的含义，可从以下几个方面进一步说明：第一，客体具有对象性特点。一般而言，客体是作为主体实践对象存在于现实的实践活动关系中的，是外部世界中具有功能性联系的从而被具体指向的对象。客体的对象性表明，主体和客体是相互依存、相互制约的，没有主体的实践活动，就不会有客体存在；同样，没有客体纳入主体的实践活动中，主体也不成其为主体。在现实世界中，对于那些还没有成为主体的对象，即对人的实践活动未曾产生或发生影响的外部事物，不能够称其为客体。第二，历史性是客体的一个基本属性。从人类实践活动的发展来看，客

① 王德清，么加利．管理哲学［M］．重庆：重庆大学出版社，2004：128.

体总是在某一社会历史条件下才成为客体的，它是由主体实践活动的历史发展所制约的。随着社会历史的发展，人类实践活动能力的不断提高，客体的范围与深度也在不断地扩大与加深，其内容也在不断地丰富而复杂。由于主体实践活动的相对性，整个客观世界都可能成为客体，但是，这需要一步一步地无限接近客体，并在实践活动中创造出来。第三，客体还具有客观性。客观性一般讲来应属于客体的基本属性，但不可否认的是，虽然客体是不依赖于主体而存在的，但它毕竟是主体实践活动的对象化结果，作为主体在实践中不断发展的结果而存在于主体之外，其本身也即是主体客体化的产物。

就像主体与客体一样，管理客体也是与管理主体相对应的一个范畴，没有管理主体就没有管理客体，没有管理客体就没有管理主体。管理客体是客体的次级概念。所以，并不是所有的客体都可以成为管理客体，管理客体比客体的范围要小，管理客体一般来讲是指进入管理实践范围内的客观对象，它主要包括管理活动中的人、财、物等，即“管理客体主要由人、财、物三种基本要素组成。因为一切社会活动都离不开人、财、物三种要素。”[①]因此，为了详细说明管理客体的含义，可以从以下几个方面来分析。首先，管理客体由于管理主体实践活动所对象化的结果而存在。从存在论层面来讲，管理客体是管理主体实践活动所对象化的外部世界，它自身已经融入于管理实践当中，这样的管理客体才具有现实意义。在一定的企业管理组织中，虽然会有许多的各种对象事物在企业内部，但是，这些外部事物并非都是现实的管理客体，其中并未与管理主体发生关系的并不能够成为管理客体，只有那些在管理主体实践活动中所接触到的事物才能够构成管理客体。其次，管理客体是存在于现实的管理实践当中的。管理客体要成为其规定的存在，必然要与一定的管理活动相联系。管理实践活动作为现实的社会历史活动，并不是抽象的过程，而是在现实的社会中进行的具体的实践活动。因此，没有现实的具体的管理实践活动，管理客体也就不可能产生。再次，管理实践的历史性决定了管理客体的历史性。管理客体是一个不断发展的动态概念，由于管理主体实践活动的绝对性，这又要求管理客体随着管理主体实践的发展而不断地发展，并按着管理主体实践活动的进度，相应的改变其自身的内

① 杨伍栓．管理哲学新论［M］．北京：北京大学出版社，2003：70.

容。正如马克思所说，“对象如何对他来说成为他的对象，这取决于对象的性质以及与之相适应的本质力量的性质。”[①]因此，管理客体也必须在企业管理的组织中才能存在，任何管理客体都必须在其相应的管理组织中存在，脱离具体的管理组织来理解管理客体，是一个抽象的空洞的遐想。

管理客体作为管理实践的对象化产物，是随着管理实践的发展而不断发展的，在每一个历史时期，管理客体的内容和形式都不是一致的。对于管理客体在管理发展史上的演变需要从两个方面加以理解，一个方面是管理客体本身的发展变化；另一方面是作为管理客体的人的发展变化。一般来讲，管理客体分为人、财、物三种形式，但是不同时期管理客体所表现出来的内涵却有所不同。

四、管理实践主体与客体相互作用关系

很显然，企业的管理活动是在管理主体和管理客体两个端点上形成的，无论是企业管理，还是国家的政治管理和行政管理，都是基于主体和客体的相互作用关系而形成一个矛盾统一体。从企业的管理实践活动中看出，管理主体与管理客体并不是分离的关系，也不是完全一致的关系，而是矛盾统一的关系。这种矛盾统一关系制约着管理主体与管理客体的发展方向和行为方式，并且有能够使双方之间具有一定的相互制约。这样一来，随着管理实践活动的展开，管理主体与管理客体之间的矛盾统一关系在具体的管理活动中显现出来，从而推动着企业管理的不断发展与完善。[②]与此相反，这个阶段是非常重要的，而且也是一个充满许多矛盾的、复杂程度很高的过程，也即是管理实践主体在通过不断思考、不断细致研究所做出的复杂决策过程。如对企业组织结构、运行机制、商业模式的设计，对市场的定位、对市场开发的策略、方向、方式进行构想，对企业长远发展的描绘等，就是一个不断思考、不断调整、不断改进的过程。对这一阶段的重视，乃是由于它是对将要建立的企业进行的系统设计，设计的结果将要对今后企业管理运行中所发生的许多问题产生直接的影响。

---

① 马克思，恩格斯．马克思恩格斯文集（第 1 卷）［M］．北京：人民出版社，2009：191.

② 王德清，么加利．管理哲学［M］．重庆：重庆大学出版社，2004：169—172.

在观念上所认识到的管理实践主体和管理实践客体相互作用的最初阶段，管理实践主体所要考虑的问题是，即管理实践主体和实践客体之间相互作用的内容：管理实践主体可能会建立起什么样的管理实践客体？所建立的管理实践客体将会在哪些方面或者在什么程度上满足管理需要？等等一系列问题。然而，这些问题是在观念中产生的，也只有在观念中得到较为满意的解决之后，管理实践主体在此时才会把观念中的东西在现实中体现出来，通过管理实践主体的实践活动，将观念上的管理客体在现实中建构起来，并形成物化或者对象化的管理实践客体。在这时，以前管理实践主体观念上的东西也就转化为在现实中具有的实际性的主客体关系。管理实践主体和客体曾经在观念中的主客体关系，此时也就转化为现实中的主客体关系。因此，可以看到，在观念中所展开的主客体关系，管理实践主体能够运用自己知识和常识等做出较为自由的解决，在观念中来解决主客体对立问题。当管理实践主体把观念客体对象化为现实事物存在时，管理实践主客体的矛盾就需要在现实中来解决。在现实中解决管理实践主客体对立的同时，管理实践主体需要解决更为复杂的问题。要在现实中解决管理实践主体与客体的矛盾问题，其解决适当与否，将会直接产生相应的企业成本变化。

（一）管理主体与管理客体的对立统一

管理主体和管理客体在现实活动中，通过在管理活动领域的多个方面表现出来，例如，财务管理、人事管理、研发管理、生产管理、销售管理、服务管理和物资管理等，由此构成了管理活动中的各种不同方面的管理活动。然而，不管是哪种具体的管理活动，其管理主体和管理客体之间的矛盾大致都表现出以下三个方面的内容。

首先，在管理实践方面。由于管理客体是管理主体实践活动的产物，而管理主体在实践中不断发展，因此，管理客体也随着管理实践的发展而不断发展变化，会呈现出一些新的特点。在此基础上，管理主体和管理客体之间的关系每时每刻都在发生着变化，“管理主体和管理客体毕竟是相对分立地存在的，各自有着自己的独立性。”① 管理主体必须发挥自己的主观能动性，努力了解、掌握和控制管理客体的运动状态，采取有针对性的管理策

① 崔绪治，徐厚德．现代管理哲学概论［M］．安徽：安徽人民出版社，1986：114.

略、方法和措施，以达到对管理客体进行有效管理的目的。其次，在认识论方面。为了使管理客体能够按照管理主体的目的和要求而改变自身，管理主体在实践中创造管理客体的同时，也进行着对管理客体的属性和规律的不断认识。管理主体不仅要把握住管理客体的运动规律，而且还要尽可能多地掌握管理客体丰富多彩的表现形式。可以说，“管理主体的权威建立在管理客体认同与服务的基础之上，由管理客体所给予。”①但是，在现实中，对管理客体的了解和认识是一个长期的过程。一方面，在管理实践活动中，管理客体不是静止不动的，它是随着管理主体的指导和智慧而改变自身原有的状态和性质，从而形成管理活动所需要的条件；另一方，由于管理实践主体自身的素质和才能，管理客体如何才能够成为管理活动的有效条件，取决于管理主体在多大程度上能够合理地使用管理客体这一资源。可以说，管理主体与管理客体的这种不平衡发展状态，体现的就是管理实践活动中的主客体的矛盾统一情况。这即是说，“这种相互转化是以潜在的形式存在于管理主体与管理客体之间。伴随着这种转化的进行，双方实质上都担负起对方职能的部分。”②最后，在价值层面。管理实践主体和管理实践客体相互作用，从客观层面来讲，将会存在相应的利益关系或价值关系，管理实践客体需要提供一定的资源来支撑企业的生产经营过程，从而满足企业发展生产的需要。在这一主客体相互作用的过程中，管理实践客体和管理实践主体之间将会建立相互作用的对应价值关系，这种价值关系的存在是管理实践主客体之间所有关系的基础。

毫无疑问，人们的实践活动是一种实践的价值活动，它是管理主体追求客体价值所进行的有目的的活动，当然，这种活动也是实现效益的活动。马克思指出：人们“就要探索整个自然界，以便发现物的新的有用属性；普遍地交换各种不同气候条件下的产品和各种不同国家的产品；采用新的方式（人工的）加工自然物，以便赋予它们以新的使用价值”。③由于价值关系要在管理实践中生成，管理客体在客观上能够为管理主体提供多大的价值，是因时因地而不同的。所以，管理实践主体和管理实践客体从价值层面上来

---

① 王德清，么加利．管理哲学［M］．重庆：重庆大学出版社，2004：169.

② 王德清，么加利．管理哲学［M］．重庆：重庆大学出版社，2004：181.

③ 马克思，恩格斯．马克思恩格斯全集（第 30 卷）［M］．北京：人民出版社，1995：389.

讲，一定会有不确定的矛盾。这些矛盾在管理实践中产生，也要在管理实践活动中得以解决。

第一，管理实践主客体之间矛盾的解决是在一定的中介作用下完成的。客观世界所存在的事物与事物之间的关系，其相互作用是自然的，而管理实践主客体矛盾的关系的解决是通过中介来实现的。这里的中介指的是管理活动中所借助的必要的手段，如信息技术、文化模式、管理方法等，管理主体通过这些中介能够客观分析管理客体，从而获得解决管理主客体关系矛盾的途径。中介作为主客体相互作用的桥梁，是主客体矛盾关系的必经阶段，这个阶段过度得当的与否，将会直接导致管理实践主客体矛盾关系解决的成功与否。

第二，从主要矛盾与次要矛盾关系来讲，管理实践主体是占据矛盾主要地位的，它是占主动的能动的方面。从实践基础存在论的角度讲，客体是主体实践活动对象化的产物，这种实践对象化的存在是作为与主体相对应的客体存在的，从这方面来讲，管理实践主体是占主要矛盾方面地位的，主体有什么样的目的、计划，就会产生怎样的客体作为对象化结果而存在。这就是说，“在管理活动中，管理主体与管理客体实质上都肩负着特定的社会角色，他们在管理过程中处于不同的地位，行使不同的职能。”[①]因此，从矛盾关系上来讲，管理实践主客体的相互作用关系本身乃是具有一定的目的性与计划性的。

第三，管理实践主客体相互作用关系本身就包含着人自身的矛盾关系。人作为有意识的存在物，他的意识通过其自身的实践活动产生，从这个方面来讲，人的意识是随着管理实践主体的实践活动而不断发展变化的。从这一层面来看，当管理实践主体在实践活动中改造客观世界的同时，其自身是需要正确的意识作为指导的，所以管理实践主客体关系也是有意识、有目的性的活动。同时，管理主体自身的意识也会随着实践的变化而发生相应的变化。因此，在企业管理活动中，管理实践活动主体的意识自身并不是固定不变的，也会随着自身实践活动的发展而不断发展，从而能够与管理客体有效结合，达到管理实践活动发展的要求。

---

① 王德清，么加利 . 管理哲学［M］. 重庆：重庆大学出版社，2004：178.

最后，从最终目的来讲，管理实践主体与客体的对立关系是在实践活动中产生的，因此，也是在管理实践活动中得到解决并发展的。大家都知道，管理实践主客体的关系是客观存在的现实过程，人们不可能盲目选择其实践活动的方式，管理实践主体也应该在现实的条件下来进行实践活动。只有通过管理实践主体有意识的实践活动，才能解决现实当中所存在的问题和矛盾。在这样的意义上，“在管理客体与管理主体交往并接受其管理的过程中，管理客体会时时受到管理主体的感染，管理主体的能力会在一定程度上以潜移默化的方式为管理客体所接受，渗透在管理客体能力结构之中。”①因此，管理实践主体与客体的相互之间的矛盾之解决，必须在现实的社会活动条件下进行，任何想要超越现实条件进行的实践活动都将很难真正地解决现实的矛盾问题。

综上所述，管理实践主体与客体的矛盾对立，不仅是存在管理实践主体观念中的事情，也是在现实层面所体现出来的真实情况。可以看到，管理实践主体总是在一定的意识上来建构客体，从而在现实实践活动中对象化其意识内容，这样才能在对象化实物中体现主体意识与目的。从管理实践客体方面来讲，它是体现主体实践活动的对象化结果，是作为客观存在而反映主体意识的。在这样的条件下，管理实践主体要真正体现出其主要矛盾地位，在现实活动中展开主体地位，这样才能使得企业管理活动顺利进行。不能反客为主，也不能反主为客，当然，在强调管理实践主体的主要矛盾时，也不能加大其地位与作用，也要认识到管理实践客体在企业管理活动中的作用。可以说，“当管理主体的制定的组织行为目标、计划、规章制度为管理客体所理解并切实执行时，两者之间才实现了沟通。”②这就要求管理实践主体在遵循客体规律的前提下，进行管理实践活动。如果管理主体不顾客体的规律而盲目行动，将会改变管理活动的预定方向，而且还要付出不必要的损失。如市场经济具有自身的运行规律，在“看不见的手”的作用下自主运转，当然，这种运转具有一定的自发性和盲目性，在必要的时候，需要政府的“看得见的手”来进行适度的调控，但这种调控的策略、手段、措施和力度必须

① 王德清，么加利．管理哲学［M］．重庆：重庆大学出版社，2004：180.
② 王德清，么加利．管理哲学［M］．重庆：重庆大学出版社，2004：176.

符合市场运行的规律，否则，过度的干预也会成为市场健康运行的阻碍。因此，管理实践主体应在遵循管理客体条件和规律的前提下，科学合理地开展管理活动。

在分析了管理实践主体与客体的相互矛盾之后，还必须认识到，管理实践主体和客体又存在相互依存、相互支撑的关系，如果没有管理实践主体与客体相互依存和相互支撑，企业管理活动是无法进行的。因此，管理实践主体与客体的矛盾同一性，也即稳定性也是需要研究的。

管理实践主客体之间的相互依存和相互支撑是必不可少的，其具体体现在：第一,二者彼此共存。在管理实践中，管理实践主客体是彼此相互依存的，这种相互依存通过企业这个大环境而实现，管理主体通过其客体而存在，而管理客体又通过主体的能动反映而存在，双方是在共同作用的前提下不断发展的。第二,二者又是彼此相互制约。在企业运行过程当中，管理实践主体把自身的目的对象化到客体身上，对管理客体进行有目的的能动地改造和认识，实现主体客体化的作用，而管理实践客体又反过来对管理实践主体产生相应的影响，管理实践主体需要在认识和尊重管理客体发展规律的前提下，才能够进行改造活动。最后，二者彼此又是相互转化的。在管理实践主客体的相互作用之中，管理实践主体对象化自身的力量到客体中，使客体产生相应于主体目的的变化，体现主体本身的力量和作用。反过来讲，当管理主体在能动的改造客体的同时，自身也随之发生相应的变化，其主要变化是自身认识到客体的规律后，以此改变自身旧有的意识，转变为适应客体发展规律的认识。

（二）管理实践主客体的双向运动

在分析了管理主客体的相互对立与相互统一之后，应该认识到，在企业运行的过程中，管理实践主体与客体的相互作用，其实也就是管理实践主体客体化和管理实践客体主体化的双向运动过程，在这一双向运动过程中，管理实践才具有完整的意义，并推动着企业实现不断地发展。

管理主体客体化也就是指管理实践主体在自身的实践活动过程中把自己的意识、思维、目的和计划等观念上的内容对象化，使之在客体世界中创造出相应的实物存在，并确认主体自身的力量。管理实践主体客体化主要通过以下三个方面体现出来：第一，管理实践主体通过运用计划、决策、实施、组织、激励、控制等形式，把自身意图在实践活动中转化为现实的客体存在。第二，管理实践主体通过自身的实践活动，把自身的本质力量对象化到客体身上，并创造出相应的、符合主体自身力量的客体，改变旧有的不合时宜的客体，并在新客体中确认自身的能力。如对于企业的特定产品即管理客体而言，一种产品往往是特定时期消费需求的体现，随着消费需求的变化，企业的管理主体就需要进行产品创新，及时改进老产品，推出新产品，来满足消费者变化了的需求。这样，管理主体的意愿、目的和力量就在新产品这一客体上表现出来。最后，管理实践客体不断地体现管理主体的意图和目的。这主要是指当管理实践主体通过实践把自己的本质力量对象化到客体身上时，客体自身也就证明了主体的力量，使得主体能够在这种力量确认的过程当中认识自身，从而修正其自身，并为下次实践活动积累经验。

在分析了管理实践主体客体化之后，问题还没有结束。在企业管理过程中，还存在着管理实践客体主体化的反向运动，这个反向运动也是比较重要的，因为这一反向运动能够使得管理实践主体自身的思维和认识水平得到不断提高，从而准确地把握和体现客体的变化规律，实现管理的目的。管理实践客体主体化过程是指在企业管理过程中，管理实践主体对象化的客体反过来作为实物存在，制约并规定着主体的发展方向，管理客体自身的运动规律也规约着管理主体的运动。从这一角度概括来讲，它包括以下几个方面：第一，管理实践客体自身的运动规律是成为管理实践主体活动的规则。管理实践主体要能够成功地履行实践活动，就必须按照客体自身的发展规律来进行，遵循这些客观规律，而不能随心所欲地自由地进行活动。如企业的生产加工活动，是在对机器设备、各种物料的特性进行科学认识的基础上，通过科学设计的工艺流程来进行的，这些工艺流程等体现了机器设备与物料等客体的要求，并要求主体按规定进行操作。第二，管理客体本身作为管理主体对象化活动的结果，体现着自身的价值，管理主体就需要利用、吸收这些价值来为自己所使用。在这种使用中，客体自身的属性被主体所认识和吸收，从而做到为下一次管理实践活动打下基础，为创造更多的价值而做好前期准备。最后，管理客体为管理主体不断地进行管理实践活动提供条件。在企业管理活动中，管理主客体的矛盾对立和相互依存是同时存在的，管理主体需要不断地发展，这种发展需要在遵循客体规律的前提下进行，而管理客体自身是能够为主体提供条件的，管理主体需要利用这些条件不断地向前发展。只有这样，才能推动企业的管理活动平稳有序地进行。

综上所述，管理实践主客体矛盾运动的内容，就是主体与客体在一定条件下通过实践活动实现相互作用与相互统一的过程，然而，也就是这种过程，使得企业在管理过程中需要认真分析和把握。管理活动本身就是一种动态的过程，需要管理者在企业运行中不断发现问题并解决问题。所以，一个企业的运行是否良好，很大程度上取决于管理者的实践活动是否按照企业发展的客观规律以及预期的目标进行。因此，掌握管理实践主体和客体矛盾运动的规律和发展方向，利用矛盾运动的规律妥善化解企业管理中出现的各种矛盾和问题，创造和谐的企业经营氛围，增强企业的创新能力，充分发挥各种资源的功能高效地实现企业的目标，就成为管理者不得不在现实中努力学习的管理技能。

第三节　管理实践与管理理论

众所周知，理论是来源于实践的，实践在现实活动过程中，把所反映到的内容通过意识而观念化，在思维的分析与综合中，产生相应的理论，所以，实践与理论是相互共存的，管理理论“随着管理活动的发展而发展，但管理理论并非伴随管理活动的产生而产生，它是管理活动发展到一定阶段的产物。”[①]现代管理学理论的开创者之一、美国的管理学家泰勒曾经说过，在任何时候，实践都是先于理论的。这表明，管理实践的发展是管理理论产生的基础，管理实践的现实状态，相应的就被体现在与之对应的管理理论之中。在不同的社会发展阶段，将会有相应的与现实相一致、相吻合的管理理论或管理思想。当然，在管理理论产生以后，它自身也会随着社会的发展对管理实践具有一定的指导作用与现实预见作用，在现实条件的基础上，对未来的发展趋势进行科学的分析和预测，从而指导企业朝向更好的方向发展。当然，管理理论也会出现不适应企业现实活动的情况，这种管理理论或思想难免对管理实践的发展产生一定程度的滞后性，这种滞后性可能会随着时间

① 王德清，么加利．管理哲学［M］．重庆：重庆大学出版社，2004：28.

的推移而逐渐消除，也可能随着时间的推移而增强，从而严重制约企业的发展。这就要求管理实践主体能够在遵循现实企业管理活动规律的同时，研究和探讨现实管理活动的发展规律，修正或更新落后的管理理论，使之适应并指导管理实践的顺利进行。在企业管理活动中，现实条件对管理活动的影响是多方面的，这就要求管理实践主体能够充分运用各种知识来思考和分析问题，思考怎样将管理活动推向健康、稳定的方向与轨道，而管理理论恰恰是作为管理实践主体引导企业发展的系统的知识体系。因此，优秀的管理者应该具有卓越的学习能力，不断学习新知识、新观念、新方法，能够做到把管理实践与管理理论有机结合来指导企业发展，只有这样，才能够高效实现企业管理的目标。

一、管理实践是管理理论产生的基础

企业管理的发展，从根源上讲，是企业管理实践活动所推动的，因此，管理实践活动是企业发展的原动力；从最高层面上来讲，管理实践又是管理理论产生的源泉，是管理理论形成的基础，也是管理理论发展的核心动力。人的意识是在实践活动当中形成的，但人的意识一经形成之后，将会与现实开始相互作用，这种主体与客体的相互作用过程，经过管理实践主体自身的思维建构起来，形成相应的理论，用于管理实践，从而达到指导管理实践的目的。

人类实践是最为普遍的一种人类存在方式，也是人类生存的基础。从基础存在论原则高度来讲，实践活动生成出主体与客体，主体通过实践活动而生成出客体，这是两个相互统一的过程，是一枚硬币的两面，缺一不可。在实践活动中，人们对象化自身的本质力量，创造出与人相对立的客观世界，并在自身意识中反映客观世界。因此，人的认识活动也是在实践活动的基础上产生的。如果没有人类的实践活动，也就不可能产生人类的意识，没有意识，也不可能产生对客观世界的反映，最终也就不会有认识的形成。从管理学的角度分析，其道理也是一样的，管理实践活动为管理意识的产生提供源泉，管理意识是对管理实践活动的反映，这种反映随即成为管理主体认识管理客体的媒介。这即是说，“实践是管理理论产生的源泉，揭示了管理认识来源于实践并为管理理论的形成做好物质和认识上的准备。”[①]管理实践是一个持续发展的过程，也一个不断认识与实践的反复过程。在这种认识过程中，管理实践主体需要一套系统化、体系化的认识论模式，来有效应对和处理实践中面对的各种问题，管理理论也就是适应这种需要而产生的。例如，如果没有工业革命的发展，没有古典管理实践的发展，也就不会产生相应的古典管理理论，也就没有古典管理理论的一系列原则和方法。所以，管理实践作为人类实践活动中的比较特殊的一种实践方式，作为人与人之间、人与社会之间、人与企业之间关系的相互协调、相互调节的方式，是与人类社会的产生与发展不可分离的。

在原始社会中，人类的实践水平还比较低，但是，在当时比较原始的人类实践活动中，已经产生了管理意识。如原始人在狩猎过程中已经开始进行简单的分工，通过分工协作提高狩猎的效率和成功率。这种管理意识的产生是人与人之间相互协调的最初的管理意识。这种最初的管理意识为管理思想、管理理论的产生与发展奠定了基础。可以说，“正是在相应的管理实践基础上，形成了原始的朴素的管理认识。”[②]原始人在创造物质财富的同时，才可以生存下来，然而，原始人必须要在共同的协作的情况下才可能进行相关的实践活动。在进行共同协作劳动的同时也就产生了最初的分工，劳动分工的产生大大地提高了劳动效率，这样，在原始社会就产生了一定的生产、分工与合作等原始的管理方法。在这样分工合作的基础上，为了维持和发展人类的生存环境和生活条件，就需要组织和安排好具有共同价值取向的成员，进行一定的有效管理，只有这样，才能够使得此类共同体成员不至于发生混乱，而又能够发展与生存下去。因此，原始人的管理方法随即产生，包括公共事务的管理和对外防御的管理，这种原始社会的管理方式能够保证本类族人内部不至于产生相互争斗，也不至于在遭到外敌入侵时而被消灭。随着生产力的发展，原始社会的群组管理转变为部落管理，部落管理是依靠部落首领的权威来进行的，是在自身的权威下来处理日常事务、生产活动和公共活动等。“而管理思想和管理理论的形成发展，正是在以原始管理认识为

---

① 王德清，么加利．管理哲学［M］．重庆：重庆大学出版社，2004：29.

② 王德清，么加利．管理哲学［M］．重庆：重庆大学出版社，2004：30.

参照的基础上，在管理实践中经历着与社会同向同步的辩证否定过程。”①可以看到，原始社会的管理方法是在社会生产力水平比较低的状态下产生的，这种低水平的管理方法为以后各种管理思想、管理理论的形成奠定了原始的基础。在另一维度，通过这种低水平的管理实践，形成了原始的、朴素的经验主义的管理认识模式，这种管理认识的形成也就预示着管理思想的必然发展和管理理论的必然形成。

首先，管理实践是管理理论形成的基础。在这个过程中，一方面，管理理论是由管理实践所形成的，管理意识也由此形成，并开始认识管理客体，而另一方面，管理理论又体现着管理实践的内容。因此，首先，管理意识（认识）是通过管理实践而形成并发生作用的。例如，“工业革命后社会的发展现实和管理实践的现实需要，使得建立在社会化小生产方式基础上的古代社会国家管理理论已经不能适应社会发展的要求，特别是已经确立的资本主义自由民主精神的要求，新的管理形态和新的管理理论的出现已成为必然。”②从这一事实出发，管理理论的内容是管理主体对管理客体的认识以及对管理实践活动规律的总结和概括。要认识管理客体，获得关于管理客体的知识，就必须通过管理实践，管理实践为两者的相互作用提供中介和平台。人们在企业管理活动中，通过实践与对象发生关系，认识对象各个方面的属性和特点，获得大量的管理对象的材料，从而推动管理理论的发展。而且管理实践活动不断地进行对管理对象的改造，这样，管理主体就能够不断地加深对管理对象的认识，不断提高认识水平，从而能够认识和把握管理活动对象多层次的规律，并在原有的管理材料的基础上，进一步进行抽象的分析，从而形成适应管理实践发展的管理理论。管理主体对管理对象规律所有的认识，无不在管理实践的推动下形成，并在管理主体的大脑中形成一般思想或理论。这一步是必须经过管理实践才有可能完成的，通过管理实践，管理主体不断地对管理客体进行认识与再认识，经过这样不断反复的过程，最后形成一定的科学的和系统的管理理论。

其次，管理实践活动反过来也成为管理理论研究的对象。大家知道，

---

① 王德清，么加利．管理哲学［M］．重庆：重庆大学出版社，2004：30.

② 王德清，么加利．管理哲学［M］．重庆：重庆大学出版社，2004：33.

在企业管理活动中，影响管理实践的因素是多种多样的，作为管理客体的管理环境能够对管理实践活动产生影响，而且管理实践主体自身也能够影响管理实践的平稳运行。因此，管理理论在另一维度又反映着、影响着管理实践活动的发展。在发挥管理理论的重要指导作用时，不能仅仅知道管理客体的本质与规律，也还要了解管理主体自身的本质和规律。在这里，管理理论不仅是对管理对象的研究，而且管理者也应成为其研究的对象。包括管理者需要具有什么样的素质、知识、技能和心理条件等主观因素。这表明，人们对管理活动的研究不能够仅仅在客体方面进行，也需要对管理主体进行研究，探讨管理主体发展变化的基本规律，从而有效指导管理主体的活动。因为，“对于管理主体来说，他是与管理客体相对应的范畴，两者处于同一层面。作为主体的人，只有在面对客体并作用管理客体时，他才被赋予管理主体的性质。”① 在管理实践中，管理主体与管理客体是相互依存、相互作用、相互发展的一对动态的范畴，只有两者相互适应与密切配合，才能有效地推动企业的发展。它们是一个既相互联系又相互统一的不可分割的有机整体，所以，管理理论要系统综合两者的内容，做出比较与分析，只有这样，才能有效地指导管理实践活动顺利发展。例如在管理理论的发展史上，科学管理理论、行为科学管理理论等，都是在企业经营与管理实践及其不断发展这一基础上，通过不断的试验、研究、总结而形成的。这些理论形成以后，反过来又对人类的管理实践发挥了重要的指导作用。

然而，在管理活动中，虽然管理实践是管理理论形成和发展的基础，但也不能绝对地认为管理实践就可以无条件地形成管理理论。在管理理论的形成过程当中，它也要受到客观条件的限制与制约，也就是要受到管理实践自身的制约。第一，管理理论的形成与发展会受到当时的社会历史发展条件的制约。虽然管理思想的形成具有一定的相对独立性，但是，它不能超出其所在的客观现实条件而随心所欲地进行管理活动。如“无论是古代社会国家管理理论的产生还是现代社会管理理论的形成，都是一个历史的过程，它们都不可能超越历史的现实而凭空出现。”② 管理理论对管理实践的指导作用，

---

① 王德清，么加利．管理哲学［M］．重庆：重庆大学出版社，2004：77.

② 王德清，么加利．管理哲学［M］．重庆：重庆大学出版社，2004：36—37.

也必须在管理实践所达到的水平与阶段内起作用，例如，泰勒的科学管理理论之所以产生，也是在当时的企业管理实践发展的需要下产生的，其提出思想、理论和具体内容具有突出的时代特征。因此，在论及管理理论的形成与发展时，必须结合当时的社会历史发展条件与现实，也只有在这种现实的环境下，才可能谈论管理理论的作用问题。第二，一定社会历史时期的经济、政治和科学技术发展水平也制约着管理理论的发展。不同地区、不同行业和不同企业，在不同的社会发展阶段中，对管理理论的需要程度是不同的。管理实践要在这些客观的现实环境条件的制约下发展，其所形成的管理理论也会受到主观精神条件的限制。这种限制可以看作是企业发展的有利环境，也可以看作是制约企业发展的不利因素，对其进行区分主要还是看在这种客观条件下，所形成的管理理论是否符合当时的特定环境条件下管理实践的需要，能不能够符合现实管理实践发展的价值目标。符合现实管理实践发展目标的管理理论就能推动企业的健康发展，而不适合现实管理实践发展的管理理论，就会制约并阻碍企业的发展。第三，一定时期的人文素质和文化环境也制约着管理理论的形成和发展。毫无疑问，无论是管理实践，还是管理理论，其核心是人，一流的人才、高水平的员工素质才是企业健康发展的关键，人可以说是管理理论和管理实践相互结合的核心途径。具有较好素质的人才能够很好地将企业的管理实践和管理理论相互结合，做到彼此相互完善与补充，并努力做到相互融洽。这样才会在健康与高效的基础上发展企业。但是，人也是环境的产物，在社会历史不断发展变化的条件下，个人的素质将会随之不断地提高，因此，在企业运行过程中，人才的培养与管理实践的发展是相互统一的不可分割的整体，只有真正做到人与环境的相互协调，所创造的管理理论才会具有对管理实践的良好发展起到积极的指导作用。因此，管理理论的形成并不是随心所欲的，它也是在现实的客观条件下受到当时客观环境制约的。虽然管理实践是管理理论形成的基础，但是这种基础也要在现实社会发展条件下才能够起作用，如果不顾现实的客观条件而盲目的进行理论创造，其结果必将是脱离社会现实而难以付诸实践，或者把企业带入困难或灾难的境地。

综上所述，管理实践是管理理论形成的基础，是管理实践与管理理论辩证统一关系的全面生成，当然也是管理认识的辩证发展过程。脱离现实的管理实践发展水平，来建构相应的管理理论是不可行的，也是毫无意义的抽象思辨，这种管理理论不但不能够有效地指导管理实践的发展，而且还可能阻碍甚至使得一个企业慢慢走向衰落。所以，离开管理实践的维度来谈论管理理论，是缺乏根基的浪漫主义的遐想。理论是概念、原理的体系，是系统化了的理性认识，它具有对对象化世界的全面性、逻辑性、系统性等特点。但是，在理论认识基础上发展并形成起来的对实践具有指导作用的理论并不是任意和凭空想出来的东西，它在任何时候都只能是在实践的基础上产生的一种理论自觉，它必须依靠实践的发展进行不断地梳理而不断地整合，从而形成一整套动态的思想理论体系，然后再通过实践的检验，形成对对象化客观事物的本质和规律性的正确认识，并最终形成对实践具有指导意义的科学的管理理论。

二、管理实践是管理理论发展的动力

在企业管理活动过程中，管理实践是具有基础存在论性质的管理哲学范畴，是企业管理理论的基础与出生地。然而，在管理理论建立起来之后，它的发展与完善也并不是管理者随心所欲地进行的，其发展也是由管理实践所推动的。在管理理论的发展过程中，管理实践的推动作用是通过以下两种形式进行的，其一是管理实践在发展过程中为管理理论的发展提出新的问题；其二是管理理论的发展要以管理实践的发展为其现实条件。

首先，管理实践活动中所遇到的新问题是管理理论必须解决的。理论之所以是理论，就在于它是对现实活动过程所做的概念化、系统化、体系化的抽象概括，说到底它是在实践活动的基础上的总结和概括，它自身来源于现实的实践活动，并通过实践的发展而不断发展。当然，管理理论作为管理实践所产生的理论，作为一种理论而言，也是适应上述过程原理的。例如，“现代管理理论是从第二次世界大战以来一直到20世纪80年代的整个历史阶段中形成的西方管理理论。”[①] 管理实践的发展，必然会在理论层面并要求通过理论本身来进行总结和概括，为的是管理理论要能够符合现实管理实践发展的客观情况。一种情况是，管理理论是否符合管理实践的现实

① 郭咸纲.西方管理思想史［M］.北京：经济管理出版社，2004：203.

状况或者这种管理理论是否正确地反映了现实管理实践的发展要求，这都需要在管理实践活动中得到检验，因此，管理实践是检验管理理论正确与否的主要途径。管理理论虽然一经产生就具有相对独立性，而且是相独立于管理实践的，是对一定时期管理活动运行的理论反映。但是，在现代企业管理活动中，内部环境与外部环境的现实情况是复杂多变的，而且人们的认识水平和实践能力也是有限的，这就不可避免地使得管理者在进行一系列管理活动时被一些新问题所制约。这种在现实活动中来解决的新问题，当然管理理论本身也不可能进行解决，这就会在管理理论作用管理实践的情况下，出现一些对管理活动具有缺失的指导情况发生。以此来看，这也就要求管理者在管理实践活动中不断地发现问题，并及时与管理理论进行比较，及时地进行理论的完善与创新，做到管理理论不至于落后于管理实践的发展。另一种情况是，在管理实践的活动中，组织的前进运动是毫无疑问的，这种运动也就注定了管理实践将会遇到一些从前没有遇见到的实际问题，这些新的问题作为管理活动必须要解决的问题，使已经建立起来的管理理论就未必能够进行解释并解决，将会产生管理理论与管理实践相互作用不协调的状况。因此，管理理论在遇到管理实践的特殊问题时，就要不断地修正自己的一些观点，使之能够与现实的管理实践互动，提出比较切实可行的解决方法，并能够解决现实管理实践活动所遇到的新问题。所以，在管理实践不断发展的过程中，会不断遇到各种新问题，而新的问题又推动着管理理论不断地修正自己以适应于解决新问题。这样就可以保证正确的管理理论能够正确地指导管理实践的顺利进行。这就是管理实践与管理理论相互作用、相互推动的形式之一。

其次，管理理论的发展以管理实践的发展作为必要条件。在企业管理活动中，管理实践的发展将会不可避免地遇到一些新的问题，这些新问题要求从理论层面进行解答，这样就推动着管理理论的不断更新。当然，这也为管理理论的新发展提供了必不可少的现实条件。人们在现实的管理实践活动中，面对管理实践中产生的新问题，不断探索和研究，提出新的对策，推动着管理理论在不断地从现实的材料中吸取相应的养料，来完善自身，也为管理理论的发展方向提供指引作用。管理理论在企业管理活动中遇到的不能够解决的新问题，必须依靠管理实践活动所提供的新思路和新方法才能够加以解决，而且也要在管理实践的不断检验下而趋于完善。因此，管理实践作为管理理论发展与修正的主要承担者，管理理论只有通过管理实践的发展才能够得到对现实问题的正确解决。[①] 毋庸置疑，现代社会是科学与技术全面参与企业管理活动的社会，管理理论的发展不可避免地要在科学和技术的参与中不断地形成和发展。因此，管理实践所涉及的科学与技术也参加其中，体现了它对管理理论的形成和发展起到了相当大的作用。如今，管理理论的迅速发展，其背后的主要推动力是现时代管理实践的发展需要，而且，在管理实践的推动下管理理论不断修正自身，以适应时代发展的要求。所以，管理实践是对管理理论发展起核心与决定性作用的基础动力。资本主义大工业的发展要求从理论上建立一套与它相适应的理论，古典管理理论随即产生；而随着社会经济的发展，人的地位不断得到重视，这时就产生了相应的人际关系管理理论，这种理论适应了社会的发展需要，不把人当作经济人来对待，而且重视人的社会性和群体性。在企业管理活动中，管理实践的发展要求建立一套系统的理论来适应现代化发展的要求，从而能够跟上时代的步伐，指导企业管理活动向着有利的方向发展。可以看出，管理实践与管理理论是相互依靠、相互矛盾发展的一对共同体，只有调节好两者的关系，也就是解决好两者的矛盾，才可能使企业在适应社会发展的大环境的基础上健康平稳地运行。

在企业管理活动中，管理理论的形成和发展依赖于管理实践，而且在管理理论形成之后，又指导着管理实践的发展，在这种双向的相互依存的情况下，管理实践和管理理论并非相互平行的，而是一个在企业管理环境下具体的、历史的、统一的发展过程。管理实践与管理理论这种相互依存又相互统一的历史发展过程主要有两个方面的内容：其一是，从广义的层面来讲，管理实践与管理理论在社会历史的发展过程中，相互作用、共同发展，是在现实的管理活动中的具体的统一。现实的社会历史发展是管理实践活动的基础，也是管理理论形成的基础，虽然人类最初的管理活动是一种在比较不发达的历史阶段中形成的，其管理实践活动也是比较低的层次，比如在生产劳动中的合作劳动等，但也对人类管理意识的产生与发展发挥了极其重要的作用。随着社会生产力的发展，社会生产和交往范围日益扩大，这就要求管理

① 郭咸纲. 西方管理思想史［M］. 北京：经济管理出版社，2004：209—210.

方法和管理理念不断地更新，以适应不断发展起来的生产力的要求。在这样的现实背景下，人类的管理实践和管理理论在历史的具体和统一的过程中共同发展。在泰勒的科学管理方法之前，是基于人们共同信念与合作基础上的公共事务的管理方式，从管理理论上来看，属于经验层面上的管理，当时的人们未对管理进行专门的、有系统的研究，也没有采用比较科学的方法来进行管理。随着社会历史的发展，管理实践的发展推动着管理科学的不断进步。在管理实践发展的每一阶段，管理实践都会推动相应的管理方法和理论产生。例如，在泰勒的科学管理时期，管理实践体现为机械与技术性的特点。随着社会的发展，人们发现古典管理理论解决不了现实中所出现的问题，尤其是人的研究方面，出现了其研究领域的真空。因此，就产生了相应的行为科学管理理论来满足管理实践中所出现的问题并试图加以解决。总而言之，社会的不断发展和社会中其他因素的发展，共同促进管理实践的不断发展与更新，从而对管理实践的水平要求不断提高，这就需要从理论上加以总结与概括。管理理论是适应管理实践的发展与进步而不断发展的，它反过来又推动着管理实践的进步。当然，在另一方面，从狭义的范围来讲，企业活动中的任何一个阶段的管理活动程序，也都是管理实践与管理理论相互作用与相互统一的相互交流过程。在企业管理过程中，管理者通过自己的实践进行自觉的有目的的管理行为，特别是在现代社会中的管理实践活动中，必须是以较先进的管理理论作为其指导思想的。例如，在古典管理理论之后出现的人际关系管理理论，就适应了当时的社会发展的趋势，改变了以前不适应社会发展的管理模式，并提出了一套新的适应管理实践发展的管理理论。因此，从这个方面来看，管理者所进行的管理实践活动和思维活动以及管理实践的行为方式和方法等，都是在相应的管理理论指导下展开并进行的，这就要求管理理论应当与管理实践活动相互作用与配合，做到理论与实践的良性互动，只有在这种情况下，企业管理活动的运行才能够不断地朝向健康的方向发展。

综上所述，管理实践作为企业管理活动的基础存在，也生成着相应的在它之上的管理理论，而管理理论在指导管理实践的过程中，不但将受到管理实践发展的检验与修正，而且管理实践活动发展中所遇到的新问题和新情况又要求管理理论不断地做出进一步的回答和完善。由此可以看出的是，企业运行中的管理实践与管理理论是在管理实践中统一的一个相互作用并不断相互推动的进程，也是一定时期相应的矛盾发展与统一的过程，从而使得企业管理活动中的每一个矛盾的解决，都形成了管理实践活动发展道路上的一个重要环节。既然一定时期的管理理论是管理实践活动的理论概括与总结，它也将成为管理实践活动的指导思想，为未来的管理实践做出预测，从而体现其自身的能动作用。这就要求管理理论在发展过程中，要不断地吸收管理实践活动所产生的管理经验，而不断创新和完善自身，并与管理实践一起，共同推动企业管理活动向着更好的方向不断进步与发展。

三、管理理论发展的转向

西方管理理论经历了科学管理和人本管理时期之后，可以说进入到了后现代管理时期。后现代初始指的是西方现代性的危机所导致的一些理论家对现代性做出的反叛和批判，这些理论家针对现代性的理性权利进行了基于基础主义和宏大叙事的批判，形成了后现代思想。而管理理论的后现代转向预示着后现代思想在管理理论发展上的变革。如有的学者指出，“西方后现代管理理论的发端是从后现代主义哲学理念和方法进入管理学开始的，后现代管理思潮对当今西方各种管理理论有着强烈的冲击与回响。”[①]这些后现代管理思潮的产生，不仅仅是理论内部之间的互相争斗，其根源是人类实践进入了一种多元化的时代，现实的人类实践的多元化导致了思想层面上的一些变化。后现代管理理论的出现有其历史原因和现实根据。

首先，后现代管理理论的产生是随着西方管理实践发展的问题为背景，并以后现代思想对现代性思想的批判为条件的。我们知道，现代性的根本问题是理性及其能力运用问题，理性是现代性的本质和核心。而作为现代管理理论的指导思想也即是理性主义，理性精神给予了管理思想之内核，即“传统管理学思想是以理性主义为起点，忽视了管理的非理性、多样性和不确定性。”[②]这就是说，后现代管理思想不再局限在理性主义范围之内，而是引入了后现代思想之反理性主义而形成的。可以认为，后现代管理思想是传统

---

① 罗珉．后现代管理理论辨析［J］．管理科学：2005（4）．

② 金星彤．现代与后现代管理思想之比较研究：基于后现代思想的解读［J］．生产力研究：2012（3）．

管理思想的裂变，把“管理的基点内在于管理对象的个性、情感、人格等非理性范围中，从而唤起人的非理性因素在管理实践中的作用”。[①]从这一方面来看，后现代管理思想迎合了现代西方社会的多元化发展模式，并且以这种关注人、关注人的个体性生存为条件，通过对传统理性主义管理思想的攻击，而形成的基于个人非理性因素的管理思潮。

其次，后现代管理思想的形成，是以多元化的方法来研究管理实践活动的思潮，打破以往按照普遍主义和本质主义的观点来进行管理学研究。对于后现代管理思想而言，现代管理思想中的科学管理和人本管理都是以抽象的人性假设为前提展开的，并以“经济人”这一主导思路而形成。但是，后现代并不满足于这种抽象的人性论假设，后现代管理者认为，对管理主体和管理客体进行这种理性主义从基础上的假设，将会导致抽象空洞的形式，并不符合现代社会发展对管理实践活动的要求。因此，可以说，后现代管理思想“是指西方管理理论的发展状态、管理实践、管理机制与组织文化在知识经济时代的重大变迁、转折。”[②]借用后现代主义思想来看，“后现代主义理论话语主张反本主义、反理性主义、反逻各斯中心主义、反基础主义、反在场形而上学、反历史主义等等极富颠覆性的理论。”[③]按照后现代主义的说法，管理客体作为管理实践活动的重要组成部分，是现代性的发展而导致了其抽象性和形式化，科学管理所要求的以自然科学的态度对待管理客体的模式，人本主义管理思想所要实现的基于人性假设基础上管理模式，这些都成了后现代管理思想所否定的对象。在后现代管理理论家看来，当今的管理活动不能够再以抽象的和形式的态度来进行管理，而是要更加注重差异化的管理、具体化的管理和多元化的管理。这即是说，在后现代管理思想对现代管理的指责上，“我们无从相信、也无法相信它会成为一种完美的理论。这是因为管理学作为历史科学的性质决定了它是不完美的。从一个较长的时间来看，管理学不是‘静止’的，而是不断演化发展的。”[④]从这里可以看出，后现代管理学的发展深刻揭示了西方资本主义社会变化对管理实践活动的要求，即

① 金星彤．现代与后现代管理思想之比较研究：基于后现代思想的解读［J］．生产力研究：2012（3）．
② 罗珉．管理学发展模式的现代性、超现代性与后现代性的争论［J］．管理学前沿：2006（4）．
③ 宋伟．批判与解构：从马克思到后现代的思想谱系［M］．北京：人民出版社，2014：141．
④ 罗珉．管理学发展模式的现代性、超现代性与后现代性的争论［J］．管理学前沿：2006（4）．

从变化发展的趋势来推进管理实践活动的进步。

通过上述几点对后管理理论一般内涵的叙述，可以看到后现代管理理论从本质上已经不同于现代管理理论，它是以具有多元主义性质以及反理性主义、宏大叙事为主要目的。在这一背景下，我们怎样来看待后现代管理理论的发展趋势呢？前面已经分析，管理理论来源于管理实践，管理理论是管理实践活动的概括与总结，管理实践的发展要求有相适应的管理理论作为其理论总结与概括。人类社会发展到如今，以科学、技术、信息为主要生存手段的后工业社会，人类的生存方式也不同于前期的工业社会，现时代摆在人们面前的是一幅不断流动的后现代图景，是一场人类对自身生存状况的反思与超越。后现代主义思潮体现了人类对生存状态的不安和忧虑，并且具有对一个更加合理的物质和精神世界的愿望。人类现实生活状态之变化，导致了人类精神上的变化，在后现代社会中，理性作为一种被人类所厌恶的东西被抛在一边，人们已不想再来建立一种以理性主义思维模式为指导的社会，也就是说，人类在现实实践过程中所进行的活动并非以理性主义为指导不可，理性主义已经不能够为在后现代主义时代生存的人们提供更好的生活，而是现实的人们追求多元、差异的生活方式成为人类所向往的。这即是说，“他们强调任意性、差异性和无所指性。”① 管理实践虽然是在企业中所进行的活动，但是，它也是社会历史发展的产物，也要随着社会历史的发展与变化而改变其状态的，以适应社会历史发展的潮流。后现代社会的那种反理性主义、反宏大叙事、反逻各斯中心主义的思想，在管理理论上也随即表现为现代管理理论的反叛者。大家知道，现代管理是指西方工业革命以来资本主义大工业生产所造就的现代性状况，其管理方法、价值目标和管理原则等都是以人为主体而建构起来的，这种以人为主体建构起来的理论是以理性主义与本质主义为其方法论和实施原则的。这就决定了后现代管理实践的抵制甚至是反叛这种现代管理理论与方法，从而适应后现代社会发展的要求。

从哲学层面上讲，理性主义由于以主客二分的前提假设，来通过理性的能力认识客观世界，并自视最终能够认识客观世界的规律，这样，人类才能

---

① ［美］贝斯特，凯尔纳．后现代理论：批判性质疑［M］．张志斌，译．北京：中央编译出版社，2001：25.

够具有自由的活动。然而，这种理性主义的认识论方法，用理性主义思维，也就是用逻辑的、概念的、推理的思维模式去认识客观世界，非但没有达到对客观世界规律与本质的认识与把握，反而使自身陷入了不可调和的矛盾当中。如果这种矛盾不能够加以克服，那么，现实社会当中的人类实践活动将会在虚无的目的下进行，而不可能建立人类对未来的希望，最后难免落入到历史虚无主义的窠臼之中。在这样的条件下，后现代社会的人们的实践活动随即表现为多元化、差异化与个体化模式，不再遵循理性的规则，也不再依照应当的理念来指导行动，而是实践活动呈现出感性化、情绪化以及不规则化等行为模式。这些表明，在企业管理活动中，管理实践活动的方式也表现为对管理的理性主义和本质主义的抛弃，并一反用单一的、固定不变的管理模式来进行活动，这些行为不仅呈现了现代管理活动的主要图景，也呈现了现代管理理论的那种多元化与差别化的理论倾向。

在这里需要进一步阐明的是，如果后现代管理实践与管理理论的那种反理性主义不断发展下去的话，从极端一点的角度看，难免使得企业在无秩序、无规则的状态下运行，其后果不仅是对管理实践主体无法进行控制与管理，就连相应的管理理论也被现实的管理实践所解构。因此，怎样在现代管理与后现代管理之间找到一种必要的张力，就显得迫在眉睫。一个企业的运行需要一套体系和理论作为其指导思想，但是，从大工业方面来看，那种机械化、程序化的流水线作业也是占有主导地位的，这种机械化和程序化的企业流水线，要求人们以规则化、单一化的实践方式进行生产，才能够达到良好的运行状态。而后现代管理实践的那种多元化和差异化的实践方式又与它相矛盾，所以，使两者相互协调、相互补充与配合，就成为后现代管理理论研究不可避免的重要问题。后现代管理理论认为，在传统的管理理论的研究中，从泰勒开启的理性主义管理理论假设开始，就使管理思想预先设定了一种基于理性主义之上的抽象模式，这种抽象的模式虽说有不可回避的优点，即能够将管理活动作为一个整体来看待，并且也能够通过吸收自然科学的方法来进行管理实践，最终形成一套比较完备的管理理论或者管理知识体系。但是，这种基于普遍主义的管理思想并没有达到很好的效果，而是产生了不可克服的苦难。这种苦难无非指的是，这种基于普遍主义的管理模式并不能够完全获取管理活动所需要的所有资源，而且这种想法本身也是不切实际的。所以说，“架构于实证科学基础上的机械管理范式并不必然是管理范式中的优选，而现代组织也并非是一个线性因果规律所支配的、永久稳定的统一组织。”① 而后现代管理理论的目的是要动摇管理实践与普遍主义之间的那种抽象的、形式的，并基于实证科学方法而形成思想理论。尤其是后现代管理理论针对传统各种管理思想所进行的解构等思路，也即是对现代管理思想，特别是基于理性主义之上的管理思想进行了批判。总而言之，现代资本主义社会的发展所由之呈现出来的后现代图景，有其产生的必然性，也有其自身所不可避免的矛盾性。后现代管理理论的崛起，从形式上看似乎是对现代管理理论的彻底变革与反叛，但如果从管理实践的内在运行状态上来看，其本身也是与现代管理理论具有不可分割的联系的。这种联系只有从管理实践原则高度才可以认清。从管理实践原则高度来看，虽然泰勒所创立的科学管理理论是基于企业追求其最大的效益为目的的，从而把人也当作实现企业运行的工具来对待，但是，这种实践活动在如今的企业管理中也是占主导地位的，企业的生产流程也不得不在科学管理理论的指导下进行。对此，后现代管理理论的出现是有历史原因为其支撑的，它本身是管理思想在知识经济时代发展的产物，它所关心的是怎样把人从理性主义模式的统治下解放出来，从而不再受理性主义的限制，使人自己成为自己的主人并支配自己的行动。从这一方面来讲，后现代管理理论最大限度地改变了人们的思维模式，体现了人作为自由主体的存在意义。因此，后现代管理理论确实是对现代管理理论进行了严厉的批判，但其目的依然是希望企业管理活动能够适应社会历史发展的趋势和潮流，并能够为企业的管理实践发展发挥其指导作用。不可否认的是，虽然后现代管理理论在关注人的自由方面有积极的作用，但是，它不仅存在着许多不足，而且如果我们不能够很好地引导这一思潮的话，其结果是容易引起人们的认识和思维的混乱，难免会给企业发展带来阻碍。所以，对西方后现代管理理论应做出具体和实质性的分析与评估，从管理实践的人的生存角度把握管理活动的发展脉搏，理清现代管理与后现代管理理论之间的矛盾根源，从而使得管理实践顺利进行，并在不破坏企业平稳运行的基础上，正确地加以解决企业所面临的问题。

---

① 金星彤. 现代与后现代管理思想之比较研究：基于后现代思想的解读［J］. 生产力研究：2012（3）.

参考文献

[1] 马克思，恩格斯. 马克思恩格斯全集（第30卷）[M]. 北京：人民出版社，1962.

[2] 马克思，恩格斯. 马克思恩格斯全集（第1—4卷）[M]. 北京：人民出版社，1995.

[3] 马克思，恩格斯. 马克思恩格斯文集（第1—9卷）[M]. 北京：人民出版社，2009.

[4] 马克思，恩格斯. 马克思恩格斯全集（第31卷）[M]. 北京：人民出版社，1998.

[5] 马克思，恩格斯. 马克思恩格斯全集（第30卷）[M]. 北京：人民出版社，1995.

[6] 马克思，恩格斯. 马克思恩格斯全集（第1卷）[M]. 北京：人民出版社，1962.

[7] 列宁. 列宁选集（第1卷）[M]. 北京：人民出版社，1996.

[8] 毛泽东. 毛泽东选集（第1卷）[M]. 北京：人民出版社，1991.

[9]《史记》，中华书局，1982.

[10]《左转》，岳麓书社，1988.

[11]《道德经》，外语教学与教研出版社，1999.

[12]《东坡志林》，中华书局，1981.

[13]《正蒙注》，世界书局，民国二十六年.

[14]《论语》，中信出版社，2013.

[15]《荀子》，中信出版社，2014.

[16]《孟子》，长江出版传媒，2015.

[17]《礼记》，河南大学出版社，2010.

[18]《论语》，中信出版社，2013.

[19]《坛经》，中华书局，2010.

[20]《墨子》，河南大学出版社，2008.

[21]《商君书》，河南大学出版社，2012.

[22]《韩非子》，中华书局，1998.

[23]《周易》，湖南人民出版社，2008.

[24]《管子》第2册，商务印书馆，1936.

[25][古希腊]修昔底德斯. 伯罗奔尼撒战争史[M]. 许松岩，译. 广西：广西师范大学出版社，2004.
[26][古希腊]色诺芬. 回忆苏格拉底[M]. 吴永泉，译. 北京：商务印书馆，2004.
[27][英]罗素. 西方哲学史（上卷）[M]. 何兆武，李约瑟，译. 北京：商务印书馆，1976.
[28][古希腊]柏拉图. 理想国[M]. 郭斌和，张竹明，译. 北京：商务印书馆，1986.
[29][英]查尔斯·休莫. 亚里士多德[M]. 北京：中国对外翻译出版公司，1985.
[30][古希腊]亚里士多德. 政治学[M]. 吴寿彭，译. 北京：商务印书馆，1997.
[31][古希腊]亚里士多德. 尼各马科伦理学[M]. 苗力田，译. 北京：中国社会科学出版社，1999.
[32][古希腊]色诺芬. 经济论[M]. 张伯健，陆大年，译. 北京：商务印书馆，1961.
[33][古希腊]色诺芬. 居鲁士的教育[M]. 沈默，译. 北京：华夏出版社，2007.
[34][法]卢梭. 论人类不平等的起因和基础[M]. 李常山，译. 北京：商务印书馆，1982.
[35][法]卢梭. 社会契约论[M]. 何兆武，译. 北京：商务印书馆，2008.
[36][美]唐纳森，邓菲. 有约束力的关系：对企业伦理学的一种社会契约论的研究[M]. 赵月瑟，译. 北京：社会科学院出版社，2001.
[37][美]泰勒. 科学管理原理[M]. 胡隆昶，译. 北京：中国社会科学出版社，1984.
[38][美]雷恩. 管理思想的演变[M]. 李柱流，译. 北京：中国社会科学出版社，1997.
[39][美]梅奥. 工业文明的社会问题[M]. 费孝通，译. 北京：商务印书馆，1964.
[40][美]薛恩. 组织心理学[M]. 余凯成等，译. 北京：经济管理出版社，1987.
[41][美]斯皮罗. 文化与人性.[M]. 徐俊等，译. 北京：社会科学文献出版社，1999.
[42][美]沙因. 企业文化与领导[M]. 朱明伟，罗丽萍，译. 北京：中国友谊出版公司，1989.
[43][美]格里芬. 管理学[M]. 刘伟，译. 北京：中国市场出版社，2010.
[44][美]贝斯特，凯尔纳. 后现代理论：批判性质疑[M]. 张志斌，译. 北京：中央编译出版社，2001：25.
[45][德]海德格尔. 林中路[M]. 孙周兴，译. 上海：上海译文出版社，2004：77-98.
[46][美]雷恩. 管理思想史[M]. 孙健敏等，译. 北京：中国人民大学出版社，2009.
[47][英]罗尔斯. 正义论[M]. 何怀宏等，译. 北京：中国社会科学出版社，2001.
[48][法]卢梭. 社会契约论[M]. 北京：商务印书馆，2003.
[49][英]克雷纳. 管理百年[M]. 邱琼，钟秀斌等，译. 海南：海南出版社，2003.

[50][英]培根.新工具[M].许宝骙，译.北京：商务印书馆，1984.
[51][美]福利特.福利特论管理[M].吴晓波等，译.北京：机械工业出版社，2013.
[52][美]德鲁克.管理实践[M].帅鹏等，译.北京：工人出版社，1989.
[53][英]亚当·斯密.国民财富的性质和原因的研究（上卷）[M].郭大力，译.北京：商务印书馆，1988.
[54][美]德鲁克.管理的前沿[M].许斌，译.上海：上海译文出版社，1999.
[55][德]阿多尔诺.启蒙辩证法[M].洪佩郁，蔺月峰，译.重庆：重庆出版社，1990.
[56][德]黑格尔.哲学史讲演录（第1卷）[M].贺麟，王太庆，译.北京：商务印书馆，1959.
[57][美]哈拉尔.新资本主义[M].冯韵文，译.北京：社会科学文献出版社，1994.
[58][英]库恩.科学的革命结构[M].金吾仑等，译.北京：北京大学出版社，2003.
[59][美]西蒙.关于人为事物的科学[M].杨砺，译.北京：解放军出版社，1985.
[60][美]英格尔斯.人的现代化[M].曹忠德等，译.天津：天津社会科学院出版社，1995.
[61][美]阿尔蒙德.比较政治学[M].曹沛霖，译.上海：上海译文出版社，1987.
[62][德]海森伯.物理学家的自然观[M].吴忠，译.北京：商务印书馆，1990.
[63]汪子嵩等.希腊哲学史（第一卷）[M].北京：人民出版社，1997.
[64]宋伟.批判与解构：从马克思到后现代的思想谱系[M].北京：人民出版社，2014.
[65]刘敬鲁.西方管理哲学[M].北京：人民出版社，2010.
[66]北京大学哲学系.古希腊罗马哲学[M].北京：商务印书馆，1981.
[67]詹石窗.新编中国哲学史[M].北京：中国书店出版社，2002.
[68]彭富春.哲学与美学问题：一种无原则的批判[M].湖北：武汉大学出版社，2005.
[69]冯友兰.中国哲学史新编（上卷）[M].北京：人民出版社，1998.
[70]彭新武.管理哲学导论[M].北京：中国人民大学出版社，2006.
[71]叶秀山.苏格拉底及其哲学思想[M].北京：人民出版社，1997.
[72]倪志安.马克思主义哲学方法论研究[M].北京：人民出版社，2007.
[73]杨伍栓.管理哲学新论[M].北京：北京大学出版社，2003.
[74]王德清，么加利.管理哲学[M].重庆：重庆大学出版社，2004.
[75]钱学成，全林.管理哲学[M].上海：上海交通大学出版社，2009.
[76]麻天祥.中国禅宗思想发展史[M].武汉：武汉大学出版社.
[77]郭咸刚.西方管理思想史[M].北京：经济管理出版社，2010.
[78]彭富春.论中国的智慧[M].北京：人民出版社，2010.

[79] 陈鼓应.老子今注今译 [M].北京：商务印书馆，2003.
[80] 崔绪治，徐厚德.现代管理哲学概论 [M].安徽：安徽人民出版社，1986.
[81] 曾仕强.中国管理哲学 [M]，台湾：台湾东大图书有限公司，1981.
[82] 程振清，何成正.周易·太极思维与现代管理 [M].广西：漓江出版社，1993.
[83] 余敦康.易学与管理 [M].辽宁，沈阳出版社，1997.
[84] 苏方，孔晓东."易经"与现代管理 64 年 [M].陕西：西苑出版社，2000.
[85] 王仲尧，易学与中国管理艺术 [M].北京：中国书店出版社，2001.
[86] 吴世彩.管理易 [M].甘肃：甘肃文化出版社，2005.
[87] 曾仕强.大易管理 [M]，台湾：东方出版社，2005.
[88] 成中英.C 理论—中国管理哲学 [M].北京：中国人民大学出版社，2006.
[89] 郑凤.马克思主义哲学方法论 [M].厦门：厦门大学出版社，2007
[90] 王干才.实践思维 [M].北京：中央编译出版社，2007.
[91] 王德禄.知识管理：竞争力之源 [M].江苏：江苏人民出版社，1999.
[92] 戴木才.管理的伦理法则 [M].江西：江西人民出版社，2001.
[93] 倪德玲.松下电器：造物先造人 [M].北京：中华工商联合出版社，2004.
[94] 刘伟等.经济管理新思想解读与应用 [M].北京：中国言实出版社，2004.
[95] 胡泳.张瑞敏如是说 [M].浙江：浙江人民出版社，2004.
[96] 袁闯.管理哲学 [M].上海：复旦大学出版社，2005.
[97] 王治河.全球化与后现代性 [M].广西：广西师范大学出版社，2003.
[98] 魏文斌.管理维度：织文化管理通论 [M].吉林：吉林人民出版社，2006.
[99] 冯军.管理价值研究 [M].北京：中国社会科学出版社，2006.
[100] 黄邦汉.企业社会责任概论 [M].高等教育出版社，2010.
[101] 杨瑞龙.社会主义经济理论 [M].北京：中国人民大学出版社，1999.
[102] 闵家胤等.系统哲学讲演集 [M].北京：中国社会科学出版社，1992.
[103] 马克思主义哲学 [M].人民出版社，2009.
[104] 梅宁华.建设社会主义价值观是当代中国社会的必然选择 [J].北京日报理论版：2011 (1).
[105] 胡宁.价值观管理基础理论研究述评 [J].道德与文明：2008 (3).
[106] 潘自勉.论价值规范 [J].现代哲学：2002 (1).
[107] 李杨.微软中国：从价值观到领导力 [J].中欧商业评论.
[108] 苏敏.关于公平与效率关系的哲学思考 [J].中国人民大学学报：1997 (5).
[109] 黄朗喜."以人为本"企业伦理价值观的基本要求 [J].中国利技信息：2007 (7).

[110] 王学秀. 中西方文化比较视角的“以人为本”管理理念 [J]. 价值中国网：2007（6）.

[111] 彭富春. 哲学的主题与方法 [J]. 哲学研究：2005（3）.

[112] 高清海. 哲学思维方式的历史性转换 [J]. 开放时代，1995（6）.

[113] 郝立新. 从“四个全面”到“五大发展理念”[N]. 光明日报，2015（12）.

[114] 薛炜华，贺治成. 以人为本的企业管理模式的探究 [J].2007（1）.

[115] 刘庆丰. 论社会主义的科学性与价值性的统一：兼评民主社会主义伦理价值观 [J]. 西南农业大学学报（人文社科版）：2009（1）.

[116] 梁瑞丽. 陈光标：用慈善谱就灿烂人生 [J]. 东方企业文化：2010（7）.

[117] 金星彤. 现代与后现代管理思想之比较研究：基于后现代思想的解读 [J]. 生产力研究：2012（3）.

[118] 罗珉. 管理学发展模式的现代性、超现代性与后现代性的争论 [J]. 管理学前沿：2006（4）.

[119] 吴倬等. 论提炼和概括社会主义核心价值观的方法论问题 [J]. 马克思主义与现实：2010（5）.

[120] 吴向东. 价值观的核心问题及其解答的前提批判 [J]. 马克思主义与现实：2010（1）.

[121] 王铁林. 论认识主体与文化环境的相关效应 [J]. 社会科学战线：1991（5）.

后　记

本书是我继《现代企业代理关系研究》一书之后再次思考管理问题的结果。

在《现代企业代理关系研究》中，我着重关注了发达资本主义社会企业和我国当代私营企业中普遍存在的企业代理关系困境问题。由于代理关系的背后是资本逻辑，代理关系的困境根本上是资本逻辑的困境，于是资本逻辑研究就成了整篇论文的核心。我尝试依据马克思的资本逻辑批判和共生主义（Communism），提出一种“共生性代理关系”理论，以解决代理关系困境问题：现代企业代理关系的本质是资本关系，而资本的本质又是以物为中介的人与人的社会关系，所以现代企业代理关系困境根本上是人与人的关系困境，而解决这一困境的方法就是在人与人之间建立良好的合作关系，即“共生性代理关系”。在该书写作过程中，我进一步认识到，要想真正解决企业代理关系困境问题，必须对人类管理行为进行更为深入地思考，因为后者正是代理关系产生的源泉，是代理关系形成的基础，也是代理关系发展的核心动力，而代理关系困境的解决，最终也必然依赖于管理者与被管理者之间关系困境的解决。

之所以把这本书命名为《管理哲学研究》，就是因为这本书主要是对管理问题的哲学思考。本书前两章首先从词源学、思想史和存在论三个方面对管理现象进行概括地分析，对中西管理思想进行比较详细地梳理，然后分别从管理方法论、管理价值论、管理环境论和管理实践论等方面对管理问题进行更为具体地分析。根据这些分析，本书对管理问题特别是企业管理问题有了进一步的认识。企业管理问题主要包括管理什么、谁在管理和如何管理三个基本问题，其中第一个问题涉及管理对象，而它从大到小可以分为生活世界、生产世界和企业；第二个问题涉及管理主体，而真正的管理主体不是领导、管理层、全部员工或制度，而是生活世界的游戏自身；第三个问题涉及管理所依据的基本价值，而本书认为，这些价值至少应该包括如下三条，即让人人化，让物物化，让世界世界化。本书认为，企业管理问题（problems）的解决，首先依赖于对这些基本问题（questions）的思考。

在该书的写作和修改过程中，我得到了武汉大学哲学学院赵凯荣教授的悉心指导和关怀，在此致以衷心地感谢。与此同时，还要感谢华东师范大学哲学系主任陈立新教授给予的支持和帮助。当然，还要感谢李齐博士、张红军博士、刘庆丰博士、王竹苗博士、郎廷建博士及河南工程学院付锦峰副教授的帮助，他们曾就本书的基本观点、逻辑架构、支撑材料等各个方面提出过许多宝贵意见。

邢学军

2017 年 12 月 09 日